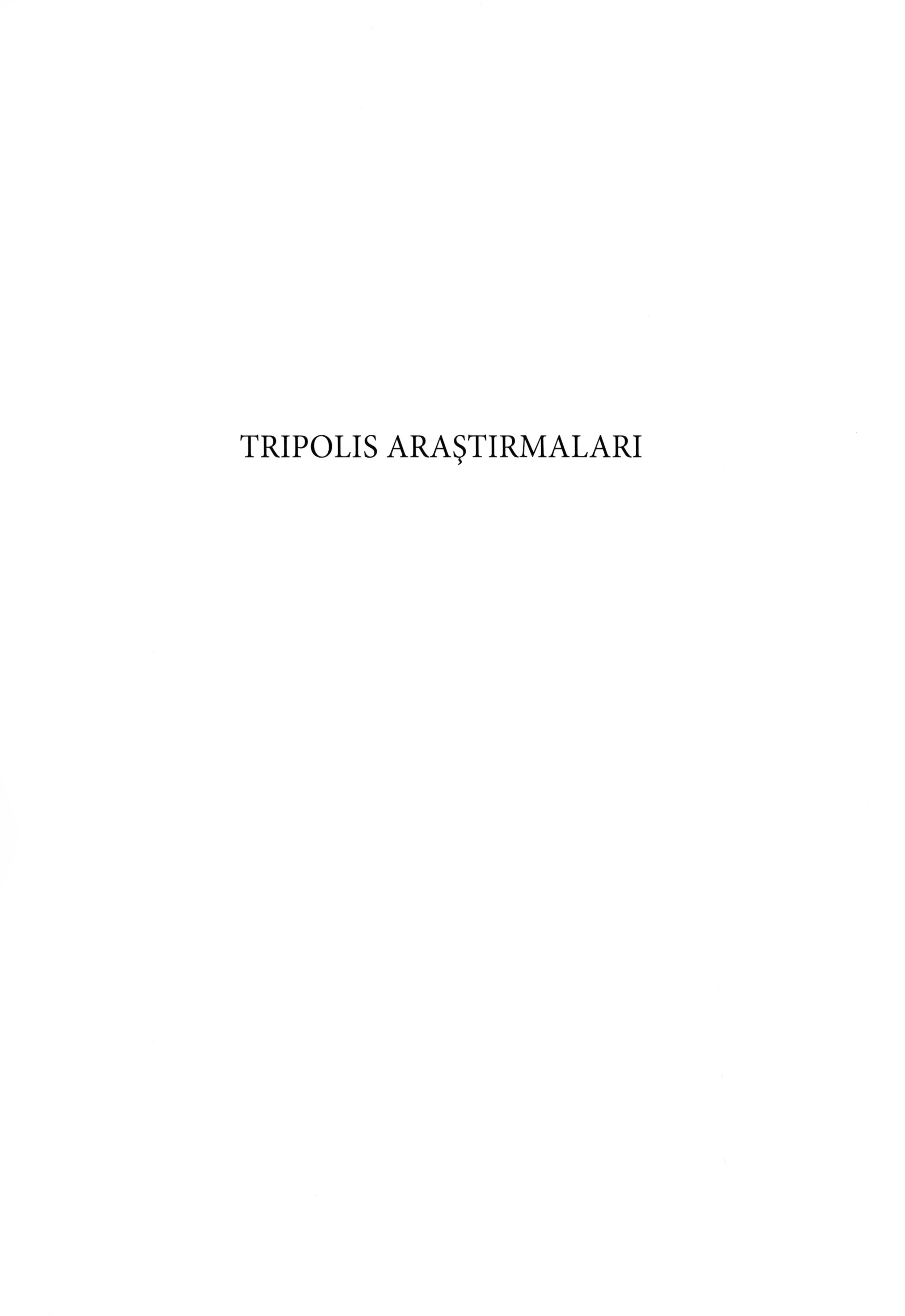

TRIPOLIS ARAŞTIRMALARI

TRIPOLIS AD MAEANDRUM

I

TRIPOLIS ARAŞTIRMALARI

Editör / Editor

BAHADIR DUMAN

TRIPOLIS AD MAEANDRUM
I

TRIPOLIS ARAŞTIRMALARI

Editör / Editor
Bahadır Duman

ISBN 978-605-9680-51-6

1. Baskı / 1st Edition

Bu kitap Pamukkale Üniversitesi Bilimsel Araştırma Projeleri Koordinasyon Birimi tarafından sağlanan maddi destekle basılmıştır.

This book is published with the financial support from the Scientific Research Projects Coordination Unit of Pamukkale University.

Baskı / Printed by
Gezegen Basım San. ve Tic. Ltd. Şti.
100. Yıl Mah. Matbaacılar Sitesi 2. Cadde No: 202/A Bağcılar/İstanbul
Tel: +90 (212) 325 7125 Fax: +90 (212) 325 6199
Sertifika No: 29487

Yapım ve Dağıtım / Production and Distribution
Zero Prodüksiyon
Kitap-Yayın-Dağıtım San. Ltd. Şti.
Abdullah Sokak, No: 17, Taksim
Beyoğlu 34433 İstanbul - Türkiye
Tel: +90 (212) 244 7521 Fax: +90 (212) 244 3209
E.posta: info@zerobooksonline.com
www.zerobooksonline.com

İçindekiler / Contents

Sunuş

Güneybatı Anadolu'daki Denizli ili sınırları içerisindeki antik kentler, her dönemde bu coğrafyanın önemini korumasını ve sürdürmesini sağlamıştır. Bu coğrafya bağlantı yol akslarının merkezinde olmasının yanında, iklimlerin de değişkenliğinin bariz bir şekilde hissedildiği bir konumdadır. Antik dönemde coğrafi konumun verdiği avantaj bölgeye, bir ticari yol kavşağı ve dağılım odak noktası özelliği kazandırmıştır. Antik dönemde bu coğrafya Frigya, Karya, Psidia, Likya ve Lidya bölgelerinin kesişme alanındadır. Özellikle Apameia (Dinar) ve Eumeneia (Işıklı)'dan doğan Büyük Menderes Nehri, Milet'te denize ulaşıncaya kadar etrafında önemli medeniyetlerin doğmasına neden olmuştur. Bu yönüyle Lykos (Çürüksu) Ovası, hem konumu, hem iklimi, hem de verimli topraklarıyla tarih boyunca önemli uygarlıklara yataklık etmiştir. Ovanın doğusunda Kolossai, merkezinde Laodikeia, kuzeyinde Hierapolis, güneyinde Trapezopolis, Attouda, Karura, batısında ise Tripolis yer alır. Prehistorik yerleşmelerde ise tarihleme şimdilik Erken Kalkolitik Döneme kadar veri sağlamıştır.

Büyük Menderes Nehri'nin kenarında yer alan Tripolis, Lidya Bölgesi sınırında eğimli bir topografyada kurulmuştur. Antik kentte daha önceden kısa süreli kazı çalışmaları yapılsa da ilk uzun soluklu kazı ve restorasyon çalışmaları Doç. Dr. Bahadır Duman tarafından başlatılmıştır. Tripolis kazıları Vadi arkeolojisinin anlaşılması, karşılaştırma ve yorumlamalar için çok önemlidir.

Vadi içinde gezginlerin yaptığı seyahatler ve bilimsel yüzey araştırmaları hariç arkeolojik kazıların geçmişi çok geriye gitmemektedir. En erken 1957 yılından itibaren İtalyan Arkeoloji Ekibi tarafından kazılmaya başlanan kent Hierapolis'tir. Bunun arkasından Laodikeia'da Caracalla Nymphaeumu'nda kısa süreli 1961-63 yıllarında Kanada Québec Laval Üniversitesi adına Prof. Dr. J. Des Gagniers kazılar yapmıştır. 2003 yılından itibaren ise Laodikeia'da kazı ve restorasyon çalışmaları Prof. Dr. Celal Şimşek başkanlığında devam etmektedir. Vadi içindeki en yeni kazı ise Tripolis'tir.

Tripolis kazıları Vadi içinde yer alan üç kent arasında sıkı bağlantıların ortaya konması, yorumlanması ve değerlendirme yapılabilmesi yönünden başta bölge arkeolojisine büyük katkılar yapmaya başlamıştır. Özellikle bölgenin birinci derece deprem kuşağı içinde yer alması nedeniyle, depremler sonrasında yapılan imar çalışmalarının yorumlanmasına ve tarihlenmesi bu kentler arasında hemen hemen ortaktır. Diğer taraftan tarih içinde bu kentlerde meydana gelen olaylar, istilalar ve sanat anlayışının da algılanması ve yorumlanmasında büyük benzerlikler olduğu artık daha iyi anlaşılmaya başlamıştır. Hemen hemen Hierapolis, Laodikeia ve Tripolis aynı ocakların mermerlerini, onikslerini ve travertenlerini kullanmışlardır. Bunun da ötesinde bu üç yakın kent arasında planlama, yapılar, mimari stiller, üretimler ve tüketimlerin de iç içe girdiği yeni kazı verileriyle daha iyi yorumlanmaktadır.

Başlangıçta Denizli Müzesi Müdürlüğü Başkanlığında, Pamukkale Üniversitesi'nin Bilimsel Danışmanlığında yapılan Tripolis Kazıları, 2016 yılı itibariyle Bakanlar Kurulu Kararlı olarak Doç. Dr. Bahadır Duman Başkanlığında yürütülmeye başlanmıştır. Bahadır Duman Başkanlığımda sürdürülen Laodikeia Kazılarında uzun süre ekip üyesi olarak çalışmış olan ve Laodikeia ekolünden gelen bir araştırmacıdır. Bu nedenle Laodikeia dışında kazı, restorasyon ve araştırmaların tüm yıla yayıldığı diğer merkez Tripolis'tir. Özelikle bölgenin arkeolojik zenginlikleri göz önüne alınarak Pamukkale Üniversitesi bünyesinde kurulan Arkeoloji Enstitüsü, kurumsal olarak başta bölge arkeolojisi ve ülkemiz arkeolojisine katkı sağlamaya başlamıştır.

Tripolis kazılarının ilk verilerinin değerlendirildiği bu ilk kazı bandında; kentin prehistorik arkeolojisi (Akkaya ve Hamambükü höyük), tarih ve epigrafisi, heykel, Roma Dönemi bezeme anlayışı (altar), küçük sur dibi kilisesi, seramikler (amphora mühürleri, unguentariumlar), stoa koruma ve onarım çalışmaları, seramik analizleri (doğrusal elastik, arkeometrik), eser koruma yöntemleri ve kent florasının ele alındığı 15 araştırmaya yer verilmiştir. Kazı bandındaki çalışmalara dikkat edildiğinde buluntuların sadece arkeolojik yönden ele alınmadığı, farklı alanlarda uzmanlaşmış bilim insanlarıyla birlikte teknolojik analizlerin yapıldığı ve buna göre yeni değerlendirmelerin ele alındığı, disiplinler arası bir çalışma olduğu dikkat çekicidir. Özellikle son yıllarda arkeolojik kazılarda ortaya çıkartılan veriler için disiplinler arası çalışmaların yaygınlaşması ve materyalin çok yönlü olarak ele alınarak değerlendirilmesi sayesinde, eserin sadece tarihi, sosyal yanı değil, aynı zamanda üretim yatakları ve üretim teknolojisi gibi birçok bilinmeyeni de ortaya konmaya başlamıştır. Bu kazı bandında ilk kez bilim dünyasına tanıtılan Tripolis buluntuları çok yönlü olarak incelendiğinden bölge ve Türk arkeolojisine önemli katkılar sağlayacaktır.

19.04.2017

Prof. Dr. Celal ŞİMŞEK

Önsöz

Pamukkale Üniversitesi, Denizli Müzesi ve Denizli Valiliği'nin işbirliği ile 2013 yılında Tripolis'te uzun yılların ardından tekrar başlatılan arkeolojik kazı çalışmalarının sonuca odaklı ilk ürünü elinizdeki kitaptır. Tripolis'te 2013- 2015 yılları arasında gerçekleştirilen yoğun arkeolojik kazı ve restorasyon çalışmalarının ardından, aynı zamanda birçoğu kazı heyet üyelerinden oluşan yazarlar, kendi uzmanlık alanlarıyla ilgili konulara yönelik olarak tespitlerini ve düşüncelerini birer makale haline getirerek, Lydia Tripolisi'nin yüzyıllarca toprak altında kalan bilimsel verilerinin bilim camiası ile paylaşılması açısından çok önemli bir işe imza atmışlarıdır.

Tripolis'te 1994 ve 2007-2011 yılları arasında kısa dönemler içerisinde ancak sürekli olarak Denizli Müze Müdürlüğü'nün başkanlığında gerçekleştirilen kazı çalışmaları, 2013 yılında bu satırların sahibinin de bilimsel danışman olarak içinde bulunduğu yeni bir ekibin araştırmaları ile 3. Dönem kazı çalışmaları olarak tekrar başlatılmıştır. Çalışmanın ilk yılında 1. ve 3. derece arkeolojik sit sınırları içerisinde kalan ve yüzeyde görülen tüm antik yapıların haritalandırılmasının yanı sıra, kent merkezinde ve çevresinde gerçekleştirilen yüzey araştırmalarıyla büyük bir eksiklik giderilmiştir. Söz konusu çalışmaların tamamlanmasıyla uzun vadede kentte gerçekleştirilecek kazı ve araştırmaların planlı bir program dâhilinde gerçekleştirilmesi sağlanmıştır. Uzun yıllar korumasız olarak her türlü tehlikeye açık olan kentin yaklaşık 6 bin metre uzunluğundaki çevresi tel çit ile çevrelenmiş, yüzeyde görülen bazı yapıların yakın çevresine çift dilde bilgilendirme levhaları yerleştirilmiştir. Yaklaşık 280 hektarlık alanda yerleşim izleri görülen kentte, belli aralıklarla antik yapıları işaret eden yönlendirme levhaları yerleştirilmiştir. Alt yapı faaliyetlerinin önemli bir diğer ayağını ise çalışmalara katılan ekip üyelerinin ikametgâhı ve aynı zamanda araştırma laboratuvarı olan kazı evinin resmileştirilmesi olmuştur. Altyapı faaliyetlerinin ardından, kentin merkezi konumundaki doğu-batı yönlü Sütunlu Cadde ile kuzey-güney yönlü Hierapolis Caddesi ve bu iki caddenin yakın çevresinde gerçekleştirilen araştırmalarla; kentin kuzeyinde yer alan tepenin yamacından akan ve yer yer 7 m. ye kadar ulaşan erozyon toprağının yüzyıllarca bu kenti koruduğu tespit edilmiştir. Söz konusu toprak tabakası kazı çalışmalarının ilerlemesinde önemli bir iş yükü oluştursa da önümüzdeki yıllarda gerçekleştirilecek çalışmalarla ortaya çıkarılacak yapı kalıntıları ve arkeolojik buluntular bilim camiasını derinden etkileyecektir.

Yukarıda bir paragrafta kısaca değinilen yüzey araştırması, arkeolojik kazı ve alt yapı faaliyetleri 3 yılın sonunda Anadolu'nun önemli kültürel hazinelerinden birini oluşturan Tripolis'te uzun yıllar devam edecek çalışmaların temel taşlarını oluşturmaktadır. Söz konusu çalışmaların desteklenmesi ve sürdürülebilir hale getirilmesi başta Kültür ve Turizm Bakanlığı Kültür Varlıkları ve Müzeler Genel Müdürlüğü olmak üzere, Denizli Valiliği, Pamukkale Üniversitesi Rektörlüğü, Denizli Kültür ve Turizm Müdürlüğü, Denizli Arkeoloji Müzesi ve Buldan Belediyesi'nin katkı ve destekleriyle gerçekleştirilmiştir. Bu vesileyle söz konusu kamu kurum ve kuruluşlarının başta yöneticileri olmak üzere tüm çalışanlarına teşekkür ederim. Çok kısa süre içerisinde uluslararası kamu oyunun da dikkatini çekerek Dünya Kültürel Miras Listesine gireceğinden şüphem olmayan Tripolis'in ortaya çıkarılmasında katkı ve destekleriyle üstün bir başarıya imza attılar.

Bilimsel ve idari anlamda eleştiri ve desteklerinden uzun yıllardır faydalandığım Prof. Dr. Celal Şimşek ve Dr. Mustafa Büyükkolancı'nın yanı sıra Mehmet Korkmaz ve H. Hüseyin Baysal her zaman Tripolis kazı ekibinin yanında oldular, ne kadar teşekkür etsek azdır. Tripolis'te yürütülen çalışmalarda özveri, sabır ve dikkatli çalışmalarıyla yanımda olan başta eşim ve meslektaşım Arzu Deniz Duman olmak üzere arkeologlar Mehmet Aksu, Mehmet Ok, Sezer Sayan, İzzet Önal,

Cemal Kaba, Tolga Candur, Pınar Sarıhan, Emre Baş, Mehmet Uğur Özer, Fırat Baranaydın; Restoratörler Özgür Gemici, Emre Avcı, Ayşegül Çiçek ve Mimar Ali Bedrettin Boz'a ne kadar teşekkür etsem azdır. Bu kitaba değerli eserleriyle katkı sunan tüm yazarlara ve kitabın kapak tasarımını yapan değerli dostum Uzm. Dr. Mustafa Bilgin'e ayrıca teşekkürlerimi sunarım.

Kitabın tüm baskı giderleri Pamukkale Üniversitesi Rektörlüğü Bilimsel Araştırma Projeleri Koordinatörlüğü'nce desteklenen 2016KRM009 no'lu proje ile karşılanmıştır. Bu vesileyle Pamukkale Üniversitesi Rektörlüğü'ne ve BAP çalışanlarına teşekkür ederim.

Denizli
13.04.2017

Bahadır DUMAN
Tripolis Kazı Başkanı

Foreword

This book in your hands is the first result-focussed product of the archaeological excavations restarted at Lydian Tripolis in 2013 after a long hiatus with the collaboration of Pamukkale University, Denizli Museum and Denizli Governorate. Most of the authors here are members of the excavation team and they have put their own comments regarding their fields of specialisation in article format following extensive excavations and restorations in 2013-2015, thus fulfilling a very important duty to share scientific data on Lydian Tripolis, which has been buried for centuries.

Excavations at Tripolis were conducted for short terms in 1994 and 2007-2011 always under the direction of Denizli Museum Directorate. In 2013, the third stage of excavations were started by a new team under the scientific supervision of the author of these lines. In the first year the work concentrated on the mapping of all the visible structures within the first and third degree preservation areas as well as surveys in the city centre and environs, thus filling an important gap. With the completion of the abovementioned work it became possible to design a long-term program for the excavations and research to be conducted at the site. The city was exposed to all sorts of looting and threats for long years and so, it was fenced off for a length of 6000 m. Some info boards were put up near structures visible on the ground level. Signposts were put up at certain intervals indicating the direction to reach monuments spread across the site covering an area of about 280 hectares. Another important foot of the infrastructure work was the formalisation of the excavation house for the accommodation of the team members and research lab. Following the infrastructure work research in the east-west Colonnaded Street and north-south Hierapolis Street and in their environs constituting the city centre revealed that the erosion layer reaching a thickness of 7 m. at places has actually protected the remains. Although this layer does pose a big workload the building remains to be uncovered in the future shall cause a tremendous impact in the academia.

The surveys, excavations and infrastructure work briefly mentioned above constitute, at the end of three years, the foundation stones of longitudinal work at Tripolis, an important cultural heritage of Anatolia. These works have been supported and contributed to by, above all, the General Directorate for Cultural Heritage and Museums of the Ministry of Culture and Tourism, Denizli Governorate, Pamukkale University Presidency, Denizli Directorate of Culture and Tourism, Denizli Archaeological Museum and Buldan Municipality. At this point, I would like to take the opportunity and thank these institutions, their directors and all their staff. They have undersigned a big success in the uncovering of Tripolis, which, I am positive, shall be taken into the World Heritage List soon by attracting the attention of the world public.

Further thanks are due to Prof. Dr. Celal Şimşek and Dr. Mustafa Büyükkolancı for their constructive criticism and support with regards to scientific and administrative perspectives as well as Mehmet Korkmaz and H. Hüseyin Baysal, who have always been on the side of the Tripolitan excavation team. I would also like to express my sincere thanks to, above all, Arzu Deniz Duman, my better half and colleague, archaeologists Mehmet Aksu, Mehmet Ok, Sezer Sayan, İzzet Önal, Cemal Kaba, Tolga Candur, Pınar Sarıhan, Emre Baş, Mehmet Uğur Özer, and Fırat Baranaydın; restorers Özgür Gemici, Emre Avcı, Ayşegül Çiçek and Architect Ali Bedrettin Boz. Last but not least, thanks go to the authors of articles in this book.

All the cost of printing this book was covered with Project no. 2016KRM009 supported by Pamukkale University's Scientific Research Projects Coordination (BAP). I would like to express my gratitude to the Presidency of Pamukkale University and staff of the BAP.

Denizli
13.04.2017

Bahadır DUMAN
Director of Tripolis Excavations

Tripolis'in Yeri, Önemi ve Kısa Tarihi

Bahadır DUMAN*

Tripolis antik kenti İç Batı Anadolu Bölgesi'nde Denizli ili, Buldan ilçesi, Yenicekent mahallesi sınırları içerisinde yer almaktadır. Lykos/Çürüksu Vadisi'nin kuzeybatı ucundaki kentin kamu ve sivil mimariye ait kalıntıları, vadiye hâkim bir tepenin güney yamacında yaklaşık 3 km^2 lik bir alana yayılmaktadır **(Fig. 1)**.

Kentin konumu ile ilgili en erken bilgileri antik dönemin tarihçileri ve coğrafyacıları verir[1]. Kentin konumlandığı bölgenin antik dönemde Lydia sınırları içerisinde yer aldığını işaret eden ilk bilgi Herodotos *(VII. 30)* tarafından verilmiştir. Plinius *(nat. V. 29)*, kenti Lydia sınırlarına dâhil eder. Kentin Lydia sınırları içerisinde olduğunu belirten bir başka yazar Hierokles'tir (*synek.* 669, 4). Farklı bir görüş olarak Tripolis'in Karia sınırları içerisinde yer aldığını bildiren antik yazarlar da bulunur *(Ptol. geogr.* V.2.18*)*; Kent Sibylla metinlerinde Maiandros (Menderes) yanındaki Tripolis olarak geçer (*Orac. sibyl.* V.321).

Birçok farklı metinde başta Lydia olmak üzere Karia ve Phrygia sınırları içerisine de dâhil edilen Tripolis'in bu muğlak konumu adı geçen her üç bölgenin kesişim noktasında yer alması nedeniyle farklı yazarlar tarafından farklı bölgelerde değerlendirilmiştir. Konumlandırmalar arasındaki farkların en önemli nedeni ise dönemler arasındaki sınır değişiklikleri ile ilgili olmalıdır. Nitekim Tripolis bir dönem Sardeis *Conventus*'unda yer alırken, bir başka belgede Apameia *Conventus*'u içerisinde yer alır. Antik Dönem'de dağ, göl, ırmak gibi çeşitli coğrafi oluşumların sınırların belirlenmesinde etkin olduğu düşünülürse Maiandros'un kuzeyinde yer alan Tripolis'te Lydia sınırları içerisinde yer almış olmalıdır. Roma Dönemi'ne tarihlenen bir yazıtta yer alan Μαιονίη Τρίπολις ifadesi kentin Lydia sınırlarında olduğunu gösteren en önemli yazılı belgedir[2]. Son yıllarda Tripolis'te gerçekleştirilen arkeolojik kazı çalışmalarında tespit edilen birkaç yazıtta da kentin Lydia bölgesi sınırları içerisinde olduğuna dair önemli verilere ulaşılmıştır **(Fig. 2)**.

Antik kentte bilimsel anlamdaki ilk tespitler 17. yy'ın ortalarından itibaren bölgeyi ziyaret eden seyyahlar tarafından yapılır[3]. Bu çalışmalar yüzeyde görülebilen antik yapılara ait kalıntılar hakkında sınırlı bilgiler içermektedir. 1993, 2007-2009 yılları arasında Denizli Müze Müdürlüğü Başkanlığı'nda kısa dönemlerde kazı çalışmaları ve yüzey araştırmaları yapılmış[4], 2012 yılı itibariyle bu makalenin yazarının başkanlığında kazı çalışmaları günümüzde de devam ettirilmektedir[5].

Tripolis'in Lydia Bölgesi'nde stratejik ve jeopolitik anlamda oldukça önemli bir noktada konumlandığını gösteren en önemli veri, ticaret yollarının geçiş güzergâhında yer almasından kaynaklanmaktadır. Pergamon/Bergama, Germe üzerinden gelen ticaret yolu Thyateria, Sardeis, Philadelphia güzergâhından, Tripolis, Hierapolis ve Laodikeia'ya doğru devam eder.

* Doç. Dr., Pamukkale Üniversitesi, Fen-Edebiyat Fakültesi, Arkeoloji Bölümü, Klasik Arkeoloji Anabilim Dalı, 20070 Kınıklı – Denizli.

1 Strabon XIII. 4. 4. 169. Plinius, NH, V, XXIX; Hierokles Synekdemos, 669, 4; Ptolemaios V. 2. 18. Oracles Sibylline V, 321.

2 Ramsay 1887, 357; 1890, 134.

3 Smith 1678, 245 vd.; Chandler 1969, 194 vd.; Hamilton 1837, 34 vd.; Ramsay 1887, 357; Ramsay 1890, 134.

4 Ceylan 1995, 159 vd.; Atik – Erdem 2002, 1 vd.; Atik – Erdem 2004, 9 vd.; Erdoğan – Cörtük 2009, 107-138; Erdoğan 2011, 328-347.

5 Duman 2013, 179 vd.; Duman 2014 a, 41 vd.; Baysal – Duman 2014, 633 vd.; Baysal – Duman 2015, 563 vd.

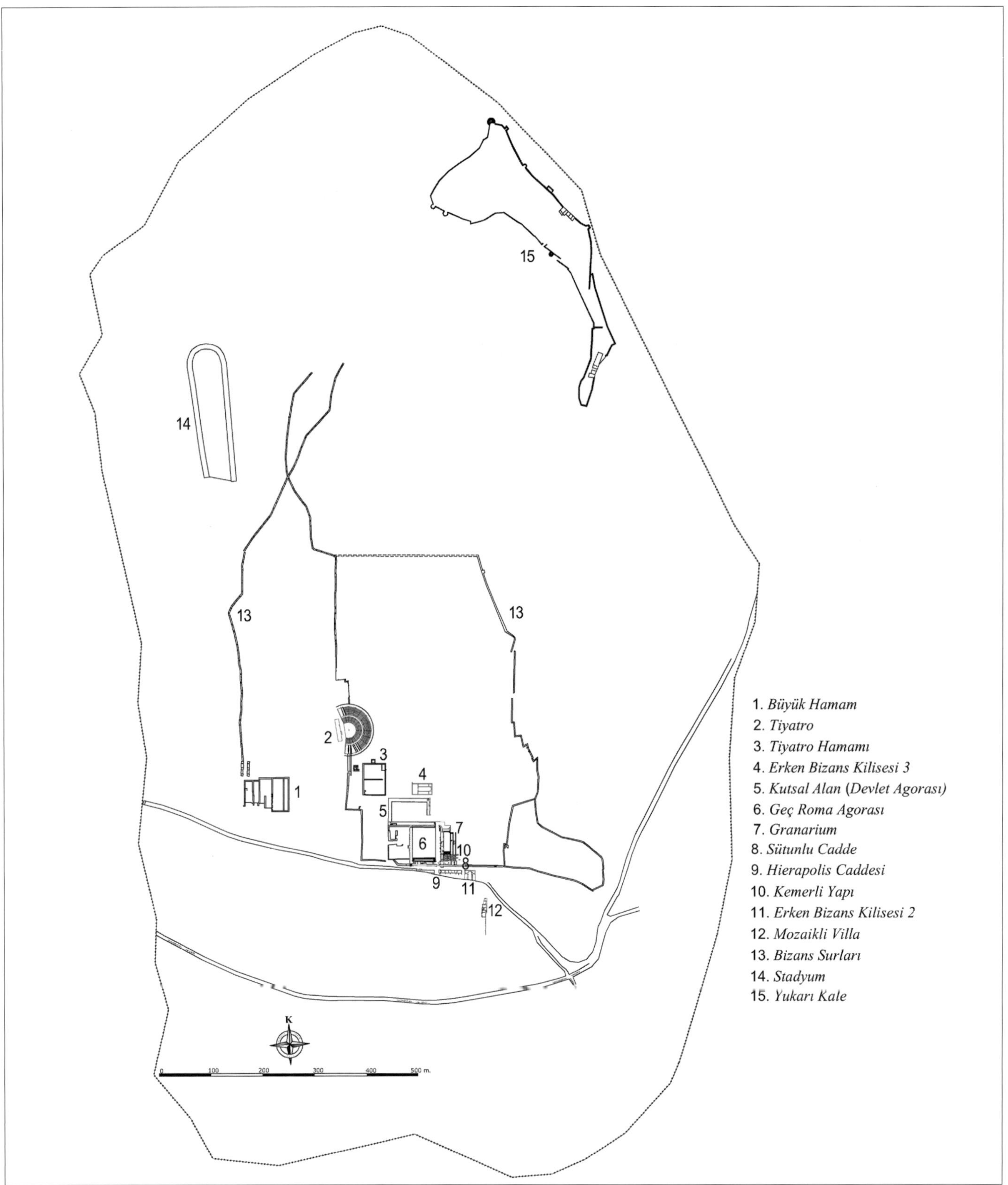

Fig. 1 Kent Planı / *City Plan*

Tripolis'in bir kent olarak geçmişi birçok araştırmacı tarafından Hellenistik Dönem'e dayandırılsa da, kentin doğu ve güneydoğusunda yer alan Hamam bükü ve Akkaya (Yenice) Höyükte gerçekleştirilen yüzey araştırmalarında elde edilen arkeolojik materyal Tripolis'in konumlandığı alandaki yerleşim izlerinin Geç Neolitik - Erken Kalkolitik Dönem'e (MÖ 5500) dayandığını kanıtlamaktadır[6].

6 Tripolis'in yakın çevresindeki erken döneme ait yerleşim alanları için bu kitap içerisinde E. Konakçı 'nın makalesi önemli tespitler içermektedir.

Fig. 2
Batı Anadolu Haritasında Tripolis'in Konumu

Fig. 3
Sütunlu Cadde ve Dükkânlar

Fig. 4 Taberna Freskleri

Fig. 5 Taberna Freskleri

Helenistik Dönem'de Apollonia ismi ile kurulan kent[7] kısa süreli olarak Triumvir Marcus Antonius'un MÖ 41'de Küçük Asya'ya yaptığı ziyaret esnasında Antoniopolis olarak adlandırılmış olmasına rağmen I. Triumvirliğin MÖ 36 yılında dağılmasının ardından Marcus Antonius birlikten ayrılmıştır bu süreçte kentin ismi de değişmiş olmalıdır. İmparator Augustus Dönemi'nden itibaren ise burada basılan otonom sikkelerden anlaşılacağı üzere kentin ismi artık Tripolis'tir. Tripolis'in de içinde bulunduğu Çürüksu Vadisi MÖ 190 yılında Seleukoslar ile Bergama Krallığı arasında yapılan Magnesia Savaşı'na kadar, bağımsız kentlerden oluşur. Bu savaşı, Roma desteğinde kazanan Bergama Krallığı MÖ 188 yılında imzalanan Apameia barışıyla bölge yönetimini ele almıştır. Bergama Krallığı, III. Attalos'un MÖ 133 yılında ölümü ve vasiyeti üzerine, bölge Roma İmparatorluğu'na bağlanmıştır. Roma İmparatorluk Dönemi'nde bir dönem Sardis Conventusu'na dâhil edilen kent[8] Flaviuslar Dönemi'nde Apameia Conventus'u içerisinde yer alır[9].

Kent en ihtişamlı çağını Roma Dönemi'nde yaşamıştır. MS 1. yy'da kent 9 m. genişliğinde ve yaklaşık 450 m. uzunluğundaki doğu-batı yönlü bir cadde (*decumanus maximus*) ve bu caddeyi enine kesen ara sokaklardan oluşmaktadır. Ana caddenin her iki kenarında şu anki veriler dâhilinde MÖ 1. yy'dan MS 7. yy ortalarına kadar kullanım gören konut ve dükkânlar yer almaktadır **(Fig. 3)**. Dükkânların MS 3. yy evresinde iç mekân duvarları çeşitli hayvan ve bitkisel süslemeli renkli fresklere sahiptir[10] **(Fig. 4-5)**. Kentin merkezi konumunda yer alan ve doğu-batı yönlü sütunlu caddeyi boyuna kesen ikinci ana cadde kuzey- güney yönlü Hierapolis Caddesi'dir (*cardo*) **(Fig. 6)**. Özellikle MS 4. yy'da caddenin doğu portiğinin çatısını taşıyan sütunların önüne ve arasına kaideler üzerine yerleştirilen heykellerle oldukça zengin bir görünüme sahip olmuştur. 2013-2016 yılları arasında bu alanda gerçekleştirilen kazı çalışmalarında bulunan bir düzine heykel Tripolis'in Geç Roma Dönemi'nde de oldukça önemli bir ekonomik gelire sahip olduğunu gösteren önemli verilerdendir **(Fig. 7)**. İki ana caddenin çevresinde Kemerli Yapı, Agora, Nymphaeum ve Bouleterion gibi kamu yapılarının yanı sıra sivil mimariye ait kalıntılarada rastlanmıştır. Epigrafik kaynakların yaptığı vurgu doğrultusunda ünlü evleri ile dikkat çeken Tripolis'te 2013 kazı sezonunda ortaya çıkarılan bir konut, antik döneme ait yazıtları doğrular niteliktedir[11]. Kentin güney doğusunda kuzey- güney aksında uzanan bir başka caddenin kenarında yer alan konut, birbirine bitişik oda ve salonlardan oluşmaktadır **(Fig. 8-9, Fig. 16: 12)**. Söz konusu mimari iki katlı olup, zemin katın iki odası günümüze kadar koruna gelmiş renkli tesseralardan oluşan mozaik tabana sahiptir **(Fig. 10-11)**. Bitkisel ve geometrik öğelerin bezeme unsuru olarak kullanıldığı mozaiklere sahip söz konusu ev M.S. 4. yy. Tripolis'te statü sahibi bir aileye ait olmalıydı.

---

[7] Kentin kurucuları ile ilgili çeşitli görüşler için bkz. Moretti 1979, 295 vd.; Robert 1954, 241. n. 2.; Robert 1983, 498-501; Ramsay 1895, 10-38; Ramsay 1960, 45; Jones 1971, 42; Thonemann 2003, 97-106.

[8] Habicht 1975, 83 vd.; Ramsay 1890, 120.

[9] Habicht 1975, 64 vd.

[10] Duman 2017, 109-142.

[11] Yazıt için bkz. Merkelbach – Stauber 1998, 257. no. 02-10-01; Pierre 1884, 379-380.

Fig. 6
Hierapolis Caddesi

Fig. 7
Hierapolis Caddesi ve Kaideler Üzerinde Heykeller

Fig. 8
Mozaikli Konut

Fig. 9 Mozaikli Konut Planı

Fig. 10 Mozaikli Konut Karşılama Salonu

Önemli ticaret yolları üzerinde yer alması nedeniyle kentte üretime yönelik faaliyetler tüm çağlar boyunca devam etmiştir. Üretimin başında dikkat çekici sayıda ele geçen kemik saç iğneleri ve tokaları aynı zamanda kentin önemli geçim kaynaklarından birinin hayvancılık olduğunu da ortaya koymuştur **(Fig. 12)**. Bir başka önemli üretim faaliyeti pişmiş topraktan yapılan kap kacaktır. Bunların üretimi için kullanılan kalıp örnekleri Tripolis'in sadece kendi vatandaşları için üretim yapmadığını bunun yanı sıra çevre ve bölgesindeki kentler içinde önemli bir pazar olduğunu ortaya koymaktadır **(Fig. 13)**.

Fig. 12
Kemerli Yapı Kemik Saç İğneleri

Fig. 11
Mozaikli Konut Küçük Oda

Söz konusu pazar faaliyetlerinin önemli bir kısmı günümüze kadar tespit edilen iki Agora'da gerçekleşmiş olmalıdır **(Fig. 14, Fig.16: 6, 10)**. Agora'da ele geçen çok sayıdaki sikke buluntusu kentteki alışverişin boyutları ve ticari faaliyet içerisinde bulunan kişilerin memleketleri hakkında önemli bilgiler sunmaktadır. Pergamon, Smyrna, Ephesos, Tralleis, Aphrodisias, Thyateria, Philadelphia, Prymnessos, Antiokheia ad Maeandrum, Kolossai, Laodikeia, Hierapolis, Antiokheia (Pisidia), Herakleia Salbake ve Stratonikeia; Tripolis'te bulunan sikkelerin darp edildiği kentlerden sadece bir kısmını oluşturmaktadır **(Fig. 15)**. Artan nüfusun ihtiyaçları doğrultusunda şehir kapıları, hamamlar, stadyum, tiyatro ve nymphaeum gibi kamu binaları kentin diğer önemli yapılarını oluşturmaktadır **(Fig. 16)**.

Kent sadece, paganizmin hâkim olduğu Roma Dönemi'nde değil Hıristiyanlık tarihi açısından da önemli veriler sunar. MS 325'de Nicaea Konsili'nde Tripolis Piskoposluk seviyesinde temsil edilir[12]. Bu süreç ile ilgili olarak kentte şu ana kadar gerçekleştirilen yüzey araştırmaları ve kazı çalışmalarında beş kilise tespit edilmiştir. Bu kiliselerden üçünde kısmi kazı çalışmaları sürdürülmüş ve Sütunlu Cadde'nin kuzey bitişiğindeki Kilise'nin kazı ve restorasyon çalışmaları tamamlanmıştır **(Fig. 17-18)**. Güney Sur Kapısının kuzeyinde yaklaşık 13 m^2'lik alanda yer alan tuğla zemin, Roma Caddesi'nin 35 cm. üst kodundadır. Pişmiş toprak tuğlalardan yapılan bu düzenleme

---

12 Ramsay 1887, 357; Ramsay 1890, 134.

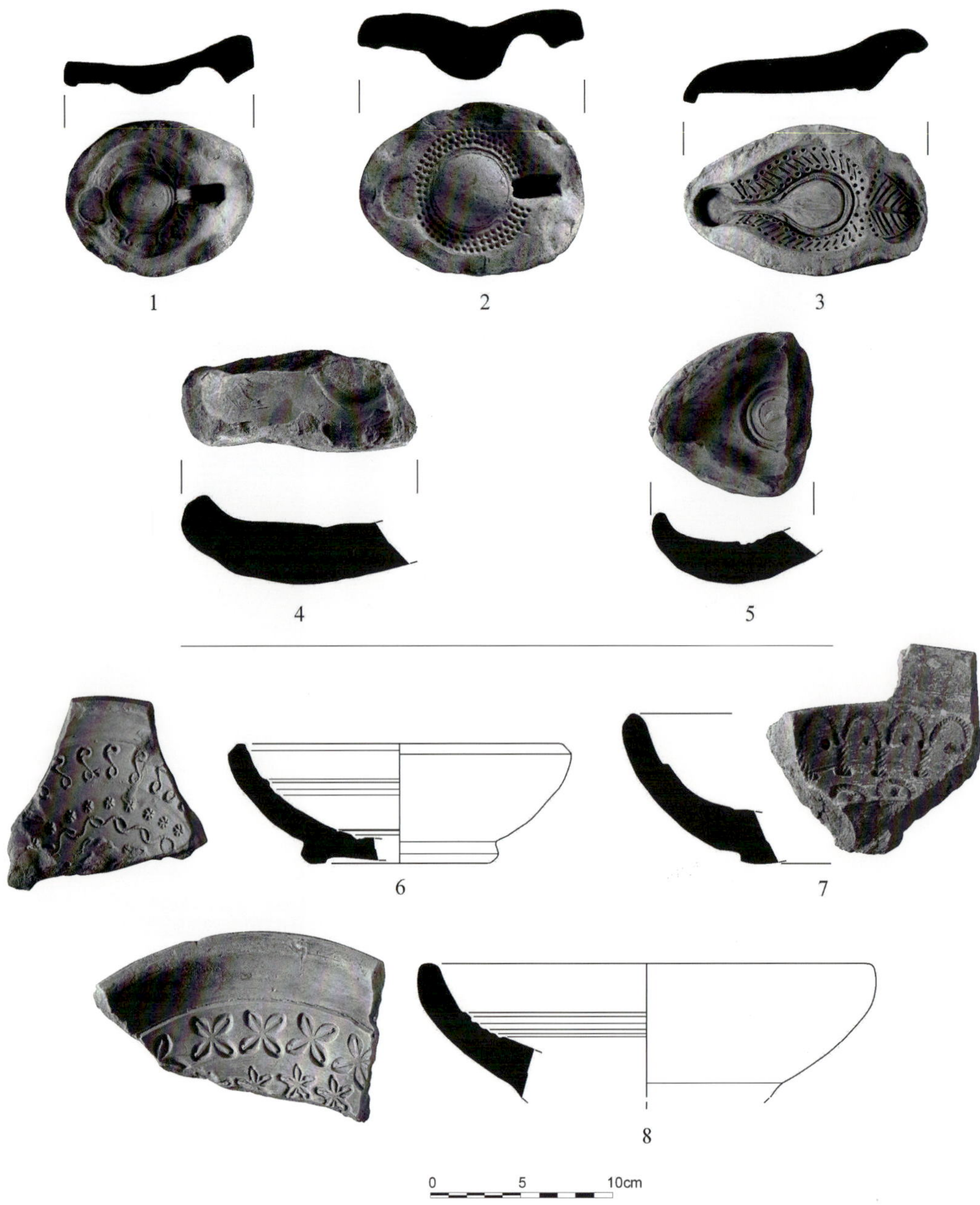

Fig. 13 Pişmiş Toprak Kalıplar: 1- 5: Kandil Kalıpları, 6- 8: Oinophoros Kalıpları

Fig. 14
Kemerli Yapı
(cryptoportikus)

Fig. 15
Tripolis'te Bulunan Sikkelerin Darp Edildiği Kentler.

Fig. 16
Kent Merkezini Gösteren Plan

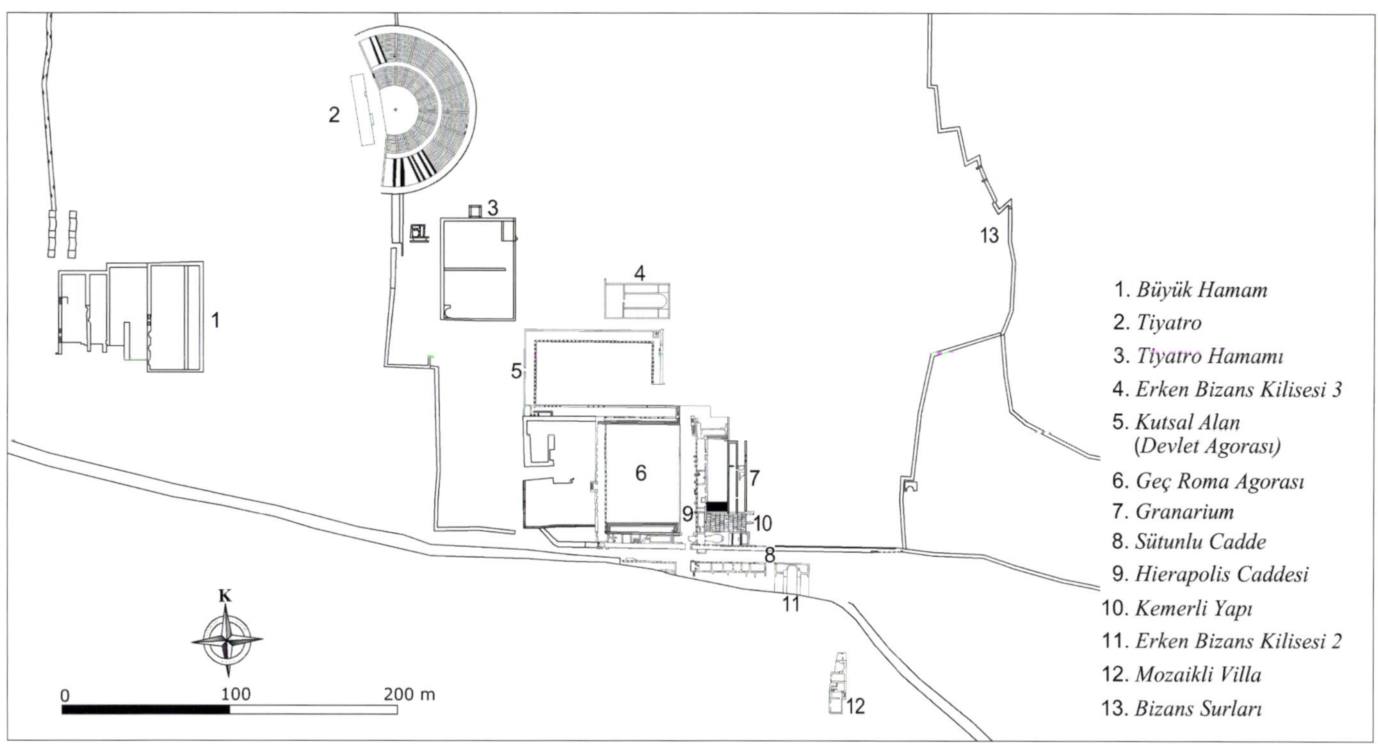

Fig. 17 Kilise Hava Fotografı

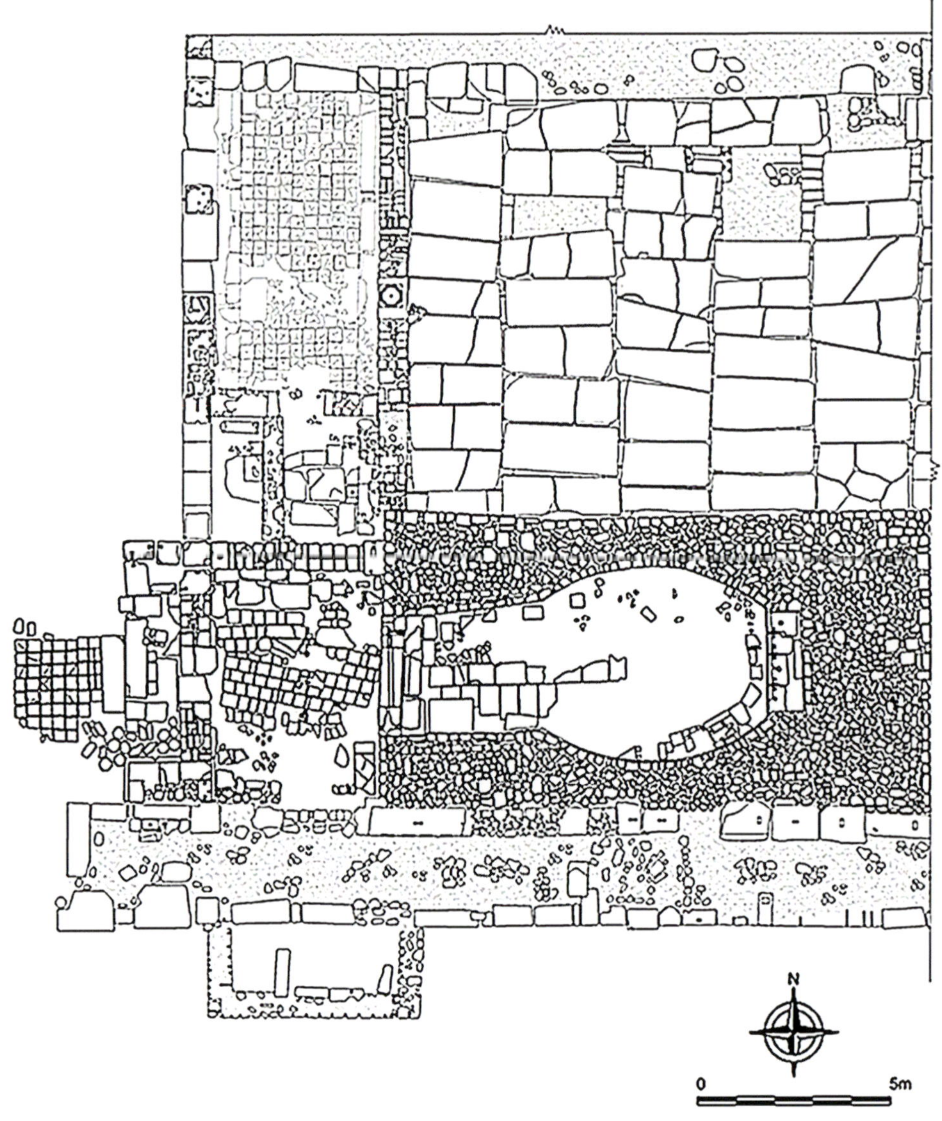

Fig. 18 Kilise Planı

Fig. 19
Kilise Güney Duvarındaki Yazıtlı Fresk

Fig. 20
Kilise Kuzey Duvarındaki Figürlü Fresk

Güney Sur Kapısı'ndan girildikten sonra doğu bitişikte, sınırları kısmen belirgin kilisenin taban döşemesidir. Kilisenin doğu ucundaki apsiste, tören sırasında rahiplerin oturduğu basamakların bulunduğu yarım daire formlu bir *synthronon* yer almaktadır. Kilisenin güney duvarında fresk üzerinde Grekçe yazıt (MS 5-6. yy) **(Fig. 19)**, kuzey duvarı üzerinde ise iki aziz betimlemesi (MS 10. yy) yer almaktadır **(Fig. 20)**. Buluntular kilisenin çeşitli tamiratlarla 300-400 yıl boyunca kullanım gördüğü yönündedir. Tripolis'teki kilise sayısının fazla olmasının sebebi, kentin kuzeybatısı ve güneydoğunda yaklaşık 40 km. mesafedeki Philadelphia ve Laodikeia gibi İncil'de adı

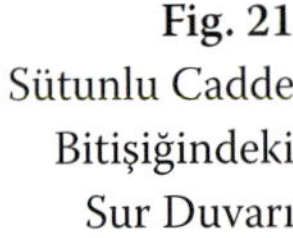

Fig. 21 Sütunlu Cadde Bitişiğindeki Sur Duvarı

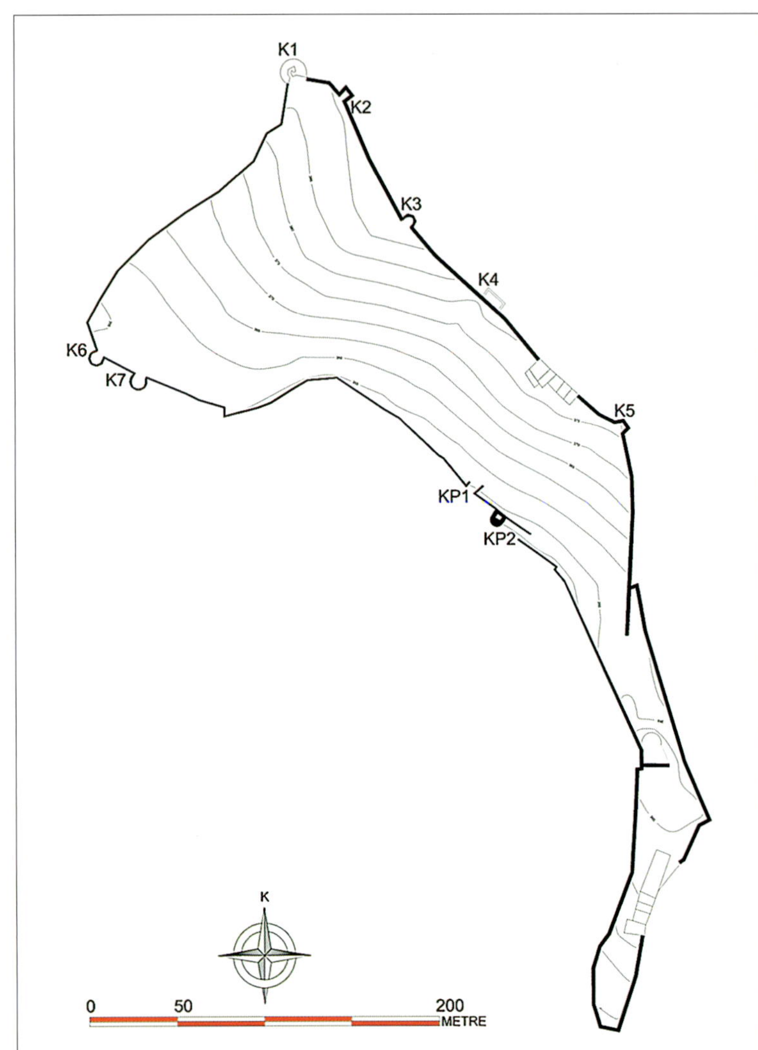

Fig. 22 Yukarı Kale Planı

geçen kiliselere sahip kentlerin arasında konumlanmış olması, yani kentin Haç güzergâhı üzerinde yer alması ile açıklanabilir.

MS 350-400 arasında Küçük Asya'daki bazı kentlerin etrafı sur duvarı ile çevrilmiştir. Sütunlu Cadde'nin Roma Dönemi kullanımında genişliği 10 m iken; olasılıkla MS 400 civarında caddenin kuzeyine, traverten bloklardan, kalınlığı ortalama 3 m, görülebilen yüksekliği yer yer 4.5 m'yi bulan sur duvarı yapılarak cadde genişliği 7 m'ye düşürülmüştür. Sütunlu Cadde'nin bir bölümü üzerine Geç Roma Dönemi'nde inşa edilen sur duvarı üzerinde 2 adet giriş kapısı bulunmaktadır. Hamam, tiyatro, bouleuterion ve kilise gibi kentin belli başlı yapılarını içine alacak biçimde 2100 m uzunluğa sahip olan surlar, yaklaşık olarak 230 bin m^2lik bir alanı çevrelemektedir. İlk imarın ardından sur duvarı çeşitli dönemlerde tamiratlar görerek uzun süre kentin savunma sistemi içerisinde önemini korumuştur **(Fig. 21)**. Tripolisliler imar ettikleri surlarla dışarıdan gelen saldırılara karşı önlemlerine almışlardır; ancak başta deprem gibi doğal afetler olmak üzere, kentin planında ve binalarında zorunlu değişikliklere gidilmesinin önüne geçememişlerdir.

Fig. 23 Yukarı Kale, 1 no.lu Kule

Son yıllarda gerçekleştirilen arkeolojik kazılar MS 60'da meydana gelen Nero Dönemi depreminin, epigrafik kaynaklarda adı geçen Hierapolis, Laodikeia ve Colossai'nin yanı sıra Tripolis'i de etkilediğini ortaya koymuştur. Bu deprem sonrasında kentte yeni bir imar faaliyeti başlamış ve İmparator Nero'nun bölgedeki kentlerin yeniden yapılanması için gönderdiği maddi destekten Tripolis'te faydalanmıştır[13]. Kentte, meydana gelen ikinci büyük deprem MS 3. yy'ın ikinci yarısında meydana gelmiş, Tripolis ve Batı Anadolu'daki birçok kenti etkilemiştir. Tripolis'de bu depremin izleri arkeolojik kazılarda tarihleme açısından oldukça önemli olan kapalı kontekstler oluşturmuştur. Tripolis'de sürdürülen arkeolojik kazılar neticesinde tespit edilen bir başka deprem MS 4. yy'da meydana gelmiş olmalıdır ki bu depremin sonucunda Kemerli Yapı olarak bilinen binanın yıkıntıları arasında iki insana ait kafatası ve vücutlarına ait kemikler bulunmuştur. Epigrafik kaynakların verdiği bilgiler doğrultusunda MS 494 depreminden bölge kentleriyle birlikte Tripolis de etkilenmiştir[14].

Tripolis'te arkeolojik kazılar sayesinde tespit edilen bir diğer önemli veri MS 6. yy sonu - 7. yy başında Aphrodisias, Sardis ve Ephesos'ta da etkili olan Sasani Akınlarıdır[15]. Söz konusu yıkıcı deprem ve akınlar nedeniyle kentteki yaşam MS 7. yy'dan itibaren azalarak devam eder. Bu süreçte tüm Anadolu topraklarında olduğu gibi Tripolis'de de kırsallaşma üst seviyededir. MS 8-9. yy Tripolis'i artık belki de küçük bir nüfusun yaşadığı komedir (köy).

MS 10. yy'da kentteki yeniden canlanma Kilise binasının duvarlarındaki aziz betimlemeleri, farklı kazı alanlarında ele geçen günlük kullanıma ait kap-kacak ve aynı yüzyıllara tarihlenen sikkelerle desteklenebilir[16].

III. Haçlı seferi (1189-1192) sırasında ordusuyla Tripolis'ten geçen F. Barbarossa kenti yıkık ve terkedilmiş bulur[17]. Kentin yaslandığı dağın zirvesinde bir kısım mimarisi günümüze kadar sağlam kalabilmiş yuvarlak planlı kulenin dâhil olduğu yaklaşık 18000 m^2'lik bir alanı çevreleyen kale yapısı bulunmaktadır **(Fig. 22-23)**. Nicaea/

13 Tripolis'te Nero Dönemi imar faaliyetlerinin en önemli göstergelerinden biri olan yazıtlı ante bloğuyla ilgili olarak bu kitapta F. Guizzi ve B. Yener'in makalesi önemli bilgiler içermektedir.

14 Ramsay 1895, 38, dipnot 3 ve 262.

15 Ratte 2001, 145.

16 Duman 2014 c, 225-234.

17 Eickhoff 1977, 99.

İznik Kralı III. Ioannes Ducas Vatatzes (1222- 1254) tarafından imar ettirilen kalenin asıl yapılış amacı, Tripolis'in daha kuzeyinde yer alan Philadelphia'nın ön karakolu niteliğinde olmasıdır[18]. Bu süreçte Türk Akınları nedeniyle Tripolis 13. yy'ın ilk yarısında Bizanslılar ile Türkler arasında bir kaç kez el değiştirmiştir. 1304-1306 tarihlerinden itibaren ise Tripolis/Yenice'nin de içinde bulunduğu bölgede Türk hâkimiyeti Germiyanoğulları ile birlikte başlamıştır[19].

---

18 Duman 2015, 229-247.

19 1306'daki Germiyan hâkimiyetinden önce de bölgede Türkler'in zaman zaman küçük gruplar halinde saldırıları ve kısa süreli zapt edişleri gerçekleştirdiği bilinmektedir. bkz. Cahen 2012, 36. bkz.

Kaynakça

Antik Kaynaklar

Plinius Kullanılan Metin ve Çeviriler: *Naturalis Historia (Natural History)*, With an English translation by H.R., Rackham, W.H.S., Jones, D.E., Eichholz, London 1838-1971.

Hierokles Synekdemos
Kullanılan Metin ve Çeviriler: *Le Synekdèmosd'Hiéroklès et l'opusculegéographique de Georges de Chypre* Çev. E. Honigmann. Brussels 1839.

Oracles Sibylline Kullanılan Metin ve Çeviriler: *The Sibylline Oracles*, With an English translation by M.S. Terry, New York 1899.

Ptolemaios Kullanılan Metin ve Çeviriler: *Claudius Ptolemy:* Geographikes *Hphegeseos (Geographika)*, (ed. C.F.A. Nobbe), Lipsiae 1843.

Strabon, Geographika
Kullanılan Metin ve Çeviriler: *The Geography of Strabo*. With an English translation by H.L. Jones, I-VIII. London, New York 1917-1932 (The Loeb Classical Library). Strabon, Coğrafya. Çev.: A. Pekman. İstanbul 2000.

Modern Kaynaklar

Atik – Erdem 2002
N. Atik – Z.K. Erdem, "Buldan (Denizli) Arkeolojik Belgeleme Calışması", *Türkiye Kültür Envanteri Pilot Bölge Çalışmaları 1/2*, 1-7.

Atik – Erdem 2002
N. Atik – Z.K. Erdem, "Buldan (Denizli) Arkeolojik Kultur Varlıkları Envanteri 2001-2003 Yılı Saptamalarının Değerlendirilmesi", *TUBA Kültür Envanteri Dergisi 2*, 9-39.

Baysal – Duman 2014
H.H. Baysal – B. Duman, "Tripolis 2. Sezon Kazı ve Restorasyon Raporu: 2013", *KST, 36/2*, Ankara, 633-650.

Baysal – Duman 2015
H.H. Baysal – B. Duman, "Tripolis ad Maeandrum 2014 Yılı Kazı, Onarım ve Koruma Çalışmaları", *KST 37/1*, Ankara, 563-584.

Cahen 2012 C. Cahen, *Osmanlılar'dan Önce Anadolu*, Çev. E. Üyepazarcı, İstanbul.

Ceylan 1995 A. Ceylan, "Tripolis Sutunlu Caddesinde Yapılan Kazı ve Temizlik Çalışmaları", *MKKS 5*, 159-170.

Chandler 1969 R. Chandler, *Travels in AsiaMinor*, , London, s. 1764-1765.

Duman 2013 B. Duman, "Son Arkeolojik Araştırmalar ve Yeni Bulgular Işığında Tripolis ad Maeandrum", *Cedrus I*, 179-200.

Duman 2014a B. Duman, Hierapolisli Bir Filozof Epiktetos, (Ed.: H. Erdem, M. Günay), içinde "Tripolis Antik Kenti 2012 yılı Kazı ve Restorasyon Çalışmaları Ön Raporu", Türkiye Felsefe Kurumu, Ankara, 2014, 41-58.

Duman 2014c B. Duman, "A Group of local production Middle Byzantine Period Pottery from Tripolis: Micaceous White Painted Ware", *Anatolia Antiqua XXII*, 225-234.

Duman 2015 B. Duman, "Tripolis'teki Geç Bizans Kalesi", (Late Byzantine Castle in Tripolis, (Ed: C. Şimşek, B. Duman, E. Konakçı), *Mustafa Büyükkolancı'ya Armağan, Essays in Honour of Mustafa Büyükkolancı*, Ege Yayınları, İstanbul, 229-247.

Duman 2017 B. Duman, "Tabernae in Tripolis", *Landscape and History in the Lykos Valley, Laodikeia and Hierapolis in Phrygia*, (Ed: C. Şimşek, F. D'Andria), Cambridge Scholars Publishing, 109-142.

Eickhoff 1977 E. Eickhoff, *Friedrich Barbarossa im Orient: Kreuzzugund Tod Friedrichs I*, Istanbuler Mitteilungen, Beiheft 17, Tübingen.

Erdoğan – Çörtük 2009
A. Erdoğan – U. Çörtük, "Tripolis Kazısı 2007 Yılı Calışmaları", *KST 30*, 107-138.

Erdoğan 2011 A. Erdoğan, "Tripolis 2008-2009 Yılı Kazıları", *KST 32, 3*, 328-347.

Habicht 1975 C. Habicht, "New Evidence on the Province of Asia", *The Journal of Roman Studies* LXV, p. 64-91.

Hamilton 1837 W.J Hamilton, "ExtractsfromNotesMade on a Journey in AsiaMinor in 1836", *Journal of the Royal Geographical Society of London, vol.* 7, p. 34-61.

Jones 1971 A.H.M. Jones, *The Cities of the Eastern Roman Provinces*, Oxford.

Merkelbach – Stauber 1998
R. Merkelbach – J. Stauber, *Steinepigrammeaus dem griechischen Osten 1, Die Westküste Kleinasiensvon Knidos bisIlion*, Stutgart-Leipzig.

Moretti 1979 L. Moretti, "Epigraphica: 18. A propositodi Apollonia al Meandro", *RivistadiFilologia e dilstruzioneClassica Número* 107/3, p. 295-300.

Pierre 1884 P. Pierre, "Inscriptions de Lydie", *Bulletin de correspondance hellénique* 8, p. 376-390.

Ramsay 1887 W.M. Ramsay, "Antiquities of Southern Phrygia andthe Border Lands (I)", *The American Journal of Archaeology and of the History of the Fine Arts*, Vol. 3, No. 3/4, p. 344-368.

Ramsay 1890 W.M. Ramsay, *The Historical Geography of Asia Minor*, London.

Ramsay 1895 W.M. Ramsay, *The Cities and Bishoprics of Phyrgia: Being an Essay of the Local History of Phyrgia from the earliest Times to the Turkish Conquest, Vol. 1.1, The Lycos Valley and South-Western Phrygia,* Oxford.

Ramsay 1960 W.M. Ramsay, *Anadolu'nun Tarihi Coğrafyası,* Çev. Mihri Pektaş, İstanbul.

Ratte 2001 C. Ratte, "The urban development of Aphrodisias in late antiquity", Ed. D. Parrish, *Urbanism in Western Asia Minor, Journal of Roman Archaeology Supplementary Series* 45, p. 117-148.

Robert 1954 L.J. Robert, *La Carie II: Histoire et GeographieHistoriqueleplateau de Tabai et ses environs,* Paris.

Robert 1983 R. Robert, "Documents d'AsieMineure", *Bulletin de correspondance hellénique* 107/1, p. 497-599.

Smith 1678 T. Smith, *Remarks upon the manners, religion and government of the Turks: together with a survey of the seven churches of Asia, as they nowlye in their ruines, and a brief description of Constantinople,* London.

Thonemann 2003 P.J. Thonemann, "Hellenistic Inscriptions From Lydia", *Epigraphica Anatolica vol.* 36, p. 95-108.

Location, Importance and Short History of Tripolis

Bahadır DUMAN*

The ancient city of Tripolis is located within the territory of Yenicekent neighbourhood of Buldan district in Denizli province in inner west Anatolia. Remains of public and civilian architecture of the city located in the northwestern tip of the Lykos (Çürüksu) Valley spread across an area of about 3 sq.km. on the southern slope of a hill dominating the valley (**Fig. 1**).

Earliest information on the location of the city is given by ancient historians and geographers[1]. The area where the city is located was considered part of Lydia as noted by Herodotus (VII.30). Pliny the Elder (*NH* V.29) also places the city within Lydia. Another ancient author placing the city within Lydia was Hierokles (*Synek.* 669.4). As a different opinion there are also some other ancient authors that placed the city within Karia, e.g. Ptol. *Geogr.* V.2.18. Sibylline Oracles mention the city as "Tripolis by Maiandros" (*Orac. Sibyl.* V.321).

Tripolis has been placed within Lydia, Karia or Phrygia by different sources and this confusion is due to its location at the junction of all three regions. The most important reason for the differences in localisation should be the changes in the borders through time. Nevertheless, Tripolis was part of the *conventus* of Sardeis for a while but then in another document it is cited within the *conventus* of Apameia. Considering the fact that various geographic formations such as rivers, mountains, and lakes were determinative in settling of borders will lead us to think that Tripolis on the northern bank of River Maiandros was actually part of Lydia. The phrase of "Μαιονίη Τρίπολις" in a Roman period inscription is the most important written evidence for placing Tripolis in Lydia[2]. Some inscriptions uncovered recently in the course of systematic excavations undertaken at Tripolis have revealed important data regarding the location of the city within Lydia (**Fig. 2**).

The first identification and scientific remarks on the ancient city came from travellers as early as the mid-seventeenth century[3]; however, these works contain only limited information on visible remains of antiquity. Denizli Museum Directorate conducted short-term excavations and surveys in 1993, 2007-2009[4], and in 2012 the author of this article initiated excavations, which still continue[5].

The most important evidence indicating the strategical and geopolitical location of Tripolis rises from its location on trade routes. The trade route coming from Pergamon and Germe extends via Thyateira, Sardeis and Philadelphia to Tripolis, Hierapolis and Laodikeia.

Although most of scholars date the origins of Tripolis as a city back to the Hellenistic period, archaeological materials obtained in the course of surveys at Hamam Bükü and Akkaya (Yenice) Höyük located to the east and

* Assoc. Prof. Dr., Pamukkale University, Faculty of Letters and Sciences, Department of Archaeology, 20070 Kınıklı – Denizli.

1 Strabo XIII.4.4, 169; Pliny, *NH*, V, XXIX; Hierokles, *Synekdemos*, 669, 4; Ptolemy V.2.18; *Oracles Sibylline* V, 321.

2 Ramsay 1887, 357; 1890, 134.

3 Smith 1678, 245; Chandler 1969, 194; Hamilton 1837, 34 ff.; Ramsay 1887, 357; Ramsay 1890, 134.

4 Ceylan 1995, 159 ff.; Atik – Erdem 2002, 1 ff.; Atik – Erdem 2004, 9 ff.; Erdoğan – Çörtük, 2009, 107-138; Erdoğan 2011, 328-347.

5 Duman 2013, 179 ff.; Duman 2014a, 41 ff.; Baysal – Duman 2014, 633 ff.; Baysal – Duman 2015, 563 ff.

southeast of the city indicate human settlement in this area since the Late Neolithic – Early Chalcolithic period (5500 BC)[6].

The city was founded in the Hellenistic period under the name of Apollonia[7]. Then for a short period of time, she was called Antoniopolis after the visit of Marcus Antonius to Asia Minor in 41 BC; however, as the First Triumvirate was dissolved in 36 BC and Marcus Antonius left it the city's name should have changed in due course. Starting with the reign of Augustus (27 BC – AD 14), as inferred from the autonomous coins struck here, the city was then called Tripolis.

The Çürüksu Valley, where Tripolis is located, housed independent cities until the Battle of Magnesia between Seleucids and the Pergamene Kingdom in 190 BC. Pergamene Kingdom won this battle with the support of Rome and with the Apameia Treaty signed in 188 BC the region came under the Pergamene rule. When Attalos III, the last king of Pergamon, bequeathed his kingdom to Rome in 133 BC the region came under the Roman rule. During the Roman Imperial period the city was part of the *Conventus* of Sardeis[8] for a while; then, she became part of the *Conventus* of Apameia during Flavian period[9].

The city had her high times during the Roman period. In the first century AD, the city had a main east-west street (*decumanus maximus*) of 9-m-width and alleys intersecting with it at right angles. The main street was flanked by houses and shops, according to evidence available at hand for the time being, from the first century BC through the mid-seventh century AD (**Fig. 3**). The interior walls of the shops were decorated with frescoes depicting various animals and floral motifs in the third century AD (**Figs. 4-5**)[10]. The second main street (*cardo*) intersects with the east-west Colonnaded Street in the city centre and it is called the Hierapolis Street (**Fig. 6**). Particularly in the fourth century AD, Hierapolis Street had a grand look with the statues erected on postaments before the eastern colonnade. A dozen of statues was uncovered in the course of excavations conducted here from 2013 to 2016 and this evinces the high economic level of the city in the Late Roman period (**Fig. 7**). Around these two main streets are the public structures such as Arched Building, Agora, Nymphaeum and Bouleuterion as well as civilian structures. In 2013 a residence was uncovered and its splendour seems to evince the houses praised in the epigraphic sources[11]. This house is located in another north-south street in the southeastern sector of the city and it comprises adjoining rooms and halls (**Figs. 8-9, 16: 12**). The structure was originally two-story and two of the rooms on the ground floor has well-preserved polychromatic floor mosaics (**Figs. 10-11**). This residence housing mosaics featuring floral and geometric compositions should have been the home of a prominent family of Tripolis in the fourth century AD.

Production activities continued through ages as the city is positioned on trade routes. Hair pins and clips of bone, which have been uncovered in high quantities, indicate that animal husbandry was one of the important income items of the city (**Fig. 12**). Another important item of production is pottery vessels. Mould examples uncovered indicate that the Tripolitan production did not target local consumption only but also marketed its products to the cities in the vicinity (**Fig. 13**).

A significant part of the market activities should have taken place at the two agorae identified to date (**Figs. 14, 16: 6, 10**). Numerous coins uncovered at the Agora reveal information regarding the dimension of trade and commercial activities in the city including the origins of the traders. Some of the cities trading at Tripolis attested from coin finds include Pergamon, Smyrna, Ephesos, Tralleis, Aphrodisias, Thyateira, Phiadelphia, Prymnessos, Antiokheia ad Maeandrum, Kolossai, Laodikeia, Hierapolis, Antiokheia (Pisidia), Herakleia

6 Please refer to E. Konakçı's article in this book, which contains important evidence regarding the early settlement areas in the vicinity of Tripolis.

7 For various views about the founders of the city see, Moretti 1979, 295 ff.; Robert 1954, 241 n. 2.; Robert 1983, 498-501; Ramsay 1895, 10-38; Ramsay 1960, 45; Jones 1971, 42; Thonemann 2003, 97-106.

8 Habicht 1975, 83; Ramsay 1890, 120.

9 Habicht 1975, 64 ff.

10 Duman 2017, 109-142.

11 For the inscription see, Merkelbach – Stauber 1998, 257 no. 02-10-01; Pierre 1884, 379-380.

Salbake and Stratonikeia (**Fig. 15**). Other important public structures are city gates, baths, stadium, theatre and nymphaea built according to the needs of the city, increasing in parallel to the increasing population (**Fig. 16**).

Not only for the pagan Roman period but also for the times of Christianity the city offers important clues. At the First Ecumenical Council held at Nikaia in AD 325, Tripolis was represented at bishopric level[12]. To date, five churches have been identified in the city via surveys and excavations. Three of them have been excavated partially and the church located to the north of the Colonnaded Street was entirely excavated and restored (**Figs. 17-18**). The brick flooring of about 13 sq.m. to the north of the South City Gate lies at 35 cm above the Roman period street level. Entering through the South City Gate this flooring of terra cotta bricks right on the east side constitutes the floor of the church, whose limits are partially discernible. In the apse at the eastern end of the structure are the remains of a semi-circular *synthronon* where the clergy sat during the masses. The fresco on the south wall of the church has a Greek inscription of the fifth-sixth centuries AD (**Fig. 19**) and two saints are depicted on the north wall (tenth century AD) (**Fig. 20**). Finds indicate that the church remained in use for three to four centuries through repairs. The reason for the high number of churches is the fact that Tripolis lies on the route between Philadelphia to the northwest and Laodikeia to the southeast, both of which are among the Seven Churches mentioned in the book of *Revelation*; that is, the city was on the pilgrimage route.

About AD 350-400 some cities in Asia Minor were encircled with fortifications. The Colonnaded Street originally had a width of 10 m during the Roman period but when the fortification wall was built about AD 400 on the north side its width fell to 7 m; the wall measures 3 m thick on the average and its visible height reaches 4.5 m at places. This fortification wall has two gates and a length of about 2100 m encompassing the major public structures such as the baths, theatre, *bouleuterion* and church within an area of 230,000 sq.m. After the first construction, the walls were repaired and maintained remaining in use for a long time (**Fig. 21**). Although Tripolitans managed to take cautions against adverse attacks by building fortifications around the city they were not able to guard their city from the natural catastrophes like earthquakes above all and thus they had to modify the urban plan and structures.

Archaeological excavations conducted in the recent years have shown that Tripolis was also affected from the earthquake in AD 60 during the reign of Nero alongside Hierapolis, Laodikeia and Kolossai, which are mentioned in the epigraphic sources. Following the concerned earthquake new construction started in the city and Tripolis also made use of the funds sent by Nero for the rebuilding of the devastated cities in the region[13]. The second big devastation by earthquakes took place in the second half of the third century and along with the cities in West Anatolia Tripolis was also razed to ground. This earthquake led to the formation of closed contexts that facilitate dating in archaeological excavations. Another earthquake attested in the course of excavations must have taken place in the fourth century AD; skulls and bones of two adults from this catastrophe were uncovered in the debris of the Arched Building. According to the epigraphic sources Tripolis was also devastated from the earthquake of AD 494 like all the other cities in the region[14].

Another important historic clue attested at Tripolis is the evidence for the Sassanian raids of the late sixth – early seventh century AD, which are known from Aphrodisias, Sardeis and Ephesos[15]. As a result of the concerned earthquakes and raids, the life in the city declined starting in the seventh century AD. In this process, like in the rest of Anatolia, ruralisation was at high levels at Tripolis. In the eighth-ninth centuries AD Tripolis was perhaps only a *kome* (village) with a small population.

The revival of the city in the tenth century may be attested from the frescoes depicting saints on the walls of the church, daily use wares and coins of the same period uncovered in various trenches[16].

---

12 Ramsay 1887, 357; Ramsay 1890, 134.

13 For the anta block with inscription concerning the rebuilding activities during the reign of Nero in Tripolis see the article by F. Guizzi and B. Yener in this book.

14 Ramsay 1895, 38, n. 3 and 262.

15 Ratte 2001, 145.

16 Duman 2014c, 225-234.

F. Barbarossa saw the city abandoned and in ruins when he passed by it on the Third Crusade (1189-1192)[17]. There is a fortress encompassing an area about 18,000 sq.m. including the circular tower partially extant at the top of the mountain, on whose foot the city is located (**Figs. 22-23**). This fortress was commissioned by John Doukas (III) Vatatzes, Byzantine Emperor of Nikaia (1222-1254), because it was an outpost on the way to Philadelphia in the north[18]. In this period, Tripolis changed hands a few times between the Turks and the Byzantines in the first half of the thirteenth century. Turkish hegemony over Tripolis/Yenice and environs started in 1304-1306 with the Germiyan Emirate[19].

17 Eickhoff 1977, 99.

18 Duman 2015, 229-247.

19 Before the Germiyan rule starting in 1306 it is known that Turks had raided the region at various times and captured the settlement for limited periods of time; see, Cahen 2012, 36.

Bibliography

Ancient Sources

Plinius Text and translations referred to: *Naturalis Historia (Natural History)*, with an English translation by H. R., Rackham, W. H. S., Jones, D. E., Eichholz, London 1838-1971.

Hierokles Synekdemos
Text and translations referred to: *Le Synekdèmos d'Hiéroklès et l'opuscule géographique de Georges de Chypre*, transl. E. Honigmann, Brussels 1839.

Oracles Sibylline Text and translations referred to: *The Sibylline Oracles*, with an English translation by M. S. Terry, New York 1899.

Ptolemy Text and translations referred to: *Claudius Ptolemy:* Geographikes *Hphegeseos (Geographika)*, (ed. C.F.A. Nobbe), Leipzig 1843.

Strabo, Geographika
Text and translations referred to: *The Geography of Strabo*, with an English translation by H. L. Jones, I-VIII, London, New York 1917-1932 (The Loeb Classical Library); Strabon, *Coğrafya*. transl.: A. Pekman. İstanbul 2000.

Modern Sources

Atik – Erdem 2002 N. Atik – Z.K. Erdem, "Buldan (Denizli) Arkeolojik Belgeleme Calışması", *Türkiye Kültür Envanteri Pilot Bölge Çalışmaları 1/2*, 1-7.

Atik – Erdem 2002 N. Atik – Z.K. Erdem , "Buldan (Denizli) Arkeolojik Kültür Varlıkları Envanteri 2001-2003 Yılı Saptamalarının Değerlendirilmesi", *TÜBA Kültür Envanteri Dergisi 2*, 9-39.

Baysal – Duman 2014
H.H. Baysal – B. Duman, "Tripolis 2. Sezon Kazı ve Restorasyon Raporu: 2013", *KST, 36/2*, Ankara, 633-650.

Baysal – Duman 2015
H.H. Baysal – B. Duman, "Tripolis ad Maeandrum 2014 Yılı Kazı, Onarım ve Koruma Çalışmaları", *KST 37/1*, Ankara, 563-584.

Cahen 2012 C. Cahen, *Osmanlılar'dan Önce Anadolu*, transl. E. Üyepazarcı, İstanbul.

Ceylan 1995 A. Ceylan, "Tripolis Sütunlu Caddesinde Yapılan Kazı ve Temizlik Çalışmaları", *MKKS 5*, 159-170.

Chandler 1969 R. Chandler, *Travels in AsiaMinor,* , London, s. 1764- 1765.

Duman 2013 B. Duman, "Son Arkeolojik Araştırmalar ve Yeni Bulgular Işığında Tripolis ad Maeandrum", *Cedrus I*, 179-200.

Duman 2014a B. Duman, Hierapolisli Bir Filozof Epiktetos, (Ed. H. Erdem, M. Günay), içinde "Tripolis Antik Kenti 2012 yılı Kazı ve Restorasyon Çalışmaları Ön Raporu", Türkiye Felsefe Kurumu, Ankara, 2014, 41-58.

Duman 2014c B. Duman, "A Group of local production Middle Byzantine Period Pottery from Tripolis: Micaceous White Painted Ware", *Anatolia Antiqua XXII*, 225-234.

Duman 2015 B. Duman, "Tripolis'teki Geç Bizans Kalesi", (Late Byzantine Castle in Tripolis, (Eds. C. Şimşek, B. Duman, E. Konakçı), *Mustafa Büyükkolancı'ya Armağan, Essays in Honour of Mustafa Büyükkolancı*, Ege Yayınları, İstanbul, 229-247.

Duman 2017 B. Duman, "Tabernae in Tripolis", *Landscape and History in the Lykos Valley, Laodikeia and Hierapolis in Phrygia*, (Eds. C. Şimşek, F. D'Andria), Cambridge Scholars Publishing, 109-142.

Eickhoff 1977 E. Eickhoff, *Friedrich Barbarossa im Orient: Kreuzzugund Tod Friedrichs I*, Istanbuler Mitteilungen, Beiheft 17, Tübingen.

Erdoğan – Çörtük 2009
A. Erdoğan – U. Çörtük, "Tripolis Kazısı 2007 Yılı Calışmaları", *KST 30*, 107-138.

Erdoğan 2011 A. Erdoğan, "Tripolis 2008-2009 Yılı Kazıları", *KST 32, 3*, 328-347.

Habicht 1975 C. Habicht, "New Evidence on the Province of Asia", *The Journal of Roman Studies* LXV, 64-91.

Hamilton 1837 W. I. Hamilton, "Extracts from Notes Made on a Journey in Asia Minor in 1836", *Journal of the Royal Geographical Society of London, vol.* 7, 34-61.

Jones 1971 A.H.M. Jones, *The Cities of the Eastern Roman Provinces*, Oxford.

Merkelbach – Stauber 1998
R. Merkelbach – J. Stauber, *Steinepigrammeaus dem griechischen Osten 1, Die Westküste Kleinasiensvon Knidos bisIlion*, Stutgart-Leipzig.

Moretti 1979 L. Moretti, "Epigraphica: 18. A propositodi Apollonia al Meandro", *Rivista di Filologia e di Istruzione Classica Número* 107/3, 295-300.

Pierre 1884 P. Pierre, "Inscriptions de Lydie", *Bulletin de correspondance hellénique* 8, 376-390.

Ramsay 1887 W.M. Ramsay, "Antiquities of Southern Phrygia and the Border Lands (I)", *The American Journal of Archaeology and of the History of the Fine Arts*, Vol. 3, No. 3/4, 344- 368.

Ramsay 1890 W.M. Ramsay, *The Historical Geography of Asia Minor*, London.

Ramsay 1895 W.M. Ramsay, *The Cities and Bishoprics of Phyrgia: Being an Essay of the Local History of Phyrgia from the Earliest Times to the Turkish Conquest, Vol. 1.1, The Lycos Valley and South-western Phrygia,* Oxford.

Ramsay 1960 W.M. Ramsay, *Anadolu'nun Tarihi Coğrafyası,* transl. Mihri Pektaş, İstanbul.

Ratte 2001 C. Ratte, "The urban development of Aphrodisias in late antiquity", Ed. D. Parrish, *Urbanism in Western Asia Minor, Journal of Roman Archaeology Supplementary Series* 45, 117-148.

Robert 1954 L.J. Robert, *La Carie II: Histoire et Géographie Historique. Le Plateau de Tabai et ses Environs,* Paris.

Robert 1983 R. Robert, "Documents d'Asie Mineure", *Bulletin de Correspondance Hellénique* 107/1, 497-599.

Smith 1678 T. Smith, *Remarks upon the manners, religion and government of the Turks: together with a survey of the seven churches of Asia, as they now lye in their ruines, and a brief description of Constantinople,* London.

Thonemann 2003 P.J. Thonemann, "Hellenistic Inscriptions from Lydia", *Epigraphica Anatolica* vol. 36, 95-108.

Prehistorik Tripolis: Akkaya (Yenice) ve Hamambükü Höyük

Erim KONAKÇI*

Özet

Roma ve Erken Bizans Dönemleri kalıntıları ile ön plana çıkan Tripolis Antik Kentinin aslında antik metinlerde bilinenden çok daha eski bir geçmişe sahip olduğu anlaşılmaktadır. Tripolis Antik kenti çevresinde yapılan yüzey araştırmalarında tespit edilen Akkaya (Yenice) ve Hamambükü höyükleri Antik Kentin kurulduğu bölgenin Geç Neolitik-Erken Kalkolitik Dönemden itibaren bir iskân alanı olarak kullanım gördüğünü ortaya koymuştur. Yapılan yüzey araştırmalarında bulunan çanak çömlekler bölgenin tarihi boyunca Göller Yöresinden, Orta Anadolu'ya ve Ege dünyasına uzanan ilişkilerini göstermektedir.

Anahtar Kelimeler: Tripolis, Akkaya (Yenice), Hamambükü, Neolitik, Kalkolitik, Erken Tunç Çağı, Orta Tunç Çağı, Geç Tunç Çağı

Abstract

It has been understood that the Ancient City of Tripolis which is remarkable for the ruins of the Roman and Early Byzantine Periods, has a history substantially tracing to much earlier years than the mentioned ones in the ancient written texts. The mounds of Akkaya (Yenice) and Hamambükü detected during the surveys around the Ancient City of Tripolis, have proved that the region in which the ancient city had been founded, was being used as a settlement area from the Late Neolithic-Early Chalcolithic Period. The potteries found at the surveys, reveals the region's relations involving from the Lake District to Central Anatolia and the Aegean world throughout its history.

Keywords: Tripolis, Akkaya (Yenice), Hamambükü, Neolithic, Chalcolithic, Early Bronze Age, Middle Bronze Age, Late Bronze Age

Tripolis antik kenti Denizli ili, Buldan ilçesi, Yenicekent mahallesi sınırları içerisinde yer almaktadır. Kent, Lykos/Çürüksu Ovası'nın kuzeybatı ucunda Büyük Menderes Nehri'nin vadiyle kesiştiği noktanın hemen kuzey kenarına konumlanmıştır (**Fig. 1**). Lykos vadisi boyunca Çürüksu (Lykos) nehri akmakta ve bu nehir Büyük Menderes Nehri ile Tripolis kentinin kuzeyinde birleşmektedir. Büyük Menderes Nehri'nin aktığı güzergâh boyunca yapılan yüzey araştırmalarında tespit edilen çok sayıdaki höyük, nehrin yer seçiminde ve yerleşimlerin gelişmesinde önemli bir rol oynadığını ortaya koymaktadır[1].

Tripolis antik kenti, Menderes Nehri'nin kenarından Değirmen Tepe'ye kadar uzanan coğrafyada yaklaşık 3 km'lik bir alana yayılmaktadır. Yerleşimin kurulduğu alanın, yol güzergâhları üzerindeki bu elverişli coğrafi

* Yrd. Doç. Dr., Pamukkale Üniversitesi, Fen-Edebiyat Fakültesi, Arkeoloji Bölümü, Protohistorya ve Ön Asya Arkeolojisi Anabilim Dalı, 20070 Kınıklı – Denizli.

1 Abay 2008, 1 vd.; Abay 2011, 1 vd.; Abay – Dedeoğlu 2005, 41 vd.; Abay – Dedeoğlu 2007, 277 vd.; Dedeoğlu 2008, 587 vd.; Dedeoğlu 2009, 241 vd.; Dedeoğlu 2010: 1 vd.

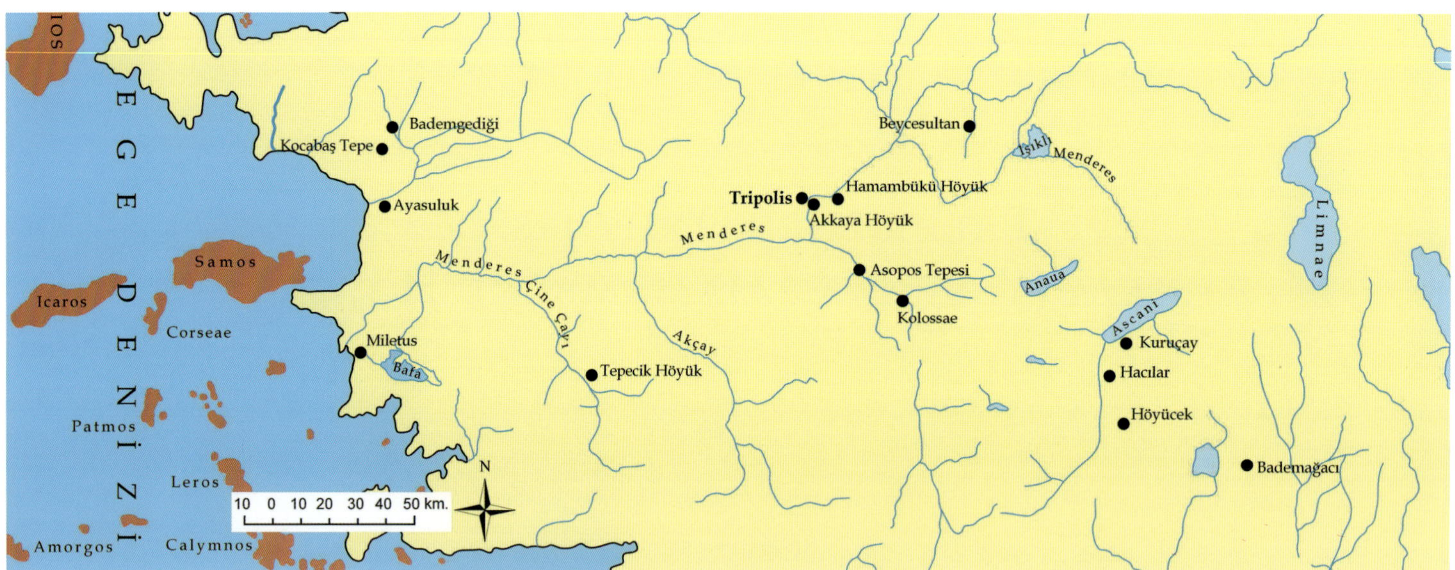

Fig. 1 Büyük Menderes Havzası

yapısı, Tripolis'in Erken Roma, Roma ve Bizans dönemlerinde ön plana çıkmasını sağlamıştır. Kent, Strabon[2], Plinius[3], Ptolemaios[4] gibi antik yazarların metinlerine de konu olmuştur. Varlığını MS 7. yy'a kadar kesintisiz sürdüren Tripolis, özellikle 7. yy'daki Sasani akınlarının etkisiyle büyük oranda Direbol adı verilen korunaklı kanyona çekilerek bu alanlarda ve çevresinde varlığını MS 16. yy'a kadar sürdürmüştür[5].

Bu makalenin konusunu, Tripolis Antik Kenti içerisinde ve sit alanı çevresinde yapılan yüzey araştırmalarında tespit edilen Akkaya (Yenice) ve Hamambükü höyükleri (**Fig. 2**) ve bu höyüklerden ele geçen arkeolojik materyaller oluşturmaktadır.

1. Akkaya (Yenice) Höyüğü

Höyük, Tripolis Antik Kenti'nin kamu yapılarının yer aldığı kent merkezine kuş uçumu yaklaşık 750 m. uzaklıktadır. Kentin güneydoğusunda yer alan höyük, Akkaya mevkii olarak tanımlanan açık renkli kayalık yükseltinin batısında, Büyük Menderes Nehri'nin yanında yer almaktadır (**Fig. 3**). Tarımsal faaliyetlerden ötürü konisi önemli derecede tahrip olmuş yerleşim, 0.3 hektarlık bir alana yayılmaktadır. Bugün, yerleşimin düzleştirilmiş üst konisi üzerinde asma bağları dikili durumdadır. Höyük konisinin çevresinin çiftçiler tarafından, höyükteki mimari yapı taşları kullanılarak çevrelendiği gözlemlenmiştir. Tarımsal faaliyetler sırasında gün yüzüne çıkan taşlar ile yapılan çevre duvarı niteliğindeki bu duvar höyüğün tarım yapılan tepe yüzeyindeki toprağının çevreye akmasını önlemekte, böylece tarımsal tahribatın derinleşmesini engellemektedir.

Höyük üzerinde toplanan buluntular arasında seramiklerin yanı sıra çakmaktaşı ve obsidyen aletler de yer almaktadır. Bulunan seramikler yerleşimin Geç Neolitik-Erken Kalkolitik, Geç Kalkolitik, Erken Tunç Çağı I, Erken Tunç Çağı II, Orta Tunç Çağı ve Geç Tunç Çağı'nda iskân edildiğini ortaya koymaktadır.

Çanak Çömlek

Geç Neolitik-Erken Kalkolitik Dönem içerisinde değerlendirilen seramiklerin hamur niteliği ve yapısı, kilin iyi bir biçimde arıtıldığını ve katkının orta yoğunlukta kullanıldığını göstermektedir. Seramiklerin hamurunda küçük taşçık ve ince zerrecikler halinde mika, bazı örneklerde ise yoğun kireç bulunmaktadır. Aşınmamış tüm

[2] Strabon XIII. 4. 4. C. 169.

[3] Plin. Nat. V. 29.

[4] Ptol. Geogr. V. 2. 18.

[5] Duman 2013, 179 vd.

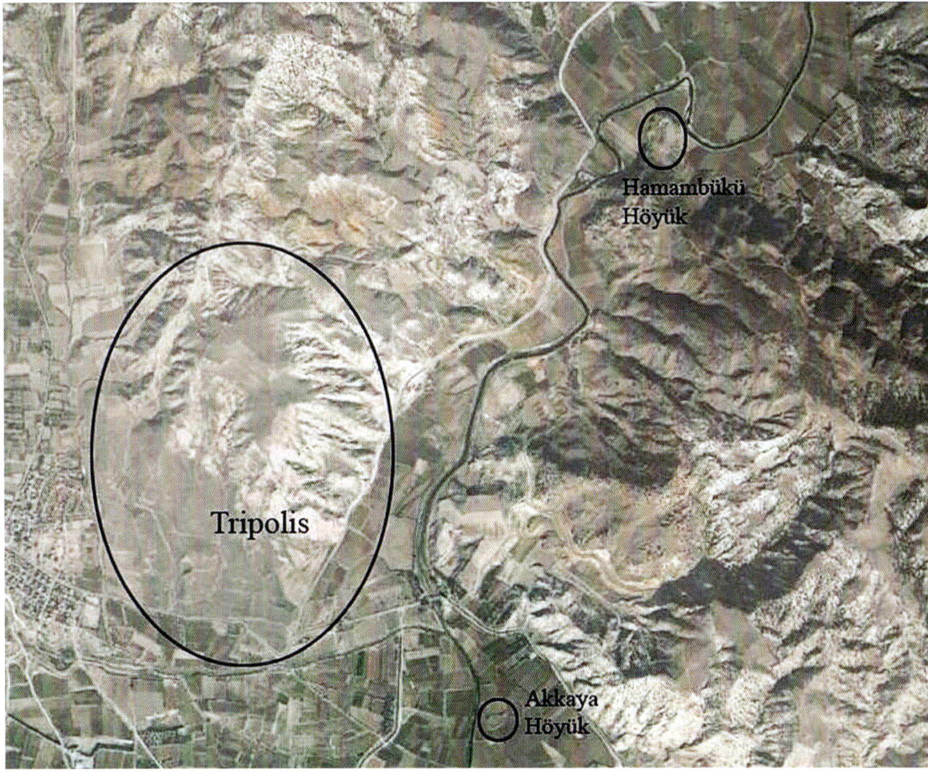

Fig. 2 Tripolis Antik Kenti, Akkaya (Yenice) ve Hamambükü Höyükleri'nin uydu görüntüsü

Fig. 3 Akkaya (Yenice) Höyüğü ve Büyük Menderes Nehri

örneklerde kalın astar ve açkı uygulandığı tespit edilmiştir. Dış yüzeyde bulunan astar genellikle kırmızı ya da krem rengindedir. Seramiklerin dış yüzeyi incelendiğinde bulunan parçaların iki grup içerisinde ele alınabileceği söylenebilir. Bunlardan ilk grubu kırmızı astarlılar ve kırmızı astar üzerine krem boya bezemeli örnekler (**Fig. 4: 1, 2, 3, 8**), ikinci grubu krem astar üzerine kırmızı renkte boya bezemeliler oluşturmaktadır (**Fig. 4: 5, 6, 7, 9, 10**). Ayrıca krem astar üzerine kırmızı boya bezemeli bir örnekte kırmızı boya bezemenin bir bölümünün olasılıkla pişmeden dolayı siyah renk aldığı görülmüştür (**Fig. 4: 4**). Dış astarı tamamen aşınmış açık formlu birkaç örnekte kapların içerisindeki boya bezeme korunmuştur (**Fig. 4: 5**). Boya bezeme uygulanan seramiklerde yatay ve dikey çizgiler (**Fig. 4: 5, 6, 7, 9, 10**), kare şeklinde paneller (**Fig. 4: 5, 8**), iç içe geçen ters ve düz "V" şeklinde bezemeler (**Fig. 4: 1**), iç içe geçen zigzag bezemeler (**Fig. 4: 4**) uygulandığı görülür.

Geç Neolitik - Erken Kalkolitik Dönem'e tarihlenen az sayıdaki seramiğin büyük bölümü açık ve kapalı kaplara ait gövde parçalarına aittir (**Fig. 4: 5-9**). Araştırmalarda ayrıca basit ağız kenarlı çömlek ve çömlekçiklerin (**Fig. 4: 1, 3**) yanı sıra basit ağız kenarlı küresel gövdeli çanak (**Fig. 4: 4**) ve bir düz dip (**Fig. 4: 10**) bulunmuştur.

Höyükte ele geçen söz konusu boyalı seramikler literatürde *"Hacılar Boyalıları"* olarak anılan Göller Yöresi'ndeki Hacılar, Kuruçay, Höyücek, Bademağacı kazılarından ve yine aynı bölgede yapılan yüzey araştırmalarında bulunan Aziziye, Dereköy, Düden, İlyas I, Başkuyu I, Çamur, Yenice, Seydiler, Karaaliler, Keçeli, Yarım gibi yerleşmelerden de tanıdığımız seramik gruplarıyla benzerlikler göstermektedir[6].

6 Mellaart 1970; Duru 1994; Duru – Umurtak 2005; Özsait 1991, 59 vd.

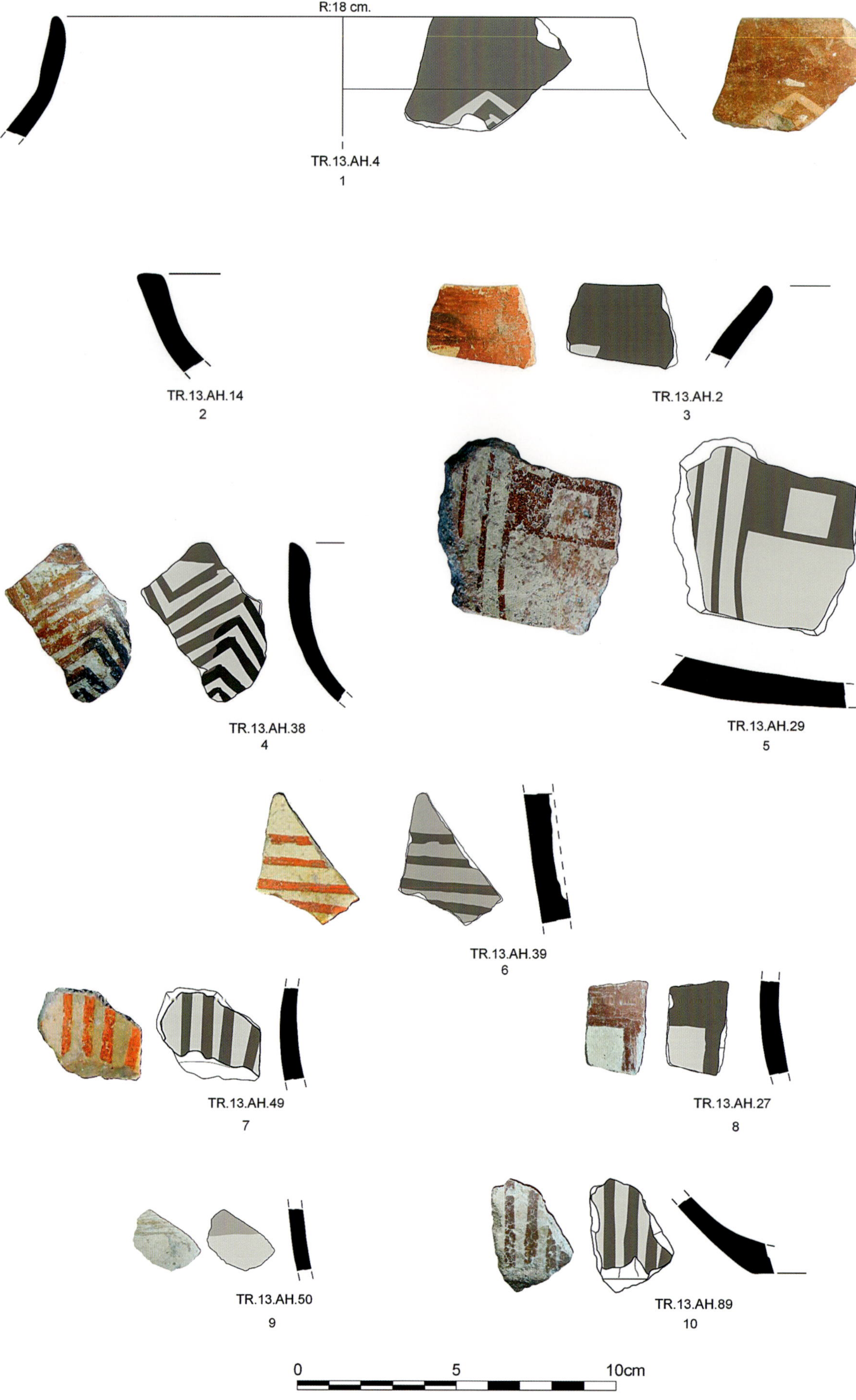

Fig. 4 Akkaya (Yenice) Höyük Geç Neolitik-/Erken Kalkolitik Seramikleri

Son yıllarda Denizli'de yapılan yüzey araştırmalarıyla tespit edilen ve kazı çalışmalarıyla incelenmeye başlanan Ekşi Höyük[7] başta olmak üzere Çandır, Çandır Büyük Höyük, Çandır Küçük Höyük, Doğu Şahanlar, Domuz Höyük'ün[8] yanı sıra Laodikeia[9] ile Aydın-Çine Tepecik Höyük'te de benzer nitelikte boya bezemeli parçaların bulunması[10], Geç Neolitik-Erken Kalkolitik süreçte Hacılar Boyalıları ile tanımlanan kültürün, Yukarı ve Orta Menderes Havzası'nı kapsayan bir yayılım alanının olduğunu göstermektedir[11].

Menderes Havzası'nın yanı sıra Afyon ili sınırları içerisinde yapılan çalışmalarda Eyice Höyük, Üçin[12] gibi yerleşmelerde de benzer nitelikte boya bezemeli parçaların yoğun bir biçimde bulunması, söz konusu boya bezemeli çanak çömleklerle temsil edilen kültürün Menderes Havzası ile birlikte İç Batı Anadolu'ya uzanan geniş bir coğrafyaya yayıldığını ortaya koymaktadır[13].

Akkaya (Yenice) Höyük'te bulunan boya bezemeli seramik grupları Hacılar Boyalıları olarak tanımlanan kültürün yayılım alanı hakkında yeni bilgiler sağlamasının yanı sıra seramiklerin hemen tamamının boya bezemeli olması, höyükte ileriki yıllarda yapılacak kazılarda bu mal grubunun tıpkı Hacılar ve Bademağacı gibi yerleşimlerin Erken Kalkolitik döneme tarihlenen tabakalarında egemen olan mal grubunu temsil edeceğini düşündürmektedir.

Akkaya (Yenice) Höyük'te bulunan **Geç Kalkolitik Dönem**'e tarihlenen az sayıdaki seramik, açık kahverengi (**Fig. 5: 2, 3, 4**), kahverengi (**Fig. 5: 1**) ve siyah mal grupları (**Fig. 5: 5**) içerisindedir. Bu dönem seramikleri koyu yüzlü ve ince nitelikte olmayan kaplardan oluşmaktadır. Kapların hamurunda yoğun oranda iri tanecikli taşçık, mika, saman ve kireç kullanıldığı görülmektedir. Bulunan seramik parçalarının yaklaşık yarısında perdah uygulaması görülür. Bir örnekte siyah renkte öz bulunmaktadır (**Fig 5: 1**). Seramiklerin dış yüzeyine herhangi bir bezeme uygulanmamıştır.

Geç Kalkolitik Dönem seramiklerinin formlarını ele aldığımızda basit ağız kenarlı dik yükselen ağızlı derin bir çanak (**Fig. 5: 5**) ve dışa çekik ağız kenarlı, dışa eğik ağızlı derin bir çanak (**Fig. 5: 1**) dışındaki diğer örneklerin basit ağız kenarlı ve dışa eğik ağızlı olduğu görülürken bir örnekte de konik gövde yapısı tanımlanabilmektedir (**Fig. 5: 3**).

Söz konusu seramikler, gerek form gerekse yüzey özellikleri bakımından Batı Anadolu'da karşımıza çıkan Geç Kalkolitik Dönem seramikleriyle benzerlikler göstermektedir. Bulunan seramiklerin az sayıda olması ve formların kronolojik olarak detaylı veriler sağlamamasından dolayı söz konusu örneklerin şimdilik büyük oranda Aphrodisias[14] ve Beycesultan'ın[15] Geç Kalkolitik tabakaları ile benzerlikler taşıdığı söylenebilir.

Yerleşimde **Erken Tunç Çağı I**'e tarihlenen az sayıda seramik bulunmuş olmakla birlikte tespit edilen parçalarda dört farklı mal grubu belirlenmiştir. Bunlar koyu kahverengi (**Fig. 5: 6**), kırmızı- koyu kahverengi (**Fig. 5: 7**), siyah (**Fig. 5: 8, 9, 11**) ve açık kahverengi (**Fig. 5: 10**) mal grubu başlıkları altında ele alınabilir. Bulunan seramiklerin hamurlarında iri taşçık, saman, kireç, kum ve mika katkısının yoğun oranda ve iri boyutta olduğu görülmektedir. Az sayıdaki seramiğin hamur kesitinde siyah renkte öz görülmektedir. Seramiklerin büyük çoğunluğunun dış yüzeylerinde kalın astar uygulansa da, birkaç örnekte kendinden astar bulunmaktadır. Seramiklerin tamamı açkılı olup, bir bölümünde parlak açkı görülür (**Fig. 5: 9**).

Yerleşimde bulunan **Erken Tunç Çağı II** seramikleri içerisinde ise beş mal grubu belirlenmiştir. Bunlar koyu kahverengi (**Fig. 6: 5, 15**), kızıl kahverengi (**Fig. 6: 2, 3, 9, 10, 21, 25**), açık kahverengi (**Fig. 6: 1, 6, 11, 13, 14, 16, 19,**

---

7 Dedeoğlu – Baysal vd. 2017, baskıda.

8 Abay – Dedeoğlu 2007, 277; Abay 2008, 1; Dedeoğlu 2010: 63 vd.; Dedeoğlu 2014. Yukarı Menderes Havzasında Geç Neolitik Dönem sürecine yönelik tartışmalar için ayrıca bkz. Dedeoğlu – Ozan 2016, 1 vd.

9 Şimşek 2013, 470.

10 Günel 2003, 719 vd.; Günel 2006, 403.

11 Dedeoğlu 2014.

12 Koçak – Bilgin 2010, 23 vd.; Koçak – Bilgin 2013, 31 vd.

13 Koçak – Bilgin 2010, 23 vd.; Koçak – Bilgin 2013, 31 vd.

14 Joukowsky 1986, 350 vd.

15 Lloyd – Mellaart 1962, 72 vd.

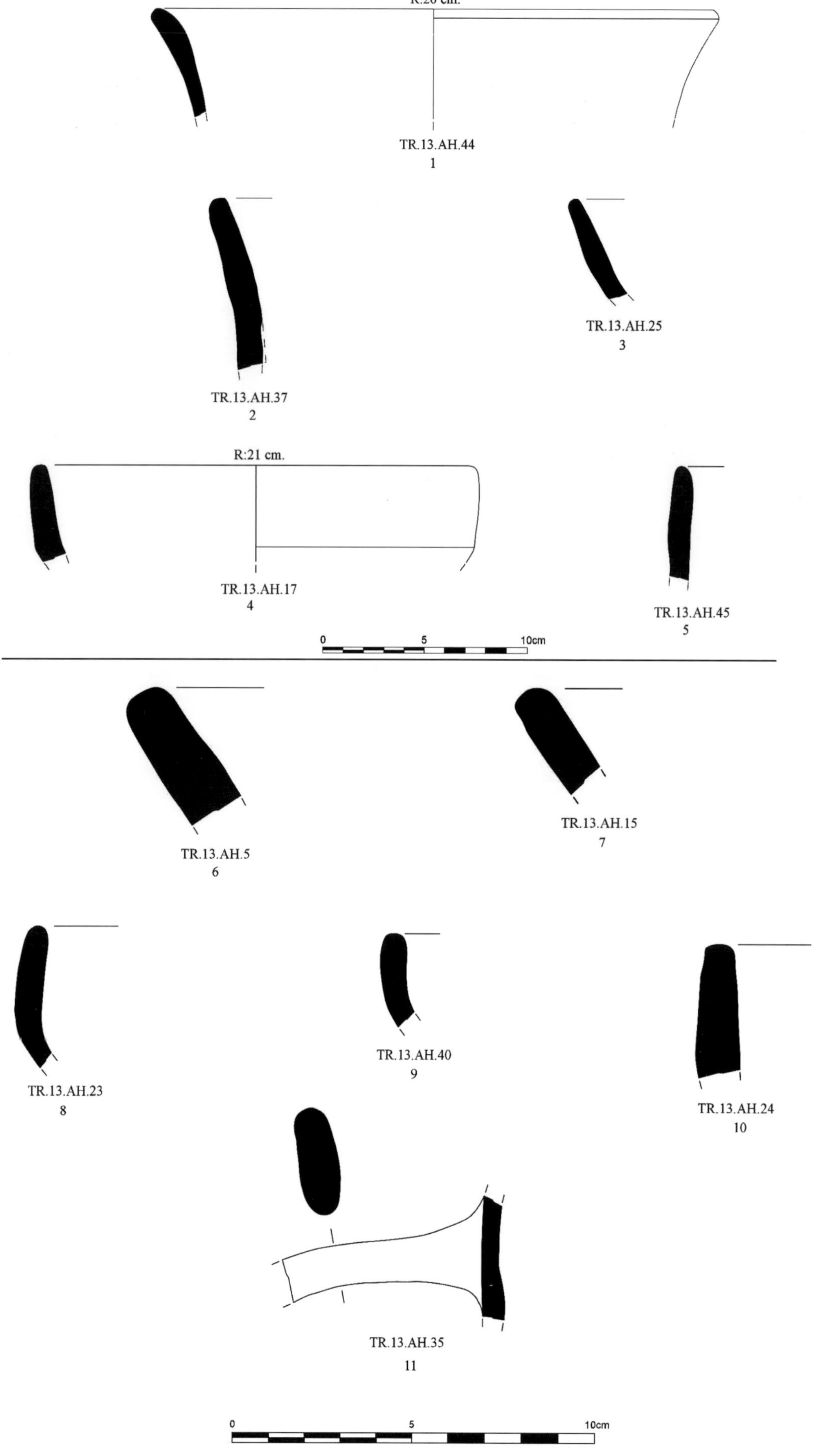

Fig. 5 Akkaya (Yenice) Höyük Geç Kalkolitik Erken-Tunç Çağı I seramikleri

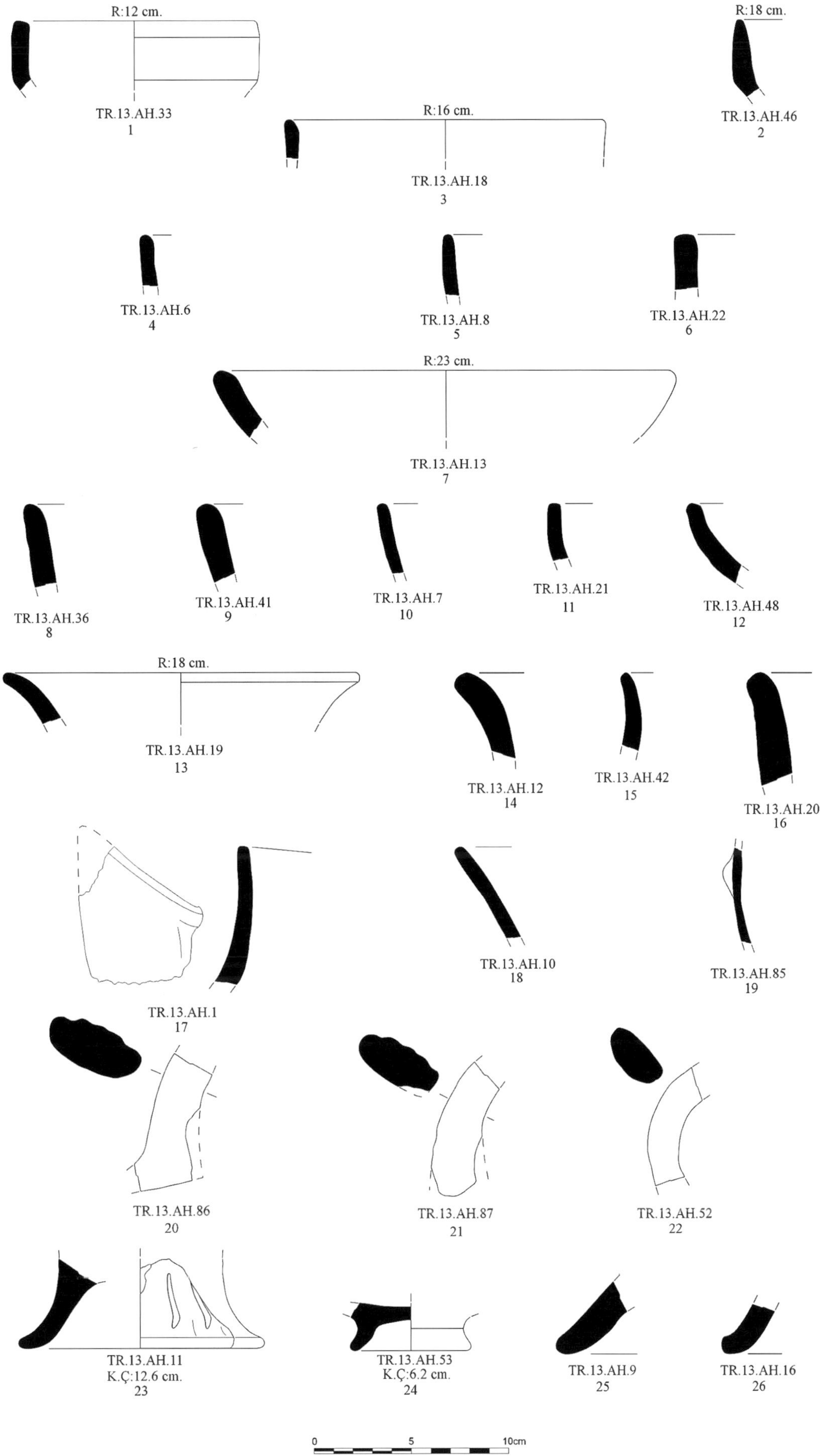

Fig. 6 Akkaya (Yenice) Höyük Erken Tunç Çağı II seramikleri

22, 23, 25, 26), kahverengi (**Fig. 6: 7, 12, 17, 18, 20**) ve devetüyü rengi (**Fig. 6: 4, 8**) mal gruplarıdır. Bulunan seramiklerin hamurlarında genel olarak iri taşçık, saman, kireç, kum, beyaz ve sarı renkte mika kullanıldığı görülmektedir. Taşçık katkısı olan bazı örneklerde kayrak taşının kullanılmış olduğu tespit edilmiştir. Bulunan seramiklerin bir bölümünde gri ve siyah renkte öz bulunmaktadır. Taş katkısı genellikle iri parçalar halindedir. Bazı örnekler kötü pişirilmiştir. Dış yüzey ele alındığında genellikle kalın astar uygulandığı, bazı örneklerde ise astar üzerine mika eklenerek parlak bir görünüm sağlandığı tespit edilmiştir.

Yerleşimde bulunan bu dönem ile ilgili formları ele aldığımızda karşımıza başta basit ağızlı çanaklar (**Fig. 6: 1-12**) ve çömlekler (**Fig. 6: 14, 15, 16**) çıkmaktadır. Ayrıca dışa dönük ağızlı (**Fig. 6: 13, 18**) ve gaga ağızlı testiler (**Fig. 6: 17**), kaideler (**Fig. 6: 23-26**), kulp parçaları da (**Fig. 6: 20, 21, 22**) bulunmuştur. Yerleşimde Erken Tunç Çağı II'de karakteristik özelliklerden olan derin ve geniş yivli kulplar dikkati çekmektedir (**Fig. 6: 20, 21**). Ayrıca seramikler üzerinde yumru (**Fig. 6: 19**) ve çizi bezemeler (**Fig. 6: 23**) kullanılmıştır.

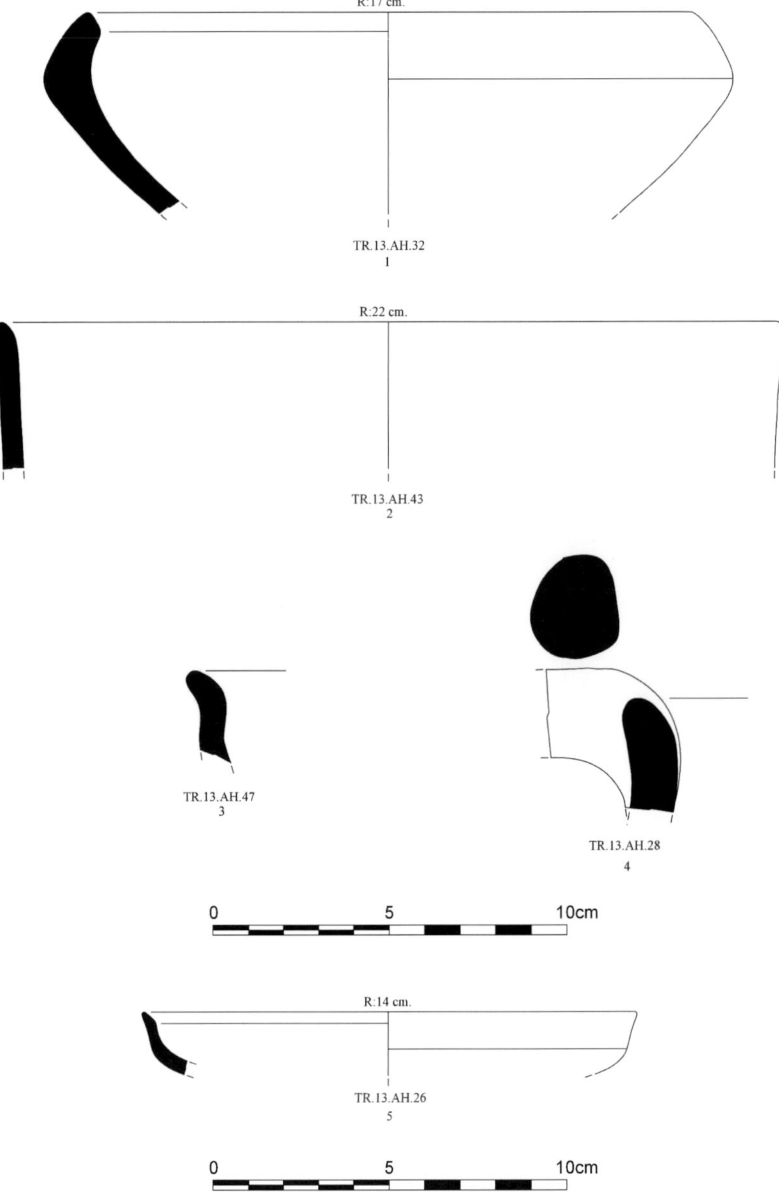

Fig. 7 Akkaya (Yenice) Höyük Orta ve Geç Tunç Çağı Seramikleri

Tripolis Akkaya (Yenice) Höyük'te bulunan ve Erken Tunç Çağı II Dönemi'ne tarihlenen seramiklerin benzerlerini başta Yukarı Menderes Havzası'nda kazı çalışmalarıyla incelenmiş Beycesultan, Laodikeia-Kandilkırı ve Aphrodisias olmak üzere Kıyı Ege'den Orta Anadolu'ya uzanan geniş bir coğrafyada bulmak mümkündür. Örneğin yerleşimde bulunan dikkat çekici formlardan biri olan gaga ağızlı testinin benzerleri Beycesultan'ın XIV. ve XV. tabakalarında[16] ve Laodikeia-Kandilkırı'nda[17] karşımıza çıkmaktadır. Yine Akkaya yerleşiminde sıklıkla karşılaşılan dik yükselen ağızlı omurgalı çanakların benzerleri Beycesultan, XVI-XVIII. tabakalarından[18] ve Laodikeia Kandilkırı 4. tabakadan bilinmektedir[19].

Bulunan az sayıdaki **Orta Tunç Çağı** seramiklerinde kırmızı (**Fig. 7: 3, 4**) ve kahverengi mal grupları (**Fig. 7: 1, 2**) tespit edilmiştir. Parçaların hamurlarında az oranda ince boyutta mika, taşçık ve kum katkısı görülmektedir. Bir parçanın hamurunda gri renkte öz görülür (**Fig. 7: 4**). Seramiklerin dış yüzeylerinde kalın astar ve ince mika gözlenir.

16 Lloyd – Mellaart 1962, 161, Fig. 32.

17 Oğuzhanoğlu Akay 2015, 78, 426, Tablo 29b, testi.

18 Lloyd – Mellaart 1962, 143.

19 Oğuzhanoğlu Akay 2015, 62, Lev. 8-9.

Bulunan formlar basit ağız kenarlı, dik yükselen ağızlı, derin çanak (**Fig. 7: 2**), dışa çekik ağız kenarlı, dik yükselen ağızlı çanak (**Fig. 7: 3**), basit ağız kenarlı, içe çekik ağızlı keskin omuzlu çanak (**Fig. 7: 1**) ve basit ağız kenarlı ağızdan yükselen kulplu bir kaba (**Fig. 7: 4**) aittir.

Özellikle dışa çekik ağız kenarlı dik yükselen ağızlı çanakların (**Fig. 7: 3**) benzerlerini geniş bir coğrafyada takip etmek mümkündür. İç Batı Anadolu'da Beycesultan V. tabakada benzer formda çanaklar bulunmuştur[20]. Bu çanak tipi Aphrodisias Tunç Çağı IV-Orta Tunç Çağı tabakasında da bulunmuş olup[21], aynı formun kırmızı astarlı benzerleri, Aphrodisias Orta Tunç Çağ tabakalarında da kullanılmaya devam etmiştir[22]. Aynı formun Laodikeia Asopos Tepesi Orta Tunç Çağı tabakalarında bulunan benzer örnekleri, ÇT9a olarak adlandırılmıştır[23]. Kıyı Ege'de Kocabaştepe'nin Orta Tunç Çağı 2. ve 3. tabakalarında benzer örnekler pembemsi devetüyü, açık gri, kırmızımsı devetüyü ve devetüyü astarlı mal grupları içerisinde değerlendirilmiş ve Tip 11 olarak adlandırılmıştır[24]. Milet III. tabakada[25] ve Bademgediği VI. tabakada yakın formda çanaklar bulunmuştur[26]. Bu tip içerisinde değerlendirilen kaplar Panaztepe açık kâseler Tip K IVa 1 ile de benzerlikler göstermektedir[27]. Orta Anadolu'da Gordion 10 no.lu Megaron 4. tabakada benzer formda devetüyü astarlı[28], Demircihöyük'te kahverengi astarlı çanaklar bulunmuştur[29]. Çavlum Mezarlığı'nda benzer formda çanaklar görülmektedir[30]. Güney Anadolu'da özellikle Yumuktepe IX. tabakada benzer çanaklar bulunmuştur[31]. Adalar'da ise Thermi kazılarında yakın formda çanaklar ele geçmiştir[32].

Orta Tunç Çağ yerleşimlerinde sıklıkla karşımıza çıkan bir diğer örnek ise basit ağız kenarlı, içe çekik ağızlı keskin omuzlu çanaklardır (**Fig. 7: 1**). Bu çanakların benzerlerini de geniş bir coğrafya içerisinde takip etmek mümkündür. İç Batı Anadolu'da Beycesultan V[33] ve IVc[34] tabakalarında bu çanaklar ile benzer örnekler bulunmuştur. Benzerlik gösteren çanaklar Aphrodisias Tunç Çağı IV - Orta Tunç Çağı tabakasında[35] ve Orta Tunç Çağı tabakasında görülmektedir[36]. Laodikeia Asopos Tepesi'nde bulunan çok sayıdaki benzer örnek ÇT10c olarak adlandırılmıştır[37]. Göller Yöresi'nde Bademağacı Orta Tunç Çağ kültür dolgusunda benzer formda çanaklar devetüyü ve kırmızı astarlı devetüyü mallar içerisinde değerlendirilmiş ve Tip IIIA1a olarak adlandırılmıştır[38]. Orta Anadolu'da Demircihöyük'te bulunan benzer formda kapların[39] yanı sıra Gordion 10 nolu Megaron tabaka 14 ve 15'de de portakal rengi, kırmızı ve soluk kırmızı astarlı benzer kaplar ele geçmiştir[40]. Kıyı Ege'de Panaztepe'de kapalı kâseler Tip K Ia 1, K Ib 1 ve K Ic 1 kâselerinin bir bölümünde bu çanakların benzerleri belirlenmiştir[41]. Kocabaştepe'de

---

20 Lloyd – Mellaart 1962, 86, Fig. 2: 25.

21 Joukowsky 1986, 615, Pl. 442: 5.

22 Joukowsky 1986, 665, Pl. 477: 18.

23 Konakçı 2012, 272 vd., Lev. 45.

24 Aykurt 2004, 59, Lev. 13: a-d.

25 Raymond 2005, 235, 3.4: AT.98.164.5; 236, 3.5: AT.98.223.14, AT.98.223.13.

26 Meriç 2003, 95, Fig. 17: 46.

27 Günel 1999a, 42, Lev. 17: 2, 3.

28 Gunter 1991, 73, Fig. 19.

29 Kull 1988, 236, Taf. 16: 3.

30 Bilgen 2005, Lev. LXXI: 3, 5.

31 Garstang 1953, 227, Fig. 146: 1.

32 Bayne 2000, 98, Fig. 26: 3.

33 Lloyd – Mellaart 1965, 88, Fig. 3: 9-13.

34 Lloyd – Mellaart 1965, 104, Fig. 13: 2-5.

35 Joukowsky 1986, 615, Pl. 442: 17.

36 Joukowsky 1986, 679, Pl. 485: 20.

37 Konakçı 2012, 275 vd., Lev. 47-48.

38 Umurtak 2003, 55, Fig. 1: 9; 7.

39 Kull 1988, Taf. 18: 5, Taf. 26: 16, Taf. 32: 15.

40 Gunter 1991, 53, Fig. 7: 134, s. 55, Fig. 9: 171, 172.

41 Günel 1999a, 44, Lev. 30: 2-7, Lev. 31: 1-7, Lev. 32: 3, 4, Lev. 33: 2-4.

kırmızı, devetüyü, pembemsi devetüyü astarlı ve kaba mal grupları içerisinde değerlendirilen benzer çanaklar, Tip 22a olarak adlandırılmıştır[42]. Yüzey özelliklerinde perdah bezeme gibi farklılıklar görülmekle birlikte benzer formda çanaklar, Smyrna/Bayraklı kazılarında görülmektedir[43]. Troia'da Vd[44] ve VI. tabakanın erken safhasında yakın formda çanaklar bulunmuştur[45]. Ayasuluk Tepesi'nde XIa ve XIb evrelerinde bulunan kahverengi, gri ve siyah mal gruplarında değerlendirilen benzer örnekler ÇT10b olarak adlandırılmıştır[46]. Adalar'da Thermi kazılarında benzer formda çanaklar görülmektedir[47].

Fig. 8 Hamambükü Höyük ve Büyük Menderes Nehri

Yerleşimde **Geç Tunç Çağı**'na tarihlenen iç bükey ağız kenarlı dik yükselen ağızlı sığ bir çanağa ait ağız kenarı bulunmuştur **(Fig. 7: 5)**. Altın boya astarlı mal grubu içerisinde ele alınabilecek bu örnekte astar aşınmış ve çok sınırlı bir alanda korunmuştur. İnce astarlı örnekte az oranda ince boyutta kum ve mika katkısı görülür.

Akkaya (Yenice) Höyük'te bulunan ve tek parçayla temsil edilen **Geç Tunç Çağı** seramiğinin gerek form gerekse mal grubu bakımından çok sayıda benzeri Yukarı Menderes Havzası'nda özellikle Beycesultan, Laodikeia Asopos Tepesi ve Aphrodisias Geç Tunç Çağı tabakalarında bulunmuştur. Akkaya (Yenice) Höyük örneği, Beycesultan I. tabakada bulunan kırmızı ve altın boya astarlı parçalar[48], Aphrodisias Geç Tunç Çağı III tabakasında bulunan altın boya astarlı örnekler[49] ve Laodikeia Asopos V. tabakada bulunan Çanak Tip 18a olarak adlandırılan çanaklarla[50] büyük benzerlik gösterir. Ayrıca benzer formda örnekler Bademgediği'nin III-V. tabakalarında[51], Limantepe II. tabakada[52] ve Troia'nın Geç VI. tabakalarında[53] bulunmuştur. Yine bu forma yakın ancak üzerinde ilmek kulp bulunan örnekler, Troia'nın VIIa tabakasında tespit edilmiştir[54]. Orta Anadolu'da, Demircihöyük'te benzer formda kahverengi bir örnek ele geçmiştir[55]. Adalarda Poliochni'de Kahverengi olarak tanımlanan evrede[56] ve Antissa'da benzer formda çanaklar[57] bulunduğundan söz etmek mümkündür.

---

42 Aykurt 2004, 95, Lev. 34: b-d.

43 Bayne 2000, 63, 270, Fig. 7: 4.

44 Blegen – Caskey – Rawson 1951, 238, Pl. 238, Pl. 257.

45 Blegen – Caskey – Rawson 1953, Pl. 426: 8.

46 Konakçı 2012, Lev. 8:2-6

47 Bayne 2000, 97, Fig. 25: 1.

48 Mellaart – Murray 1995, 69, Fig. 33: 16, 70, Fig. 34: 7.

49 Joukowsky 1986, 685, 488: 10.

50 Konakçı 2012, 532, Lev. 98.

51 Meriç 2003, 94, 28.

52 Günel 1999b, 79, Abb. 20: 47.

53 Blegen – Caskey – Rawson 1953, Pl. 440: 13, 18.

54 Blegen – Boulter v.d., 1958, Pl. 249: 36: 681.

55 Kull 1988, 236, Taf. 16: 3.

56 Bernabó-Brea 1976, Tav. CCLXVI: 21.

57 Bayne 2000, 106, Fig. 29: 4.

2. Hamambükü Höyük

Höyük, Tripolis Antik Kenti merkezinin kuş uçumu yaklaşık 3 km. kuzeydoğusundaki, Hamambükü olarak adlandırılan mevkide yer almaktadır (**Fig. 8**). Büyük Menderes Nehri'nin hemen güneyinde yer alan höyük, 0.8 hektarlık bir alana yayılmaktadır. Höyük ve çevresinde yapılan incelemeler, bu alandaki iskânın Erken Tunç Çağı I, Erken Tunç Çağı II ve Geç Tunç Çağı'nda gerçekleştiğini ortaya koymuştur. Yerleşim, traverten bir kayalığın üzerine kurulmuştur. Burada 1990'ların başında işletilen traverten ocağı, höyüğün çok büyük bir bölümünün tahrip olmasına yol açmıştır. Höyüğün hemen tamamı yüzeyden kazınarak yok edilmiş olduğundan bu alanda çok yoğun bir buluntu topluluğu ile karşılaşıldığından da söz etmek mümkün değildir. Dolayısıyla yerleşimde bizim yaptığımız çalışmalarda tespit edemediğimiz ancak burada yaşanmış başka dönemlerinde olabileceği göz ardı edilmemelidir.

Çanak-Çömlek

Hamam Bükü Höyük'te bulunan ve **Erken Tunç Çağı I** içerisinde değerlendirilen seramikler kızıl kahverengi (**Fig. 9: 2, 4, 5**), kahverengi (**Fig. 9: 1**) ve siyah (**Fig. 9: 3**) olmak üzere üç temel mal grubu içerisinde ele alınabilir. Bu gruplardaki seramiklerin hamurunda yoğun oranda orta boyutta taşçık, mika, kum, kireç katkısı görülür. Bir örnekte katkı maddesi olarak kırık seramik parçalarının kullanılmış olduğu tespit edilmiştir (**Fig. 9: 1**). Kalın astar uygulanan dış yüzeylerde alacalanmalar görülür (**Fig. 9: 1, 5**). Bir örnek dışında (**Fig. 9: 4**) tüm parçalarda perdah vardır.

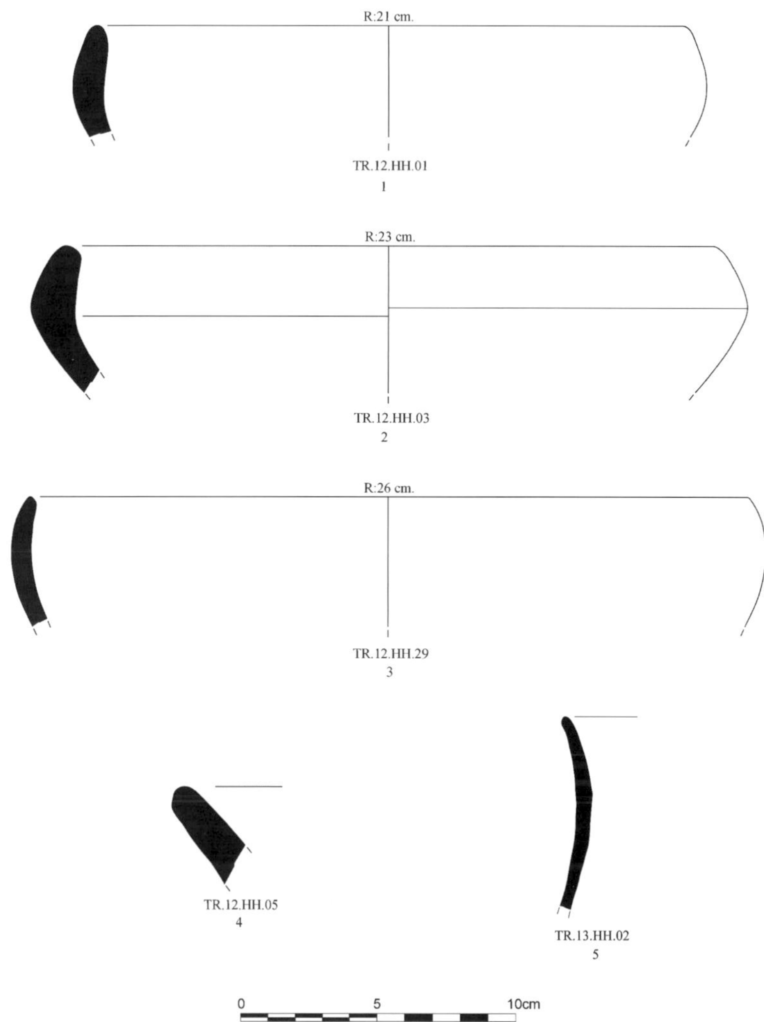

Fig. 9 Hamambükü Höyük Erken Tunç Çağı I seramikleri

Bu döneme tarihlenen seramikler içersinde basit ağız kenarlı, içe eğik ağızlı, küresel gövdeli çanaklar (**Fig. 9: 1, 3**), basit ağız kenarlı, içe eğik ağızlı keskin omuzlu çanak (**Fig. 9: 2**), basit ağız kenarlı dışa eğik ağızlı konik gövdeli çanak (**Fig. 9: 4**), basit ağız kenarlı, dışa çekik ağızlı derin bir kap (**Fig. 9: 5**) bulunmuştur.

Yerleşimde en yoğun seramik grubunu **Erken Tunç Çağı II** içerisinde değerlendirilebilecek olan seramikler oluşturmaktadır. Söz konusu parçalar açık kahverengi (**Fig. 10: 1, 2, 5, 12, 15, 17, 18**), kızıl kahverengi (**Fig. 10: 14**), koyu kahverengi (**Fig. 10: 6, 7, 8**), kahverengi (**Fig. 10: 9, 13, 16**), siyah (**Fig. 10: 10**), gri (**Fig. 10: 3, 19**) ve boya bezemeli (**Fig. 10: 4**) mal grupları içerisinde ele alınabilir. İri taşçık, kum, mika, kireç en yoğun oranda görülen katkılardır. Kalın, ince ve kendinden astarlı örnekler görülür. Yiv (**Fig. 10: 10**), boya (**Fig. 10: 4**), yumru (**Fig. 10: 11**) görülen bezeme çeşitleridir.

Yerleşimde bulunan formları basit ağız kenarlı, dışa eğik ağızlı, kısa boyunlu çömlek (**Fig. 10: 1**), basit ağız kenarlı, dışa eğik ağızlı testi parçaları (**Fig. 10: 5-8**), basit ağız kenarlı, içe eğik ağızlı küresel gövdeli çanak (**Fig. 10: 2, 3**), basit ağız kenarlı, dışa eğik ağızlı sığ çanak (**Fig. 10: 4**), yatay ve dikey kulplu kaplar (**Fig. 10: 12-15, 17, 18**) ve yerleşimde bir ayağı bulunmuş olan üçayaklı kap tipi (**Fig. 10: 9**) oluşturur. Batı Anadolu'daki Erken Tunç Çağı yerleşimlerinde sıklıkla karşılaşılan formlar arasında yer alan ve Hamambükü ETÇ 1-2 seramikleri

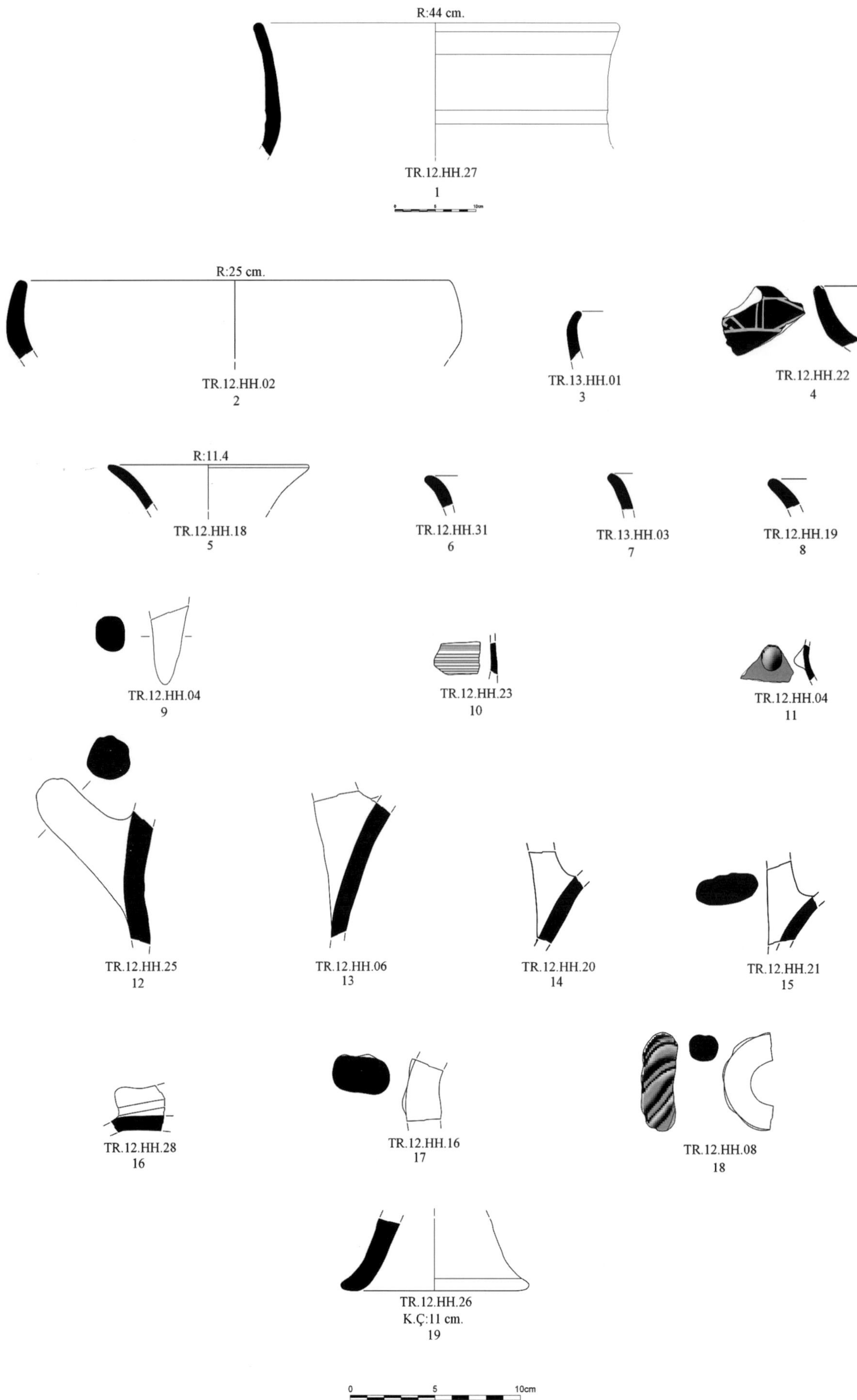

Fig. 10 Hamambükü Höyük Erken Tunç Çağı II Seramikleri.

arasında tespit edilen içe eğik ağızlı çanakların benzerleri (**Fig. 9: 1, 3, Fig. 10: 2, 3**) Troia[58], Beycesultan[59] ve Laodikeia-Kandilkırından[60] bilinmektedir. Yine Batı Anadolu ETÇ yerleşimlerinde sıklıkla karşılaşılan boya bezemeli çanakların bir benzeri Hamambükü'nde ele geçmiştir. Yerleşimde ele geçen beyaz boya bezemeli bir çanak parçasında (**Fig. 10: 4**) dikdörtgen paneller içerisine çapraz bantlar görülmektedir. Benzer şekilde boya bezeme uygulanan seramikler Geç Kalkolitik Dönem ve Erken Tunç Çağı I de görülmekle birlikte özellikle Erken Tunç Çağı II'de yaygınlaşır. Batı Anadolu'da bezeme açısından farklılaşsa da gelenek bağlamında birçok Erken Tunç Çağı yerleşiminde beyaz renkte boya bezeme uygulamasının görüldüğünden söz etmek mümkündür. Söz konusu geleneğin görüldüğü yerleşimler içerisinde Beycesultan[61] Aphrodisias[62], Laodikeia[63], Kolassae[64], Karataş Semayük[65], Yortan Mezarlığı[66], Iasos[67], Poliochni[68], Emporio[69] ve Thermi[70] sayılabilir.

Geç Tunç Çağı'nda kahverengi (**Fig. 11: 1, 5**), altın boya astarlı (**Fig. 11: 3, 4**) ve gri mal grupları (**Fig. 11: 2**) içerisinde değerlendirilebilecek parçalar tespit edilmiştir. Seramiklerin hamurlarında az oranda ince taşçık, kum ve yoğun mika kullanılmıştır. İnce ve kendinden astar görülür. Seramiklerin büyük bölümünde astar üzerinde mika uygulanmıştır. Yerleşimde bulunan formları ele aldığımızda basit ağız kenarlı, dik yükselen ağızlı, küresel gövdeli çanak (**Fig. 11: 1**), dışa çekik ağız kenarlı, dik yükselen ağızlı keskin omuzlu çanak (**Fig. 11: 2**), dışa kalınlaştırılmış ağız kenarlı, içe eğik ağızlı, keskin omuzlu, derin çanak (**Fig. 11: 3**), yuvarlatılmış ağız kenarlı dik yükselen ağızlı çanak (**Fig. 11: 4**) ve dikey kulplu kap (**Fig. 11: 5**) örnekleri bulunmuştur.

Basit ağız kenarlı, dik yükselen ağızlı, küresel gövdeli çanak (**Fig. 11: 1**), Beycesultan II. tabakada bulunan kırmızı renkteki sığ çanak ile dip kısmında farklılıklar olsa da karşılaştırılabilir[71]. Beycesultan'da eski kronolojiye göre Ib tabakasında bu formun soluk kırmızı renkte altın boya astarlı, düz dipli ve parlak kırmızı renkte yuvarlak dipli benzeri bulunmuştur[72]. Asopos Tepesi'nde V. tabakada benzer formdaki çanaklar, kırmızı, devetüyü ve altın boya astarlı mal grupları içerisinde değerlendirilmiş ve ÇT7 olarak adlandırılmıştır[73]. Kıyı Ege'de Bademgediği VI. tabakada benzer formda altın boya astarlı mallar içerisinde değerlendirilen çanaklar bulunmuştur[74]. Bu çanakların benzer örnekleri Panaztepe açık çanaklar içerisinde Tip Ia 1 olarak adlandırılmıştır[75]. Milet III. tabakada kırmızı astarlı benzer çanaklar görülmektedir[76]. Çeşme Bağlararası kazılarında açık kırmızımsı kahverengi astarlı ancak üzerinde kulp bulunan çanaklar, çöp çukurunda ele geçmiştir[77]. Ulucak Höyük mezarlığında benzer formda ancak halka dipli çanaklar bulunmuştur[78]. Orta Anadolu'da Porsuk V. tabakada[79] ve Demircihöyük İKL

---

58 Blegen – Caskey v.d. 1950.

59 Lloyd – Mellaart 1962, sheet 3: 2.

60 Oğuzhanoğlu Akay 2015, 58 vd.

61 Lloyd – Mellaart 1962, 127, Fig. P 20: 3., 142, Fig. P 22: 10, 13, 14.

62 Boya bezemeli örnekler Aphrodisias'ta ETÇ II'ye tarihlenmektedir. Bkz. Joukowsky 1986, 760 vd., 398 Fig. 370: 10.

63 Şimşek 2013, 469 vd., Lev. 677, 679; Oğuzhanoğlu 2014, 77, Res. 11.

64 Duman – Konakçı 2011, 257, 276, Cat. no: 12.

65 Mellink 1968, 243 vd., 249. Pl. 85: 39-41.

66 Kamil 1982, 18-19.

67 Pecorella 1984, 84.

68 Bernabo-Brea 1964, Pl. I e.

69 Hood 1981, Pl. 66, d.

70 Lamb 1936, Pl. XXX: 1-4, 6, 10.

71 Mellaart – Murray 1995, 40, Fig. 18a: 7.

72 Mellaart – Murray 1995, 67, Fig. 31: 10; Dedeoğlu – Abay 2014, 39, table 1.

73 Konakçı 2012, 520 vd., Lev. 90.

74 Meriç 2003, 95, Fig. 17: 44.

75 Günel 1999a, 41, Lev. 3: 1, 4.

76 Raymond 2005, 243, Fig. 3.12: AT.98.279.10, AT.98.188.2.

77 Aykurt 2010, 26, 51, Fig. 9: 5.

78 Çilingiroğlu – Derin v.d. 2004, 61, Fig. 48: 4, 8.

79 Dupré 1983, 141, Pl. 4: 2-7.

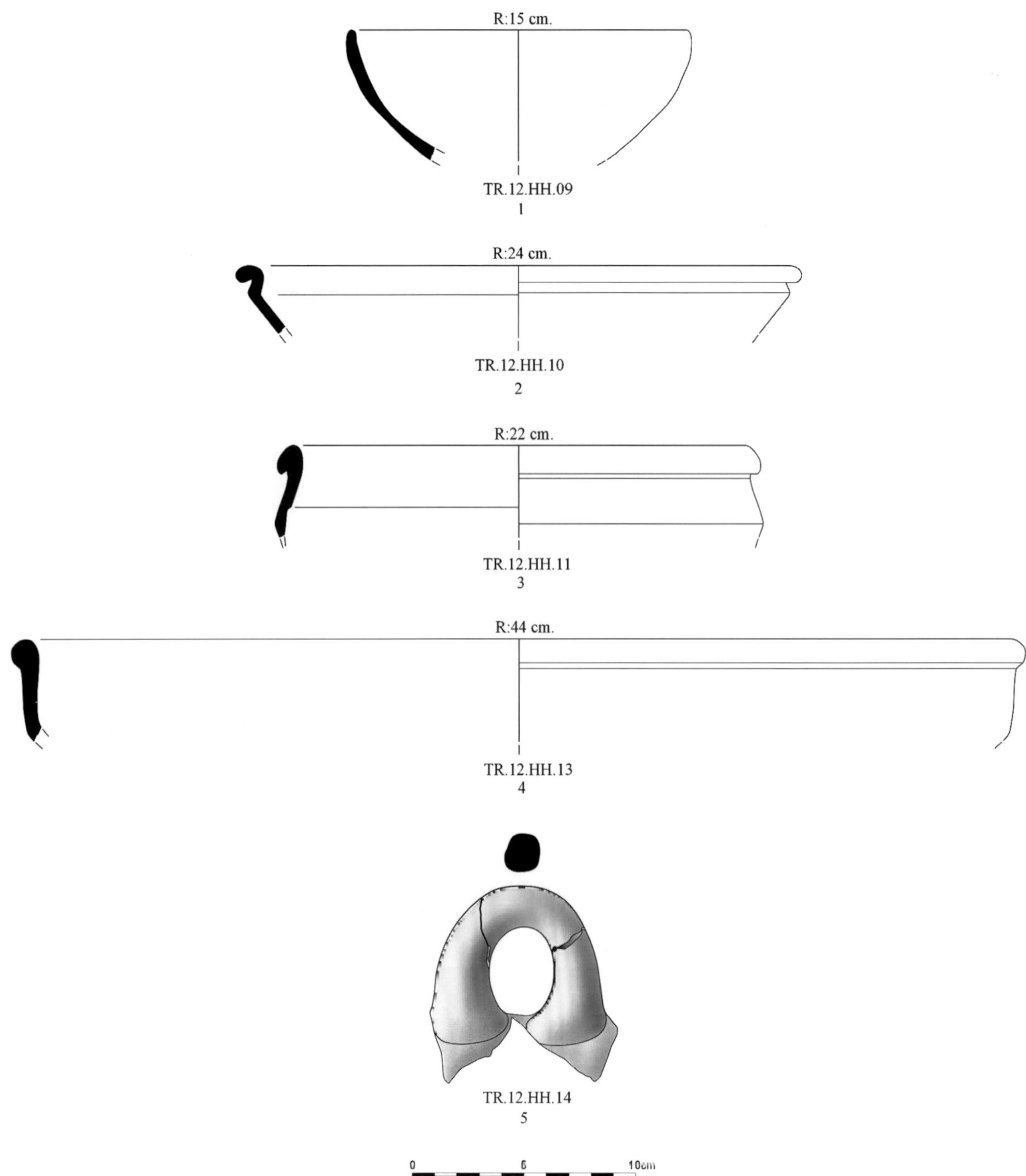

Fig. 11 Hamambükü Höyük Geç Tunç Çağı Seramikleri

10/11 açması 2/3. evrede kahverengi astarlı[80] benzer formda çanaklar tespit edilmiştir. Adalarda Thermi kazılarında benzer formda halka dipli örnekler görülmektedir[81].

Dışa kalınlaştırılmış ağız kenarlı, dik yükselen ağızlı çanakların (**Fig. 11: 2**) benzerleri İç Batı Anadolu'da Beycesultan Ib tabakasında[82] ve Aphrodisias Geç Tunç Çağı II tabakasında ele geçmiştir[83]. Asopos Tepesi'nde V. tabakada benzer formda, kırmızı, altın boya astarlı, kahverengi, koyu kahverengi, devetüyü rengi mal grupları içerisinde değerlendirilen çanaklar ÇT 14b olarak adlandırılmıştır[84]. Kıyı Ege'de Bademgediği VI. tabakada

80 Kull 1988, 32, Taf. 9: 2.

81 Bayne 2000, 99, Fig. 27: 3.

82 Mellaart – Murray 1995, 83, Fig. 47: 5.

83 Joukowsky 1986, 689, Pl. 490: 18.

84 Konakçı 2012, 526 vd., Lev. 94.

benzer formda altın boya astarlı mallar içerisinde değerlendirilen çanaklar bulunmuştur[85]. Bu çanakların benzer örnekleri Panaztepe açık çanaklar içerisinde Tip Ç IIIb2 olarak değerlendirilmiştir[86]. Orta Anadolu'da Porsuk V. tabakada[87] ve Gordion Megaron 10'un 11. tabakasında açık portakal-kırmızı astarlı[88] benzer formda çanaklar görülmektedir. Güney Anadolu'da Yumuktepe VI. tabakada benzer formda kırmızı astarlı çanaklar bulunmuştur[89].

Dışa kalınlaştırılmış ağız kenarlı, içe eğik ağızlı keskin omuzlu (**Fig. 11: 4**) çanağın benzerleri İç Batı Anadolu'da, Beycesultan Ia tabakasında bulunmuştur ancak Beycesultan örnekleri ilmek kulpludur[90]. Aphrodisias'ta da sıklıkla karşılaşılan bu formun açık kırmızı, kırmızımsı sarı ve pembe mal gruplarında astarsız, gümüş ve altın boya astarlı olan örnekleri, Geç Tunç Çağı III tabakasında görülmektedir[91]. Laodikeia Asopos Tepesi'nde bulunan benzer örnekler ÇT14c olarak adlandırılmıştır[92]. Kıyı Ege'de Smyrna/Bayraklı kazılarında devetüyü rengi, kırmızı ve soluk gri astarlı [93], Bademgediği III-V. tabakalarında[94], Limantepe II. tabakada[95] benzer formda çanaklar bulunmuştur. Bu çanakların benzer örnekleri Panaztepe kapalı kâseler içerisinde Tip K II a 2 olarak değerlendirilmiştir[96]. Troia'nın Geç VI. tabakaları içerisinde yakın formda dışa kalınlaştırılmış ağız kenarlı içe kapanan ağızlı çanaklar bulunmuştur. Ancak bu parçaların küçük boyutlu olmasından dolayı gövde duruşlarının da benzer olup olmadığı konusunda bir çıkarımda bulunmak mümkün değildir[97]. Orta Anadolu'da Porsuk V. tabakada[98], Gordion 10 nolu megaron 10. tabakada yalın[99], Demircihöyük'te bej renkte benzer formda çanaklar bulunmuştur[100].

Sonuç

Tripolis Antik Kenti ve yakın çevresinde yapılan ve yukarıda özetlenen araştırmalar, kentin kurulduğu alandaki ilk yerleşimin Geç Neolitik-Erken Kalkolitik Dönem'e kadar uzandığını ve ardından Hellenistik Dönem'de Tripolis Antik Kenti kurulmadan önce en azından Demir Çağı'na kadar kesintisiz bir biçimde devam ettiğini ortaya koymuştur. Aslında bu sonuç, Lykos vadisinde yer alan diğer Roma kentlerinden gelen son arkeolojik veriler ile birlikte ele alındığında şaşırtıcı değildir. Lykos vadisinin diğer önemli Roma kentleri olan Laodikeia[101], Kolassae[102] ve Hierapolis çevresinde[103] yapılan araştırmalarda da söz konusu kent alanlarında ilk yerleşimlerin Prehistorik dönemlere kadar uzandığı ortaya konulmuştur. Ancak adı geçen diğer kentlerden farklı olarak, Tripolis Akkaya (Yenice) Höyük'ten gelen yüksek orandaki Geç Neolitik ve Erken Kalkolitik seramikler, çakmaktaşı ve obsidyen aletler, söz konusu yerleşimin bölgenin az bilinen Geç Neolitik ve Erken Kalkolitik dönemine ışık tutma potansiyeli taşıdığını göstermektedir.

85 Meriç 2003, 95, Fig. 17: 48.
86 Günel 1999a, 42, Lev. 14: 5-9.
87 Dupré 1983, 153, Pl. 16: 97, 98.
88 Gunter 1991, 59, Fig. 12: 216.
89 Garstang 1953, 247, Fig. 156: 10.
90 Mellaart – Murray 1995, 70, Fig. 34: 1-3.
91 Joukowsky 1986, 687, 489: 3, 5.
92 Konakçı 2012, 527 vd., Lev. 95.
93 Bayne 2000, 66, 270, Fig. 10: 6-8.
94 Meriç 2003, 96, Fig. 18: 59.
95 Günel 1999b, 79, Abb. 20: 50.
96 Günel 1999a, 45, Lev. 36-45.
97 Blegen – Caskey – Rawson 1953, Pl. 439: 9, 12.
98 Dupré 1983, 156, Pl. 19: 110, 113.
99 Gunter 1991, 60, Fig. 12: 229.
100 Kull 1988, 236, 242, Taf. 14: 18, Taf. 26: 7.
101 Konakçı 2014, 87 vd.; Konakçı 2016, 31 vd.
102 Duman – Konakçı 2006, 79 vd.; Duman – Konakçı 2011, 247 vd.
103 Castrianni – Scardozzi 2016, 35 vd.

Akkaya (Yenice) ve Hamambükü höyüklerindeki Geç Kalkolitik ve Erken Tunç Çağı'na tarihlenen buluntular, Kıyı Ege yerleşimlerinden çok özellikle Beycesultan ve Aphrodisias kazılarından bilinen mal grupları ve seramik formlarıyla benzerlikler göstermektedir.

Orta ve Geç Tunç Çağı'nda ise Kıyı Ege'den Orta Anadolu'ya uzanan geniş bir coğrafyanın kültürel etkilerini bölgede takip edebilmek mümkündür. Bununla birlikte özellikle Geç Tunç Çağı'nda Akkaya (Yenice) ve Hamambükü höyüklerinde görülen altın boya astarlı mal grupları, Yukarı Menderes Havzası'ndaki diğer yerleşimlerde de sıklıkla karşımıza çıkan ve Geç Tunç Çağı'nda bölgeyi sembolize eden nitelikler arasında yer alır. Dolayısıyla Tripolis çevresinde yer alan höyüklerin özellikle Geç Tunç Çağı'nda bölgenin yerel unsurlarını da bünyesinde güçlü bir biçimde barındırmış olduğu anlaşılmaktadır.

Kaynakça

Abay 2008 E. Abay, "Die Neolithischen Fundorte in Der Çivrilebene im Oberen Maandegebeit" Erste Ergebnisse Einer Gelendebegehung.'in: Fundstellen, *Gesammelte Schriften zur Archaeologie und Geschichte Altvorderasien, ad honorem Hartmut Kühne (*Hrsg.) Bonatz, D., R.M. Czichon und F.J. Kreppner, Harrassowitz Verlag-Wiesbaden, 1-8.

Abay 2011 E. Abay, "Preliminary Report on the Survey Project of Çivril, Baklan and Çal Plains in the Uppper Meander Basin, Southwest Anatolia", *Ancient Near Eastern Studies* 48, 1-87.

Abay – Dedeoğlu 2005
E. Abay – F. Dedeoğlu, "2003 Yılı Denizli/Çivril Ovası Yüzey Araştırması", *Araştırma Sonuçları Toplantısı* XXII, Cilt 2, Ankara, 41-50.

Abay – Dedeoğlu 2007
E. Abay – F. Dedeoğlu, "2005 Yılı Çivril Ovası Yüzey Araştırması", *Araştırma Sonuçları Toplantısı* XXIV, Cilt 1, 277-292.

Aykurt 2004 A. Aykurt, *Kocabaştepe Orta Tunç Çağ Seramik Örneklerinin Ege Arkeolojisindeki Yeri ve Önemi,* Hacettepe Üniversitesi Sosyal Bilimler Enstitüsü, Ankara, Yayınlanmamış Doktora Tezi.

Aykurt 2010 A. Aykurt, "Late Bronze Age Pottery from Çeşme Bağlararası (Çeşme Bağlararası Geç Tunç Çağı Seramiği)", *OLBA* XVIII, 1-65.

Bayne 2000 N. Bayne, "The Grey Wares of North-West Anatolia: In The Middle and Late Bronze Age and The Early Iron Age and Their Relation to The Early Greek Settlements", *Asia Minor Studien* 37, Bonn.

Bernabo-Brea 1964
L. Bernabó-Brea, *Poliochni citta Preistorica nell isola di Lemnos,* Vol. I, Monografie della Scuola Archaeologica di Atene e dele Missioni Italiane in Oriente, Roma.

Bernabó-Brea 1976
L. Bernabó-Brea, *Poliochni citta Preistorica nell isola di Lemnos,*Vol. II, 1-2, Monografie della Scuola Archaeologica di Atene e dele Missioni İtaliane in Oriente, Roma.

Bilgen 2005 N. Bilgen, *Çavlum: Eskişehir Alpu Ovası'nda Bir Orta Tunç Çağı Mezarlığı,* Eskişehir.

Blegen – Caskey v.d. 1950
C.W. Blegen – C.L. Caskey – M. Rawson – J. Sperling, *Troy I, General Introduction, The First and Second Settlements,* Princeton University Press, New Jersey.

Blegen – Boulter v.d. 1958
C.W. Blegen – C.G. Boulter – J.L. Caskey – M. Rawson, *Troy SettlementsVIIa, VIIb and VII,* Vol. 4, part: 1-2. Princeton University Press.

Blegen – Caskey – Rawson 1951
C. Blegen – J.L. Caskey – M. Rawson, *Troy II: The Third, Fourth and Fifth Settlements,* Princeton University Press.

Blegen – Caskey – Rawson 1953
C.W. Blegen – J.L. Caskey – M. Rawson, *Troy III,* the Sixth Settlement, Princeton University Press, Princeton.

Castrianni – Scardozzi 2016
L. Castrianni – G. Scardozzi, "Insediamenti protostorici del territorio di Hierapolis di Frigia: l'Höyük Tepe (Akköy) e l'abitato di Can Pınar", *Hierapolis di Frigia* VIII, 1, Ed: F. D'Andria – M.P. Caggia – T. Ismaelli, Ege Yayınları & F. D'Andria, İstanbul.

Çilingiroğlu – Derin v.d. 2004
A. Çilingiroğlu – Z. Derin – E. Abay – H. Sağlamtimur – İ. Kayhan, *Ulucak Höyük Excavations Conducted Between 1995-2002, Ancient Near Eastern Studies,* Supplement 15, Peeters.

Dedeoğlu 2008 F. Dedeoğlu, "Cultural Transformation and Settlement System of Southwestern Anatolia from Neolithic to LBA: A Case Study from Denizli/Çivril Plain", *ICAANE* 5, (ed: J. M. Córdoba, M. Molist, M.C. Pérez, I. Rubio, S. Martínez) Madrid, 587-603.

Dedeoğlu 2009 F. Dedeoğlu, "Denizli-Çivril İlçesi Yüzey Araştırması Verileri Işığında M.Ö 2. Binyılda Yukarı Menderes Havzası Yerleşim Düzeni" *Altan Çilingiroğlu'na Armağan, Yukarı Denizin Kıyısında Urartu Krallığı'na Adanmış Bir Hayat*, (Ed: H. Sağlamtimur, E. Abay v.d.), İstanbul, 241-257.

Dedeoğlu 2010 F. Dedeoğlu, *Neolitik Çağdan Erken Tunç Çağ Sonuna Kadar Yukarı Menderes Havzası: Kültürel, Sosyal ve Ekonomik Süreç*, Ege Üniversitesi, Sosyal Bilimler Enstitüsü, Yayınlanmamış Doktora Tezi, İzmir.

Dedeoğlu 2014 F. Dedeoğlu, "Yukarı Menderes Havzası Neolitik ve Erken Kalkolitik Çağı Yerleşimlerinin Materyal Kültür ve İskân Düzeni Bağlamında Değerlendirilmesi, *Pamukkale Üniversitesi, Sosyal Bilimler Enstitüsü Dergisi*, Sayı 17, Denizli.

Dedeoğlu – Abay 2014
F. Dedeoğlu – E. Abay, "Beycesultan Höyük Excavation Project: New Archaeological Evidence from the Late Bronze Age Layers", *Arkeoloji Dergisi* 17, 1-39.

Dedeoğlu – Baysal v.d. 2017
F. Dedeoğlu – H. Baysal – E. Konakçı – A. Ozan – B. Temür, "Ekşi Höyük 2015 Yılı Kazı Çalışmaları", *38. Kazı Sonuçları Toplantısı*, Baskıda.

Dedeoğlu – Ozan 2016
F. Dedeoğlu – A. Ozan, "What Happened in Inland Southwestern Anatolia Before 5500 BC ? A Review of the Archaeological Evidence from the Selcen-Örenarası Settlement", *OLBA* XXIV, 1-30.

Duman 2013 B. Duman, "Son Arkeolojik Araştırmalar ve Yeni Bulgular Işığında Tripolis ad Maeaundrum", *Cedrus 1*, Sadri Grafik Matbaacılık ve Medya Hizmetleri, Antalya, 179-200.

Duman – Konakçı 2006
B. Duman – E. Konakçı, "Kolossai: Höyük, Kalıntı ve Buluntuları", *Arkeoloji Dergisi* VIII, 2006/2, 79-104.

Duman – Konakçı 2011
B. Duman – E. Konakçı, "The Silent Witness of the Mound of Colassae: Pottery Remains", *Colassae in Space and Time Linking to an Ancient City*, Ed: A.H. Cadwalleder – M. Trainor, Vardenhoeck & Ruprecht, Chapter 10, 247-282.

Dupré 1983 S. Dupré, *Porsuk I, La Ceramique de L'age Du Brunze et de L'age De Fer*, Institute Français D'Etudes Anatolıennes, Paris.

Duru 1994 R. Duru, Kuruçay Höyük I, 1978-1988 Kazılarının Sonuçları Neolitik ve Erken Kalkolitik Çağ Yerleşmeleri (Results of the Excavations 1978-1988 the Neolithic and Early Chalcolithic Periods), Türk Tarih Kurumu, Ankara.

Duru – Umurtak 2005
R. Duru – G. Umurtak, Höyücek, 1989-1992 Yılları Arasında Yapılan Kazıların Sonuçları, Results of Excavations 1989-1992, Türk Tarih Kurumu, Ankara.

Erdoğan 2011 A. Erdoğan, "Tripolis 2008-2009 Yılı Kazıları", *Kazı Sonuçları Toplantısı* 32, Cilt 3, Ankara, 328-347.

Garstang 1953 J. Garstang, *Prehistoric Mersin, Yümük Tepe in Southern Turkey*, Clarendon Press, Oxford.

Gunter 1991 A.C. Gunter, *Gordion Excavations Final Reports III, The Bronze Age*, Philedelphia.

Günel 1999a S. Günel, *Panaztepe II, MÖ II. Bine Tarihlendirilen Panaztepe Seramiğinin Batı Anadolu ve Ege Arkeolojisindeki Yeri ve Önemi*, Türk Tarih Kurumu, Ankara.

Günel 1999b S. Günel, "Vorbericht über die Mittel und Spätbronzezeitliche Keramik vom Limantepe", *Istanbuler Mitteilungen* 49, 41-82.

Günel 2003 S. Günel, "Batı Anadolu Bölgesi Tarih Öncesi Dönemlerine Yeni Katkılar", *Belleten* LXVII *250*, 719-738.

Günel 2006 S. Günel, "A New Early Settlement on the Plain of Çine (Marsyas) in Western Anatolia: Tepecik Höyüğü in the Light of Surface Survey", *Hayat Erkanal'a Armağan, Kültürlerin Yansıması*, Homer Kitabevi, İstanbul, 401-411.

Hood 1981 S. Hood, *Excavations at Chios 1938-1955: Prehistoric Emporio and Ayio Gala*, Vol. 1, BSA Suppl. 15, British School at Athens and Thames and Hudson, London.

Joukowsky 1986 M.S. Joukowsky, *Prehistoric Aphrodisias, An Account of the Excavations and Artifact Studies*, Vol. I-II, *Excavations and Studies*, New Jersey.

Kamil 1982 T. Kamil, *Yortan Cemetery in the Early Bronze Age of Western Aanatolia*, BAR International Series 145, Oxford.

Koçak – Bilgin 2010
Ö. Koçak – M. Bilgin, "Afyonkarahisar'da İki Önemli Geç Neolitik/Erken Kalkolitik Dönem Yerleşme Yeri: Eyice ve Pani Höyük" TÜBA-AR 13, 23-38.

Koçak – Bilgin 2013
Ö. Koçak – M. Bilgin, "Afyonkarahisar Üçin Buluntuları Işığında Batı Anadolu Prehistoryası Üzerine Yeni Gözlemler", *Adalya* XVI, 31-49.

Konakçı 2012 E. Konakçı, *Büyük ve Küçük Menderes Havzalarındaki MÖ 2. Binyıl Kültürlerinin Yeni Veriler Işığında Değerlendirilmesi*, Ege Üniversitesi, Sosyal Bilimler Enstitüsü, Yayınlanmamış Doktora Tezi.

Konakçı 2014 E. Konakçı, "Laodikeia'nın İlk Yerleşimi: Asopos Tepesi" *10. Yılında Laodikeia (2003-2013 yılları), Laodikeia Çalışmaları* 3, Ed: C. Şimşek, Ege Yayınları, 87-122.

Konakçı 2016 E. Konakçı, "A Group of Chalcolithic Pottery Discovered at Asopos Tepesi", *OLBA* XXIV, 31-66.

Kull 1988 B. Kull, *Demircihüyük V, Die Mittelbronzezeitliche Siedlung*, Verlag Philipp von Zabern Mainz am Rhein.

Lamb 1936 W. Lamb, *Excavations at Thermi in Lesbos*, Cambridge at the University Press, 1936.

Lloyd – Mellaart 1962
S. Lloyd – J. Mellaart, *Beycesultan Vol 1, The Chalcolithic and Early Bronze Age Levels*, The British Institute of Archaeology at Ankara, London.

Mellaart 1970 J. Mellaart, Excavations at Hacılar, British İnstitute of Archaeology at Ankara, Edinburgh University Press, 1970.

Mellaart – Murray 1995
J. Mellaart – A. Murray, *Beycesultan Vol III Part II: Late Bronze Age and Phrygian Pottery and Middle and Late Bronze Age Small Objects*, Oxford, 1995.

Mellink 1968 M.J. Mellink, "Excavations at Karataş-Semayük in Lycia, 1967", *American Journal of Archaeology*, 243-263.

Meriç 2003 R. Meriç, "Excavations at Bademgediği Tepe (Puranda) 1999-2002: A preliminary Report", *Istanbuler Mitteilungen* 53, 79-98.

Oğuzhanoğlu 2014
U. Oğuzhanoğlu, "Laodikeia'dan Batı Anadolu Erken Tunç Çağı'na Yeni Katkılar", *10. Yılında Laodikeia (2003-2013 yılları), Laodikeia Çalışmaları 3*, Ed: C. Şimşek, Ege Yayınları, 71-86.

Oğuzhanoğlu Akay 2015
U. Oğuzhanoğlu Akay, *Laodikeia-Kandilkırı Verileri Işığında Güneybatı Anadolu'da Erken Tunç Çağı 2-3*, Pamukkale Üniversitesi Sosyal Bilimler Enstitüsü, Yayınlanmamış Doktora Tezi, Denizli.

Özsait 1991 M. Özsait, "Nouveaux sites contemporains de Hacilar en Pisidie occidentale", *De Anatolia Antiqua* I, 59-118.

Pecorella 1984 P.E. Pecorella, *La Cultura Preistorica di Iasos in Caria*, G. Bretschneider, Rome.

Plinius *Naturalist Historia* V. 105.

Ptolemaios *Claudii Ptolemaei Geographia* (lib. 1-3). Ed. K. Muller, Paris 1883. Claudii Ptolemaei Geographia (lib. 4-8). Ed. C.F.A. Nobbe III, Leipzig 1845, Reprinted in Hildesheim 1966.

Raymond 2005 A.E. Raymond, *Mıletus in the Bronze Age and Minoan Presence in the Eastern Aegean*, Graduate Department of the History of Art Ancient Studies Collaborative Programme University Of Toronto, Yayınlanmamış Doktora Tezi.

Strabon *Coğrafya*. Çev.: A. Pekman, İstanbul 2000.

Şimşek 2013 C. Şimşek, *Laodikeia (Laodiceia ad Lycum), Laodikeia Çalışmaları 2*, Ege Yayınları, İstanbul.

Umurtak 2003 G. Umurtak, "A study of A Group of Pottery Finds From the MBA Deposits at Bademağacı Höyük", *Anatolica Antiqua* XI, 53-74.

KATALOG

Fig. No: 4.1, **Ser No:** TR.13.AH.4, **Form:** Çömlek, **Dönem:** Geç Neolitik-Erken Kalkolitik, **AÇ:** 18, **Y:** 3.4, **CK:** 0.6, **Açkı:** Açkılı, **Yüzey Niteliği:** Düzgün, **Yüzey İşlenişi:** Kalın astarlı, **Dış Astar**: 2.5YR 5/6, **İç Astar:** Ağız kenarı 2.5YR 5/6, altta 7.5YR 6/4, **Hamur Rengi:** 5YR 6/6, **Hamur İçeriği:** Mika, taşçık, **Pişme:** İyi, **Öz:** Yok, **İçerik Boyutu:** İnce, **İçerik Oranı:** Orta, **Açıklama:** Ağız kenarı altında 10YR 8/4 renkte iç içe geçmiş ters V bezeme.

Fig. No: 4.2, **Ser No:** TR.13.AH.14, **Form:** Çanak, **Dönem:** Geç Neolitik-Erken Kalkolitik, **AÇ:** -, **Y:** -, **CK:** 0.7, **Açkı:** Açkılı, **Yüzey Niteliği:** Düzgün, **Yüzey İşlenişi:** Kalın astarlı, **Dış Astar**: 2.5YR 4/6, **İç Astar:** Dışta ve içte aynı, **Hamur Rengi:** 2.5YR 5/6, **Hamur İçeriği:** Mika, taşçık, kum, **Pişme:** Orta, **Öz:** Koyu gri, **İçerik Boyutu:** Orta, **İçerik Oranı:** Orta, **Açıklama:** Dışta ve içte açkılı.

Fig. No: 4.3, **Ser No:** TR.13.AH.2, **Form:** Çömlekçik, **Dönem:** Geç Neolitik-Erken Kalkolitik, **Y:** 2.2, **CK:** 0.5, **Açkı:** Açkılı, **Yüzey Niteliği:** Düzgün, **Yüzey İşlenişi:** Kalın astarlı, **Dış Astar**: 2.5YR 4/6, **İç Astar:** Dudak kenarı altında 2.5YR 4/6, altta7.5YR 7/4, **Hamur Rengi:** 5YR 6/6, **Hamur İçeriği:** Taşçık, kum, kireç, **Pişme:** Orta, **Öz:** Yok, **İçerik Boyutu:** İnce, **İçerik Oranı:** Orta, **Açıklama:** Dışta gövde üzerinde 10YR 8/3 renginde boya bezeme.

Fig. No: 4.4, **Ser No:** TR.13.AH.38, **Form:** Çanak, **Dönem:** Geç Neolitik-Erken Kalkolitik, **AÇ:** -, **Y:** 4.8, **CK:** 0.4, **Açkı:** Açkılı, **Yüzey Niteliği:** Düzgün, **Yüzey İşlenişi:** Kalın astarlı, **Dış Astar**: 10YR 8/3, **İç Astar:** Dudak kenarında boya şerit oluşturmuş, altta 2.5YR 5/6, **Hamur Rengi:** 5YR 6/6, **Hamur İçeriği:** Mika, kireç, kum, **Pişme:** İyi, **Öz:** Yok, **İçerik Boyutu:** Orta, **İçerik Oranı:** Orta, **Açıklama:** 10YR 8/3 astar üzerine, 2.5YR 4/6 ve Gley 1 2.5/N renklerinde yapılmış zikzak boya bezeme.

Fig. No: 4.5, **Ser No:** TR.13.AH.29, **Form:** Çanak-Tabak, **Dönem:** Geç Neolitik-Erken Kalkolitik, **G:** 5.6, **CK:** 0.8-1.1, **Açkı:** -, **Yüzey Niteliği:** Aşınmış durumdadır, **Yüzey İşlenişi:** Kalın astarlı, **Dış Astar**: Aşınmış, **İç Astar:** 2.5YR 4/6, **Hamur Rengi:** 2.5YR 5/6, **Hamur İçeriği:** Taşçık, kum, **Pişme:** İyi, **Öz:** Yok, **İçerik Boyutu:** Orta, **İçerik Oranı:** Orta, **Açıklama:** İçte parlak 2.5YR 4/6 astar üzerine, 10YR 8/3 kare ve bant bezeme.

Fig. No: 4.6, **Ser No:** TR.13.AH.39, **Form:** Gövde parçası, **Dönem:** Geç Neolitik-Erken Kalkolitik, **Y:** 3.7, **G:** 3.3, **CK:** 0.9, **Açkı:** Açkılı, **Yüzey Niteliği:** Düzgün, **Yüzey İşlenişi:** Kalın astarlı, **Dış Astar**:10YR 8/3, **İç Astar:** Aşınmış, **Hamur Rengi:** 5YR 6/6, **Hamur İçeriği:** Kum, kireç, mika, **Pişme:** İyi, **Öz:** Yok, **İçerik Boyutu:** İnce, **İçerik Oranı:** Yoğun, **Açıklama:** Dışta 10YR 8/3 astar üzerine 2.5YR 4/6 renginde yatay ince bant bezeme.

Fig. No: 4.7, **Ser No:** TR.13.AH.49, **Form:** Gövde parçası, **Dönem:** Geç Neolitik-Erken Kalkolitik, **Y:** 2.5, **G:** 2.5, **CK:** 0.5, **Açkı:** Açkılı, **Yüzey Niteliği:** Düzgün, **Yüzey İşlenişi:** Kalın astarlı, **Dış Astar**: 10YR 7/4, **İç Astar:** 10YR 7/3, **Hamur Rengi:** 5YR 5/4, **Hamur İçeriği:** Mika, kireç, kum, **Pişme:** İyi, **Öz:** Yok, **İçerik Boyutu:** İnce, **İçerik Oranı:** Orta, **Açıklama:** Dışta gövde üzerinde 2.5YR 5/6 renginde dikey ince bant bezeme.

Fig. No: 4.8, **Ser No:** TR.13.AH.27, **Form:** Gövde parçası, **Dönem:** Geç Neolitik-Erken Kalkolitik, **Y:** 3, **G:** 2, **CK:** 0.6, **Açkı:** Açkılı, **Yüzey Niteliği:** Düzgün, **Yüzey İşlenişi:** Kalın astarlı, **Dış Astar**: 2.5YR 4/6, **İç Astar:** 2.5YR 5/6, **Hamur Rengi:** 7.5YR 6/4, **Hamur İçeriği:** Kireç, kum, **Pişme:** İyi, **Öz:** Yok, **İçerik Boyutu:** İnce, **İçerik Oranı:** Orta, **Açıklama:** Dışta 2.5YR 4/6 astar üzerine 10YR 8/3 renginde kare bezeme.

Fig. No: 4.9, **Ser No:** TR.13.AH.50, **Form:** Gövde parçası, **Dönem:** Geç Neolitik-Erken Kalkolitik, **Y:** 2.5, **G:** 2.5, **CK:** 0.4-0.5, **Açkı:** Açkılı, **Yüzey Niteliği:** Düzgün, **Yüzey İşlenişi:** Kalın astarlı, **Dış Astar**: 10YR 7/4, **İç Astar:** Dışta ve içte aynı, **Hamur Rengi:** 7.5YR 6/6, **Hamur İçeriği:** Mika, kum, **Pişme:** İyi, **Öz:** Yok, **İçerik Boyutu:** İnce, **İçerik Oranı:** Az, **Açıklama:** Dışta gövde üzerinde 5 YR 5/6 renginde bant şeklinde kısmen aşınmış boya bezeme.

Fig. No: 4.10, **Ser No:** TR13.AH.89, **Form:** Kaide, **Dönem:** Geç Neolitik-Erken Kalkolitik, **Y:** 2.3, **CK:** 0.5, **Açkı:** Açkılı, **Yüzey Niteliği:** Düzgün, **Yüzey İşlenişi:** Kalın astarlı, **Dış Astar**: 10YR 6/3, **İç Astar:** 7.5YR 6/4, **Hamur Rengi:** 5YR 6/6, **Hamur İçeriği:** Mika, taşçık, kireç, **Pişme:** İyi, **Öz:** Yok, **İçerik Boyutu:** İnce, **İçerik Oranı:** Orta, **Açıklama:** Dışta 10YR 6/3 astar üzerine 2.5YR 4/4 dikey ince bant bezeme.

Fig. No: 5.1, **Ser No:** TR.13.AH.44, **Form:** Çömlek, **Dönem:** Geç Kalkolitik, **AÇ:** 26, **Y:** 5.1, **CK:** 0,7, **Açkı:** Açkılı, **Yüzey Niteliği:** Düzgün, mikalı, **Yüzey İşlenişi:** Kalın astarlı, **Dış Astar**: 2.5YR 5/4, **İç Astar:** Dışta ve içte aynı, **Hamur Rengi:** 7.5YR 4/3, **Hamur İçeriği:** Taşçık, mika, saman, **Pişme:** Orta, **Öz:** Açık gri, **İçerik Boyutu:** Orta, **İçerik Oranı:** Orta.

Fig. No: 5.2, **Ser No:** TR.13.AH.37, **Form:** Çömlek, **Dönem:** Geç Kalkolitik, **AÇ:** -, **Y:** 8.1, **CK:** 1.4, **Açkı:** Açkısız, **Yüzey Niteliği:** Kaba, **Yüzey İşlenişi:** Kendinden astarlı, **Dış Astar**: 7.5YR 6/4, **İç Astar:** Dışta ve içte aynı, **Hamur Rengi:** 7.5YR 6/4, **Hamur İçeriği:** Taşçık, mika, kum, kireç, **Pişme:** İyi, **Öz:** Yok, **İçerik Boyutu:** Orta, **İçerik Oranı:** Az.

Fig. No: 5.3, **Ser No:** TR.13.AH.25, **Form:** Çanak, **Dönem:** Geç Kalkolitik, **AÇ:** -, **Y:** 4.7, **CK:** 0.8-0.9, **Açkı:** Açkılı, **Yüzey Niteliği:** Düzgün, mikalı, **Yüzey İşlenişi:** Kalın astarlı, **Dış Astar**: 10YR 6/3, **İç Astar:** Dışta ve içte aynı, **Hamur Rengi:** 10YR 5/4, **Hamur İçeriği:** Taşçık, mika, kum, **Pişme:** İyi, **Öz:** Yok, **İçerik Boyutu:** İnce, **İçerik Oranı:** Orta.

Fig. No: 5.4, **Ser No:** TR.13.AH.17, **Form:** Çanak, **Dönem:** Geç Kalkolitik, **AÇ:** 21, **Y:** 4.6, **CK:** 1.1, **Açkı:** Açkılı, **Yüzey Niteliği:** Düzgün, **Yüzey İşlenişi:** Kalın astarlı, **Dış Astar:** 7.5YR 6/4, **İç Astar:** Dışta ve içte aynı, **Hamur Rengi:** 7.5YR 6/4, **Hamur İçeriği:** Taşçık, mika, kum, **Pişme:** Orta, **Öz:** Yok, **İçerik Boyutu:** Orta, **İçerik Oranı:** Orta.

Fig. No: 5.5, **Ser No:** TR.13.AH.45, **Form:** Çanak, **Dönem:** Geç Kalkolitik, **AÇ:**, **Y:** 5.4, **CK:** 1.1, **Açkı:** Açkısız, **Yüzey Niteliği:** Pürüzlü, **Yüzey İşlenişi:** Kalın astarlı, **Dış Astar:** 5YR 5/4, **İç Astar:** 5YR 5/4, **Hamur Rengi:** 7.5 YR 5/4, **Hamur İçeriği:** Taşçık, mika, kum, **Pişme:** Orta, **Öz:** Yok, **İçerik Boyutu:** Orta, **İçerik Oranı:** Orta.

Fig. No: 5.6, **Ser No:** TR.13.AH.5, **Form:** Çanak, **Dönem:** ETÇ I, **AÇ:** -, **Y:** 3.6, **CK:** 1.5-1.6, **Açkı:** Açkılı, **Yüzey Niteliği:** Düzgün, **Yüzey İşlenişi:** İnce astarlı, **Dış Astar:** 7.5YR 4/4, **İç Astar:** 10YR 7/4, **Hamur Rengi:** 10YR 7/4, **Hamur İçeriği:** Taşçık, mika, saman, **Pişme:** Orta, **Öz:** Var, **İçerik Boyutu:** İnce, **İçerik Oranı:** Orta.

Fig. No: 5.7, **Ser No:** TR.13.AH.15, **Form:** Çanak, **Dönem:** ETÇ I, **AÇ:** -, **Y:** 2.8, **CK:** 1.1, **Açkı:** Açkısız, **Yüzey Niteliği:** Düzgün, mikalı, **Yüzey İşlenişi:** Kalın astarlı, **Dış Astar:** 2.5YR 4/6, **İç Astar:** Dışta ve içte aynı, **Hamur Rengi:** 5YR 6/6, **Hamur İçeriği:** Taşçık, mika,kireç, **Pişme:** Orta, **Öz:** Var, **İçerik Boyutu:** İnce, **İçerik Oranı:** Orta.

Fig. No: 5.8, **Ser No:** TR.13.AH.23, **Form:** Çanak, **Dönem:** ETÇ I, **AÇ:** -, **Y:** 3.7, **CK:** 0.5, **Tip No:** Çanak, **Açkı:** Açkılı, **Yüzey Niteliği:** Düzgün, mikalı, **Yüzey İşlenişi:** Kalın astarlı, **Dış Astar:** Gley 1 2.5/N, **İç Astar:** Dışta ve içte aynı, **Hamur Rengi:** 10YR 7/2, **Hamur İçeriği:** Taşçık, mika, kireç, **Pişme:** Orta, **Öz:** Yok, **İçerik Boyutu:** Orta, **İçerik Oranı:** Orta.

Fig. No: 5.9, **Ser No:** TR.13.AH.40, **Form:** Çanak, **Dönem:** ETÇ I, **AÇ:** -, **Y:** 2.5, **CK:** 0.6, **Açkı:** Açkılı, **Yüzey Niteliği:** Düzgün, **Yüzey İşlenişi:** Kalın astarlı, **Dış Astar:** Gley 1 2.5/N, **İç Astar:** Dışta ve içte aynı, **Hamur Rengi:** 7.5 YR 5/4, **Hamur İçeriği:** Taşçık, mika, **Pişme:** Orta, **Öz:** Yok, **İçerik Boyutu:** Orta, **İçerik Oranı:** Orta.

Fig. No: 5.10, **Ser No:** TR.13.AH.24, **Form:** Çanak, **Dönem:** ETÇ I, **AÇ:** -, **Y:** 3.5, **CK:** 1.2, **Açkı:** Açkısız, **Yüzey Niteliği:** Düzgün, **Yüzey İşlenişi:** Kalın astarlı, **Dış Astar:** 10YR 6/3, **İç Astar:** Dışta ve içte aynı, **Hamur Rengi:** 2.5YR 5/2, **Hamur İçeriği:** Taşçık, mika, saman, **Pişme:** Orta, **Öz:** Var, **İçerik Boyutu:** Orta, **İçerik Oranı:** Orta.

Fig. No: 5.11, **Ser No:** TR.13.AH.35, **Form:** Kulp, **Dönem:** ETÇ I, **Y:** 3.1, **CK:** 0.5-0.6, **KK:** 1.1, **KG:** 2.9, **Açkı:** Açkılı, **Yüzey Niteliği:** Düzgün, mikalı, **Yüzey İşlenişi:** Kalın astarlı, **Dış Astar:** Gley 1 2.5/N, **Hamur Rengi:** 7.5YR 5/4, **Hamur İçeriği:** Taşçık, mika, **Pişme:** Orta, **Öz:** Var, **İçerik Boyutu:** Orta, **İçerik Oranı:** Orta.

Fig. No: 6.1, **Ser No:** TR.13.AH.33, **Form:** Çanak, **Dönem:** ETÇ II, **AÇ:** 12, **Y:** 3.6, **CK:** 0.8, **Açkı:** Açkılı, **Yüzey Niteliği:** Düzgün, **Yüzey İşlenişi:** Kalın astarlı, **Dış Astar:** 7.5YR 6/4, **İç Astar:** Dışta ve içte aynı, **Hamur Rengi:** 7.5YR 6/4, **Hamur İçeriği:** Taşçık, kum, mika, **Pişme:** İyi, **Öz:** Yok, **İçerik Boyutu:** İnce, **İçerik Oranı:** Orta.

Fig. No: 6.2, **Ser No:** TR.13.AH.46, **Form:** Çanak, **Dönem:** ETÇ II, **AÇ:** 18, **Y:** 3.8, **CK:** 1, **Açkı:** Açkılı, **Yüzey Niteliği:** Düzgün, **Yüzey İşlenişi:** Kalın astarlı, **Dış Astar:** 2.5YR 5/6, **İç Astar:** Dışta ve içte aynı, **Hamur Rengi:** 7.5YR 6/4, **Hamur İçeriği:** Mika, kum, **Pişme:** Orta, **Öz:** Yok, **İçerik Boyutu:** İnce, **İçerik Oranı:** Az.

Fig. No: 6.3, **Ser No:** TR.13.AH.18, **Form:** Çanak, **Dönem:** ETÇ II, **AÇ:** 16, **Y:** 1.9, **CK:** 0.7, **Açkı:** Açkılı, **Yüzey Niteliği:** Düzgün, **Yüzey İşlenişi:** Kalın astarlı, **Dış Astar:** 75YR 6/6, **İç Astar:** Dışta ve içte aynı, **Hamur Rengi:** 5YR 5/4, **Hamur İçeriği:** Mika, taşçık, kireç, **Pişme:** İyi, **Öz:** Yok, **İçerik Boyutu:** İnce, **İçerik Oranı:** Orta.

Fig. No: 6.4, **Ser No:** TR.13.AH.6, **Form:** Çanak, **Dönem:** ETÇ II, **AÇ:** -, **Y:** 2.5, **CK:** 0.7-0.8, **Açkı:** Açkısız, **Yüzey Niteliği:** Düzgün, **Yüzey İşlenişi:** İnce astarlı, **Dış Astar:** 7.5YR 6/4, **İç Astar:** Dışta ve içte aynı, **Hamur Rengi:** -, **Hamur İçeriği:** Mika, taşçık, kum, **Pişme:** İyi, **Öz:** Yok, **İçerik Boyutu:** İnce, **İçerik Oranı:** Orta.

Fig. No: 6.5, **Ser No:** TR.13.AH.8, **Form:** Çanak, **Dönem:** ETÇ II, **AÇ:** -, **Y:** 3, **CK:** 0,6-0,7, **Açkı:** Açkılı, **Yüzey Niteliği:** Düzgün, mikalı, **Yüzey İşlenişi:** Kalın astarlı, **Dış Astar:** 5YR 5/6, **İç Astar:** Dışta ve içte aynı, **Hamur Rengi:** 7.5YR 5/4, **Hamur İçeriği:** Mika, taşçık, **Pişme:** İyi, **Öz:** Yok, **İçerik Boyutu:** Orta, **İçerik Oranı:** Orta.

Fig. No: 6.6, **Ser No:** TR.13.AH.22, **Form:** Çanak, **Dönem:** ETÇ II, **AÇ:** -, **Y:** 2.7, **CK:** 1.2, **Açkı:** Açkılı, **Yüzey Niteliği:** Düzgün, **Yüzey İşlenişi:** Kalın astarlı, **Dış Astar:** 5YR 5/6, **İç Astar:** Dışta ve içte aynı, **Hamur Rengi:** 7.5YR 6/6, **Hamur İçeriği:** Mika, taşçık, saman, **Pişme:** Orta, **Öz:** Yok, **İçerik Boyutu:** İnce, **İçerik Oranı:** Az.

Fig. No: 6.7, **Ser No:** TR.13.AH.13, **Form:** Çanak, **Dönem:** ETÇ II, **AÇ:** 23, **Y:** 3.3, **CK:** 1.1, **Açkı:** Açkılı, **Yüzey Niteliği:** Düzgün, **Yüzey İşlenişi:** Kalın astarlı, **Dış Astar:** 5YR 5/6, **İç Astar:** Dışta ve içte aynı, **Hamur Rengi:** 5YR 5/4, **Hamur İçeriği:** Mika, taşçık, saman, **Pişme:** İyi, **Öz:** Yok, **İçerik Boyutu:** İnce, **İçerik Oranı:** Orta.

Fig. No: 6.8, **Ser No:** TR.13.AH.36, **Form:** Çanak, **Dönem:** ETÇ II, **AÇ:** -, **Y:** 4.1, **CK:** 1.1-1.2, **Açkı:** Açkısız, **Yüzey Niteliği:** Düzgün, **Yüzey İşlenişi:** Kalın astarlı, **Dış Astar:** 7.5YR 6/4, **İç Astar:** Dışta ve içte aynı, **Hamur Rengi:** -, **Hamur İçeriği:** Taşçık, kireç, kum, mika, **Pişme:** Orta, **Öz:** Var, **İçerik Boyutu:** Orta, **İçerik Oranı:** Orta.

Fig. No: 6.9, **Ser No:** TR.13.AH.41, **Form:** Çanak, **Dönem:** ETÇ II, **AÇ:** -, **Y:** 3.9, **CK:** 1.2, **Açkı:** Açkısız, **Yüzey Niteliği:** Kaba, **Yüzey İşlenişi:** Kalın astarlı, **Dış Astar:** 2.5YR 5/6, **İç Astar:** Dışta ve içte aynı, **Hamur Rengi:** 7.5YR 6/4, **Hamur İçeriği:** Taşçık, kum, mika, **Pişme:** Orta, **Öz:** Yok, **İçerik Boyutu:** Orta, **İçerik Oranı:** Orta.

Fig. No: 6.10, **Ser No:** TR.13.AH.7, **Form:** Çanak, **Dönem:** ETÇ II, **AÇ:** -, **Y:** 3.5, **CK:** 0,5-0.6, **Açkı:** Açkılı, **Yüzey Niteliği:** Düzgün, **Yüzey İşlenişi:** Kalın astarlı, **Dış Astar:** 2.5YR 4/6, **İç Astar:** Dışta ve içte aynı, **Hamur Rengi:** -, **Hamur İçeriği:** Mika, taşçık, kireç, **Pişme:** Orta, **Öz:** Koyu gri, **İçerik Boyutu:** Orta, **İçerik Oranı:** Orta.

Fig. No: 6.11, **Ser No:** TR.13.AH.21, **Form:** Çanak, **Dönem:** ETÇ II, **AÇ:** -, **Y:** 2.8, **CK:** 0.7, **Açkı:** Açkılı, **Yüzey Niteliği:** Düzgün, mikalı **Yüzey İşlenişi:** Kendinden astarlı, **Dış Astar:** 75YR 6/4, **İç Astar:** Dışta ve içte aynı, **Hamur Rengi:** 7.5YR 6/4, **Hamur İçeriği:** Mika, kum, taşçık, **Pişme:** Orta, **Öz:** Yok, **İçerik Boyutu:** Orta, **İçerik Oranı:** Orta.

Fig. No: 6.12, **Ser No:** TR.13.AH.48, **Form:** Çanak, **Dönem:** ETÇ II, **AÇ:** -, **Y:** 4, **CK:** 1, **Açkı:** Açkılı, **Yüzey Niteliği:** Düzgün, **Yüzey İşlenişi:** Kalın astarlı, **Dış Astar:** 5YR 5/4, **İç Astar:** 7.5YR 5/4, **Hamur Rengi:** 7.5YR 6/4, **Hamur İçeriği:** Mika, taşçık, kireç, kum, **Pişme:** Orta, **Öz:** Yok, **İçerik Boyutu:** İnce, **İçerik Oranı:** Orta.

Fig. No: 6.13, **Ser No:** TR.13.AH.19, **Form:** Testi, **Dönem:** ETÇ II, **AÇ:** 18, **Y:** 2.6, **CK:** 1, **Açkı:** Açkılı, **Yüzey Niteliği:** Düzgün, mikalı, **Yüzey İşlenişi:** Kalın astarlı, **Dış Astar:** 7.5YR 6/4, **İç Astar:** Dışta ve içte aynı, **Hamur Rengi:** 7.5YR 6/4, **Hamur İçeriği:** Mika, kireç, taşçık, saman, **Pişme:** Orta, **Öz:** Yok, **İçerik Boyutu:** Orta, **İçerik Oranı:** Orta.

Fig. No: 6.14, **Ser No:** TR.13.AH.12, **Form:** Testi, **Dönem:** ETÇ II, **AÇ:** -, **Y:** 4.3, **CK:** 1.2, **Açkı:** Açkılı, **Yüzey Niteliği:** Düzgün, Yüzey İşlenişi: Kalın astarlı, **Dış Astar:** 2.5YR 5/6, **İç Astar:** 7.5 YR 7/4, **Hamur Rengi:** 5YR 6/6, **Hamur İçeriği:** Mika, taşçık, saman, **Pişme:** İyi, **Öz:** Yok, **İçerik Boyutu:** Orta, **İçerik Oranı:** Orta.

Fig. No: 6.15, **Ser No:** TR.13.AH.42, **Form:** Testi, **Dönem:** ETÇ II, **AÇ:** -, **Y:** 3.9, **CK:** 0,9-1, **Açkı:** Açkılı, **Yüzey Niteliği:** Düzgün, **Yüzey İşlenişi:** Kalın astarlı, **Dış Astar:** 7.5YR 4/3, **İç Astar:** Dışta ve içte aynı, **Hamur Rengi:** 7.5YR 6/4, **Hamur İçeriği:** Mika, kireç, kum, **Pişme:** Orta, **Öz:** Açık gri, **İçerik Boyutu:** İnce, **İçerik Oranı:** Az.

Fig. No: 6.16, **Ser No:** TR.13.AH.20, **Form:** Testi, **Dönem:** ETÇ II, **AÇ:** -, **Y:** 5.6, **CK:**1.7, **Açkı:** Açkılı, **Yüzey Niteliği:** Düzgün, **Yüzey İşlenişi:** Kalın astarlı, **Dış Astar:** 7.5YR 6/4, **İç Astar:** Dışta ve içte aynı, **Hamur Rengi:** 7.5YR 5/4, **Hamur İçeriği:** Mika, taşçık, saman, **Pişme:** Orta, **Öz:** Yok, **İçerik Boyutu:** Orta, **İçerik Oranı:** Orta.

Fig. No: 6.17, **Ser No:** TR.13.AH.1, **Form:** Testi, **Dönem:** ETÇ II, **AÇ:** -, **Y:** 6.9, **CK:** 1-1.1, **Açkı:** Açkılı, **Yüzey Niteliği:** Düzgün-mikalı **Yüzey İşlenişi:** Kalın astarlı, **Dış Astar:** 5YR 5/6, **İç Astar:** 7.5YR 5/4, **Hamur Rengi:** 2.5YR 5/6, **Hamur İçeriği:** Mika, taşçık, **Pişme:** Orta, **Öz:** Yok, **İçerik Boyutu:** Orta, **İçerik Oranı:** Orta.

Fig. No: 6.18, **Ser No:** TR.13.AH.10, **Form:** Testi, **Dönem:** ETÇ II, **AÇ:**-, **CK:** 0.7, **Açkı:** Açkılı, **Yüzey Niteliği:** Düzgün, mikalı, **Yüzey İşlenişi:** Kalın astarlı, **Dış Astar:** 5YR 5/6, **İç Astar:** 7.5 YR 5/4, **Hamur Rengi:** 5YR 6/6, **Hamur İçeriği:** Mika, taşçık, saman, **Pişme:** Orta, **Öz:** Yok, **İçerik Boyutu:** İnce, **İçerik Oranı:** Orta.

Fig. No: 6.19, **Ser No:** TR13.AH.85, **Form:** Gövde parçası, **Dönem:** ETÇ II, **Y:** 4.7, **CK:** 0.5, **Açkı:** Açkılı, **Yüzey Niteliği:** Düzgün, **Yüzey İşlenişi:** Kalın astarlı, **Dış Astar:** 75YR 5/4, **İç Astar:** Dışta ve içte aynı, **Hamur Rengi:** 7.5YR 5/6, **Hamur İçeriği:** Mika, kum, **Pişme:** Orta, **Öz:** Açık gri, **İçerik Boyutu:** İnce, **İçerik Oranı:** İnce, **Açıklama:** Yumru bezeme.

Fig. No: 6.20, **Ser No:** TR.13.AH.86, **Form:** Kulp, **Dönem:** ETÇ II, **KK:** 2.3, **KG:** 5, Açkı: Açkılı, **Yüzey Niteliği:** Düzgün, **Yüzey İşlenişi:** Kalın astarlı, **Dış Astar:** 2.5YR 5/6, **İç Astar:** 7.5 YR 7/4, **Hamur Rengi:** -, **Hamur İçeriği:** Mika, taşçık, saman, **Pişme:** Orta, **Öz:** Yok, **İçerik Boyutu:** İnce, **İçerik Oranı:** Orta, **Açıklama:** Kulp üzerinde 3 yiv bulunmaktadır.

Fig. No: 6.21, **Ser No:** TR13.AH.87, **Form:** Kulp, **Dönem:** ETÇ II, **KG:** 4.4, **KK:** 2.1, Açkı: Açkılı, **Yüzey Niteliği:** Düzgün, mikalı, **Yüzey İşlenişi:** Kalın astarlı, **Dış Astar:** 2.5YR 4/4, **İç Astar:** Dışta ve içte aynı, **Hamur Rengi:** 5YR 6/6, **Hamur İçeriği:** Mika, taşçık, saman, **Pişme:** İyi, **Öz:** Yok, **İçerik Boyutu:** Orta, **İçerik Oranı:** Orta, **Açıklama:** Kulp üzerinde dört yiv bulunmaktadır.

Fig. No: 6.22, **Ser No:** TR.13.AH.52, **Form:** Kulp, **Dönem:** ETÇ II, **KK:** 1.7, **KG:** 3.2, **Açkı:** Açkısız, **Yüzey Niteliği:** Kaba, **Yüzey İşlenişi:** Kalın astarlı, **Dış Astar:** 75YR 5/4, **İç Astar:** Dışta ve içte aynı, **Hamur Rengi:** 7.5YR 7/6, **Hamur İçeriği:** Mika, taşçık, kireç, **Pişme:** Orta, **Öz:** Yok, **İçerik Boyutu:** Orta, **İçerik Oranı:** Orta.

Fig. No: 6.23, **Ser No:** TR.13.AH.11, **Form:** Kaide, **Dönem:** ETÇ II, **Y:** 4.4, **CK:** 1.1, **KÇ:** 12.6, Açkı: Açkılı, **Yüzey Niteliği:** Düzgün, **Yüzey İşlenişi:** Kalın astarlı, **Dış Astar:** 7.5YR 6/6, **İç Astar:** 7.5YR 6/4, **Hamur Rengi:** -, **Hamur İçeriği:** Mika, taşçık, saman, **Pişme:** Orta, **Öz:** Yok, **İçerik Boyutu:** Orta, **İçerik Oranı:** Az, **Açıklama:** Kaide dikey, altta ucu sola döndürülmüş çizi bezeme.

Fig. No: 6.24, **Ser No:** TR.13.AH.53, **Form:** Kaide, **Dönem:** ETÇ II, **DÇ:** 6.2, **Y:** 2.3, **CK:** 0.8, **Açkı:** Açkısız, **Yüzey Niteliği:** Düzgün, **Yüzey İşlenişi:** İnce astarlı, **Dış Astar:** 2.5YR 5/6, **İç Astar:** 2.5YR 5/6, **Hamur Rengi:** 7.5YR 6/6, **Hamur İçeriği:** Mika, taşçık, **Pişme:** İyi, **Öz:** Yok, **İçerik Boyutu:** İnce, **İçerik Oranı:** Orta.

Fig. No: 6.25, **Ser No:** TR.13.AH.9, **Form:** Kaide, **Dönem:** ETÇ II, **Y:** 3.6, **CK:** 1.5, **KÇ:** -, **Açkı:** Açkılı, **Yüzey Niteliği:** Düzgün, **Yüzey İşlenişi:** Kalın astarlı, **Dış Astar:** 7.5YR 6/6, **İç Astar:** 7.5YR 6/4, **Hamur Rengi:** -, **Hamur İçeriği:** Mika, taşçık, saman, kireç, **Pişme:** Orta, **Öz:** Yok, **İçerik Boyutu:** İnce, **İçerik Oranı:** Orta.

Fig. No: 6.26, **Ser No:** TR.13.AH.16, **Form:** Kaide, **Dönem:** ETÇ II, **KÇ:** -, **Y:** 2.5, **CK:** 1.2, **Açkı:** Açkılı, **Yüzey Niteliği:** Düzgün, mikalı, **Yüzey İşlenişi:** Kalın astarlı, **Dış Astar:** 7.5YR 5/6, **İç Astar:** 7.5 YR 7/4, **Hamur Rengi:** -, **Hamur İçeriği:** Mika, seramik, taşçık, **Pişme:** Orta, **Öz:** Yok, **İçerik Boyutu:** Orta, **İçerik Oranı:** Orta.

Fig. No: 7.1, **Buluntu No:** TR.13.AH.32, **Form:** Çanak, **Dönem:** OTÇ, **AÇ:** 17, **Y:** 5.5, **CK:** 0.6-0.7, **Yüzey Niteliği:** Düzgün, mikalı, **Yüzey İşlenişi:** İnce astarlı, Dış Astar: 10YR 7/3, **Hamur Rengi:** 10YR 5/4, **Öz:** Yok, **Hamur İçeriği:** Mika, taşçık, kum, **Pişme:** İyi, **İçerik Boyutu:** İnce, **İçerik Oranı:** Az.

Fig. No: 7.2, **Buluntu No:** TR.13.AH.43, **Form:** Çanak, **Dönem:** OTÇ, **AÇ:** 22, **Y:** 4.1, **CK:** 0.5-0.6, **Yüzey Niteliği:** Düzgün, **Yüzey İşlenişi:** İnce astarlı, **Dış Astar:** 10YR 6/3, **Hamur Rengi:** 10YR 6/3, **Öz:** Var, **Hamur İçeriği:** Mika, taşçık, **Pişme:** Orta, **İçerik Boyutu:** İnce, **İçerik Oranı:** Orta.

Fig. No: 7.3, **Buluntu No:** TR.13.AH.47, **Form:** Çanak, **Dönem:** OTÇ, **Y:** 2.5-2.6, **CK:** 0.7, **Yüzey Niteliği:** Düzgün, **Yüzey İşlenişi:** İnce astarlı, **Dış Astar:** 2.5YR 5/6, **Hamur Rengi:** 7.5YR 6/4, **Öz:** Yok, **Hamur İçeriği:** Mika, **Pişme:** İyi, **İçerik Boyutu:** İnce, **İçerik Oranı:** Az.

Fig. No: 7.4, **Buluntu No:** TR.13.AH.28, **Dönem:** OTÇ, **Y:** 3, **CK:** 1.2, **KK:** 2.4, **KG:** 2.8, **Yüzey Niteliği:** Düzgün, **Yüzey İşlenişi:** İnce astarlı, **Dış Astar:** 2.5YR 5/4, **Hamur Rengi:** 7.5YR 6/6, **Öz:** Var, **Hamur İçeriği:** Mika, taşçık, **Pişme:** Orta, **İçerik Boyutu:** İnce, **İçerik Oranı:** Orta.

Fig. No: 7.5, **Buluntu No:** TR.13.AH.26, **Form:** Çanak, **Dönem:** GTÇ, **AÇ:** 14, **Y:** 1.7, **CK:** 0.4, **Yüzey Niteliği:** Düzgün, **Yüzey İşlenişi:** İnce astarlı, **Dış Astar:** 10YR 8/2-Altın Boya Astarlı, **Hamur Rengi:** 7.5YR 6/4, **Öz:** Yok, **Hamur İçeriği:** Mika, kum, **Pişme:** İyi, **İçerik Boyutu:** İnce, **İçerik Oranı:** Az.

Fig. No: 9.1, **Ser No:** TR.12.HH.01, **Form:** Çanak, **Dönem:** ETÇ I, AÇ: 21, **Y:** 4.4, **CK:** 0.9, **Açkı:** Açkılı, **Yüzey Niteliği:** Düzgün, **Yüzey İşlenişi:** Kalın astarlı, **Dış Astar:** 10 YR 6/3, **İç Astar:** 10 YR 6/3, **Hamur Rengi:** 2.5Y 5/2, **Hamur İçeriği:** Mika, kireç, kum, saman, taşçık, **Pişme:** İyi, **Öz:** Yok, **İçerik Boyutu:** Orta, **İçerik Oranı:** Orta.

Fig. No: 9.2, **Ser No:** TR.12.HH.03, **Form:** Çanak, **Dönem:** ETÇ I, AÇ: 23, **Y:** 5.6, **CK:** 1.1, **Açkı:** Açkılı, **Yüzey Niteliği:** Düzgün, **Yüzey İşlenişi:** Kalın astarlı, **Dış Astar:** 2.5YR 6/6, **İç Astar:** 2.5 YR 5/6, **Hamur Rengi:** 7.5YR 6/6, **Hamur İçeriği:** Mika, kireç, saman, **Pişme:** İyi, **Öz:** Yok, **İçerik Boyutu:** İnce, **İçerik Oranı:** Orta, **Açıklama:** Dışta ağız kenarı üzerinde 2.5Y 7/3 renginde bir alacalanma vardır.

Fig. No: 9.3, **Ser No:** TR.12.HH.29, **Form:** Çanak, **Dönem:** ETÇ I, **AÇ:** 26, **Y:** 4.6, **CK:** 0.6 **Açkı:** Açkılı, **Yüzey Niteliği:** Düzgün-mikalı, **Yüzey İşlenişi:** Kalın astarlı, **Dış Astar:** Gley 1 14/N, **İç Astar:** Gley 1 6/N, **Hamur Rengi:** 2.5Y 6/2, **Hamur İçeriği:** Kireç, kum, **Pişme:** İyi, **Öz:** Yok, **İçerik Boyutu:** İnce, **İçerik Oranı:** Az.

Fig. No: 9.4, **Ser No:** TR.12.HH.05, **Form:** Çanak, **Dönem:** ETÇ I, **Y:** 3.6, **CK:** 1.4, **Açkı:** Açkılı, **Yüzey Niteliği:** Düzgün, **Yüzey İşlenişi:** Kalın astarlı, **Dış Astar:** 7.5YR 6/4, **İç Astar:** 7.5YR 5/3, **Hamur Rengi:** 5YR 5/4, **Hamur İçeriği:** Taşçık, kum, **Pişme:** İyi, **Öz:** Yok, **İçerik Boyutu:** İnce, **İçerik Oranı:** Yoğun.

Fig. No: 9.5, **Ser No:** TR.13.HH.02, **Form:** Testi, **Dönem:** ETÇ I, AÇ: -, Y: 6.9, **CK:** 0.5, **Açkı:** Açkılı, **Yüzey Niteliği:** Düzgün, **Yüzey İşlenişi:** İnce astarlı, **Dış Astar:** 7.5 YR 6/6, **İç Astar:** Dışta ve içte aynı, **Hamur Rengi:** 7.5YR 6/6, **Hamur İçeriği:** Taşçık, kireç, kum, **Pişme:** İyi, **Öz:** Yok, **İçerik Boyutu:** İnce, **İçerik Oranı:** Orta.

Fig. No: 10.1, **Ser No:** TR.12.HH.27, **Form:** Çömlek, **Dönem:** ETÇ II, AÇ: 44, **Y:** 14.4, **CK:** 1.5, **Açkı:** Açkısız, **Yüzey Niteliği:** Kaba, **Yüzey İşlenişi:** Kendinden astarlı, **Dış Astar:** 7.5YR 6/6, **İç Astar:** 5YR 6/6, **Hamur Rengi:** 5YR 6/6, **Hamur İçeriği:** Taşçık, kum, **Pişme:** İyi, **Öz:** Yok, **İçerik Boyutu:** Orta, **İçerik Oranı:** Yoğun. Açıklama: Boyun kısmında oluk bezeme vardır.

Fig. No: 10.2, **Ser No:** TR.12.HH.02, **Form:** Çanak, **Dönem:** ETÇ II, AÇ: 25, **Y:** 4.3, **CK:** 1, **Açkı:** Açkılı, **Yüzey Niteliği:** Düzgün, **Yüzey İşlenişi:** Kalın astarlı, **Dış Astar:** 7.5YR 5/4, **İç Astar:** 7.5YR 5/4, **Hamur Rengi:** -, **Hamur İçeriği:** Taşçık, mika, kum, saman, **Pişme:** Orta, **Öz:** Yok, **İçerik Boyutu:** İnce, **İçerik Oranı:** Orta, **Açıklama:** Dış yüzey renginde ısınmadan dolayı alacalanma söz konusu olup, geniş bir alanda siyah renk almıştır.

Fig. No: 10.3, **Ser No:** TR.13.HH.01, **Form:** Çanak, **Dönem:** ETÇ II, **Y:** 3, **CK:** 0.7, **Açkı:** Açkılı, **Yüzey Niteliği:** Düzgün, **Yüzey İşlenişi:** Kalın astarlı, **Dış Astar:** 10 YR5/2, **İç Astar:** 10 YR 6/2, **Hamur Rengi:** 10 YR5/2, **Hamur İçeriği:** Kireç, kum, **Pişme:** İyi, **Öz:** Açık Gri, **İçerik Boyutu:** İnce, **İçerik Oranı:** Az.

Fig. No: 10.4, **Ser No:** TR.12.HH.22, **Form:** Çanak, **Dönem:** ETÇ II, **Y:** 3.5, **CK:** 0.9, **Açkı:** Açkılı, **Yüzey Niteliği:** Düzgün, **Yüzey İşlenişi:** Kalın astarlı, **Dış Astar:** 10 YR 5/4, **İç Astar:** 10 YR 5/4, **Hamur Rengi:** -, **Hamur İçeriği:** Mika, kum, **Pişme:** İyi, **Öz:** Yok, **İçerik Boyutu:** İnce, **İçerik Oranı:** Orta, **Açıklama:** Hamurun yanmadan dolayı gerçek rengi kaybolmuştur. Dış yüzeyde 10 YR 6/1 renginde boya bezeme yapılmıştır. Dikdörtgen paneller içerisine çapraz bantlar beyaz boya ile yapılmıştır.

Fig. No: 10.5, **Ser No:** TR.12.HH.18, **Form:** Testi, **Dönem:** ETÇ II, **Y:** 3, **CK:** 0.5, **Açkı:** Açkılı, **Yüzey Niteliği:** Düzgün, **Yüzey İşlenişi:** Kalın astarlı, **Dış Astar:** 7.5 YR 5/4, **İç Astar:** 7.5 YR 6/4, **Hamur Rengi:** 7.5 YR 6/4, **Hamur İçeriği:** Kireç, mika, kum, **Pişme:** Orta, **Öz:** Yok, **İçerik Boyutu:** İnce, **İçerik Oranı:** Orta.

Fig. No: 10.6, **Ser No:** TR.12.HH.31, **Form:** Testi, **Dönem:** ETÇ II, **Y:** 2, **CK:** 0.7, **Açkı:** Açkılı, **Yüzey Niteliği:** Düzgün, **Yüzey İşlenişi:** Kalın astarlı, **Dış Astar:** 2.5YR 3/4, **İç Astar:** 5 YR 5/4, **Hamur Rengi:** 7.5YR 6/4, **Hamur İçeriği:** Taşçık, kum, kireç, **Pişme:** iyi, **Öz:** Yok, **İçerik Boyutu:** İnce, **İçerik Oranı:** Orta.

Fig. No: 10.7, **Ser No:** TR.13.HH.03, **Form:** Testi, **Dönem:** ETÇ II, **Y:** 2.2, **CK:** 0.7, **Açkı:** Açkılı, **Yüzey Niteliği:** Düzgün, **Yüzey İşlenişi:** Kalın astarlı, **Dış Astar:** 10 R 4/6, **İç Astar:** 10 R 4/6, **Hamur Rengi:** 2.5 YR 4/6, **Hamur İçeriği:** Mika, kum, **Pişme:** Orta, **Öz:** Koyu Gri, **İçerik Boyutu:** İnce, **İçerik Oranı:** Orta.

Fig. No: 10.8, **Ser No:** TR.12.HH.19, **Form:** Testi, **Dönem:** ETÇ II, **Y:** 1.7, **CK:** 0.8, **Açkı:** Açkısız, **Yüzey Niteliği:** Düzgün, **Yüzey İşlenişi:** Kalın astarlı, **Dış Astar:** 2.5 YR 4/6, **İç Astar:** 2.5 YR 4/6, **Hamur Rengi:** 2.5 YR 6/6, **Hamur İçeriği:** Mika, kum, **Pişme:** İyi, **Öz:** Yok, **İçerik Boyutu:** İnce, **İçerik Oranı:** Orta.

Fig. No: 10.9, **Ser No:** TR.12.HH.04, **Form:** Ayak, **Dönem:** ETÇ II, **Y:** 4.9, **CK:** 1.5, **Açkı:** Açkısız, **Yüzey Niteliği:** Düzgün, **Yüzey İşlenişi:** Kendinden astarlı, **Dış Astar:** 5 YR5/4, **Hamur Rengi:** 5 YR 5/4, **Hamur İçeriği:** Mika, kum, **Pişme:** İyi, **Öz:** Yok, **İçerik Boyutu:** İnce, **İçerik Oranı:** Orta.

Fig. No: 10.10, **Ser No:** TR.12.HH.23, **Form:** Gövde parçası, **Dönem:** ETÇ II, **Y:** 1.9, **CK:** 0.3, **Açkı:** Açkılı, **Yüzey Niteliği:** Düzgün, **Yüzey İşlenişi:** Kalın astarlı, **Dış Astar:** 10 YR 2/1, **İç Astar:** 10 YR 4/1, **Hamur Rengi:** 10 YR 5/2, **Hamur İçeriği:** Kum, **Pişme:** İyi, **Öz:** Yok, **İçerik Boyutu:** İnce, **İçerik Oranı:** Az, **Açıklama:** Parçanın tamamı yivlerle bezelidir.

Fig. No: 10.11, **Ser No:** TR.12.HH.04, **Form:** Gövde parçası, **Dönem:** ETÇ II, **Y:** 4.1, **CK:** 0.5, **Açkı:** Açkılı, **Yüzey Niteliği:** Düzgün, **Yüzey İşlenişi:** Kalın astarlı, **Dış Astar:** Gley 1 2.5/N, **İç Astar:** 2.5 Y 4/1, **Hamur Rengi:** 2.5 Y 4/1, **Hamur İçeriği:** Mika, kum, **Pişme:** Orta, **Öz:** Yok, **İçerik Boyutu:** İnce, **İçerik Oranı:** Az.

Fig. No: 10.12, **Ser No:** TR.12.HH.25, **Form:** Kulp, **Dönem:** ETÇ II, **Y:** 7.7, **CK:** 1.1, **Açkı:** Açkısız, **Yüzey Niteliği:** Düzgün, **Yüzey İşlenişi:** İnce astarlı, **Dış Astar:** 7.5YR 5/4, **İç Astar:** 10 YR 7/4, **Hamur Rengi:** 7.5YR 6/6, **Hamur İçeriği:** Taşçık, kum, **Pişme:** İyi, **Öz:** Açık gri, **İçerik Boyutu:** İnce, **İçerik Oranı:** Az, **Açıklama:** Kulp üzerinde üç oluk bezeme bulunur.

Fig. No: 10.13, **Ser No:** TR12.HH.06, **Form:** Kulp, **Dönem:** ETÇ II, **Y:** 8.6, **CK:** 1, **KK:** 1.6, **KG:** 3.2, **Açkı:** Açkılı, **Yüzey Niteliği:** Düzgün, **Yüzey İşlenişi:** Kalın astarlı, **Dış Astar:** 7.5YR 6/4, **İç Astar:** 7.5YR 6/4, **Hamur Rengi:** 5YR 6/6, **Hamur İçeriği:** Taşçık, kum, **Pişme:** İyi, **Öz:** Yok, **İçerik Boyutu:** İri, **İçerik Oranı:** Yoğun.

Fig. No: 10.14, **Ser No:** TR.12.HH.20, **Form:** Kulp, **Dönem:** ETÇ II, **Y:** 5.7, **CK:** 0.7, **KK:** 1.6, **KG:** 3.2, **Açkı:** Açkılı, **Yüzey Niteliği:** Düzgün, **Yüzey İşlenişi:** Kalın astarlı, **Dış Astar:** 10R 4/4, **İç Astar:** Dışta ve içte aynı, **Hamur Rengi:** 5YR 6/6, **Hamur İçeriği:** Taşçık, kum, **Pişme:** İyi, **Öz:** Yok, **İçerik Boyutu:** Orta, **İçerik Oranı:** Orta.

Fig. No: 10.15, **Ser No:** TR.12.HH.21, **Form:** Kulp, **Dönem:** ETÇ II, **Y:** 4.7, **CK:** 0.7, **KK:** 1.7, **KG:** 3.6, **Açkı:** Açkılı, **Yüzey Niteliği:** Düzgün, **Yüzey İşlenişi:** Kalın astarlı, **Dış Astar:** 2.5YR 5/6, **İç Astar:** 2.5YR 5/6, **Hamur Rengi:** 2.5YR 5/6, **Hamur İçeriği:** Taşçık, kum, **Pişme:** İyi, **Öz:** Yok, **İçerik Boyutu:** Orta, **İçerik Oranı:** Yoğun, **Açıklama:** Dış astarda alacalanmalar mevcuttur, ayrıca kulp üzerinde üç adet oluk bezeme yapılmıştır.

Fig. No: 10.16, **Ser No:** TR.13.HH.28, **Dönem:** ETÇ II, **Y:** 2.7, **CK:** 0.8, **KK:** 0.7, **Açkı:** Açkılı, **Yüzey Niteliği:** Düzgün, **Yüzey İşlenişi:** İnce astarlı, **Dış Astar:** 7.5 YR5/3, **İç Astar:** 7.5 YR 5/3, **Hamur Rengi:** 10 YR 6/2, **Hamur İçeriği:** Mika, kum, **Pişme:** İyi, **Öz:** Yok, **İçerik Boyutu:** İnce, **İçerik Oranı:** Az.

Fig. No: 10.17, **Ser No:** TR.12.HH.16, **Form:** Kulp, **Dönem:** ETÇ II, **Y:** 3.7, **KK:** 2.2-, **KG:** 3.4, **Açkı:** Açkısız, **Yüzey Niteliği:** Kaba, **Yüzey İşlenişi:** İnce astarlı, **Dış Astar:** 7.5YR 6/4, **İç Astar:** 7.5YR 6/4, **Hamur Rengi:** 7.5YR 6/4, **Hamur İçeriği:** Taşçık, kum, **Pişme:** İyi, **Öz:** Yok, **İçerik Boyutu:** İnce, **İçerik Oranı:** Az.

Fig. No: 10.18, **Ser No:** TR.12.HH.08, **Form:** Kulp, **Dönem:** ETÇ II, **Y:** 5.5, **KK:** 1.7, **KG:** 1.6, **Açkı:** Açkısız, **Yüzey Niteliği:** Düzgün, **Yüzey İşlenişi:** Kendinden astarlı, **Dış Astar:** 7.5YR 6/6, **İç Astar:** Dışta ve içte aynı, **Hamur Rengi:** 7.5YR 6/6, **Hamur İçeriği:** Taşçık, kum, kireç, **Pişme:** iyi, **Öz:** Yok, **İçerik Boyutu:** İnce, **İçerik Oranı:** Orta.

Fig. No: 10.19, **Ser No:** TR.12.HH.26, **Form:** Kaide, **Dönem:** ETÇ II, **Y:** 4.2, **CK:** 1.1, **KÇ:** 11, **Açkı:** Açkılı, **Yüzey Niteliği:** Kaba, **Yüzey İşlenişi:** Kalın astarlı, **Dış Astar:** 2.5Y 5/2, **İç Astar:** 5Y 6/1, **Hamur Rengi:** 5Y 6/1, **Hamur İçeriği:** Taşçık, kum, kireç, **Pişme:** Orta, **Öz:** Yok, **İçerik Boyutu:** İnce, **İçerik Oranı:** Orta.

Fig. No: 11.1, **Ser No:** TR.12.HH.09, **Form:** Çanak, **Dönem:** GTÇ, **AÇ:** 15, **CK:** 0.5, **Y:** 5.3, **Açkı:** Açkısız, **Yüzey Niteliği:** Düzgün, **Yüzey İşlenişi:** İnce astarlı, **Dış Astar:** 2.5YR 4/6, **İç Astar:** Dışta ve içte aynı, **Hamur Rengi:** 5YR 6/6, **Hamur İçeriği:** Mika, taşçık, kum, **Pişme:** İyi, **Öz:** Yok, **İçerik Boyutu:** İnce, **İçerik Oranı:** Az, **Açıklama:** Dış ve iç astar aşınmış durumdadır.

Fig. No: 11.2, **Ser No:** TR.12.HH.10, **Form:** Çanak, **Dönem:** GTÇ, **AÇ:** 24, **Y:** 3.6, **CK:** 0.5-0.6, **Açkı:** Açkısız, **Yüzey Niteliği:** Düzgün-Mikalı, **Yüzey İşlenişi:** İnce astarlı, **Dış Astar:** 10YR 3/1, **İç Astar:** Dışta ve içte aynı, **Hamur Rengi:** 2.5Y 5/2, **Hamur İçeriği:** Mika, kum, **Pişme:** İyi, **Öz:** Yok, **İçerik Boyutu:** İnce, **İçerik Oranı:** Orta.

Fig. No: 11.3, **Ser No:** TR.12.HH.11, **Form:** Çanak, **Dönem:** GTÇ, **AÇ:** 22, **Y:** 4, **CK:** 0.5, Açkı: Açkısız, **Yüzey Niteliği:** Düzgün, mikalı, **Yüzey İşlenişi:** İnce astarlı, **Dış Astar:** 10YR 8/2- Altın boya astarlı, **İç Astar:** Dışta ve içte aynı, **Hamur Rengi:** 10YR 6/4, **Hamur İçeriği:** Mika, **Pişme:** İyi, **Öz:** Yok, **İçerik Boyutu:** İnce, **İçerik Oranı:** Az.

Fig. No: 11.4, **Ser No:** TR.12.HH.13, **Form:** Çanak, **Dönem:** GTÇ, **AÇ:** 44, **Y:** 4.4, **CK:** 0.6, **Tip No:** Çanak, **Açkı:** Açkısız, **Yüzey Niteliği:** Düzgün, mikalı, **Yüzey İşlenişi:** İnce astarlı, **Dış Astar:** 10YR 8/2-Altın boya astarlı, **İç Astar:** 5YR 7/4, **Hamur Rengi:** 10YR 7/4, **Hamur İçeriği:** Mika, kum, **Pişme:** İyi, **Öz:** Yok, **İçerik Boyutu:** İnce, **İçerik Oranı:** Az.

Fig. No: 11.5, **Ser No:** TR.12.HH.14, **Form:** Çanak, **Dönem:** GTÇ, **CK:** 0.6-0.7, **KK:** 1.6, **KG:** 1.6, **Açkı:** Açkısız, **Yüzey Niteliği:** Düzgün, **Yüzey İşlenişi:** Kendinden astarlı, **Dış Astar:** 7.5YR 7/4, **İç Astar:** Dışta ve içte aynı, **Hamur Rengi:** 5YR 6/6, **Hamur İçeriği:** Mika, taşçık, kum, **Pişme:** İyi, **Öz:** Yok, **İçerik Boyutu:** İnce, **İçerik Oranı:** Az.

Tripolis on the Maeander Under Roman Rule (Cent. 2nd B.C. - 3rd A.D.): History and Epigraphy

Alister FILIPPINI*

Abstract

This paper aims at depicting the historical and administrative geography of Tripolis within the Roman province *Asia* since its institution (129 B.C.) up to the provincial reform of Diocletian (late 3rd cent. A.D.). Tripolis traditionally belonged to the south-eastern part of Lydia, which in the Lykos Valley, and especially along the Maeander's stream, met and mingled with Caria and Phrygia. The changes of names have an important historical meaning for the city, since the Hellenistic age (Apollonia) up to the Civil Wars of the late 1st cent. B.C. (Antoniopolis, Tripolis). Three wars can be considered as turning points for the Greek cities in Roman Asia: the Aristonicus' revolt (133-130 B.C.), the first mithridatic war (89-85 B.C.), and the Parthian invasion of Labienus (40-38 B.C.) – these happenings must have involved in some way Tripolis, as they actually did with Laodikeia and Aphrodisias. Some administrative transformations can be detected during the Imperial age: according to the Roman system of juridical districts (*conventus*, *dioikeseis*), Tripolis belonged firstly to the *conventus* of Sardeis (under Augustus), then to Apameia's (under the Flavians), later to one among the three newly established districts of Laodikeia, Hierapolis, and Philadelpheia (under Hadrian and/or Antoninus Pius). Finally Diocletian divided the province *Asia* in lesser administrative units: in Late Antiquity Tripolis was therefore ascribed to the province *Lydia* (capital Sardeis), as is also stated by some official documents of the age of Justinian (6th cent.). Epigraphy and numismatics offer also important data for the history of religious cults in Tripolis.

Keywords: Tripolis, Antoniopolis, Lydia, Roman administration, province *Asia*, juridical districts.

1.1. Tripolis, the Maeander, the Lykos: hydrography, geology, routes

Tripolis on the Maeander is located 1 km E of the modern village of Yenicekent (district of Buldan, Denizli province): the ancient town lays on the north-western side of the Lykos Valley and on the eastern edge of the Messogis mountains. Tripolis is barely 1 km W of the location where the river Maeander (Büyük Menderes), after a bent and a long stretch within a canyon, flows out from the Güney Plateau and enters the valley. The Maeander receives the waters of the Lykos (Çürüksu) near the village of Tosunlar, approximately 10 km S of Tripolis[1].

The valley formed by the encounter of the two rivers used to be a frontier between the historical regions of western Anatolia, where south-eastern Lydia met north-eastern Caria and south-western Phyrgia. Tripolis represented therefore an important crossroad between the main centres of those regions, as well as linking the

* Dr., Dipartimento Culture e Società, Università degli Studi di Palermo – Italy. E-mail: alister.filippini@unipa.it

I wish to thank Francesco Guizzi and Tullia Ritti for many important suggestions. For the epigraphical and prosopographical entries (Epigr./Pros. App.) see the Appendix *Tripolis on the Maeander in Hellenistic and Roman Age* by F. Guizzi and A. Filippini, following in this volume.

1 Lykos Valley: Ramsay 1895, 1-31. Tripolis: Ramsay 1895, 192-194; Keil – Premerstein 1914, 51-52; Keil 1939; Duman 2013, 180.

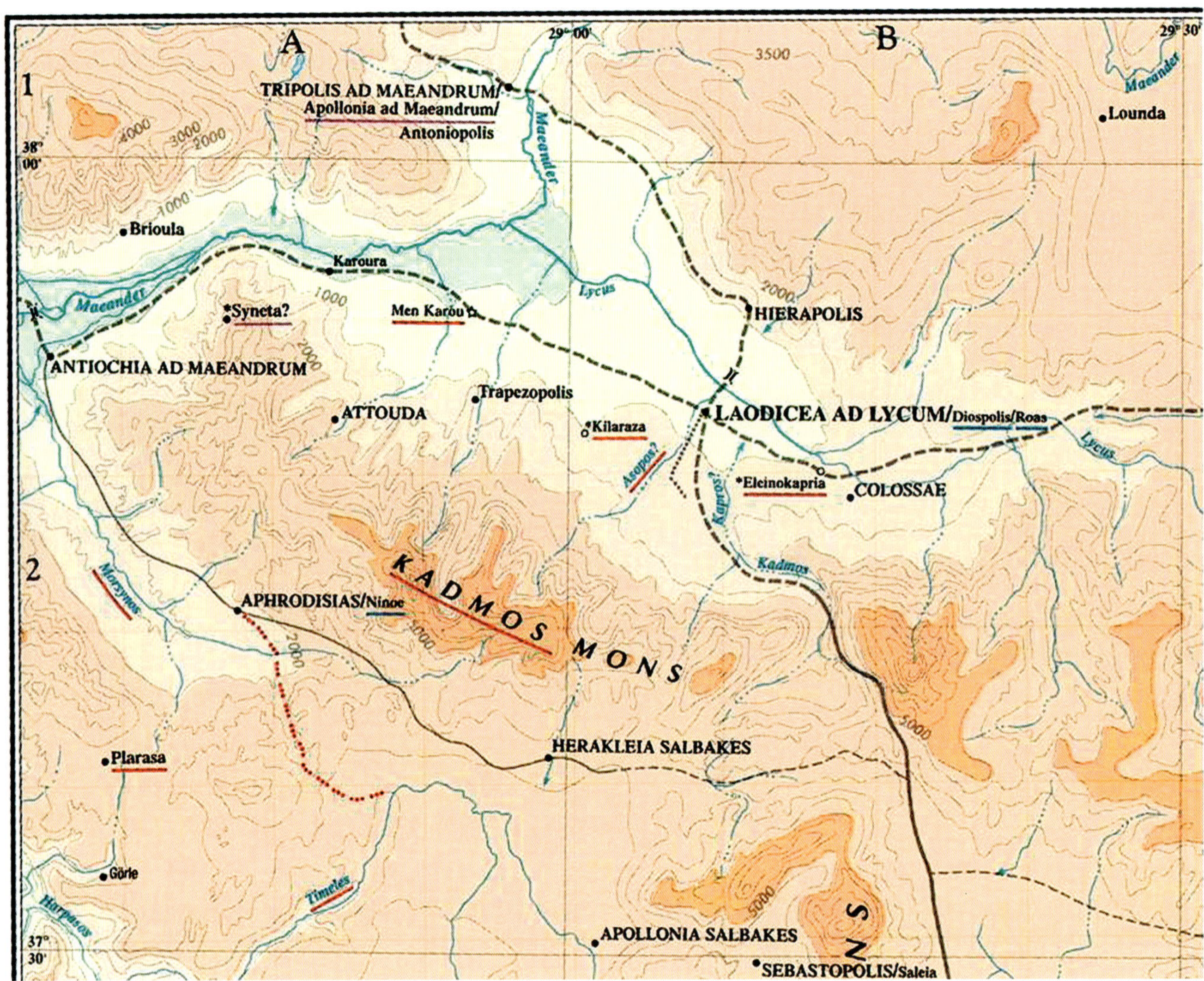

Fig. 1 Tripolis on the Maeander and the Lykos Valley (Talbert 2000, Map 65, detail).

Maeander's canyon with the valleys of Lykos and of Kogamos (Alaşehir Çay or Kuzuçay). As testified to by various late Roman sources, Tripolis was a fundamental road junction between the Lydian cities located NW in the valleys of the rivers Kogamos (Philadelpheia) and Hermos (Sardeis), and the Phrygian cities of the Lykos Valley (Hierapolis, Laodikeia, Kolossai)[2].

A big road moved from Sardeis in Lydia, passed through Philadelpheia (Alaşehir, approx. 60 km NW of Tripolis), then Kadıköy (Tralla?) and the mountain pass of Derbent, and arrived at Tripolis. Then it crossed the Maeander, continued towards Hierapolis of Phrygia (Pamukkale, approx. 20 km SE of Tripolis), and finally entered the major city of the valley, Laodikeia on the Lykos (located between Eskihisar and Goncalı, approx. 11 km S of Hierapolis)[3].

From Laodikeia departed therefore three long-distance roads : the first, heading E, crossed Phrygia (Kolossai, Charax, Sanaos/Anava, Apameia Kibotos) and arrived in Pisidia; the second headed W, entered Caria (Karoura) and followed the course of the Maeander (through Antiocheia on the Maeander, Nysa, Tralleis, Magnesia on the

2 The *Itinerarium Antonini* (p. 336, 4 Wesseling) records Tripolis along the road *Thyatira – Sardis – Philadelphia – Tripoli – Hierapoli – Laudicia*: the city is located XXXIII miles from Philadelpheia and XII from Hierapolis. Also the *Tabula Peutingeriana* (segm. IX, 5 Miller) locates Tripolis XXXIIII miles from Philadelpheia and XII from Hierapolis. A milestone inscribed under the Emperor Julian (Epigr. App. Nr. A.2.23) has been found in the Kogamos Valley near Kadiköy (Tralla?): it records a distance of XI miles from Tripolis.

3 Roads in the Lykos Valley (Tripolis, Hierapolis, Laodikeia): Scardozzi 2012. Hierapolis: Ritti 1985; D'Andria 2003; Arthur 2006; Ritti 2006; D'Andria – Caggia 2007; Ritti 2008; D'Andria – Scardozzi – Spano 2008; D'Andria 2011-2012; D'Andria – Caggia – Ismaelli 2012; D'Andria 2013; Guizzi 2014. Laodikeia: Des Gagniers 1969, partic. Robert 1969; Corsten 1997; Traversari 2000a; Şimşek 2007/2013; Şimşek 2014; Tripolis: Duman 2013.

Maeander) all the way to the Aegean coast (Miletus, Ephesus, Smyrna); the third went S, passed around Mount Salbakos and through Kibyra, and reached finally Lycia and Pamphylia[4].

As well as the main road Philadelpheia-Tripolis-Laodikeia, other paths led S from Tripolis, passing along the western bank of the Maeander, towards Karoura, Brioula and Antiocheia on the Maeander. To this N-S line seems to be connected the stone bridge at Ahmetli Köyü, which links the western and eastern bank of the Maeander, approx. 6 km SW of Tripolis and 5 km upstream from the point where the Lykos flows into the Maeander[5].

In the opposite direction, to the N, a mountain road connected Tripolis with the mid-course of the Maeander, the valleys of its tributaries (rivers Hippourios and Sindros/Senaros), the centres of Sala (Güney area), Blaundos (Sülümenli), Dionysopolis (Bekilli? Üçkuyu?), Mossyna (Sazak), Motella (Medele), Thiounta (Eski Gözler), and the communities (*koina*) of the Motaleis (Dağmarmara) and of the Hyrgaleis (Çal)[6].

The whole of the area situated N of Tripolis can be considered as the most eastern edge of the «Burnt Land» (ἡ Κατακεκαυμένη), an arid region bridging Mysia, Maeonia/Lydia and Phrygia: according to Strabo, it was a volcanic territory characterized by a highly inflammable soil and intense seismic activity – the frequent landslides that affected Philadelpheia made this problem evident. Due to these geological features, the Burnt Land was famous for its vines, which were similar to those of Katanaia at the foot of Mount Aitna, in Sicily. A similar degree of seismicity was common to the entire Maeander-Lykos Valley, which is crossed NW-SE by the fault of the Maeander and punctuated by thermal springs, caves and underground waters[7].

The geographical and geologic proximity between the *Katakekaumene*, the Tripolis area and the Lykos Valley might account for these devastating earthquakes: John Lydus (Ἰωάννης Λαυρέντιος ὁ Λυδός), who came from Philadelpheia, names Laodikeia, Hierapolis and Philadelpheia as subject to earthquakes, and Book V of the *Oracula Sibyllina* records that «Tripolis generated by the rock close to the Maeander» (πετροφυὴς Τρίπολίς τε παρ' ὕδασι Μαιάνδροιο) participated in the seismic misfortunes of Laodikeia and Hierapolis[8].

1.2. Tripolis between Lydia, Caria and Phrygia

In his geographical-historical survey of Asia Minor, Strabo mentions some centres of the Lykos Valley (Laodikeia, Hierapolis, Kolossai), but does not name Tripolis. He describes both the Burnt Land and the Maeander-Lykos Valley as "in-between" territories, an anthropological crossroad, where one would find a complex ethnic mixture of the most ancient populations of western Anatolia. The *Katakekaumene* comprised part of Mysia and Maeonia (i.e. southern Lydia, according to the traditional denomination used by Homer and Herodotus). The Lykos Valley, which is located SE of the Burnt Land, afforded a layered mixture of Phrygians, Carians, Lydians and Mysians; whilst the Maeander constituted, at times, the natural frontier between the different ethnic zones, but did also flow through them without constituting a distinctive border[9].

Later sources (cent. 1st-6th A.D.) show a similar variability as to ethnic borders across time and space: some of them locate Tripolis in Lydia[10], others in Caria[11]. A similar phenomenon concerns Hierapolis (situated alternat-

---

4 Roads of Laodikeia: Traversari 2000b.

5 Ahmetli Köyü bridge (Roman Imperial period): Scardozzi 2012, 754-756. The bridge is recorded in Ramsay 1895, tab. f.t., but it is not in Talbert 2000, Map 65 (ed. by C. Foss and S. Mitchell), 1006.

6 Centres in the surroundings of Hierapolis: Ritti 2008, 12-20 (especially the Motaleis and the Hyrgaleis belonged to the territory of Hierapolis). Thiounta and Mossyna: Castrianni – Scardozzi 2012.

7 *Katakekaumene*: Strabo XII 8, 12; 18; XIII 4, 10-11.

8 Earthquakes: Ioh. Lyd. *ost.* 53; *Or. Sib.* V 290-291 (Laodikeia), 318 - 320 (Hierapolis), 321-323 (Tripolis: this is the only source recording an earthquake: see below, par. 1.3.5). Several sources mention Hierapolis, Laodikeia and Kolossai as victims of earthquakes: Ritti 1985, 23-28.

9 *Ethne* and uncertain borders: Strabo XIII 4, 12; XII 4, 4-5; Campanile 2001, 489-491.

10 Tripolis of Lydia: Plin. *nat.* V 111; Hierokles *syn.* 669, 4, p. 21 Burckhardt. Pliny lists Tripolis among the communities belonging to the *conventus* of Sardeis, located within the historical region of Lydia (see below, par. 1.3.4). Stephanus of Byzantium seems to confirm this («Apollonia of Lydia»: see below, nt. 11). Hierokles (6th cent.) locates Tripolis in the late antique province *Lydia*, just after Sardeis and Philadelpheia (see below, par. 1.3.6).

11 Tripolis of Caria: Ptol. *geogr.* V 2, 18, 2. After listing the cities of Lydia, Ptolemy opens the list of Caria with Tripolis, followed by Laodikeia on the Lykos. Stephanus of Byzantium (6th cent.) mentions a «Tripolis of Caria», later named Neapolis (Steph. Byz. *s.v.* Τρίπολις, p. 637, 8 Meineke: ἄλλη

ively in Phrygia or Lydia)[12] and most of all Laodikeia, placed sometimes in Phrygia, sometimes in Caria or even in Lydia[13].

Such a variability could be related to the administrative changes that affected the system of Roman *conventus* and the same province *Asia* (see below, par. 1.3). On the other side the riddle seems to be solved by a local inscription (3rd cent. A.D.), indicating the ancient town as «Tripolis of Maeonia» (Μαιονίη Τρίπολις): therefore, from the point of view of its own citizens, the cultural identity of Tripolis should have been predominantly Lydian. The Lydian identity may be confirmed by the name «Apollonia of Lydia», attested by Stephanus of Byzantium, which would be a souvenir of the ancient denomination Apollonia on the Maeander[14]. The small plane of Yenicekent and Buldan, which constitutes the north-western extremity of the Lykos Valley, was probably perceived, then, as the ultimate eastern frontier of ancient Lydia.

1.3. Apollonia/Tripolis in the Roman administrative geography (cent. 2nd B.C. - 3th A.D.)

Until the end of the 1st cent. B.C. «Tripolis» is not mentioned by any extant historical source: therefore the history of Apollonia/Tripolis on the Maeander in the centuries that span from the Attalid dynasty to the Roman province is largely unknown to us. Nevertheless, we may infer that three crucial turning points must have affected the city: Aristonicus' uprising (133-130 B.C.), the first Mithridatic war (89-85) and the Parthian invasion led by Q. Labienus (40). Even though the lack of direct information does not allow to clarify the actual position of Apollonia/Tripolis during those dramatic events, the parallel history of the nearby centres of the Lykos Valley – particularly Laodikeia – may help to fill in that void.

1.3.1. The institution of province Asia and its jurisdictions (129)

The inheritance of Attalus III King of Pergamon (133), Aristonicus' uprising, and the campaigns of the consuls M. Perperna (130) and M'. Aquillius (129) led to the creation of the Roman province *Asia*, which embraced most of the territories formerly belonging to the Attalid Kingdom. Such events resulted, among other things, in the annexation of Lydia: it is highly probable that Apollonia/Tripolis became part of the Roman State at that time (129). Laodikeia on the Lykos did probably enter Roman influence during Aquillius' mandate, as suggested by some milestones found in the Maeander Valley[15].

From then on, the Roman provincial administration adopted a territorial division arranged in judicial districts (*conventus*, διοικήσεις): this system replaced the ancient ethnic subdivisions (κατὰ φῦλα), which had already proven problematic. But, as Strabo observed, the division per *conventus* created further confusion in a geographical-historical context whose borders were by no means clear-cut[16].

[scil. Τρίπολις] Καρίας, ἡ νῦν Νεάπολις), but also Ptolemy (*geogr.* V 2, 19, 8) records a Neapolis of Caria, which is actually different from Tripolis on the Maeander. Moretti 1979, 297, n. 3 (= Moretti 1990, 360) explains that «Tripolis/Neapolis of Caria» (Steph. Byz.) is not to be identified with Tripolis on the Maeander, but with Tripolis (Yenibolu) on the river Harpasos (Akçay) in southern Caria; on the other side, according to Moretti, Apollonia/Tripolis on the Maeander should be identified with «Apollonia of Lydia» (Steph. Byz. *s.v.* Ἀπολλωνία, p. 106, 10 Meineke)

12 Hierapolis between Phrygia and Lydia: Steph. Byz. *s.v.* Ἱεράπολις, p. 327, 8-9 Meineke.

13 Laodikeia of Phrygia: Polyb. V 57, 5; Strabo XII 8, 13. Laodikeia of Caria: Ptol. *geogr.* V 2, 18, 3; *Or. Syb.* III 471-473; Steph. Byz. *s.v.* Ἀντιόχεια, p. 100, 4-9 Meineke. On the location of Laodikeia in either Phrygia or Caria during the 2nd cent. A.D. see Philostr. *VS* II 25, 1, 530 (p. 42 Kaiser) e 7, 539 (p. 49 Kaiser). Laodikeia of Lydia (not Lycia): Steph. Byz., *s.v.* Λαοδίκεια, p. 411, 13 Meineke (read Λυδίας as attested by the *codices*, and not Λυκίας as unnecessarily corrected by Fraser 2009, 356).

14 Tripolis of Maeonia: Epigr. App. Nr. A.1.4. Apollonia of Lydia (Steph. Byz.): see above, nt. 11. Apollonia on the Maeander, former name of Tripolis: see the paper *Tripolis before Tripolis* by F. Guizzi in this volume.

15 Magie 1950, I, 168-169; Jones 1971, 57-60; Mitchell 1993, I, 29, n. 23; Merola 2001, 9-49, especially 44-49. Aquillius attributed to Mithridates V King of Pontus the so called *Phrygia Maior*, not including the Lykos Valley: this region was annected by the province *Asia* only after the king's death (119): see Drew – Bear 1978, 1-8.

16 *Dioikeseis* and *phyla* n Roman Asia: Strabo XIII 4, 12 (see above, par. 1.2). *Conventus iuridici* of province *Asia*: Ameling 1988; Mileta 1990; Merola 2001, 143-181; Campanile 2003; Campanile 2004.

1.3.2. The Greek cities of Asia between Mithridates and Rome (89-85)[17]

Till the mid 1st cent. B.C. there is no account of the juridical status of Apollonia/Tripolis within the Roman province *Asia*. On the other side the town must have had to decide where to stand when Mithridates VI Eupator King of Pontus invaded *Asia* (89).

Laodikeia, for example, first welcomed within its walls Q. Oppius, proconsul of *Cilicia*, but then it was heavily damaged by a ferocious siege and was eventually forced to hand over to the enemy the Roman garrison (88). Artemidoros of Aphrodisias (Caria) prompted his citizens to send soldiers to Oppius, besieged in Laodikeia, whilst the capital of the province, Ephesus, was initially occupied by Mithridates and only later rebelled[18]. Few cities managed to keep their alliance (*symmachia*) with Rome: among them, Magnesia at the Sipylus (Lydia), Stratonikeia and Tabai (Caria). At the end of the war (85) L. Cornelius Sulla rewarded them with great honours, including the confirmation of their status as *civitates liberae*[19]. The list of microasiatic cities provided by Pliny the Elder records such privilege for various communities which kept their alliance with Rome during the Mithridatic war: Alabanda, Stratonikeia, Aphrodisias, Rhodes, and Chios[20].

It is unknow whether Apollonia/Tripolis managed, somehow, to resist Mithridates' advance or had to surrender, as did Laodikeia, which seems more plausible. At any rate, neither Tripolis nor Laodikeia were granted with liberty, but they must have assumed the condition of *civitates stipendiariae*.

1.3.3. From the Civil Wars to the age of Augustus: Apollonia, Antoniopolis, Tripolis

The first explicit mention of the existence of Tripolis is to be found in Pliny who, among various communities of Lydia, lists the «Tripolitans, also known as the Antoniopolitans, touched by the Maeander» (*Tripolitani iidem et Antoniopolitae – Maeandro adluuntur –*). The double name Tripolis/Antoniopolis is also recorded in an inscription from Ephesus, dating to the Flavian age, which mentions the «Antoniopolitans, today known as the Tripolitans» (Ἀντωνιοπολεῖται, νῦν δὲ Τριπολεῖται)[21].

The name Ἀντωνιόπολις has great historical interest: it must clearly hark back to the triumvir M. Antonius, and we could infer that Apollonia on the Maeander adopted this name to honour him. Such hypothesis may be supported, once again, by the fact that Laodikeia in 40 B.C. sided with the Roman troops of M. Antonius, then commander of the East, against the invasion led by Q. Labienus and his ally, the Parthian prince Pakoros. The rhetorician Zenon of Laodikeia convinced his fellow citizens, at the time, to resist the Parthians and obtained prestigious awards from Antonius for himself and his family, among which Roman citizenship and the Kingdom of Pontus for his son M. Antonius Polemon[22].

A similar situation occurred in Mylasa (Caria), where the rhetorician Hybreas, an influential politician and pupil of Diotrephes from Antiocheia on the Maeander, convinced his hometown to take arms against Labienus:

---

17 Campanile 1996; Thornton 1998.

18 Laodikeia: Strabo XII 8, 16; App. *Mithr.* 20; *CIL* VI, 30925 = *IGUR* I, 6 = EDR105932. Aphrodisias: Reynolds 82, 11 – 20, nr. 2-3 = *SEG* 32, 1982, 1097 = *IAph2007* 8.2-3. Efeso: *Syll.*³742 = *IvEphesos* Ia (*IK* 11.1), 8; *CIL* VI, 30926.

19 Stratonikeia: *IvStratonikeia* II.1 (*IK* 22.1), 505. Tabai: *MAMA* VI, 162 = Ritti 2008, 56-61, nr. 8. Magnesia at the Sipylus: Tac. *ann.* III 62. Chairemon of Nysa (Caria) tried unsuccessfully to convince his citizens to keep the alliance with Rome and had to escape with his family: later he defended his city in front of Sulla: Campanile 1996; Campanile 2010, 57-58; Campanile 2014.

20 *Civitates liberae*: Plin. *nat.* V 104 (Kaunos, Knidos), 107 (Termera), 108 (Mylasa, Alabanda, Stratonikeia, Aphrodisias), 132 (Rhodes), 135 (Samos), 136 (Chios), 139 (Mytilene). Some of them (Kaunos, Samos, Mytilene) sided with Mithridates and recovered their freedom only after the Civil Wars.

21 Tripolitans/Antoniopolitans: Plin. *nat.* V 111; *IvEphesos* Ia (*IK* 11.1), 13, col. II, ll. 26-27; Habicht 1975, 83-84. Pliny used a documentary source datable to the Augustan age (probably the *formulae provinciarum* of the East, redacted by Agrippa and Augustus around 23-20 B.C.): Jones 1971, 503-508.

22 Q. Labienus in Asia: Noé 1997. (M. Antonius) Zenon of Laodikeia: Strabo XII 8, 16; XIV 2, 24. In 39/38 B.C. an agent of Antonius, Stephanos, had his seat in Laodikeia: he was also concerned with Aphrodisias, see *IAph2007* 8.29 – 30. Under Augustus the Zenonidai kept the right to use regal *insignia* (*porphyraphoria*) and obtained the high priesthood of Asia; during the 2nd cent. they were admitted to the Senate and continued to excercise significant political influence in Asia Minor until the mid 3rd cent.: Ceylan – Ritti 1987; Thonemann 2011, 205-218. The most important member of this family was the sophist M. Antonius Polemon, who was a famous sophist and friend of the Emperor Hadrian: Campanile 1999; Quet 2003; Kaçar 2014.

Mylasa was plundered by the Parthians and from then on ceased to be a seat of judicial *conventus*. Later on Hybreas contributed to its rebuilding, prompted Octavian to intervene, won his trust and obtained fron him *civitas Romana*, as well as an hereditary priesthood for the cult of the goddess Rome and of Augustus. Alabanda, Aphrodisias, and Stratonikeia too fiercely opposed the Parthians[23].

Probably Apollonia on the Maeander took the name of *Antoniopolis* either in 41 B.C., when M. Antonius travelled across Asia Minor to reach Tarsus[24], or else between the years 38-31, after the victories of Antonius' *legatus* P. Ventidius Bassus (39-38), who expelled the Parthians from Asia Minor, and before Antonius' defeat at Actium (31). If, moreover, the city had suffered major damages during the clashes with Labienus and was rebuilt thanks to the funds provided by Antonius, then there would have been all the more reason to rename it after him. In any case, the formula "Antonius' city" was later abandoned and replaced by the name Τρίπολις, as confirmed by the coins minted with the legend ΤΡΙΠΟΛΕΙΤΩΝ in the Augustan age[25].

The name *Tripolis* suggests that the new city was founded, under Augustus, through the *synoikismos* of three local communities, among which Apollonia on the Maeander would have acted as the major centre[26].

1.3.4. From Augustus to the Flavians: Tripolis between Sardeis and Apameia

Pliny names Tripolis/Antoniopolis among the cities belonging to the district of Sardeis (*iurisdictio Sardiana*), in Lydia, together with the citizens of Philadelpheia and other minor communities[27]: Tripolis lay therefore at the furthest south-eastern point of that *conventus*.

Its administrative position changed however during the 1st cent. A.D., when the citizens of Tripolis/Antoniopolis became the only members of the *conventus* of Sardeis to change jurisdiction: the above mentioned inscription from Ephesus lists them as part of the district of Apameia Kibotos (*dioikesis Apamene*)[28]. Such *conventus*, located in Phrygia, included various centres at the bent of the Maeander, among which Dionysopolis, the *Hyrgaleis*, Peltai and Eumeneia[29]. In this new configuration Tripolis became the westernmost city in the district of Apameia, the last one along the mid course of the Maeander.

It is not clear which historical event may have induced this transformation: if the change of jurisdiction was decided around the mid 1st cent. A.D., it may have been consequent to the two disastrous earthquakes which happened during the reigns of Claudius and Nero and stroke in particular Laodikeia and Hierapolis. It is most likely that Tripolis, too, was severly affected[30]. The administrative reorganization of several *conventus*, following a particularly severe earthquake, is a rather likely event. One may recall the case of Tralleis (Caria), formerly head of a *conventus*: it stopped being a seat of appeal tribunals from 26 B.C., when it was struck by an earthquake

---

23 C. Iulius Hybreas of Mylasa: Strabo XIV 2, 24; *IvMylasa* I (*IK* 34), 601-602; Noé 1996. Diotrephes of Antiocheia on the Maeander: Ritti 2008, 144-147, nr. 57; Jones 1983. Uprisings against Labienus erupted contemporarily in Mylasa and Alabanda, thus both cities endured a fierce retaliation: Dio XLVIII 26, 3-4. Aphrodisias and Stratonikeia resisted the Parthians: Tac. *ann.* III 62.

24 M. Antonius in Asia: Marasco 2008. In 41 B.C. Eumeneia of Phrygia officially adopted the name *Fulvia* in honour of M. Antonius' wife, as proven by some local coins; the new name was however abandoned soon afterwards (Fulvia died in 40 B.C.): Habicht 1975, 85.

25 Head 1901, 372.

26 From the *tetrapolis* of Apollonia on the Maeander to Tripolis: see the paper *Tripolis before Tripolis* by F. Guizzi in this volume.

27 *Conventus* of Sardeis: Plin. *nat.* V 111. For this *conventus* Pliny mentions also the *Makedones*, the citizens of Kadoi and Philadelpheia, the Maeonii from Mount Tmolos by the river Kogamos, the citizens of Apollonos Hieron and Mysotimolos: Jones 1971, 80-82. Other communities from the district of Sardeis are mentioned in the inscription *IvEphesos* Ia (*IK* 11.1), 13, col. I, ll. 1-27; Habicht 1975, 71-77.

28 *IvEphesos* 13, col. II, ll. 26 -27; Habicht 1975, 83-84.

29 *Conventus* of Apameia: Plin. *nat.* V 106; Jones 1971, 69-73; *IvEphesos* Ia (*IK* 11.1), 13, col. II, ll. 17-40; Habicht 1975, 80-87.

30 Earthquakes during the Julio-Claudian age: Ritti 1985, 23-24. Under Claudius (50 A.D.) an earthquake struck Laodikeia and Hierapolis (Georg. Sync. *chron.* p. 632), and few years later (53 A.D.) a second one affected Apameia Kibotos (Tac. *ann.* XII 58, 2): in this case the young Nero, who had recently married Claudius' daughter, Octavia, held a discourse in the Senate to obtain a five years' tax exemption for the citizens of Apameia and, may be, for other communities belonging to the same *conventus* of Apameia. Again under Nero (60 A.D.) Laodikeia, Hierapolis and Kolossai were destroyed (Oros. VII 7, 12; Georg. Sync. *chron.* p. 636): Laodikeia was then rebuilt without imperial financial contributions (Tac. *ann.* XIV 27), which were conversely requested by nearby cities.

which also affected Laodikeia (both cities were rebuilt thanks to finances made available by Augustus). So far as we know, it re-acquired this privilege under Caracalla[31].

1.3.5. From Hadrian to the Severans: changes in the conventus of Asia

During the 2nd cent. Tripolis continued to be linked, as usual, with the neighbouring centres of the valley: an unpublished inscription from Hierapolis, currently being studied for publication by Tullia Ritti, documents a dispute bewteen Hierapolis and Tripolis, on one side, and Laodikeia, on the other, for the right to buy fish coming from a lake located in the territory of Laodikeia. The dispute was resolved in 131 by the emperor Hadrian (117-138)[32].

The above mentioned book V of the *Oracula Sibyllina*, dating to the age of the Antonines (probably under Marcus Aurelius [161-180]), mentions Tripolis, Laodikeia and Hierapolis as having been destroyed by a violent earthquake. This event is probably to be identified with the earthquake which happened in Asia Minor under Antoninus Pius (138-161)[33].

A series of administrative shakeups which changed the *conventus* geography in the Maeander-Lykos Valley should be probably dated to the age of Hadrian and Antoninus Pius, when the three most important cities around Tripolis – Laodikeia, Hierapolis and Philadelpheia – obtained the rank of seat of jurisdictional districts[34]. Under the Flavians Tripolis had belonged to the district of Apameia: therefore it must have been allocated to one of these three new *conventus*, even though we are unable to determine which one.

Tripolis consolidated its position between 2nd and 3rd cent., thanks to the political links established with the ruling classes of other Asianic cities, however distant: Ti. Claudius Tuendianus Magnus Charidemos, for example, a preminent personality from Ephesus, is recorded in Tripolis as first archon. Under Hadrian he became high priest (*archiereus*) of the *koinon* of Asia at the temple in Ephesus[35]. During the first half of the 3rd cent. a rich benefactor from Tripolis, Hermolaos, was admitted to the Senate in Rome – he probably came from an important family from Hypaipa (Lydia), a town in the district of Ephesus, which had among its members various *strategoi* and a high priest of Asia, who fathered senators and consuls[36].

The city is recorded as «Tripolis of Asia» (Ἀσίας Τρίπολιν) in an inscription dating to the Severan age: it continued to be part of the province *Asia*, at least until the mid 3rd cent., if not the beginning of the 4th [37].

1.3.6. From Decius to Diocletian: administrative reforms in Anatolia

An administrative reorganization of mid 3rd cent. changed the internal configuration of province *Asia* : around 249-250 Philip the Arabian or his successor Decius established the province *Phrygia-Caria*, and thus gave an autonomous feature to the south-eastern territories of *Asia*; the capital of this new province was probably Laodikeia on the Lykos rather than Aphrodisias[38].

---

31 Earthquake of 26 B.C.: Strabo XII 8, 18; *Or. Syb.* III 459-460 (Tralleis); 470-473 (Laodikeia); Suet. *Tib.* 8 (Laodikeia, Thyateira, Chios); Habicht 1975, 70. Chaeremon of Tralleis, a descendant of Chairemon of Nysa (see above, nt. 19), was sent then as ambassador to Augustus and obtained funds for the reconstruction of his city: Campanile 1996, 172-173.

32 I wish to thank Tullia Ritti for having shown me her important study on this letter of Hadrian to Hierapolis: for a preliminary report see Ritti – Miranda – Guizzi 2007, 589.

33 *Or. Syb.* V: see above, nt. 8. Earthquakes in Asia Minor under Antoninus Pius: Paus. VIII 43, 4; Dio LXX 4; *HA*, *Pius* 9; Aristid. *or.* XLIX 38 Keil. During the Severan age Laodikeia and Hierapolis were again struck by an earthquake: *Or. Syb.* XII 279-281 (book XII of the *Oracula Sibyllina* seems datable under Severus Alexander); Ritti 1985, 25-26.

34 *Conventus* of Philadelpheia: Aristid. *or.* L 96 – 98 Keil. For the *conventus* of Hierapolis and Laodikeia I am referring to hitherto unpublished inscriptions, currently being studied by the epigraphical team, for which I thank Tullia Ritti, Francesco Guizzi and Çelal Şimşek.

35 Ti. Claudius Tuendianus Magnus Charidemos: Pros. App. Nr. C.4.1. For a couple of *archiereis Asias*, attested by a recent epigraphical finding from Tripolis, see Pros. App. Nr. C.4.5 – 6.

36 Hermolaos: Pros. App. Nr. C.1.1.

37 «Tripolis of Asia»: Epigr. App. Nr. A.2.25. A recently found inscription from Tripolis mentions an imperial procurator of province *Asia*, C. Domitius Philippos, whose office can be dated around 240 A.D.: Pros. App. Nr. C.2.1.

38 Province *Phrygia – Caria*: Vitale 2012, 85-89. A milestone from Laodikeia, recently found by Çelal Şimşek, suggests that around 250 this city could have been granted the role of capital of province *Phrygia – Caria*.

At the end of the 3rd cent. Diocletian carried out a general reform of provincial administration which affected the whole Empire and also Asia Minor: between 301/302 and 305 the double province *Phrygia-Caria* was divided in two distinct units, the provinces of *Phrygia* (which had Laodikeia as its capital) and *Caria* (capital Aphrodisias)[39]. In the same period, between the end of the 3rd and the beginning of the 4th cent., other territories were separated from proconsular *Asia* (capital Ephesus) and reorganized as separate provinces, each with its own capital and governor : *Lydia* (Sardeis), *Hellespontus* (Kyzikos), *Insulae* (Rhodes), *Pisidia* (Antiocheia)[40].

On the basis of the extant sources, we may presume that Tripolis continued to be part of the province *Asia* through the whole 3rd cent.; therefore it was ascribed to the province *Lydia* (capital Sardeis), as documented by the *Synekdemos* of Hierokles, written under Justinian (529-565): this fact is confirmed also by recent epigraphic acquisitions[41].

1.3.7. Between epigraphy and numismatics: gods, cults, and priesthoods in Tripolis

Local numismatic documentation reveal some important aspects of religious life in Tripolis during the Roman Empire (1st-3rd cent. A.D.)[42]: Leto, mother of the twins Apollo and Artemis, seems to have been the most important among the city divinities, and represents the city in the series of coins of *homonoia* between Tripolis and Laodikeia (represented by Zeus Laodikeus / Lydios). Leto is the dedicatee of a four-columned temple (*tetrastylum*) as well as competitions named ΛΗΤΩΕΙΑ ΠΥΘΙΑ, which are known to have taken place also in Hierapolis[43]. Local coins show Apollo, Artemis, the river god ΜΑΙΑΝΔΡΟΣ, the throned ΖΕΥΣ ΣΑΡΑΠΙΣ, accompanied by Kerberos (following an iconography derived from the great statue of Zeus-Sarapis-Hades placed in the *Ploutonion* of Hierapolis)[44], the throned Kybeles, a riding goddess armed with a double-headed axe, the goddess Rome (ΘΕΑ ΡΩΜΗ), Dionysos, Demetra, Hermes, Ares, Isis, Nemesis, the *Pax Augusta* (ΙΡΗΝΗ ΣΕΒΑΣΤΗ), and the city Tyche.

Several inscriptions, both published and unpublished, confirm individual cases and add useful details: a religious dedication to *Meter Leto* by a citizen of Philadelpheia, Tyrannos son of Diophantos, was recovered in Buldan and probably originates from Tripolis; the cult of Dionysos is testified to in Tripolis by the altar dedicated by the *thiaseitai* directed by the priest [R]uso. A votive pillar is dedicated by Papias son of Ti. Cl(audius) Papias to the «listening Zeus» (Zeus *Epekoos*). The cult of the goddess Rome, of the Emperor and other personified imperial virtues is documented by local priesthoods: during the 1st cent. B.C. the *stephanephoros* Apollonios son of Dionysios was priest of the goddess Rome (ἱερατεύσας θεᾶς Ῥ̣[ώ]||[μη]ς). In the 1st cent. A.D. the temple-warden (*neokoros*) Eirenaios son of Zosimos made a dedication to Caesar Augustus (*Sebastos Kaisar*) and the *Demos*, and an important citizen, Lykios son of Demetrios, was priest of the *Pax Augusta* (Σεβαστὴ Εἰρήνη), of the *Iustitia Augusta* (Δικαιοσύνη Σεβαστή), and the *Gerousia*[45].

---

39 New provinces under Diocletian: Barnes 1982, 215. Later the province *Phrygia* was further divided in *Phrygia I* (*Pacatiana*), with Laodikeia as its capital (*Phrygia I* included Hierapolis), and *Phrygia II* (*Salutaris*), with Synnada as capital: Ramsay 1895, 80-83; Giardina 2002, 395-397. This division took place between 324 and 343/344, probably under Constantine (324/325?).

40 Following Diocletian's reforms, such provinces became part of the *dioecesis Asiana*, which was under the administrative and fiscal control of a high imperial official, the *vicarius Asiae* (the deputy of the Praetorian Prefect of *Oriens*): the governors of individual provinces were subjected to the higher authority of the *vicarius Asiae* (except the *proconsul Asiae*, who remained independent both from the *vicarius* and from the Prefect). Louis Robert argued, with good reasons, that the *vicarius Asiae* had his seat at Laodikeia (Robert 1948, 35-47; Feissel 1998, 96; Christol – Drew – Bear 1999, 41).

41 A late antique inscription from Tripolis mentions the city in relation to the province *Lydia* (ἔθνος τῶν Λυδίων). The inscription seems to be datable under Justinian.

42 Imhoof – Blumer 1897, 37ff.; Imhoof – Blumer 1901, 188, 524; Head 1901, cxlvii – cl, 363-378; Head 1911, 661; *SNG Aulock, Lydien*, nr. 3301-3304 and *Nachträge III, Lydien*, nr. 8291-8298.

43 Cult of Leto: Ramsay 1895, 89-91, 193.

44 *Ploutonion* of Hierapolis: D'Andria 2013.

45 *Meter Leto*: Epigr. App. Nr. A.1.18; *thiasos* of Dionysos: Pros. App. Nr. C.7.4; Zeus *Epekoos*: Pros. App. Nr. C.9.6. Apollonios: Pros. App. Nr. C.7.1; Eirenaios: Pros. App. Nr. C.7.2; Lykios: Pros. App. Nr. C.7.3.

Bibliography

Ameling 1988 W. Ameling, *Drei Studien zu den Gerichtsbezirken der Provinz Asia in republikanischer Zeit*, EA 12, 1988, 9-24.

Arthur 2006 P. Arthur, *Byzantine and Turkish Hierapolis (Pamukkale). An Archaeological Guide*, İstanbul 2006.

Barnes 1982 T.D. Barnes, *The New Empire of Diocletian and Constantine*, Cambridge (MA) - London 1982.

Bearzot – Landucci – Zecchini 2003
C. Bearzot – F. Landucci – G. Zecchini (a cura di), *Gli Stati territoriali nel mondo antico*, Milano 2003.

Biraschi – Salmeri 2000
A.M. Biraschi – G. Salmeri (a cura di), *Strabone e l'Asia Minore*, Napoli 2000.

Campanile 1996 M.D. Campanile, *Città d'Asia Minore tra Mitridate e Roma*, in B. Virgilio (a cura di), *Studi Ellenistici VIII*, Pisa 1996, 145-173.

Campanile 1999 M.D. Campanile, *La costruzione del sofista. Note sul bios di Polemone di Laodicea*, in B. Virgilio (a cura di), *Studi Ellenistici* XII, Pisa 1999, 269-315.

Campanile 2001 M.D. Campanile, *La Frigia di Strabone*, in Biraschi – Salmeri 2000, 485-507.

Campanile 2003 M.D. Campanile, *L'infanzia della provincia d'Asia: l'origine dei* conventus iuridici *nella provincia*, in Bearzot – Landucci – Zecchini 2003, 271-288.

Campanile 2004 M.D. Campanile, *I distretti giudiziari d'Asia e la data d'istituzione del distretto ellespontico*, in U. Laffi – F. Prontera – B. Virgilio (a cura di), Artissimum memoriae vinculum. *Scritti di geografia storica e di antichità in ricordo di Gioia Conta*, Firenze 2004, 129-142.

Campanile 2010 M.D. Campanile, *Pitodoride e la sua famiglia*, SCO 56, 2010, 57-85.

Campanile 2014 M.D. Campanile, *Cheremone, Pitodoro, Pitodoride*, in M. Cassia – C. Giuffrida – C. Molè – A. Pinzone (a cura di), Pignora amicitiae. *Studi di storia antica e storiografia offerti a Mario Mazza*, Acireale 2014, 231-264.

Carrié – Lizzi Testa 2002
J.-M. Carrié – R. Lizzi Testa (éd.), "Humana sapit". *Études d'antiquité tardive offertes à Lellia Cracco Ruggini* (Bibliothèque de l'Antiquité Tardive 3), Turnhout 2002.

Castrianni – Scardozzi 2012
L. Castrianni – G. Scardozzi, *I resoconti dei viaggiatori alla luce delle recenti ricognizioni archeologiche: la localicazzione di Thiounta e Mossyna nel territorio di Hierapolis*, in D'Andria – Caggia – Ismaelli 2012, 81-107.

Ceylan – Ritti 1987 A. Ceylan – T. Ritti, *L. Antonius Zenon*, «Epigraphica» 49, 1987, 77-98.

Christol – Drew-Bear 1999
M. Christol – Th. Drew-Bear, *Antioche de Pisidie capitale provinciale et l'oeuvre de M. Valerius Diogenes*, AnTard 7, 1999, 39-71.

Corsten 1997 Th. Corsten (hrsg.), *Die Inschriften von Laodikeia am Lykos* (*IK* 49.1), Bonn 1997.

D'Andria 2003 F. D'Andria, *Hierapolis di Frigia (Pamukkale). Guida archeologica*, İstanbul 2003.

D'Andria 2011 – 2012
F. D'Andria, *Il santuario e la tomba dell'apostolo Filippo a Hierapolis di Frigia*, RPARA 84, 2011-2012, 1-52.

D'Andria 2013 F. D'Andria, *Il Ploutonion a Hierapolis di Frigia*, IstMitt 63, 2013, 157-217.

D'Andria – Caggia 2007
F. D'Andria – M.P. Caggia (a cura di), *Hierapolis di Frigia. Le attività delle campagne di scavo e restauro 2000-2003* (Hierapolis di Frigia I), İstanbul 2007.

D'Andria – Caggia – Ismaelli 2012
F. D'Andria – M.P. Caggia – T. Ismaelli (a cura di), *Hierapolis di Frigia. Le attività delle campagne di scavo e restauro 2004-2006* (Hierapolis di Frigia V), İstanbul 2012.

D'Andria – Scardozzi – Spanò 2008
F. D'Andria – G. Scardozzi – A. Spanò, *Atlante di Hierapolis di Frigia* (Hierapolis di Frigia II), İstanbul 2008.

Des Gagniers 1969 J. Des Gagniers *et alii* (éd.), *Laodicée du Lycos. Le nymphée, campagnes 1961 – 1963*, Québec – Paris 1969.

Drew-Bear 1978 Th. Drew-Bear, *Nouvelles Inscriptions de Phrygie*, Zutphen 1978.

Duman 2013 B. Duman, "Son Arkeolojik Araştırmalar ve Yeni Bulgular Işığında Tripolis ad Maeaundrum", *Cedrus 1*, 179-200.

Eck 1999 W. Eck (hrsg.), *Lokale Autonomie und römische Ordnungsmacht in den kaiserzeitlichen Provinzen vom 1. bis 3. Jahrhundert*, München 1999.

Feissel 1998 D. Feissel, *Vicaires et proconsuls d'Asie du IVe au VIe siècle. Remarques sur l'administration du diocèse Asianique au Bas-Empire*, AnTard 6, 1998, 91-104.

Fraser 2009 P.M. Fraser, *Greek Ethnic Terminology*, Oxford 2009.

Giardina 2002 A. Giardina, *Magistriani immaginarii: la Vita di Abercio e la Passione di Processo e Martiniano*, in Carrié – Lizzi Testa 2002, 395-403.

Guizzi 2014 F. Guizzi (a cura di), *Fra il Meandro e il Lico. Archeologie e storia in un paesaggio anatolico*, «Scienze dell'Antichità» 20.2, 2014.

Habicht 1975 Chr. Habicht, *New Evidence on the Province of Asia*, JRS 65, 1975, 64-91.

Head 1901 B.V. Head, *A Catalogue of the Greek Coins in the British Museum*, XXII. *Catalogue of the Greek Coins of Lydia*, London 1901.

Head 1911 B.V. Head, Historia Numorum. *A Manual of Greek Numismatics*, rev. ed. Oxford 1911.

Imhoof-Blumer 1897 F. Imhoof-Blumer, *Lydische Stadtmünzen*, Genf – Leipzig 1897.

Imhoof-Blumer 1897 F. Imhoof-Blumer, *Kleinasiatische Münzen*, Wien 1901.

Jones 1971 A.H.M. Jones, *The Cities of the Eastern Roman Provinces*, Oxford 1971².

Jones 1983 C.P. Jones, *Diotrephes of Antioch*, «Chiron» 13, 1983, 369-380.

Kaçar 2014 T. Kaçar, *Kentlerden Yüce, İmparatorlara Eşit: Sofist ve Politikacı Olarak Laodıkeıa'lı Polemon*, in Şimşek 2014, 195-205.

Keil 1939 J. Keil, s.v. *Tripolis* 3, in *RE* R. II., XIII, Stuttgart 1939, 203.

Keil – Premerstein 1914 J. Keil – A. von Premerstein, *Bericht über eine dritte Reise in Lydien und den angrenzenden Gebieten Ioniens*, Wien 1914.

Magie 1950 D. Magie, *Roman Rule in Asia Minor to the End of the Third Century After Christ*, I – II, Princeton 1950.

Marasco 2008 G. Marasco, *Marco Antonio e le città d'Asia*, MediterrAnt 11, 2008, 131-138.

Merola 2001 G.D. Merola, *Autonomia locale e governo imperiale. Fiscalità e amministrazione nelle province asiane* (Pragmateiai 5), Bari 2001.

Mileta 1990 Chr. Mileta, *Zur Vorgeschichte und Entstehung der Gerichtsbezirke der Provinz Asia*, «Klio» 72, 1990, 427-444.

Mitchell 1993 S. Mitchell, *Anatolia. Land, Men, and Gods in Asia Minor*, I – II, Oxford.

Mitchell 1999 S. Mitchell, *The Administration of Roman Asia from 133 BC to 250 AD*, in Eck 1999, 17-46.

Moretti 1979 L. Moretti, Epigraphica *18. A proposito di Apollonia al Meandro*, RFIC 107, 1979, 295-300 (= Moretti 1990, 358 – 363 + 419).

Moretti 1990 L. Moretti, *Tra epigrafia e storia. Scritti scelti e annotati* (Vetera 5), Roma 1990.

Noé 1996 E. Noé, *Un caso di mobilità sociale nella tarda repubblica: il caso di Ibrea di Milasa*, in E. Gabba – P. Desideri – S. Roda (a cura di), *Italia sul Baetis. Studi in memoria di Fernando Gascó*, Torino 1996, 50-64.

Noé 1997 E. Noé, *Province, Parti e guerra civile. Il caso di Labieno*, «Athenaeum» 85, 1997, 409-436.

Quet 2003 M.-H. Quet, *Le sophiste M. Antonius Polémon de Laodicée, éminente personnalité politique de l'Asie romaine du IIe siècle*, in M. Cébeillac-Gervasoni – L. Lamoine (Éd.), *Les élites et leurs facettes. Les élites locales dans le monde hellénistique et romain*, Rome – Clermont Ferrand 2003, 401-443.

Ramsay 1895 W.M. Ramsay, *The Cities and Bishoprics of Phrygia*, I.1. *The Lycos Valley and South-Western Phrygia*, Oxford 1895.

Ramsay 1897 W.M. Ramsay, *The Cities and Bishoprics of Phrygia*, I.2. *West and West – Central Phrygia*, Oxford 1897.

Reynolds 1982 J. Reynolds, *Aphrodisias and Rome. Documents from the Excavation of the Theatre at Aphrodisias* (JRS Monograph 1), London 1982.

Ritti 1985 T. Ritti, *Fonti letterarie ed epigrafiche* (Hierapolis, Scavi e ricerche I), Roma 1985.

Ritti 2006 T. Ritti, *Guida epigrafica a Hierapolis di Frigia (Pamukkale)*, İstanbul 2006.

Ritti 2008 T. Ritti (a cura di), con la collaborazione di H. Hüseyin Baysal, testi di E. Miranda e F. Guizzi, *Museo Archeologico di Denizli – Hierapolis. Catalogo delle iscrizioni greche e latine. Distretto di Denizli*, Napoli 2008.

Ritti – Miranda – Guizzi 2007 T. Ritti – E. Miranda – F. Guizzi, *La ricerca epigrafica: risultati dell'ultimo quadriennio e prospettive future*, in D'Andria – Caggia 2007, 583-626.

Robert 1948 L. Robert, *Hellenica*, IV. *Épigrammes du Bas-Empire*, Paris 1948.

Robert 1969 L. Robert, *Laodicée du Lycos. Les inscriptions*, in Des Gagniers 1969, 247-389.

Scardozzi 2012 G. Scardozzi, *Un nuovo miliario dal territorio di Hierapolis di Frigia. Contributo allo studio della viabilità antica nella valle del Lykos*, in D'Andria – Caggia – Ismaelli 2012, 739-766.

Şimşek 2007/2013 C. Şimşek, *Laodikeia (Laodikeia ad Lycum)*, İstanbul 2007/2013².

Şimşek 2014 C. Şimşek (Ed.), *10. Yılında Laodikeia (2003-2013 Yılları)*, İstanbul 2014.

Talbert 2000 R. Talbert (Ed.), *Barrington Atlas of the Greek and Roman World*, Princeton – Oxford 2000.

Thonemann 2011 P. Thonemann, *The Maeander Valley. A Historical Geography from Antiquity to Byzantium*, Cambridge 2011.

Thornton 1998 J. Thornton, Misos Rhomaion *o* phobos Mithridatou*? Echi storiografici di un dibattito diplomatico*, MediterrAnt 1, 1998, 271-309.

Traversari 2000a G. Traversari (a cura di), *Laodicea di Frigia I*, Roma 2000.

Traversari 2000b G. Traversari, *La situazione viaria di Laodicea alla luce degli itinerari romani*, in Traversari 2000a, 9-14.

Vitale 2012 M. Vitale, *Eparchie und Koinon in Kleinasien von der ausgehenden Republik bis ins 3. Jh. n. Chr.* (Asia Minor Studien 67), Bonn 2012.

Tripolis on the Maeander in Hellenistic and Roman Age (Cent. 3rd B.C. - 3rd A.D.): Epigraphy and Prosopography*

Francesco GUIZZI – Alister FILIPPINI*

Abstract

This appendix is conceived to be a useful tool for the study of the history of Tripolis. It offers a catalogue of the already published inscriptions concerning Tripolis, which come from the same city (A.1) or from anywhere else (A.2), and a prosopographical dossier of the citizens of Apollonia/Tripolis and other important persons of Hellenistic (B) and Roman age (C) up to the 3rd cent. AD, such as Roman senators (C.1), Roman magistrates and officials (C.2), Roman knights (C.3), federal magistrates of the *koinon tes Asias* (C.4), civic magistrates and councillors of Tripolis (C.5), *"monetales"* (C.6), civic priests (C.7), *agonothetai* and athletes (C.8), and simple citizens attested in Tripolis (C.9) or anywhere else (C.10).

Keywords: Tripolis, epigraphy, prosopography, senators, magistrates, *koinon tes Asias*.

EPIGRAPHICAL APPENDIX

A) Inscriptions concerning Apollonia/Tripolis: 30 documents

A.1. Inscriptions from Tripolis: 19 documents

- *MAMA* VI, nrr. 52-59 + List, p. 143, nr. 54*
- Tanrıver 2009, nrr. 1-3
- Dönmez-Öztürk 2009, nrr. 1-3
- Pleket 1978-1979, 90, nr. 14

1. Building dedication of the civic gate, bilingual (Latin and Greek).

Description: marble block.

Findspot: Siğma (approx. 18 km S of Tripolis).

Original location: Tripolis, Hierapolis or Laodikeia.

Bibliography: *MAMA* VI, 52, Pl. 11 = PH273446.

Date: 1st-2nd cent. AD.

Note: see the bilingual inscriptions from the Northern Gate (Frontinus' Gate) of Hierapolis (*AvHierapolis*, 70, nr. 5a-b = *AE* 1969/1970, 593 = Ritti 2006, 72-77, nr. 10) and the Eastern Gate (Syrian Gate) of Laodikeia (*MAMA* VI, 2 = *IvLaodikeia* [*IK* 49.1], 24).

---

* Prof. Dr. Francesco Guizzi, Sapienza – Univeristà di Roma – Italy.
Dr. Alister Filippini, Dipartimento Culture e Società, Università degli Studi di Palermo – Italy.

2. Inscription of Apollonios son of Dionysios.

Description: marble stele, fragment.

Findspot: Yenicekent.

Bibliography: *MAMA* VI, 53, Pl. 11 = PH273447.

Date: 1st cent. BC.

Prosopographical Appendix: **C.5.1** = **C.7.1**.

3. Honorary dedication to an Emperor by the Council and People of Tripolis.

Description: marble stele, fragment.

Findspot: Yenicekent.

Bibliography: *MAMA* VI, 54, Pl. 11 = PH273448.

Date: 2nd cent. AD.

4. Honorary epigram of Hermolaos.

Description: marble pedestal, panelled on three faces.

Findspot: Yenicekent.

Last recorded location: Yenicekent, Büyük Tekke Türbesı.

Inventory Tripolis Kazısı: BTT.12.SC.MR.03.

Bibliography: BCH 1884, p. 379 (P. Paris) = Ramsay 1895, 192, nr. 74 = *IGR* IV, 1671 = *MAMA* VI, 55, Pl. 11 = Merkelbach – Stauber 1998, 02/10/01 = PH273449.

Date: 3rd cent. AD.

Prosopographical Appendix: **C.1.1**.

5. Building dedication of the *aleipterion* (?).

Description: marble cornice, fragment.

Findspot: Yenicekent.

Bibliography: *MAMA* VI, 56, Pl. 11 = PH273450.

Date: 2nd cent. AD (possibly reign of Trajan [98-117 AD]: see C.6.6).

Prosopography: possibly dedicated by Theo[doros?]: see C.6.6.

6. Funerary inscription of C. Sextius Symmachos.

Description: limestone slab.

Findspot: Yenicekent (remployed in the wall of the Büyük Tekke Türbesı).

Inventory Tripolis Kazısı: BTT.12.SC.MR.01.

Bibliography: *MAMA* VI, 57, Pl. 11 = PH273451.

Date: 1st-2nd cent. AD.

Prosopographical Appendix: **C.9.1**.

7. Funerary epigram of a *hieroneikes*.

Description: marble slab, fragment.

Findspot: Denizli.

Original location: Yenicekent.

Bibliography: *MAMA* VI, 58, Pl. 11 = PH273452.

Date: 2nd-3rd cent. AD.

Prosopographical Appendix: **C.8.6**.

8. Property declaration of the sarcophagus of Aelius Charidemos.

Description: limestone sarcophagus.

Findspot: 600 m S of Tosunlar (approx. 11 km S of Tripolis).

Original location: Tripolis or Hierapolis.

Bibliography: *MAMA* VI, 58a = PH273453.

Date: late 2nd – early 3rd cent. AD.

Prosopographical Appendix: **C.9.2**.

9. Tomb of Alexandros Phrygiskos.

Description: block.

Findspot: Tripolis, Necropolis.

Bibliography: *MAMA* VI, 58b = PH273454.

Prosopographical Appendix: **C.9.3.**

10. Burial place of Kyriakos, Damas, Loukas, Etherios and Kyriake.

Description: limestone block.

Findspot: Tripolis, North – Eastern Necropolis.

Bibliography: Ramsay 1897, 553, nr. 421 = *MAMA* VI, 59, Pl. 12 = PH273455.

Date: 4th-5th cent. AD.

Prosopographical Appendix: **C.9.4.**

11. Funerary epigram of Chrysopteros.

Description: marble stele with relief of a gladiator.

Findspot: Yenicekent.

Bibliography: Keil – Premerstein 1914, p. 54, nr. 60, Abb. 26 = *MAMA* VI, List, p. 143, nr. 54* = Robert 1940, pp. 164-165, nr. 146 = Peek 1955, p. 414 = Pfuhl - Möbius 1979, nr. 1228, Taf. 184 = Merkelbach – Stauber 1998, 02/10/02 = PH277000.

Date: 2nd-3rd cent. AD.

Prosopographical Appendix: **C.8.5.**

12. Honorary dedication to the late Demetrios Andron son of Kokos.

Description: marble base.

Findspot: Tripolis, Sütunlu Cadde, Northern Porch (remployed in the byzantine wall).

Inventory Tripolis Kazısı: TR.12.SC.YB.05.

Bibliography: Tanrıver 2009, nr. 1 = *AE* 2009, 1401.

Date: early 2nd cent. AD, probably reign of Hadrian (117-138) (possibly before 132: see C.4.1).

Prosopographical Appendix: **C.4.1** = **C.5.4**, **C.5.2**, **C.5.3.**

13. Honorary dedication to M. Aurelius Menandros son of Menandros.

Description: marble base.

Findspot: Tripolis.

Last recorded location: Denizli-Hierapolis Archaeological Museum (inv. nr. E. 4621).

Bibliography: Tanrıver 2009, nr. 2 = *AE* 2009, 1402.

Date: late 2nd – early 3rd cent. AD (after 212?).

Prosopographical Appendix: **C.8.1**, **C.8.2.**

14. Honorary dedication to M. Aurelius Epaphroditos son of Epaphroditos and M. Aurelius Iulianus son of Iulianus.

Description: marble base.

Findspot: Tripolis, Sütunlu Cadde, Northern Porch (remployed in the byzantine wall).

Inventory Tripolis Kazısı: TR.12.SC.YB.04.

Bibliography: Tanrıver 2009, nr. 3 = *AE* 2009, 1403.

Date: late 2nd – early 3rd cent. AD (after 212?).

Prosopographical Appendix: **C.3.1**, **C.5.6.** = **C.8.3**, **C.5.7**, **C.8.4.**

15. Dedication to the Good Fortune of the tribe Attalis.

Description: limestone block.

Findspot: Tripolis, approx. 100 m N of Sütunlu Cadde.

Last recorded location: Yenicekent, Büyük Tekke Türbesi.

Inventory Tripolis Kazısı: BTT.12.SC.MR.02.

Bibliography: Dönmez – Öztürk 2009, nr. 1.

Date: 1st – 2nd cent. AD.

16. Honorary dedication by the Council and the People of Tripolis.

Description: marble base, fragment.

Findspot: Tripolis, approx. 100 m N of Sütunlu Cadde.

Last recorded location: Yenicekent, Büyük Tekke Türbesi.

Inventory Tripolis Kazısı: BTT.12.SC.MR.04.

Bibliography: Dönmez – Öztürk 2009, nr. 2.

Date: 1st – 2nd cent. AD.

17. Building dedication by Dionysodoros son of Theodoros.

Description: marble block.

Findspot: Tripolis, Theater, from the stage.

Last recorded location: Denizli-Hierapolis Archaeological Museum.

Bibliography: Dönmez – Öztürk 2009, nr. 3.

Date: 2nd – 3rd cent. AD.

Prosopographical Appendix: **C.5.5.**

18. Votive dedication to *Meter Leto* by Tyrannos son of Diophantos.

Description: marble stele with relief of a woman (Leto).

Findspot: Buldan.

Original location: Tripolis?

Last recorded location: Sandal.

Bibliography: Pleket 1978 – 1979, 90, nr. 14, Pl. XVI-XVII = *SEG* 29, 1979, 1154 = PH277052.

Date: 1st cent. BC – 1st cent. AD.

Prosopographical Appendix: **C.9.8.**

19. Confession inscription.

Description: marble stele, fragment.

Findspot: Buldan?

Original location: Tripolis or, better, from the sanctuary of Apollon Lairbenos (cf. A.2.29-30).

Last recorded location: Alaşehir, then Manisa Archaeological Museum (inv. nr. 5595).

Bibliography: Pleket 1978-1979, 90, nr. 14, Pl. XV = *SEG* 29, 1979, 1155 = *SEG* 40, 1990, 1033 = PH277053 + PH277456 = Malay 1994, 74, nr. 185 = Petzl 1994, 115-116, nr. 98.

Date: 2nd – 3rd cent. AD.

A.2. Inscriptions from other sites: 11 documents

20. Honorary decree of Apollonia (on the Maeander?) for Mardonios son of Aristomachos.

Findspot: Chios.

Bibliography: Segre 1934 = Moretti 1979, 298 (= Moretti 1990, 361).

Date: early 3rd cent. BC.

Prosopographical Appendix: **B.1, B.2, B.3.**

21. Grant of Miletus' citizenship to Pasikrates son of Paionios from Apollonia on the Maeander.

Findspot: Miletus, Delphinion.

Bibliography: *Milet* I.3, 74 (A. Rehm) = *SEG* 4, 1930, 426 = PH252219.

Date: early 2nd cent. BC.

Prosopographical Appendix: **B.4.**

22. List of contributes by cities belonging to the *dioikeseis* of province *Asia*.

Findspot: Ephesus, Agora (?).

Bibliography: Habicht 1975 = *SEG* 37, 1987, 884 = *IvEphesos* Ia (*IK* 11.1), 13 = PH248312.

Date: Flavian age, 70 – 89 AD.

Note: Antoniopolis/Tripolis (col. II, ll. 25-26) is listed among the cities of *dioikesis Apamene* (Apameia Kibotos).

23. Milestone of the road Tripolis – Philadelpheia.

Findspot: Kadiköy.

Bibliography: JHS 18, 1898, 86 (J.G.C. Anderson) = *CIL* III, 14201[4], cfr. p. 2328[83] = French 1988, nr. 357 = Conti 2004, nr. 31.

Date: reign of Julian (361 – 363 AD).

Note: distance of XI *milia* from Tripolis recorded.

24. Honorary inscription for Q. Iulius Miletos "Ionikos", bilingual (Greek and Latin).

Findspot: Roma.

Bibliography: *CIG* 5921 = *CIL* VI, 10091 = Kaibel 1878, nr. 920 = *IG* XIV, 1092 = *IGR* I, 167 = Robert 1960, 11-14 = *IGUR* IV, 1566 = *SEG* 58, 2008, 1106.

Date: early 3rd cent. AD (after 204 or 206).

Prosopographical Appendix: **C.10.1**.

25. Dedication of a *labyrinthos* to Sarapis by Q. Iulius Miletos from «Tripolis of Asia».

Findspot: Roma.

Bibliography: *CIG* 5922 = *CIL* VI, 10091 = *IG* XIV, 1093 = *IGR* I, 168 = Robert 1960, 11-14 = Vidman 1969, nr. 432 = *IGUR* IV, 1567 = *SEG* 36, 1986, 930 = *SEG* 51, 2001, 1429 = *SEG* 53, 2003, 1096 = *SEG* 58, 2008, 1106.

Date: early 3rd cent. AD (after 204 or 206).

Prosopographical Appendix: **C.10.1**.

26. Property declaration of the sarcophagus of Mar(cus) Aur(elius) Achilleus, husband of Aurelia Zenonis from Tripolis.

Findspot: Hierapolis, Northern Necropolis.

Bibliography: *AvHierapolis*, 98, nr. 75 (text revised and improved by T. Ritti).

Date: 3rd cent. AD.

Prosopographical Appendix: **C.10.2**.

27. Property declaration of the sarcophagus of Aurelius Symphoros II from Tripolis.

Findspot: Hierapolis, Northern Necropolis.

Bibliography: Pennacchietti 1966 – 1967, 304, nr. 22 (text revised and improved by T. Ritti).

Date: late 3rd – 4th cent. AD.

Prosopographical Appendix: **C.10.3, C.10.4**.

28. Property declaration of the sarcophagus of Aur(elius) Heortasios Iulianus from Tripolis, a Jew.

Findspot: Hierapolis, Northern Necropolis.

Bibliography: Miranda 1999, 124, nr. 14b = *SEG* 49, 1999, 1827b = *AE* 1999, 1585b = Ameling 2004, 302 and 398, nr. 191b.

Date: late 3rd – 4th cent. AD.

Prosopographical Appendix: **C.10.5**.

29. Dedication to Apollon Lairbenos by (Aurelius?) Attalos [- - -]os from Tripolis.

Findspot: Bahadınlar.

Original location: sanctuary of Apollon Lairbenos (Asartepe Hill).

Bibliography: *MAMA* IV, 269, Pl. 55 = Robert 1962, 137 = Ritti – Şimşek – Yıldız 2000, 9, D7.

Date: 3rd cent. AD.

Prosopographical Appendix: **C.10.6**.

***30. Katagraphe* inscription by Aur(elius) Proklos from Tripolis.**

Findspot: sanctuary of Apollon Lairbenos (Asartepe Hill).

Bibliography: Akıncı Öztürk – Tanrıver 2009, 91, nr. 8 = *AE* 2009, 1394.

Date: before 233 AD (cf. Akıncı Öztürk – Tanrıver 2009, 92, nr. 9 = *AE* 2009, 1395, dated 233/234 AD).

Prosopographical Appendix: **C.10.7**.

PROSOPOGRAPHICAL APPENDIX

B) Hellenistic age (3rd-2nd cent. BC): citizens of Apollonia on the Maeander (see the paper *Tripolis before Tripolis* by F. Guizzi).

1) **Mardonios son of Aristomachos.**

   Date: early 3rd cent. BC.

   Epigraphical Appendix: **A.2.20.**

   Mardonios son of Aristomachos is recorded as benefactor of Apollonia (on the Maeander?). A civic decree of Apollonia (on the Maeander?), found in Chios, granted him Apollonia's citizenship.

2) **[- - -]aratos son of Akestorides.**

   Prosopography: Sherk 1992, 252, nr. 192 Tripolis (Apollonia).

   Date: early 3rd cent. BC.

   Epigraphical Appendix: **A.2.20.**

   [- - -]aratos son of Akestorides was *stephanephoros* of Apollonia (on the Maeander?). He was in charge at time of Apollonia's decree for Mardonios son of Aristomachos [B.1].

3) **Heroides son of Hekataios.**

   Date: early 3rd cent. BC.

   Epigraphical Appendix: **A.2.20.**

   Heroides son of Hekataios was a citizen of Apollonia (on the Maeander?). He proposed to grant Apollonia's citizenship to Mardonios son of Aristomachos [B.1].

4) **Pasikrates son of Paionios.**

   Date: early 2nd cent. BC.

   Epigraphical Appendix: **A.2.21.**

   Pasikrates son of Paionios was a citizen of Apollonia on the Maeander. He was granted Miletus' citizenship together with his wife, Demyla daughter of Menemachos, citizen of Tralleis (Caria), and his minor son (unnamed).

5) **For further citizens from a city named Apollonia** (on the Maeander? or another homonymous city?), see Moretti 1979, 296 (= Moretti 1990, 359), n. 3.

C) Roman age (1st cent. BC – 3rd cent. AD): citizens of Tripolis and other persons attested in Tripolis (see the paper *Tripolis on the Maeander under Roman Rule* by A. Filippini).

C.1. Roman senators

1) **(Flavius?) Hermolaos (son of Hermolaos?).**

   Prosopography: *PIR*², H 152; Barbieri 1952, nr. 1596.

   Date: 3rd cent. AD.

   Epigraphical Appendix: **A.1.4.**

   Hermolaos was a prominent citizen and benefactor of Tripolis, and also a Roman senator. He financed some unspecified buildings in Tripolis and was granted a statue with honorary epigram by his fatherland «Tripolis of Maeonia» (Μαιονίη Τρίπολις).

   Note: He belonged to an important family of Hypaipa (Lydia), a town in the *dioikesis* of Ephesus. He was probably son of [Fl(avius)] Hermolaos (*PIR*², H 151), who is recorded as «most excellent» (*kratistos = vir egregius, eques Romanus*?), *asiarches* (= *archiereus Asias*, «high priest of Asia»: Campanile 1994, nr. 153), and «father of senators and consuls» by a honorary inscription from Hypaipa (Keil - Premerstein 1914, 72, nr. 91 = *IvEphesos* 3802). [Fl(avius)] Hermolaos the Elder can be identified with Hermolaos, *strategos* of Hypaipa under Commodus (local coins of Hypaipa: Münsterberg 1911, 139 [= Münsterberg 1973, 75]; Head 1901, lxi), or with Fl(avius) Hermolaos son of Niconi(das) (*PIR*², F 286), *strategos* of Hypaipa under Decius (local coins: Head 1901, 119, nr. 62, Pl. LXIII).

C.2. Roman magistrates and officials attested in Tripolis

1) **C. Domitius Philippos.**

Prosopography: see below.

Date: 3rd cent., probably c.a. 240 AD (see below).

Epigraphy: unpublished honorary inscription, found at Tripolis in 2014.

The Roman official C. Domitius Philippos bears the title of «most excellent» (*kratistos = vir egregius, eques Romanus*), was procurator of the province *Asia* with a salary of 200.000 *sestertii* (*ducenarius*), then commander of the firemen brigades in Rome (*praefectus vigilum*). He was granted a honorary statue by the «most splendid city» of Tripolis.

Note: He can be identified with Domitius Philippos (*PIR*², D 157), who was *praefectus vigilum* under Gordian III (241 AD: see *CIL* VI, **1092**, cfr. p. 4323 = EDR110586) and then probably became Roman senator (*vir clarissimus*) and *dux* of the imperial army (*stratelates*) in Aegypt (c.a. 240-242 AD: *P.Berl. Leihgabe* 9). He could have been son of Domitius Philippos from Macedonia (*PIR*², P 361) and thus brother of Domitius Antigonos son of Philippos (*PIR*², A 736 and D 149; Pflaum 1982, nr. 249A), who was imperial procurator and then Roman senator and consul. Domitius Philippos the Elder and his son Antigonos were both honored by Caracalla (Cassius Dio LXXVII 8, 1-2).

C.3. Roman knights (*equites Romani*)

1) **[- - -]l(- - -) Ul(- - -) Ant(- - -) Messalinus.**

Onomastics: [P. Ae]l(ius) or [Ti. C]l(audius) + Ul(pius?) Ant(oninus?) Messalinus.

Date: late 2nd – early 3rd cent. AD (after 212?).

Epigraphical Appendix: **A.1.14**.

Messalinus bears the title of «most excellent» (*kratistos = vir egregius, eques Romanus*?). He dedicated two honorary statues to the boxers M. Aurelius Epaphroditos [C.5.6 = C.8.3] and M. Aurelius Iulianus [C.8.4].

2) **Tib. Cl(audius) Tu(e)ndianus II.**

Onomastics: the Greek form Tu(e)ndianus (Τυνδιανός) is to be considered equivalent to the Latin cognomen *Tuendianus*.

Prosopography: see P. Aelius Pigres [C.4.4] and Ti. Cl(audius) Tuendianus Magnus Charidemos [C.4.1 = C.5.4].

Date: early 3rd cent. AD (not later than Caracalla: see C.4.4).

Epigraphy: unpublished honorary inscription, found at Tripolis in 2014.

The late (*heroos*) Tib. Cl(audius) Tu(e)ndianus the Younger was granted a honorary statue *post mortem* by his tutor (*tropheus*), the veteran Aur(elius) Papias [C.9.7]. He was son of the homonymous Roman knight, Tib. Cl(audius) Tu(e)ndianus the Elder [C.3.3], grandson of the *asiarches* (= *archiereus Asias*, «high priest of Asia») (Tib.?) Cl(audius) Celsinus [C.4.3], and great grandson of the twice *asiarches* (P.) Ael(ius) Pigres [C.4.4]. Tu(e)ndianus the Younger is also said to have been «son of a first cousin of senators».

Note: He seems to be a relative of Ti. Cl(audius) Tuendianus Magnus Charidemos [C.4.1 = C.5.4].

3) **Tib. Cl(audius) Tu(e)ndianus I.**

Onomastics: the Greek form Tu(e)ndianus (Τυνδιανός) is to be considered equivalent to the Latin cognomen *Tuendianus*.

Prosopography: see Ti. Cl(audius) Tuendianus Magnus Charidemos [C.4.1 = C.5.4].

Date: early 3rd cent. AD (not later than Caracalla: see C.4.4).

Epigraphy: unpublished honorary inscription, found at Tripolis in 2014.

Tib. Cl(audius) Tu(e)ndianus the Elder was a Roman knight (*hippikos = eques Romanus*) and father of Tib. Cl(audius) Tu(e)ndianus the Younger [C.3.2].

Note: He was possibly son or grandson of Ti. Claudius Tuendianus *neoteros*, who was *prytanis* of Ephesus (*IvEphesos* 650 = PH249031; *IvEphesos* 1049 = PH248188) and younger brother of Ti. Cl(audius) Tuendianus Magnus Charidemos [C.4.1 = C.5.4].

C.4. Federal magistrates of the *koinon tes Asias*

1) **Ti. Cl(audius) Tuendianus Magnus Charidemos.**

Prosopography: Campanile 1994, nr. 70.

Date: early 2nd cent. AD, probably reign of Hadrian (117 – 138) (possibly before 132: see below).

Epigraphical Appendix: **A.1.12.**

Prosopographical Appendix: see also **C.5.4.**

Ti. Cl(audius) Tuendianus Magnus Charidemos is attested as first archon of Tripolis [C.5.4]: under his archonship the late Demetrios Andron [C.5.2] was granted a honorary statue.

Note: A honorary dedication (*IvEphesos* 279 = PH248729) to the Empress Sabina, wife of Hadrian, by the Council and People of Ephesus is dated under the proconsul of Asia T. Aurelius Fulvus Antoninus, the future Emperor Antoninus Pius (*PIR*², A 1513; *LP* 26.121), i.e. 135/136 AD. The statue of Sabina was erected by Ti. Cl(audius) Tuendianus Magnus Charidemos, who had already been secretary (*grammateus*) of the People of Ephesus and high priest of Asia (*archiereus Asias*: Campanile 1994, nr. 70) «of the temple in Ephesus» (singular). Tuendianus' high priesthood should be dated before 132 AD, when Ephesus obtained from Hadrian its second *neokoria* and built a second temple of the imperial cult. The inscription from Tripolis [A.1.12] records Tuendianus' first archonship [C.5.4], but not his high priesthood, therefore it might be dated before 132 as well.

He belonged to a prominent family of Ephesus (see *IvEphesos* 650 = PH249031; *IvEphesos* 650A = PH249032; *IvEphesos* 1049 = PH248188; *AE* 2000, 1412; Campanile 2006, p. 544): his father, Ti. Claudius Magnus Tuendianus, was a *prytanis* of Ephesus and *tribunus militum*; his mother, Claudia Charidemis, was daughter of the *prytanis* Ti. Claudius Charidemos; also his younger brother, Ti. Claudius Tuendianus *neoteros*, was a *prytanis*. The two Tib. Claudii Tu(e)ndiani from Tripolis, the Elder and the Younger [C.3.3 and C.3.2], seem to have been relatives of Ti. Cl(audius) Tuendianus Magnus Charidemos.

2) **Anonymous federal magistrate of the *koinon tes Asias*.**

Date: 2nd – early 3rd cent. AD, after 132 and before 214 (see below).

Epigraphy: unpublished honorary inscription, found at Tripolis in 2013.

The name and role of this anonymous magistrate «of Asia» are lost: he was granted a honorary statue in Tripolis. He is recorded as somehow related to «the temples» (plural) of Ephesus and the games in honor of the Emperor Hadrian (*Hadrianea*), which were held «in the first and greatest metropolis of Asia, and twice *neokoros* of the Emperors, the city of Ephesus». This official titulature offers a chronological *terminus*: in 132 AD Ephesus obtained from Hadrian its second *neokoria* and built a second temple of the imperial cult; in 214 AD Ephesus was declared thrice *neokoros* by Caracalla.

Note: The anonymous magistrate might have been a federal secretary of Asia (*grammateus Asias*) or a magistrate in charge for the organization of federal games (*panegyriarches Asias*). He was probably honored by the Council and People of Tripolis.

3) **(Tib.?) Cl(audius) Celsinus.**

Date: early 3rd cent. AD (not later than Caracalla: see C.4.4).

Epigraphy: unpublished honorary inscription, found at Tripolis in 2014.

(Tib.?) Cl(audius) Celsinus was an *asiarches* (= *archiereus Asias*, «high priest of Asia», previously unknown), and grandfather of Tib. Cl(audius) Tu(e)ndianus the Younger [C.3.2].

4) **(P.) Ael(ius) Pigres.**

Prosopography: Campanile 1994, nr. 117; Campanile 2006, p. 546.

Date: early 3rd cent. AD (not later than Caracalla: see below).

Epigraphy: unpublished honorary inscription, found at Tripolis in 2014.

(P.) Ael(ius) Pigres was twice *asiarches* (= *archiereus Asias*, «high priest of Asia»), and great grandfather of Tib. Cl(audius) Tu(e)ndianus the Younger [C.3.2].

Note: He was an important citizen of Laodikeia on the Lykos and is attested as *asiarches* for the third time by some local issues of Laodikeia, which were struck under Caracalla (Campanile 1994, nr. 117; Campanile 2006, p. 546). This is a *terminus ante quem* for the death of his great grandson Tu(e)ndianus the Younger.

5) **[Ti.] Claudius Dionysios son of Papas.**

Date: 2nd – early 3rd cent. AD.

Epigraphy: unpublished honorary inscription, found at Tripolis in 2015.

[Ti.] Claudius Dionysios, son of Papas, of the tribe Quirina, was an *archiereus Asias* («high priest of Asia») and husband of Iulia [- - -], *archiereia Asias* [C.4.6]. He was honoured as benefactor, together with his wife, probably by the Council and People of Tripolis. This couple of *archiereis Asias* was previously unknown.

6) **Iulia** [- - -] **daughter of Iulius** [- - -]**nos.**

Date: 2nd – early 3rd cent. AD.

Epigraphy: unpublished honorary inscription, found at Tripolis in 2015.

Iulia [- - -], daughter of Iulius [- - -]nos, was an *archiereia Asias* («high priestess of Asia») and wife of [Ti.] Claudius Dionysios, *archiereus Asias* [C.4.5]. She was honoured together with her husband, probably by the Council and People of Tripolis. This couple of *archiereis Asias* was previously unknown.

C.5. Civic magistrates and councillors of Tripolis

1) **Apollonios son of Dionysios.**

Date: 1st cent. BC.

Epigraphical Appendix: **A.1.2.**

A fragmentary inscription from Tripolis, possibly a votive dedication, records Apollonios son of Dionysios as former *stephanephoros*, priest of the Goddess Rome [C.7.1], and *gymnasiarchos*.

2) **Demetrios Andron son of Kokos.**

Date: early 2nd cent. AD, probably reign of Hadrian (117 – 138) (possibly before 132: see C.4.1).

Epigraphical Appendix: **A.1.12.**

The late (*heroos*) Demetrios Andron son of Kokos was granted a honorary statue *post mortem* by the Council and People of Tripolis. He had been perpetual *stephanephoros* (*dia aionos*), and supplied twelve times the oil for the *gymnasium*.

3) **Statilius Hermogenianos son of Papias II.**

Date: early 2nd cent. AD, probably reign of Hadrian (117 – 138) (possibly before 132: see C.4.1).

Epigraphical Appendix: **A.1.12.**

Statilius Hermogenianos son of Papias II, (grandson of Papias I), great grandson of Adrastos, was a *gymnasiarchos*: he was concerned with the erection of a honorary statue for the late Demetrios Andron [C.5.2].

4) **Ti. Cl(audius) Tuendianus Magnus Charidemos.**

Prosopography: Campanile 1994, nr. 70 (see C.4.1).

Date: early 2nd cent. AD, probably reign of Hadrian (117 – 138) (possibly before 132: see C.4.1).

Epigraphical Appendix: **A.1.12.**

Prosopographical Appendix: see also **C.4.1.**

Ti. Cl(audius) Tuendianus Magnus Charidemos is attested as first archon of Tripolis: under his archonship the late Demetrios Andron [C.5.2] was granted a honorary statue.

5) **Dionysodoros son of Theodoros.**

Date: 2nd-3rd cent. AD.

Epigraphical Appendix: **A.1.17.**

Dionysodoros son of Theodoros was a *stephanephoros*: he dedicated an unspecified architectural element in the Theater of Tripolis.

Note: His father Theodoros might be identified with the "*monetalis*" Theodoros II [C.6.6 –see also A.1.5] or a descendant of his.

6) **M. Aurelius Epaphroditos (II) son of Epaphroditos (I).**

Date: late 2nd – early 3rd cent. AD (after 212?).

Epigraphical Appendix: **A.1.14.**

Prosopographical Appendix: see also **C.8.3.**

M. Aurelius Epaphroditos (II) was son of Epaphroditos [C.5.7], councillor of Tripolis, and a boxer [C.8.3]. He was granted, together with M. Aurelius Iulianus [C.8.4], a honorary statue by Messalinus [C.3.1], for having competed in the first edition of the games *Megala Attalianeia Olympia* (see A.1.13 and C.8.2). He could have received the Roman citizenship by the Emperor Marcus Aurelius (161-180) or, possibly, by the *Constitutio Antoniniana* of Caracalla (212 AD).

7) **(M. Aurelius?) Epaphroditos (I).**

Date: late 2nd – early 3rd cent. AD (after 212?).

Epigraphical Appendix: **A.1.14.**

(M. Aurelius?) Epaphroditos (I) was father of M. Aurelius Epaphroditos (II) [C.5.6], and is recorded as «father and grandfather of councillors»: he was probably a councillor of Tripolis himself.

C.6. "*Monetales*" (civic magistrates in charge for the so-called pseudo-autonomous bronze issues): for the complete list see Head 1901, cxlix; Münsterberg 1911, 154 (= Münsterberg 1973, 90).

1) **Menandros.**

Date: 1st cent. BC.

Issue: Apollonia (on the Maeander?). Head 1901, 363, nr. 1.

2) **Hieratikos.**

Date: reign of Augustus (27 BC - 14 AD).

Issue: Tripolis. Head 1901, 372, nrr. 50-52.

3) **Tryphon (son of?) Philopatris.**

Date: reign of Augustus (27 BC – 14 AD).

Issue: Tripolis. Head 1901, 372, nr. 52.

4) **Apollonios son of Androneikos.**

Date: reign of Augustus (27 BC – 14 AD).

5) **Menandros son of Metrodoros, Philokaisar.**

Date: reign of Tiberius (14 – 37 AD).

Issue: Tripolis. Head 1901, 364, nrr. 6 – 7.

6) **Theodoros II (son of Theodoros?).**

Date: reign of Trajan (98 – 117 AD), after 102 (Trajan *Dacicus*).

Issue: Tripolis. Head 1901, 373, nr. 56; Head 1911, 661; *SNG Aulock, Nachträge III, Lydien*, nr. 8295.

Prosopography: see also C.5.5 and A.1.5.

7) **[M(arcus)?] An(tonius?) Kallikles Kalos.**

See Head 1901, cxlix; Münsterberg 1911, 154 (= Münsterberg 1973, 90).

C.7. Civic priests

1) **Apollonios son of Dionysios.**

Date: 1st cent. BC.

Epigraphical Appendix: **A.1.2.**

Apollonios son of Dionysios was priest (*hiereus*) of the Goddess Rome: see C.5.1.

2) **Eirenaios son of Zosimos.**

Date: late 1st cent. BC – 1st cent. AD, possibly reign of Augustus (27 BC – 14 AD).

Epigraphy: unpublished votive inscription, found at Tripolis in 2014.

Eirenaios son of Zosimos was warden of a temple (*neokoros*) consecrated to Augustus or to another divinity. He dedicated an *herma* to Caesar Augustus and the People of Tripolis.

3) **Lykios son of Demetrios.**

Date: late 1st cent. BC – 1st cent. AD, possibly reign of Augustus (27 BC – 14 AD).

Epigraphy: unpublished honorary inscription, found at Tripolis in 2014.

Lykios son of Demetrios was priest (*hiereus*) of the *Sebaste Eirene* (*Pax Augusta*, the "Peace of Augustus"), the *Dikaiosyne Sebaste* (*Iustitia Augusta*, the "Justice of Augustus") and the Gerousia. He was granted a honorary statue by the Gerousia.

4) **[R]uso.**

Onomastics: *Ruso* is a Latin cognomen.

Date: 1st cent. AD, possibly reign of Nero (54 – 68).

Epigraphy: altar dedicated to Dionysos (see the paper by F. Guizzi and B. Yener in this volume).

The members of a religious association (*thiaseitai*), directed by the priest (*hiereus*) [R]uso, dedicated an altar to [Nero?] Caesar and Dionysos. He was probably a priest of Dionysos.

C.8. *Agonothetai*, athletes and gladiators

1) **M. Aurelius Menandros (II) son of Menandros (I).**

Date: late 2nd – early 3rd cent. AD (after 212?).

Epigraphical Appendix: **A.1.13**.

M. Aurelius Menandros (II) was son of Menandros (I) and grandson of Philanor. He won a boxing competition (*pygme*) in the first edition of the games *Megala Attalianeia Olympia*, and was granted a honorary statue by M. Aurelius Attalianos [C.8.2]. He could have received the Roman citizenship by the Emperor Marcus Aurelius (161-180) or, possibly, by the *Constitutio Antoniniana* of Caracalla (212 AD).

2) **M. Aurelius Attalianos.**

Date: late 2nd – early 3rd cent. AD (after 212?).

Epigraphical Appendix: **A.1.13**.

M. Aurelius Attalianos is recorded as a *pankratiastes*, first donor of prizes (*athlothetes*) and organizator for life (*agonothetes dia biou*) of the games *Megala Attalianeia Olympia*. He dedicated a honorary statue to M. Aurelius Menandros [C.8.1]. He could have received the Roman citizenship by the Emperor Marcus Aurelius (161-180) or, possibly, by the *Constitutio Antoniniana* of Caracalla (212 AD).

3) **M. Aurelius Epaphroditos (II) son of Epaphroditos (I).**

Date: late 2nd – early 3rd cent. AD (after 212?).

Epigraphical Appendix: **A.1.14**.

Prosopographical Appendix: see also **C.5.6**.

4) **M. Aurelius Iulianus (II) son of Iulianus (I).**

Date: late 2nd – early 3rd cent. AD (after 212?).

Epigraphical Appendix: **A.1.14**.

M. Aurelius Iulianus (II) was son of Iulianus (I), grandson of Papias, and a boxer (*pyktes*). He was granted, together with M. Aurelius Epaphroditos [C.5.7 = C.8.3], a honorary statue by Messalinus [C.3.1], for having competed in the first edition of the games *Megala Attalianeia Olympia* (see A.1.13 and C.8.2). He could have received the Roman citizenship by the Emperor Marcus Aurelius (161-180) or, possibly, by the *Constitutio Antoniniana* of Caracalla (212 AD).

5) **Chrysopteros.**

Date: 2nd – 3rd cent. AD.

Epigraphical Appendix: **A.1.11**.

Chrysopteros ("Golden Wing") was a gladiator: he got twelve victories, but was finally slayed by his last opponent, Eteokles. He was buried in Tripolis and received a funerary epigram.

6) **Anonymous winner of a sacred contest.**

Date: 2nd – 3rd cent. AD.

Epigraphical Appendix: **A.1.7**.

The name of this winner of a sacred contest (*hieroneikes*), probably an athletic game, is lost: he was granted the citizenship from various communities and cities of the Kogamos and Lykos Valleys (the Mostenoi *koinon*, Laodikeia, Tripolis and Philadelpheia). He was buried in Tripolis and received a funerary epigram.

C.9. Citizens of Tripolis and other persons attested in Tripolis

1) **C. Sextius Symmachos.**

   Date: 1st – 2nd cent. AD.

   Epigraphical Appendix: **A.1.6.**

   C. Sextius Symmachos was buried in Tripolis.

2) **(P. or T.?) Aelius Charidemos.**

   Date: late 2nd – early 3rd cent. AD.

   Epigraphical Appendix: **A.1.8.**

   (P. or T.?) Aelius Charidemos owned a sarcophagus (*soros*) in Tripolis or Hierapolis.

3) **Alexandros Phrygiskos.**

   Onomastics: *Phrygiskos* can be a personal name or a nickname («the Little Phrygian»).

   Epigraphical Appendix: **A.1.9.**

   Alexandros Phrygiskos owned a tomb (*heroon*) in the Necropolis of Tripolis.

4) **Kyriakos, Damas, Loukas, Etherios and Kyriake.**

   Date: 4th – 5th cent. AD.

   Epigraphical Appendix: **A.1.10.**

   They were members of a Christian family, which owned a burial place (*topos*) in the North-Eastern Necropolis of Tripolis.

5) **Tib. Cl(audius) Diomedes (son of?) Aelianus.**

   Date: mid 1st – 2nd cent. AD.

   Epigraphy: unpublished inscription, found at Tripolis in 2013.

   Tib. Cl(audius) Diomedes (son of?) Aelianus is recorded by an unpublished fragmentary inscription, probably a votive dedication.

6) **(Ti. Claudius?) Papias (II) son of Ti. Cl(audius) Papias (I).**

   Date: mid 1st – 2nd cent. AD.

   Epigraphy: unpublished inscription, found at Tripolis in 2013.

   (Ti. Claudius?) Papias (II) was son of Ti. Cl(audius) Papias (I): he dedicated a votive inscription to the «listening Zeus» (Zeus *Epekoos*).

7) **Aur(elius) Papias.**

   Date: early 3rd cent. AD (not later than Caracalla: see C.4.4).

   Epigraphy: unpublished honorary inscription, found at Tripolis in 2014.

   Aur(elius) Papias was a veteran: he dedicated a honorary statue to his pupil, the late Tib. Cl(audius) Tu(e)ndianus the Younger [C.3.2].

8) **Tyrannos son of Diophantos.**

   Date: 1st cent. BC – 1st cent. AD.

   Epigraphical Appendix: **A.1.18.**

   Tyrannos son of Diophantos was a citizen of Philadelpheia: he dedicated a votive relief to *Meter Leto* in Tripolis.

C.10. Citizens of Tripolis attested out of Tripolis

1) **Q. Iulius Miletos "Ionikos"** (Rome).

   Date: early 3rd cent. AD (after 204 or 206).

   Epigraphical Appendix: **A.2.24, A.2.25.**

   Q. Iulius Miletos "Ionikos" was an *artifex* (may be a sculptor or *marmorarius*), who came from «Tripolis of Asia»: he moved to Rome under Septimius Severus (193-211), probably after 204 or 206, and dedicated there a *labyrinthos* to Sarapis. He was honored by his *alumnus* Q. Iulius Fa(v)entius and the *collegium* of the *artifices* (*technitai*).

2) **Aurelia Zenonis** (Hierapolis).

Date: 3rd cent. AD.

Epigraphical Appendix: **A.2.26**.

Aurelia Zenonis was a citizen of Tripolis, but probably resided in Hierapolis. Her husband, Mar(cus) Aur(elius) Achilleus, was a trader (*kapelos*), and citizen of Satala (Lydia) and Hierapolis. He owned a sarcophagus in the Northern Necropolis of Hierapolis.

3) **Aurelius Symphoros II (son of Symphoros I?)** (Hierapolis).

Date: late 3rd – 4th cent. AD.

Epigraphical Appendix: **A.2.27**.

Aurelius Symphoros II (son of Symphoros I?) was a citizen of Tripolis, and husband of Aure(lia) Zeuxiane. He owned a sarcophagus in the Northern Necropolis of Hierapolis together with his brothers Aur(elius) Neikianos and Aur(elius) Pytheanos.

4) **Aur(elius) Neikianos and Aur(elius) Pytheanos (sons of Symphoros I?)** (Hierapolis).

Date: late 3rd – 4th cent. AD.

Epigraphical Appendix: **A.2.27**.

Brothers of Aurelius Symphoros II: see C.10.3.

5) **Aur(elius) Heortasios Iulianus** (Hierapolis).

Date: late 3rd – 4th cent. AD.

Epigraphical Appendix: **A.2.28**.

Aur(elius) Heortasios Iulianus was a citizen of Tripolis, and husband of Glykonis. He resided in Hierapolis and was member of the local Jewish community. He owned a sarcophagus in the Northern Necropolis of Hierapolis.

6) **(Aurelius?) Attalos** [- - -]**os** (sanctuary of Apollon Lairbenos).

Date: 3rd cent AD.

Epigraphical Appendix: **A.2.29**.

(Aurelius?) Attalos [- - -]os was a citizen of Tripolis. He made a dedication to Apollon Lermenos (Lairbenos).

7) **Aur(elius) Proklos** (sanctuary of Apollon Lairbenos).

Date: before 233 AD.

Epigraphical Appendix: **A.2.30**.

Aur(elius) Proklos was a citizen of Tripolis, and husband of Zenonis. They assigned a nursling (*thremmene*) named Trophime to Helios Apollon Lermenos (Lairbenos).

Bibliography

AvHierapolis W. Judeich, *Inschriften*, in C. Humann – C. Cichorius – W. Judeich – F. Winter (hrsg.), *Altertümer von Hierapolis*, Berlin 1898, 67-202.

EDR *Epigraphic Database Roma* (online database: http://www.edr-edr.it/).*IvLaodikeia* = Th. Corsten (hrsg.), *Die Inschriften von Laodikeia am Lykos* (*IK* 49.1), Bonn 1997.

LP B.E. Thomasson, *Laterculi praesidum*, I-III + I ex parte retractatum, Göteborg 1984-2009.

***MAMA* IV** W.H. Buckler – W.M. Calder – W.K.C. Guthrie (Eds.), *Monumenta Asiae Minoris Antiqua*, IV. *Monuments and Documents from Eastern Asia and Western Galatia*, Manchester 1933

MAMA VI W.H. Buckler – W.M. Calder (Eds.), *Monumenta Asiae Minoris Antiqua*, VI. *Monuments and Documents from Phrygia and Caria*, Manchester 1939.

PH Packard Humanities Institute, *Searchable Greek Inscriptions* (online database: http://epigraphy.packhum.org/inscriptions/).

PIR² *Prosopographia Imperii Romani*, editio altera, I-VIII.1-2, Berolini-Lipsiae-Novi Eboraci 1933-2015.

Akıncı Öztürk – Tanrıver 2009
E. Akıncı Öztürk – C. Tanrıver, *Some New Finds from the Sanctuary of Apollon Lairbenos*, EA 42, 2009, 87-97.

Ameling 2004 W. Ameling (hrsg.), *Inscriptiones Judaicae Orientis*, II. *Kleinasien* (TSAJ 99), Tübingen 2004.

Barbieri 1952 G. Barbieri, *L'albo senatorio da Settimio Severo a Carino (193-285)*, Roma 1952.

Campanile 1994 M.D. Campanile, *I sacerdoti del Koinon d'Asia (I sec. a.C. - III sec. d.C.). Contributo allo studio della romanizzazione delle élites provinciali nell'Oriente greco* (Studi Ellenistici VII), Pisa 1994.

Campanile 2006 M.D. Campanile, *Sommi sacerdoti, asiarchi e culto imperiale: un aggiornamento*, in B. Virgilio (a cura di), *Studi Ellenistici XIX*, Pisa 2006, 523-584.

Conti 2004 S. Conti, *Die Inschriften Kaiser Julians*, Stuttgart 2004.

Dönmez-Öztürk 2009
F. Dönmez-Öztürk, *Drei neue Inschriften aus Tripolis in Lydien*, «Gephyra» 6, 2009, 165-168.

French 1988 D. French, *Romn Roads and Milestones of Asia Minor*, II (BAR Int. Ser. 392), Oxford 1988.

Habicht 1975 Chr. Habicht, *New Evidence on the Province of Asia*, JRS 65, 1975, 64-91.

Head 1901 B.V. Head, *A Catalogue of the Greek Coins in the British Museum*, XXII. *Catalogue of the Greek Coins of Lydia*, London 1901.

Head 1911 B.V. Head, Historia Numorum. *A Manual of Greek Numismatics*, rev. ed. Oxford 1911.

Kaibel 1878 G. Kaibel, *Epigrammata Graeca ex lapidibus conlecta*, Berolini 1978.

Keil – Premerstein 1914
J. Keil – A. von Premerstein, *Bericht über eine dritte Reise in Lydien und den angrenzenden Gebieten Ioniens*, Wien 1914.

Malay 1994 H. Malay, *Greek and Latin Inscriptions in the Manisa Museum* (*TAM* Ergänzungsb. 19), Wien 1994.

Merkelbach – Stauber 1998
R. Merkelbach – J. Stauber, *Steinepigramme aus dem griechischen Osten*, I. *Die Westküste Kleinasiens von Knidos bis Ilios*, München-Leipzig 1998.

Miranda 1999 E. Miranda, *La comunità giudaica di Hierapolis di Frigia*, EA 31, 1999, 109-155.

Moretti 1979 L. Moretti, Epigraphica *18. A proposito di Apollonia al Meandro*, RFIC 107, 1979, 295-300 (= Moretti 1990, 358-363 + 419).

Moretti 1990 L. Moretti, *Tra epigrafia e storia. Scritti scelti e annotati* (Vetera 5), Roma 1990.

Münsterberg 1911/1973
R. Münsterberg, *Die Beamtennamen auf den griechischen Münzen geographisch und alphabetisch geordnet. Nachtrag*, I-IV, Wien 1911-1927, repr. Hildesheim-New York 1973.

Peek 1955 W. Peek, *Griechische Versinschriften*, I. *Grabepigramme*, Berlin 1955.

Pflaum 1982 H.-G. Pflaum, *Les carrières procuratoriennes équestres sous le Haut-Empire romain, Supplément*, Paris 1982.

Pfuhl – Möbius 1979
E. Pfuhl – H. Möbius, *Die ostgriechische Grabreliefs*, I-II, Mainz 1979.

Pennacchietti 1966 – 1967
F.A. Pennacchietti, *Nuove iscrizioni di Hierapolis di Frigia*, «Atti dell'Accademia delle Scienze di Torino, class. Sc. mor. stor. filol.» 101, 1966 – 1967, 287-328.

Petzl 1994 G. Petzl, *Die Beichtinschriften Westkleinasiens*, EA 22, 1994.

Pleket 1978 – 1979
H.W. Pleket, *New Inscriptions from Lydia. Daldis, Gölmarmara, Kula, Philadelphia, Yeniköy, Taşkuyucak*, «ΤΑΛΑΝΤΑ» 10, 1978 – 1979, 74-91.

Ramsay 1895 W.M. Ramsay, *The Cities and Bishoprics of Phrygia*, I.1. *The Lycos Valley and South-Western Phrygia*, Oxford 1895.

Ramsay 1897 W.M. Ramsay, *The Cities and Bishoprics of Phrygia*, I.2. *West and West-Central Phrygia*, Oxford 1897.

Ritti 2006 T. Ritti, *Guida epigrafica a Hierapolis di Frigia (Pamukkale)*, İstanbul 2006.

Ritti – Şimşek – Yıldız 2000
T. Ritti – C. Şimşek – H. Yıldız, *Dediche e* καταγραφαί *dal santuario frigio di Apollo Lairbenos*, EA 32, 2000, 1-88.

Robert 1940 L. Robert, *Les gladiateurs dans l'Orient grec*, Paris 1940.ö

Robert 1960 L. Robert, *Hellenica*, XI-XII, Paris 1960.

Robert 1962 L. Robert, *Villes d'Asie Mineure*, Paris 1962².

Robert 1983 L. Robert, *Documents d'Asie Mineure*, XXIV. *La ville d'Apollonia et Mardonios*, BCH 107, 498-505 (= Robert 1987, 342-349).

Robert 1987 L. Robert, *Documents d'Asie Mineure*, Paris 1987.

Segre 1934 M. Segre, *Decreto di Apollonia sul Ponto*, «Athenaeum» 22, 1934, 3-9.

Sherk 1992 R.K. Sherk, *The Eponymous Officials of Greek Cities IV*, ZPE 93, 1992, 223-272.

Tanrıver 2009 C. Tanrıver, *Three New Inscriptions from Tripolis*, EA 42, 2009, 81-86.

Vidman 1969 L. Vidman, *Sylloge inscriptionum religionis Isiacae et Sarapiacae*, Berolini 1969.

An Inscribed Altar from Tripolis ad Maeandrum

Francesco GUIZZI – Barış YENER*

Özet

Buldan ilçesi, Yenicekent mahallesi sınırları içerisinde yer alan ve 14. yy'a tarihlenen Büyük Tekke Türbesi'ni koruyan tel çitin içerisindeki, yaklaşık 1 km. mesafedeki Tripolis kentinden taşındığı düşünülen taş bloklar 2012 yılı çalışmalarında kayıt altına alınmıştır. Söz konusu malzemeler arasında belgelenen kare formlu mermer bir altar bloğu bu makalenin konusunu oluşturmaktadır. Altarın yan yüzleri üzerinde yer alan kyma recta profili üç tarafta anthemion kuşağı, bir tarafında ise asma dalı ile bezenmiştir. Kyma recta profili üstünde eğimli bir şekilde profillendirilen fascia üzerinde ise üç yan yüzde devam eden Grekçe yazıt, Tripolis kenti ve bu bağlamda tüm Lykos Vadisi'ndeki kültlere ait bilgi dağarcığımızı genişletirken, ele aldığımız bezeme öğeleri yazıtla desteklenerek M.S 1. yüzyılın mimari dekorasyon karakteri hakkında ipuçları vermektedir.

Anahtar Kelimeler; Tripolis, Roma İmparatorluk Dönemi, Yazıt, Altar, Bezeme

Within the town of Buldan, in the garden of the Yenicekent Municipal Hall, there is a shrine, Büyük Tekke Türbesi, dated to the 14th century, the time when the region went under the domination of the Turks. It is thought that all the blocks used for the construction of this building, which has an octagonal plan with its main walls rising on an octagonal base tambour and covered with a dome, were brought from the ancient city of Tripolis, located circa 3 km from the shrine[1]. During the detailed research carried out on the building and its surroundings by the Tripolis excavation team in 2012, one marble block that had apparently been reused in the building was taken into inventory and was documented. The block (23 x 73 x 73 inv. no. BTT.12.MR.05) in question is a complete square from the top and is in rather good condition except for the broken and missing part on one corner and some erosion seen on the surface of the block.

Decoration of the Altar

Barış YENER

The altar block begins with a kyma recta profile on the lower part, and after the slightly inclined fascia it ends with a thick and straight upper surface. The cyma recta profile is decorated with an anthemion band on three sides and a grapevine on one side. Apart from the inscription, the most important element to help with the dating is the decoration bands that can be followed on the kyma recta profile. Therefore other than the epigraphical analyses, style critique was also used for the dating. In order to separate the decoration bands, the faces of the block have been named as A, B, C and D in accordance with the inscription (see below).

* Prof. Dr. Francesco Guizzi, Sapienza – Univeristà di Roma – Italy.
Arş. Gör. Barış Yener, Pamukkale University, Department of Archaeology, 20070 Kınıklı – Denizli.

1 Duman 2013, 187, fn. 36.

On the frieze arrangement bordered with closed corner palmettes on the A and B sides of the block, lotus flowers were placed alternately between open and closed palmettes. While on the non-inscribed D side there is a band of alternating open and closed palmettes.

The Lotus-Palmette bands that have a deep rooted past in the ancient decoration tradition, continued this way in the Early Imperial period and became a popular architectural decoration element used throughout the whole Roman Imperial period. Though the Lotus-Palmette bands on the A and B sides of the Tripolis altar are depicted in low-relief, the details are raised from the surface with sharp outlines increasing the contrast between the decoration bands and the surface. While the three-leafed lotus flowers seated on "S" shaped spirals, rise with a taller and more slender shape as separate goblets of leafs, the five-leafed palmettes have a more stubby shape with singular leafs and also rise from the same spiral. Although there is no direct relation between the lotuses and palmettes, the sepals of the lotus flowers that open up to either side cover the second leafs of the palmettes. Similarly, on the open-closed palmette band on the D side, the same relief features and palmette arrangement can be followed.

In contrast to the Tripolis Altar example, the Lotus-Palmette bands dated to the Augustus Period, such as the inner friezes of the Ara Pacis monuments dated to 13-9 BCE[2], the column necks of the Roma-Augustus Monopteros on the Athens Acropolis dated to 20-19 BCE[3], or on the cornice blocks of the Gaius and Lucius Monument in Ephesus dated to 12 BCE- 2 CE[4] have a more detailed and elegant workmanship under the influence of the densely felt classicism.

The undetailed workmanship and the flatness on the decorative elements as if they were cut with a knife seen on the A, B and D sides of the Tripolis altar pulls the date of this piece into the second half of the 1st century CE. Even though the decoration pattern of the palmette frieze found on the pediment sima[5] of the Augustus Temple in Antiochia in Pisidia, dated to the Augustus - Tiberius Period, seems to be close to the band on the D side of the Tripolis altar, it is clear that it was influenced by the classicism that dominated the beginning of the Julio-Claudian period. Similarly, the fine workmanship seen on the lotus-palmette frieze on the Eastern Base 5[6] of the Didyma Apollo Temple dated to the reign of Caligula (37-41 CE) by Gliwitzky, is a proof of the continuation of this influence. It is seen that in the second half of the 1st century CE, the palmettes become less natural and more schematic, and the liveliness of the figures start to disappear, as can be seen on the palmette frieze[7] of the Miletus Capito Baths dated to 47-54 CE.

Another example of a palmette frieze appears on the sarcophagus lid of Tomba Bella[8], which bears importance because it was found in the nearby Hierapolis and this was also dated to the Julio-Claudian period. The open and closed palmette frieze that can be followed on the raking sima of the triangular pediment and on the cyma recta profile that surrounds the whole lid has a more compact palmette chain in comparison the A, B and D friezes of the Tripolis Altar and the palmette leafs are placed closer together. The space between the palmette leafs seen on the open palmette depiction of the D side is rather similar to the palmette frieze on the Side Vespasianus Monument dated to 71 CE[9]. Although the grapevine frieze on the D side does not have a great contribution the dating of the Tripolis Altar in regards to the decoration typology, the relief features follow the style of the other decoration bands.

As a result of the stylistic analysis of the Tripolis Altar, and with the contribution of the analogical evaluation of the decoration friezes, the altar has been dated to 60-70 CE.

---

2 Moretti 1948, pl. 9

3 Binder 1969, 58, abb. 72-76; Leslie – Shear 1997, 506, Taf. 97.

4 Alzinger 1974, 20, abb. 10; Rumscheid 1994, I 6, II 19, Kat. 49, Taf. 41, 6.

5 Rumscheid 1994, I 157, II 4, Kat. 13, 6- 7, Taf. 7, 4.

6 Voigtländer 1975, 128 (1 c. CE.), Pülz 1989, 130 131, Lev. 2. 2 (Hadrianic); Gliwitzky 2005, 130 (Middle of 1 c. CE, Caligula)

7 Köster 2004, 33- 42, 173, Kat. 6, Taf. 16, 1-4; 17, 1- 4. 6. 7; 18, 1. 3.

8 Strocka 1978, 902-903, Abb. 14-15, Taf. CCVI; Romeo 2011, 198, Fig. 12. 2.

9 Mansel 1962, 38-41, Abb. 13, 14; Köster 2004, 149, fn. 1108, Taf. 136, 1.

The Inscription: A Dedication to an Emperor and Dionysos by a *thiasos*.*

Francesco GUIZZI

The inscription runs on the fascia below the upper molding (letters: 1,8 cm).

Side A (relief with marsh canes):
[[- c.4 -]]ΙΙΙ Καίσαρι καὶ Διονύσῳ οἱ . [- 2-3 -]

Side B (relief with grapevine branches):
[.]ρ̣υσωνα ἱερῇ θιασεῖται καθιέρω[σαν]

Side C (relief with marsh canes):
[- c. 7 -]ΙΙΑΙΑ ἑαυτῶν τὸν β[ωμόν (?)]

Side D (relief with marsh canes): not inscribed

Critical notes.

Side A. The left margin of the inscription is likely to have been erased. If this is the case, a *damnatio memoriae* seems probable and the name of Nero would be a good candidate. At the right margin it is possible to read OI, the article, followed by three or four letters. The traces seem to point to Y, whereas one would expect περί. Traces of E can be detected on the stone.

Side B. Only a letter is missing on the left. The most probable integration is the Latin cognomen Ruso attested in Phrygia, Lydia, Pisidia[10].

Side C. The well readable sequence ΕΑΥΤΩΝΤΟΝ starts before the middle of the fascia. On the left, some seven or eight letters are missing. Only scanty traces of them survive on the stone. Before ΕΑΥΤΩΝ, stand two letters of triangular shape separated by a vertical stroke and preceded by two more strokes. One would expect ΠΑΡΑ. On the right, the traces of another letter are compatible with B.

I reconstruct the text as follows:

[[Νέρω]]νι Καίσαρι καὶ Διονύσῳ οἱ π̣ε̣[ρὶ | Ῥ]ρ̣ύσωνα ἱερῇ θιασεῖται καθιέρω[σαν | - c. 7 -] π̣αρὰ ἑαυτῶν τὸν β[ωμόν (?)].

Translation.

The priest Ruso and the members of the religious guild (*thiasos*) dedicated to [Nero (?)] Caesar and Dionysos the a[ltar (?) built (?)] at their own expense.

The inscription presents itself therefore as a dedication of a *thiasos* to the Emperor and Dionysos. The association dedicated an artifact whose identity was probably indicated by the word in the lacuna at the end of face C. The block on which the inscription is carved must have been an integral part of the object itself.

[Nero?] Caesar and Dionysos. The association of the emperor to the cult of Dionysos becomes very popular beginning with Hadrian's rule. However, the cultic association between Dionysos and Roman rulers goes back to the late Republican age. So for instance, Marcus Antonius encouraged the cult of his person as *neos Dionysos*

* I am grateful to Benedetta Bessi, who translated the text in English.

10 Cfr. *LGPN*, V.A *s.v.*, 392. Robert 1963, 41-42, on the latin origin of the name Ῥούσων despite Sundwall's hypothesis. On Ruso of Laodicea Robert 1969, 309-312. The name Μούσων is also attested, but less probably to be integrated in the present text.

by the Greeks[11]. His presence in the area is well attested both by the literary evidence and the onomastic. The triumvir granted Roman citizenship to some prominent citizens of the local communities. Well known are the Antonii Zenones of Laodicea ad Lycum[12], but the interest of the Roman ruler must have affected the area of Tripolis even more in depth, since one of the ancient names of the city, attested by Pliny (*NH* V 111) and by an inscription from Ephesus[13], is Antoniopolis.

At the end of the 1st c. BCE and the beginning of the 2nd c. CE a Rhodian association worshipped Tiberius, associating him to Dionysus. The name of this association, *Dionysiastai Neronianoi* (Διονυσιασταὶ Νερωνιανοί), proves the connection. During his exile in Rhodes (6 BCE-2 CE), a few years before being associated to the imperial throne by Augustus (4 AD), Tiberius still carried the name of his father Claudius Nero. Later on, Caligula was worshipped as Liber Pater (and *neos Dionysos*) in Rome[14], and Nero as Dionysus Eleutherieus in Athens (*IG* II/III² 3176)[15]. Nero promoted the association of his cult to that of Zeus Eleutherios, but probably also appreciated being worshipped as the god of theatre and carefree joy. His cultural policy favored traditional elements while at the same time introducing innovations. As Cizek[16], a scholar who has greatly contributed to the rehabilitation of Nero's character, has correctly underlined, the cult of Apollo in Nero's own religious policy plays a role similar to that this god has in Augustus' propaganda. However, in this case Apollo is charged with irrational characteristics which make him much more similar to Bacchus. Considering Nero's appreciation for theatre and its arts, it is likely to imagine that this ruler might have been associated with Dionysos, as it happens in Athens, in the theatre.

Dionysos in the area of the Lycos Valley and the Meander's bight. In this area, the cult of Dionysos developed at least since the conquest of Alexander the Great, who identified himself with the god, but became increasingly significant after the peace of Apameia, during the Attalid administration. Under the rule of Attalids, the god was worshipped with the epiclesis of *Kethegemon* and had a dynastic character as well as mysteric connotations[17]. Both of these elements survived into the Roman era and further spreaded during the Imperial period. During this time the cult is attested both in Hierapolis of Phrygia and in the Lydian city of Philadelphia, neither of which is far from Tripolis. The text from Hierapolis is a votive offering to the god by a prominent citizen who served as the hierophant of Dionysos' cult. The role of the dedicant is an attestation of the mystery nature of the cult[18]. In Philadelphia too, a mystic association of Dionysos Kathegemon dedicated a statue to an outstanding member of the association, of the civic community as well as of the provincial organization of the imperial cult[19].

The inscription from Tripolis does not present any element with explicitly mysteric Dionisyan characters. The dedicants are associated to a *thiasos* led by a priest who has a name, or more precisely a Roman *cognomen*, Ruso. The onomastic element seems therefore to confirm that the local elite is involved in the cult of Dionysos and that the cult itself represents an effective tool to reinforce the connection between the imperial family and its subjects[20]. Summing up, this text offers an important contribution to our knowledge of the cults as well as of the society of a city, which is part of a wider regional context including the Lycos Valley and the area surrounded by the Meander's bight.

---

11 On Antonius *neos Dionysos*: Fuhrer 2011, 276-281; Wach 2010, col. 77; Jaccottet, especially 202. On Antonius' Bacchanal in Ephesus (41 BC): Plut., *Ant.* XXIV 3: «when Antony made his entry into Ephesus, women arrayed like Bacchanals, and men and boys like Satyrs and Pans, led the way before him, and the city was full of ivy and thyrsus-wands and harps and pipes and flutes, the people hailing him as Dionysus Giver of Joy and Beneficent (Χαριδότην καὶ Μειλίχιον)» (transl. B. Perrin).

12 Robert 1969, 306-309 (the Lucii Antonii could have been granted the Roman citizenship by Lucius Antonius, brother of the triumvir, during his governorship of Asia in 49 BC).

13 Habicht 1975, 64-91.

14 Fuhrer 2011, 387, Wach 2010, col. 77; see Socrates Rhodius *FGrHist* 129 F 2 (=Athenaeus IV 147 e-148 d), 148 c-d: «He (scil. Antony) also gave orders to be proclaimed as Dionysus throughout all the cities. So too the emperor Gaius, who was called Caligula because he was born in an army camp, was not only referred to as a new Dionysus, but actually put on the full Dionysiac outfit, and went out in public and sat in judgment dressed that way» (transl. S.D. Olson).

15 Kantiréa 2007, 138. On Nero's cult in Greece, Lo Monaco 2008, 43-71.

16 Cizek 1982, 350-351; for the important role played by Cizek on the new approach in the study on Nero, Di Branco 2007, 26-40.

17 See Miranda 2003, 165-176; Musti 1986, 105-126; see now Isler – Kerényi 2011, 433-446.

18 Miranda 2003.

19 Merkelbach 1988, 20.

20 See Merkelbach 1988, 20-25, Miranda 2003, 166.

Bibliography

Alzinger 1974 W. Alzinger, *Augusteische Architektur in Ephesos.* Sonderschriften. Herausgeben vom Osterreichischen Archäologischen Institut in Wien, Band 16, Wien.

Binder 1969 W. Binder, Der Roma- Augustus Monopteros auf der Acropolis in Athen und sein Typologischer Ort, Stuttgart.

Cizek 1982 E. Cizek, *Néron*, Paris, 350-351.

Di Branco 2007 M. Di Branco, "Nerone e la metamorfosi del tiranno. La costruzione di una nuova 'figura ideologica' ", in M. Perrin (ed.), *Neronia VII. Rome, l'Italie et la Grèce. Hellénisme et philhellénisme au premier siècle après J.-C. Actes du VIIe Colloque international de la SIEN (Athènes, 21-23- octobre 2004)*, (*Collection Latomus*, 305), Bruxelles, 26-40.

Duman 2013 B. Duman, "Son Arkeolojik Araştırmalar ve Yeni Bulgular Işığında Tripolis ad Maeandrum" (Tripolis Ad Maeandrum: The Latest Archaeological Research Results and New Finds), Cedrus I, 179-200.

Fuhrer 2011 T. Fuhrer, *Inszenierung von Göttlichkeit. Die politische Rolle von Dionysos/Bacchus in der römischen Literatur*, in Schlesier 2011.

Gliwitzky 2005 C. Gliwitzky, "Hadrianisch oder caliguläisch? Zur kaiserzeitlichen Bauphase am Apollontempel von Didyma", in T. Ganschow – M. Steinhard – D. Berges – T. Fröhlich, *Otium. Festschrift für Volker Michael Strocka*, 97-106.

Habicht 1975 Chr. Habicht, *New Evidence on the Province of Asia*, in *Journal of Roman Studies* 65, 64-91.

Isler-Kerényi 2011 C. Isler-Kerényi, *Dionysos in Pergamon. Ein polytheistischer phänomen*, in Schlesier 2011, 433-446.

Jaccottet 2008 A.F. Jaccottet, „Das bakchische Fest und seine Verbreitung durch Kult, Literatur und Theater", in J. Rüpke (Hrsg.), *Festrituale in der römischen Kaiserzeit*, Tübingen, 201-213.

Kantiréa 2007 M. Kantiréa, *Les dieux et les dieux augustes. Le culte impérial en Grèce sous les Julio-claudiens et les Flaviens, Etudes épigraphiques et archéologiques* (Meletimata, 50), Athènes.

Köster 2004 R. Köster, Die Bauornamentik von Milet 1. Die Bauornamentik der frühen und mittleren Kaiserzeit. Milet. Ergebnisse der Ausgrabungen und Untersuchungen, Bd 7. Berlin.

Leslie-Shear 1997 T. Leslie-Shear, The Athenian Agora: Excavations of 1989-1993, Hesperia 66.

***LGPN* V. A** *A Lexicon of Greek Personal Names*, edited by P.M. Fraser and E. Matthews, V A, *Coastal Asia Minor: Pontos to Ionia*, ed. T. Corsten, assist. ed. R.W.V. Catling, assoc. ed. M. Ricl, Oxford 2010.

Lo Monaco 2008 A. Lo Monaco, "Il culto di Nerone in Grecia. Immagini e cerimoniale della festa", in A.D. Rizakis, F. Camia (edd.), *Pathways to power. Civic elites in the Eastern part of the Roman Empire. Proceedings of the International Workshop held at Athens, Scuola Archeologica Italiana di Atene, 19 december 2005*, Atene, 43-71.

Mansel 1962 A.M. Mansel, "Das Vespasianmonunent in Side", *Festschrift M. Wegner zum sechzigsten Geburtstag*, Münster, 38-41.

Miranda 2003 E. Miranda, "Dioniso Kathegemon a Hierapolis di Frigia", in *Epigraphica. Atti delle Giornate di studio di Roma e di Atene in memoria di Margherita Guarducci (1902-1999)*, (*Opuscula epigraphica*, 10), Roma, 165-176.

Merkelbach 1988 R. Merkelbach, *Die Hirten des Dionysos. Die Dionysos-Mysterien der römischen Kaiserzeit und der bukolische Roman des Longus*, Stuttgart.

Moretti 1948 G. Moretti, *L'Ara Pacis Augustae*, Rome.

Musti 1986 D. Musti, "Il dionisimo degli Attalidi. Antecedenti, modelli, sviluppi", in *L'association dionysiaque dans le sociétés anciennes. Actes de la table ronde organisée par l'Ecole française de Rome (Rome, 24-25 mai 1984)*, Rome, 105-126.

Pülz 1989 S. Pülz, Untersuchungen Zur Kaiserzeitlichen Bauornamentik von Didyma. IstMitt Beih. 35. Tübingen.

Robert 1963 L. Robert, *Noms indigènes dans l'Asie Mineure gréco-romaine*, I, Paris.

Robert 1969 L. Robert, "Les inscriptions", in J. des Gagners, P. Devambez, L. Kahil, R.Ginouviès, *Laodicée du Lycos. Le Nymphée. Campagnes 1961-1963*, Québec-Paris, 247-389

Romeo 2011 I. Romero, The "Beautiful Tomb" and civic identity in Julio-Claudian Hierapolis in Roman sculpture in Asia Minor F. D'Andria and I. Romeo. (ed.), JRA, 193-210.

Rumscheid 1994 F. Rumscheid, Untersuchungen zur kleinasiatischen Bauornamentik des Hellenismus - Katalog, Abbildungsnachweis, Tafeln und Beilagen, Mainz am Rhein.

Schlesier 2011 R. Schlesier (ed.), *A different god? Dionysos and ancient polytheism*, Berlin.

Strocka 1978 V.M. Strocka, "Die frühesten Girlandensarkophage" in S. Şahin – E. Schwertheim – J. Wagner (ed.), *Festschrit für K.F. Dörner. Studien zur Religion und Kultur Kleinasiens* EPRO 66. Leiden, 882-966.

Voigtländer 1975 W. Voigtländer, Der jüngste Apollontempel von Didyma, Geschichte seines Baudekors. *IstMitt Beih.* 14 .

Wach 2010 M.Wach, s.v. „Liber (Dionysos)" Ae, *Reallexicon für Antike und Christentum*, XXIII, Stuttgart, 372-389.

Fig. 1 Side B

Fig. 2 Side C

Fig. 3 Side A

ΟΥΣΩΝΑΙΕΡΗΘΙΑΣΕΙΤΑΙΚΑΘΙΕΡΩΣΑΝ
ΗΑΙΑΕΑΥΤΩΝΤΩΝΙ
ΙΙΙΚΑΙΣΑΡΙΚΑΙΔΙΟΝΥΣΩΟΙΥΠΟ
0
10
20
30
40
50 cm.

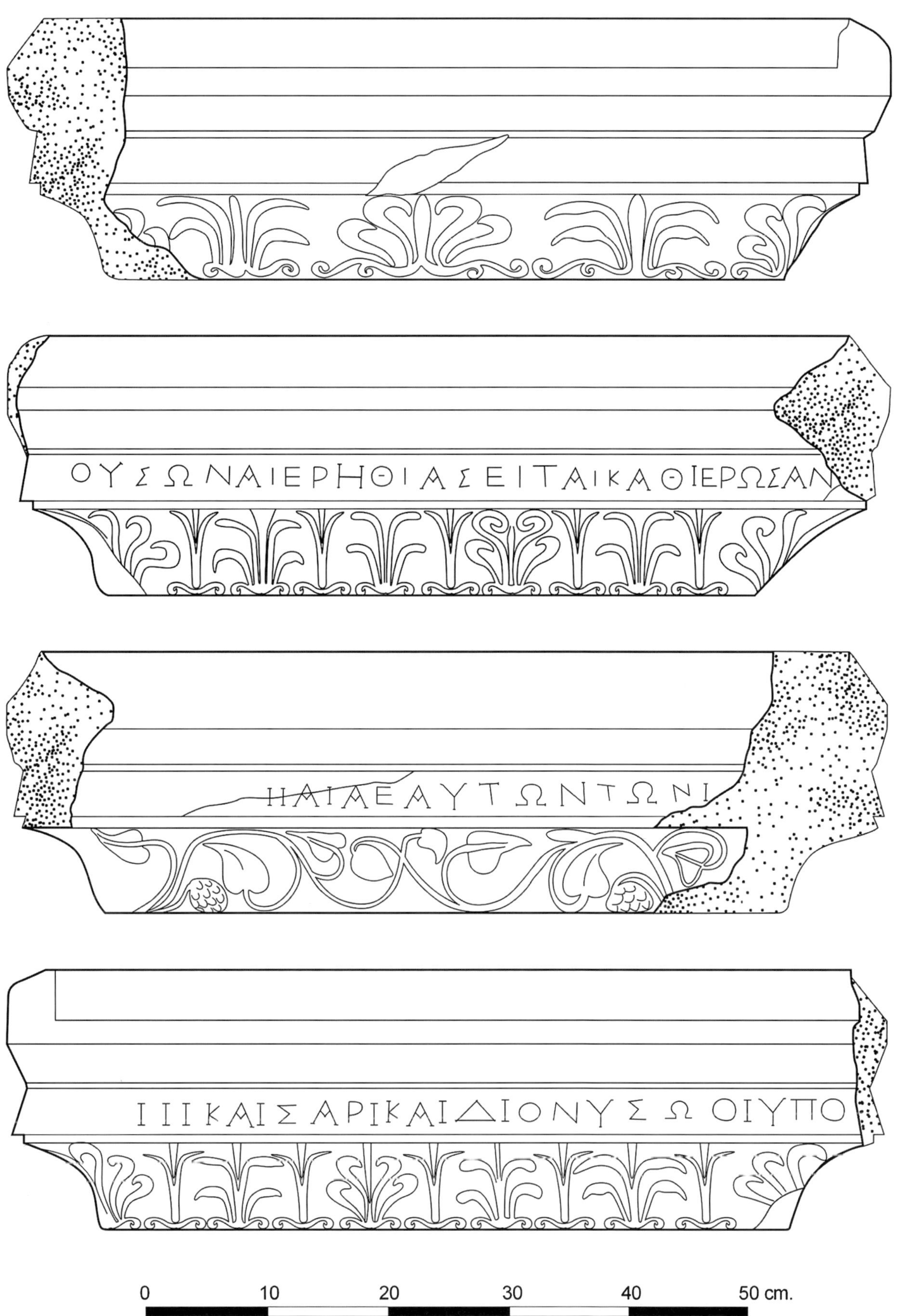

Fig. 4

Tripolis'ten Kolossal Zırhlı Heykel Ayağı

Candemir ZOROĞLU*

ÖZET

2013 yılı sezonunda Tripolis'teki Kemerli Agora'da yapılan kazılarda, kolossal ölçülerde bir heykelin bot giymiş sağ ayağı bulunmuştur. Ayağın ait olduğu heykelin gövdesinin bronz ya da ahşaptan olması muhtemeldir ve boyutu yaklaşık 7 metreyi bulmaktadır. Heykel ayağı *mulleus* adı verilen deriden bir bot giydirilmiştir. Deri bot mora yakın yerel oniks mermerinden yontularak adeta terminolojik bir atıf yapılmıştır. Antik Anadolu sanatının ünik eserlerinden biri olan heykel yüksek olasılıkla Dokimeion Atölyesinin ürünüdür ve MS 2. yüzyılın "Beş İyi İmparatoru"ndan birini, muhtemelen İmparator Hadrianus'u tasvir etmektedir.

ABSTRACT

In 2013, a right foot of a colossal cuirassed statue was found in the Arched Agora of Tripolis. The statue was probably about 7 meters high with a wooden or bronze torso. The foot dressed with a leather boot called *mulleus* which its name comes from its color. Interestingly boot was carved with purplish, local onyx marble which seems that it's a kind of attribution to its terminology. The statue was one of the unique pieces of the Ancient Anatolian art presumably a product of a Dokimeion Workshops and it was picturing one of the "Five Good Emperors" of the 2nd century AD, most probably Emperor Hadrianus.

2013 yılı sezonunda Tripolis Antik Kenti'ndeki Erken Bizans Kilisesi 4 ve Roma Dönemi tabernalarınının kuzeyinde, doğu-batı yönlü uzanan Kemerli Agora'da yapılan kazılarda, yapının güney duvarı önünde, orijinal zemin seviyesinin yaklaşık 80 cm. üzerinde kolossal ölçülerde bir heykelin bot (*mulleus/embas*) giymiş sağ ayağı bulunmuştur (Kazı Envanter No TR.13.KA.MR.16, Fig. 1-4)[1]. Mevcut yüksekliği 75.5 cm olan ayağın uzunluğu 76 cm, genişliği ise 36.5 cm'dir. Bu durumda hâlihazırda yalnızca ayağı bulunabilmiş olan heykelin yüksekliği 7 metre civarında olmalıdır. İri grenli, mora çalan, beyaz, krem, kahverengi-sarı tonların hâkim olduğu yerel *oniks* mermerinden üretilmiş olan ayak zırhlı bir yontuya aittir ancak heykel sahibinin kimliğine ilişkin ipucu verebilecek başka bir buluntu olmadığından heykelin hangi imparatora ait olduğunu tespit etmek güçtür. Gövdesi deriden üretilmiş olan bot, ayak tarağı üzerinden kalınca bağcıklarla çapraz bağlanmış, yüksek konçlara sahiptir. Ayağın açıkta kalan parmak ucu kısmı ile botun bilek kısmından aşağı sarkan aslan postu şeklindeki kenarlıkları kırılmış durumdadır. Bu nedenle normalde bilek üzerinde görülmesi gereken aslan başı şeklindeki kabartma mevcut değildir.

Ayağın ölçülerinden anlaşıldığı kadarı ile heykelin gövdesinin ahşaptan yahut bronzdan üretilmiş olduğunu söylemek mümkündür. Heykelin açık uçlu bir bot giymiş ayağından farklı olarak bacak kısmı beyaz mermerden üretilerek botun deri malzemeden imal edilmiş olduğu etkisi yaratılmıştır. Botun açık ucuna monte edilmesi gereken parmaklar da olasılıkla beyaz mermerden üretilmişlerdir. Zırhlı heykelin başı da olasılıkla beyaz renkli bir mermerden yontulmuştur ancak herhangi bir buluntuya ulaşılamadığından kesin bir yargıya varmak

* Dr., Kültür Varlıkları ve Müzeler Genel Müdürlüğü. E-posta: candemir.zoroglu@kultur.gov.tr

1 Tripolis'te yürütülen kazı çalışmalarında bulunan bu önemli arkeolojik eser üzerinde çalışma yapmam için izin veren ve makalenin yazımında yardımları esirgemeyen Tripolis Kazı Başkanı Sayın B. Duman'a paylaşım ve nezaketi için teşekkürlerimi sunmayı bir borç bilirim.

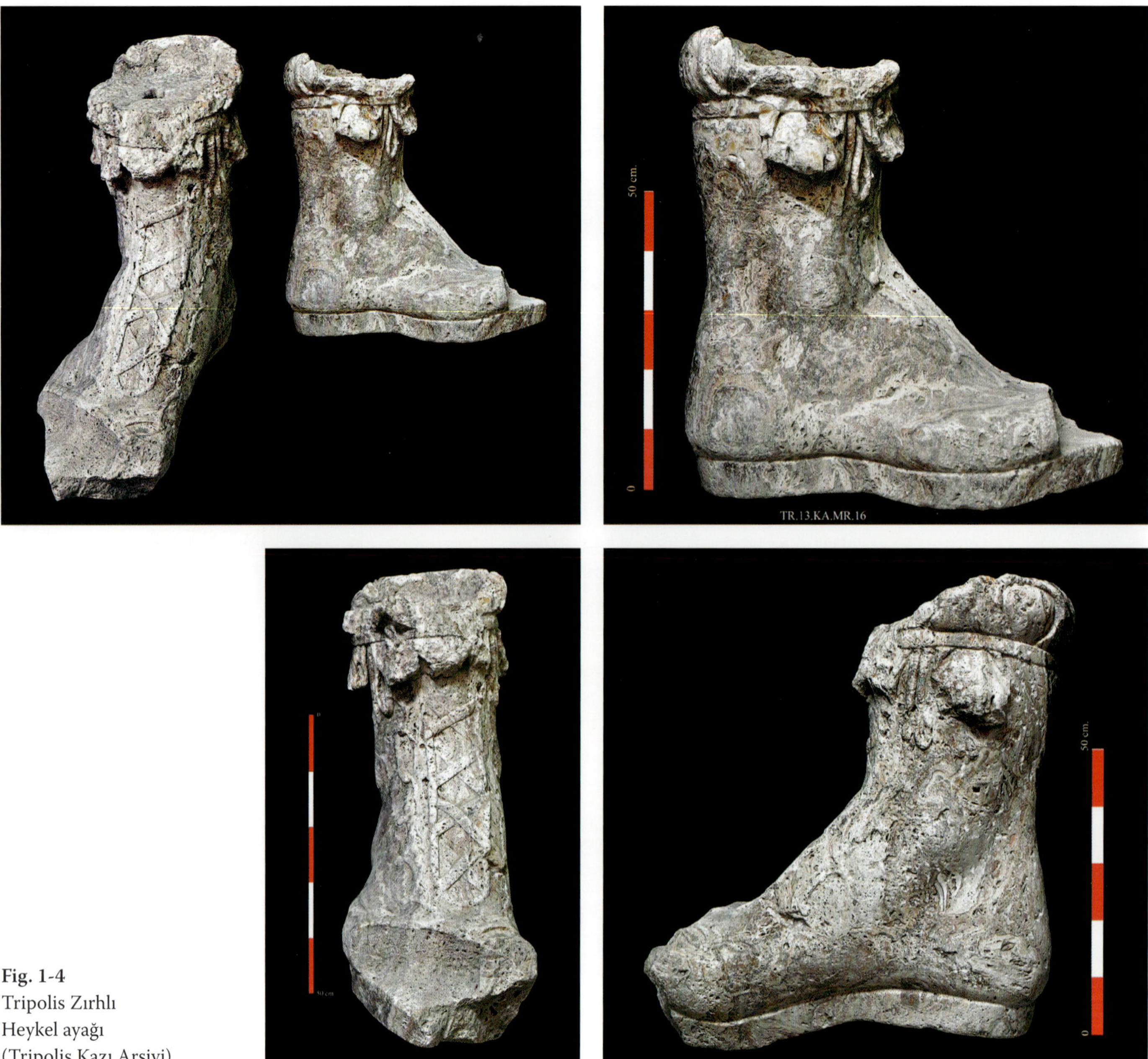

Fig. 1-4
Tripolis Zırhlı
Heykel ayağı
(Tripolis Kazı Arşivi)

mümkün değildir. Tripolis heykeli Anadolu'da bulunmuş zırhlı heykeller arasında tek istisna olan Sagalassos Hadrianus Heykeli (**Fig. 5**)[2] gibi bağımsız bir kaide üzerine yerleştirilmiş olmalıdır. Zira heykelin bot kısmının altında yaklaşık 6 cm. yüksekliğinde bir profil bulunur (Bkz. **Fig. 2, 4**). Bu profilin bir kısmı botun tabanı iken bir kısmı da heykelin kaide üzerine yerleştirilmesi için kullanılmış olmalıdır. Bu noktada Tripolis'te bulunan ayak ile Sagalassos Hadrianus Heykeli dışında Anadolu'da bulunmuş diğer tüm zırhlı heykellerin kaideleri ile birlikte üretilmiş olduklarını belirtmek yerinde olacaktır.

Tabanının zemine tam oturduğu anlaşılan sağ ayak, heykelin ağırlığını taşıyan sabit bacağa aittir. Heykelin bulunamayan sol bacağı dizden bükülerek hafif öne veya arkaya uzatılmış olmalıdır. Gövde ve kollara ait herhangi bir buluntu olmadığından yontunun kol hareketleri ve *paludamentum* kompozisyonu hakkında yorum yapmak mümkün değilse de kuvvetle muhtemel sağ kol bir mızrak tutuyorken, sol kol öne uzatılarak omuz üzerinden aşağı sarkıtılan *paludamentum*'u taşıyor olmalıdır[3].

[2] Sagallasos Hadrianus Heykeli için bkz. Waelkens 2007, 34; Waelkens ve diğ. 2009, 437-8, Res. 10; Waelkens – Poblome 2011, 101 (portre); 115 ve arka kapak önyüzü (bacak); Opper 2008, 25-6, Res. 8-10.

[3] Zırhlı heykellerin şematik kompozisyonları için bkz. Stemmer 1978, 1-5.

Tripolis heykel parçasının bulunduğu alanda Hellenistik dönemden Geç Antik Çağ'a kadar uzanan geniş bir aralığa tarihlenebilecek olan çok sayıda sikke, seramik ve küçük buluntu ele geçirilmiştir ancak bunlar Tripolis Kenti'nin genelinde hâkim olan karışık akıntı dolgu içerisinde yer aldıklarından stratigrafik bir tespit yapmak güçtür.

Tripolis zırhlı heykeli ayak parçası boyut ve nitelik olarak 2007 yılında Sagalassos Hamamı *Frigidarium*'unda bulunan Hadrianus Heykeli'ne ait bacak parçası ile yakın benzerlik göstermektedir[4]. Hadrianus'un çok kaliteli bir portresi ile birlikte bulunmuş olan Sagalassos ayak parçası Tripolis ayağından farklı olarak bacak bölümü ve ayak parmakları ile birlikte üretilmiştir.

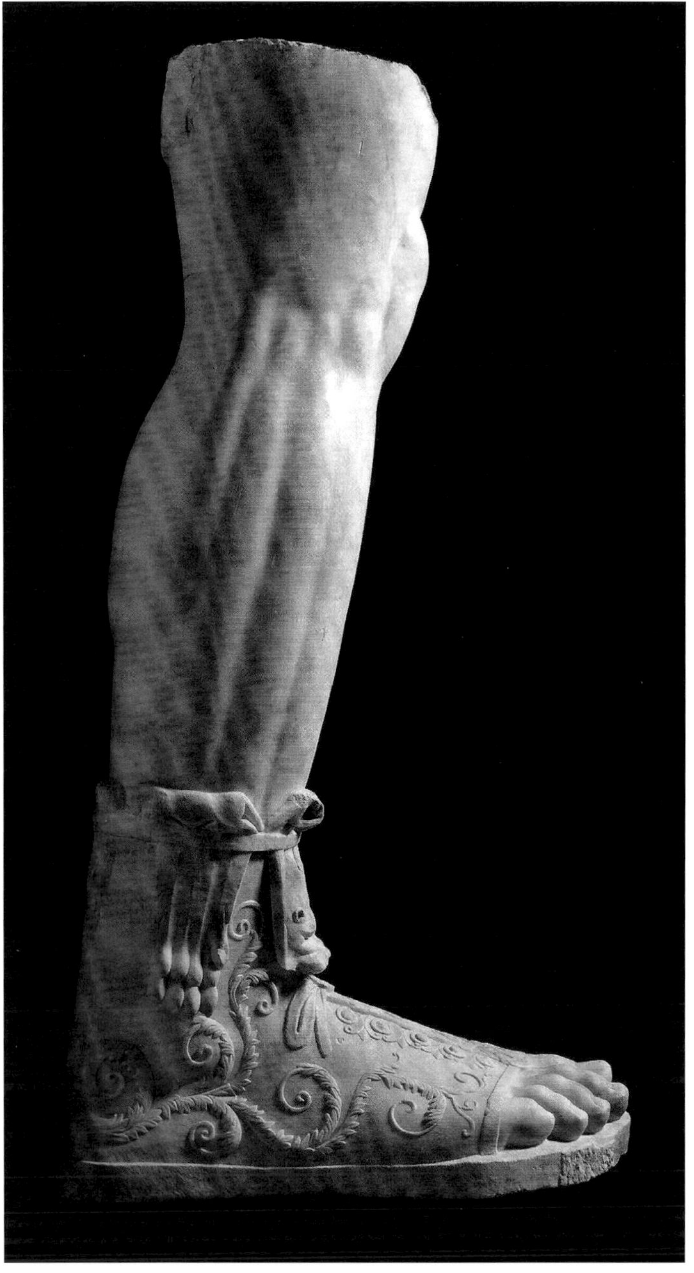

Fig. 5 Sagalassos Hadrianus Heykeli

Roma İmparatorluk Dönemi'nin başından itibaren Roma Heykel Sanatı repertuarında önemli bir yer edinen zırhlı heykellerin Hadrianus Dönemi'nde yoğun olarak kullanıldığı kabul görmektedir[5]. Öyle ki İmparator Hadrianus'un Kıta Yunanistan'da üretildiği belirlenen *Palladion* ve *Lupa Romana* ikonografili zırhlı heykel programını kendi kişisel duygu ve fikir dünyasına uygun olarak bizzat yönettiği düşünülmektedir[6].

Roma Dönemi'nde ikisi giyimli olmak üzere üç tip olan imparator heykellerinden sayıca en fazla olan zırhlı yontular, imparatorları muzaffer bir komutan, kurtarıcı ve koruyucu olarak simgelemektedir[7]. Roma Dönemi'nde çok sayıda görülen togalı heykellerin bir alternatifi olan zırhlı heykellere "*statua loricata*"[8], "*statua armata*" ya da "*statua habitu militari*" dendiği antik ve epigrafik kaynaklardan bilinmektedir[9]. Roma idaresinin MÖ 2. yüzyıldan itibaren Kıta İtalyası'ndan çıkarak Akdeniz coğrafyasında genişlemesi ile arttırdığı iktidar sahasında Yunan kültürünün ve Hellenistik monarşilerin *Euergetes* (=*Hayırsever*) ve *Soter* (=*Kurtarıcı*) unvanları ile bağdaştırdığı zırhlı heykeller[10], Roma'nın egemenlik kurduğu coğrafyalarda görevli ve idarecilerin Romanizasyonu tesis etmek için kullandıkları en önemli figürlerden biri olmuştur[11].

---

4 Sagallasos Hadrianus Heykeli için bkz. Waelkens 2007, 3-4; Waelkens ve diğ. 2009, 437-8, Res. 10; Waelkens – Poblome 2011, 101 (portre); 115 ve arka kapak önyüzü (bacak); Oper 2008, 25-6, Res. 8-10.

5 Vermeule 1959/60, 5; Stemmer 1978, 129.

6 Hekler 1919, 233; Niemeiyer 1968, 50; Stemmer 1978, 160; Kleiner 1992, 241; Cadario 2004, 387; Gergel 2004, 377-386; Opper 2008, 69 vd.; Bergmann 2010, 19 vd.

7 Price 1986, 299-308; Kleiner 1992, 9 vd. Roma İmparatorluğu içindeki diğer iki heykel repertuarı; imparatorları tanrı sıfatına daha yakın tutan çıplak heykeller ile imparatorun Romalılığını ve halkın babası (*pater patriae*) ve başrahipliğini (*Pontifex Maximus*) gösteren togalı heykellerdir.

8 Niemeyer 1968, 38; Stemmer 1978, 123.

9 Fejfer 2008, 207; Örneğin, Lucius Verus, Marcus Aurelius ve Commodus zamanında iki Alman savaşına katılmış ve Asia Eyaleti Prokonsüllüğü yapmış olan T. Pomponius Proculus Virtrasius Pollio adlı senatörün zırhlı bir heykelinin (*habitu militari*) Traianus Forumu'na dikilmesi Marcus Aurelius ve Commodus'un önerisiyle kabul edilmiştir. Bkz. Maxfield 1981, 108; Bormann – Henzen 1876, VI 1540.

10 Cadario 2004, Price 1986, 91-8; Stemmer 1978, 147.

11 Gehrke 2004, 154-6, Price 1986, 300.

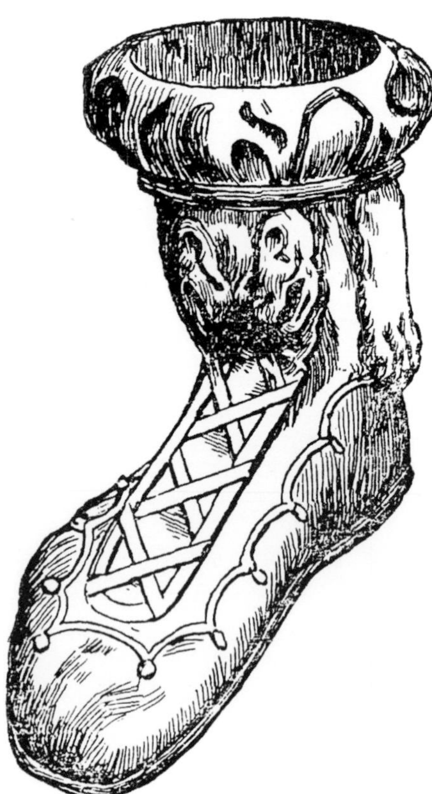

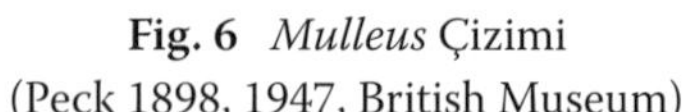

Fig. 6 *Mulleus* Çizimi
(Peck 1898, 1947, British Museum)

Fig. 7 Açık Uçlu *Mulleus*
(Jacop 1852, 16, No 26)

Fig. 8 Silifke Müzesi Zırhlı Heykeli
(M. Bilgin)

Hemen her unsuru dini, askeri ve siyasi bir ikonografi barındıran zırhlı heykeller genellikle iki tür bot giymişlerdir. Zırhlı heykellerde kullanılan ilk ayakkabı tipi genel bir ifade ile "*mulleus*" (= Törensel Askeri Bot / Aslanlı Askeri Bot) adı verilen askeri bottur[12]. Bu tip botların konçları aslan başı postu şeklinde yapılmış olup[13] kapalı bir gövdeye sahiptir (**Fig. 6**) ancak bunların önü açık olan örnekleri de mevcuttur (**Fig.** 7)[14]. İsmini bot derisinin boya malzemesi olan mor renkli *mullus* balığından (barbun balığı) alan bu bot tipi için *Thrak* kökenli bir isim olan *embas*[15] yada *campagus*[16] terimleri de kullanılabilmektedir.

Goette tarafından yapılan sınıflandırmaya göre imparatorluk yapı ve eserlerinde yer alan *mulleus*'lu figürler Mars Ultor, *Genius Populi Romani* Kültü, *Honos* Kültü, Tanrıça Roma Kültü ve *Virtus* Kültü ile ilişkilendirilmiş, zırhlı imparator heykellerinin de altıncı bir sınıf olarak bu ikonografik gruplandırmaya dâhil edilebileceği belirtilmiştir[17]. Goette, Erken İmparatorluk Dönemi kabartmalarında görülen *mulleus*'un olasılıkla Mars Ultor kültünün ikonografik çağrışımı olarak kullanılan bir atribüt olduğunu savunur[18].

Niemeyer ve Delbrueck *Mulleus*'un bir aslan postu olması gerektiğini önerirken[19] Stemmer leopar postu olması gerektiğini ifade etmiştir[20]. Goette ise botun malzemesinin bir aslana ait olması gerektiğini savunur ve aslanın

---

[12] Goldman 1994, 123 vd.; Goette 1988, 411-14; Vermeule 1959/60, 15; Vermeule 1964, 16; Vermeule 1966, 23; Vermeule 1974, 26; Niemeyer 1968, 51; Stemmer 1978, 11 vd.

[13] Goette 1988, 402, Res. 1, a-b.

[14] Goldman 1994, 124, Res. 6.29.

[15] Bkz. Goette 1988, 442-448. Zırhlı heykellerin tasvirinde kullanılan bir diğer bot türü olan "*Calceus Patricius*" Roma İmparatorluğu'nda *patrici* (Soylu Sınıf) sınıfına verilen ayrıcalıklı ayakkabı türüne verilen isimdir. Bkz. Goette 1988, 452-457.

[16] Bkz. Jacop 1852, 16, No 26; Peck 1898, 1947.

[17] Goette 1988, 407-8.

[18] Goette 1988, 410-411.

[19] Niemeyer 1968, 51; Delbrueck 1940, 12.41 – N 1. 86.

[20] Stemmer 1978, 10; passim.

Fig. 9 Perge Marcus Aurelius Heykeli (C. Zoroğlu)

Fig. 10 Aspendos Zırhlı Heykeli (Lanckoronski 1890, Fig. 72)

hanedan gücünü ve sürekliliğini simgeliyor olabileceğini veya Helenistik Krallıkları sembolize ediyor olabileceğini belirtir[21].

Goette başta zırhlı heykeller olmak üzere *mulleus* giyen serbest heykel tiplerini sınıflandırarak bu botların ikonografik temsiline bir cevap aramış, zırhlı heykeller dışında Artemis / Diana, Genius ve Lares kültü, Silvanus ve Dionysos heykellerinde görülen *mulleus*'un zırhlı heykellerdeki varlığını[22], kabartmalarda olduğu gibi Mars Ultor kültü ile ilişkilendirmiştir[23].

Bu durumda, Goette'nin sınıflandırdığı serbest heykeller arasındaki Silvanus ve Dionysos, *mulleus*'a yüklenen ikonografik anlam vasıtası ile zırhlı heykellerin kompozisyonuna dâhil edilmiş ve zırhlı heykellere verimliliği koruyucu bir fonksiyon kazanmış olmalıdırlar. Yakın zamanda yapılan çalışmalarla, büyük bir çoğunlukla Anadolu'ya özgü bir şablon özelliği olsa da, Dionysos'un zırhlı heykeller

[21] Goette 1988, 413-14.

[22] Goette 1988, 414-19.

[23] Goette 1988, 414.

üzerindeki ikonografik temsilinin zırh perçinlerinde yer alan asma yapraklarında[24] ve merkezi *pteryges* bantları üzerine işlenen bitkisel motiflerde görüldüğü tespit edilmiştir[25]. Bu nedenle Roma mitolojisinde sınırları koruyucu olarak kült alan *Silvanus*'un[26] da Dionysos ile birlikte zırhlı heykellerde bir çağrışım yapma amacı olarak *mulleus* ile temsil edilmiş olabileceğinin de göz önünde bulundurulması gerekir[27].

Tripolis'teki Kemerli Agora yapısında gerçekleşen kazılarda bulunmuş kolossal ölçülerdeki zırhlı heykelin *mulleus*'lu bot tipi Anadolu'da bulunmuş birçok zırhlı yontuda görülür ancak Tripolis ayağı ve Sagallassos Hadrianus Heykeli'ne ait ayak dışındakilerin tümü parmak ucu kapalı botlar giymektedirler[28]. Bunlardan Adana Müzesi'ndeki Seleukeia am Kalykadnos Heykeli[29] ve Olba – Diokaseria Heykeli[30], Silifke Müzesi Zırhlı Heykeli (**Fig. 8**)[31], Antakya Müzesi Seleukeia Pieria Lucius Verus Heykeli[32], Antalya Müzesi Marcus Aurelius Heykeli (**Fig. 9**)[33] ve Aspendos zırhlı heykeli (**Fig. 10**)[34] Antoninler Dönemi'ne tarihlenmektedirler. Yakın zamanda bulunmuş olup henüz yayımlanmamış olan Tlos Tiyatrosu heykellerinin de aynı tip *mulleus/embas* giydiğini belirtmek gerekir. Bunların yanı sıra Dokimeion üretimi sütunlu lahitler üzerinde görülen zırhlı figürlerin de aslan postlu askeri botlarla tasvir edilmeleri[35], zırhlı heykeller ile lahitler üzerindeki zırhlı figürler arasındaki şablon benzerliğini gösteren önemli bir teknik ayrıntıdır.

Kolossal Tripolis ayağının hangi imparatora ait olduğunun tespit edilmesi mevcut veriler ışığında mümkün gözükmemekle birlikte, yontunun Hadrianus'a ait olması olasıdır. Kimliği tespit edilemeyen heykelin orijinal konumu konusunda yorum yapmak da güçtür ancak boyutları göz önünde bulundurulduğunda tiyatro veya hamam gibi anıtsal bir yapıdan ziyade agora gibi açık bir alanda konumlandırılmış olması gerekir. MS 2. yüzyıldan itibaren Tripolis'te yeni bir yapılanmaya gidildiği dikkate alınırsa[36] kolossal zırhlı heykelin de bu inşaat programı kapsamında dikildiğini söylemek mümkündür. Ayağın bulunduğu mekânda ele geçirilen arkeolojik malzemelerden MS 2. yüzyılın ikinci yarısına tarihlenenlerin nispeten yoğunlukta olduğu düşünüldüğünde heykelin Antoninler Dönemi'nde üretilmiş olması da muhtemeldir. Bununla birlikte heykel ayağının sütunlu lahitler üzerindeki zırhlı figürlerin botları ile olan yakın benzerliği Tripolis zırhlı heykelinin MS 2. yüzyılın ilk yarısında faaliyete geçen Dokimeion Atölyeleri'nin bir ürünü olması gerektiğini göstermektedir[37].

Anadolu'da varlığı bilinen en büyük yontulardan birine ait olduğu anlaşılan Tripolis ayağı yalnızca boyutu ile değil, askeri botun mora çalan renkte, yerel bir mermerden üretilerek *mulleus* adı verilen bot modelinin terminolojik anlamına vurgu yapıyor olması nedeniyle de önemli bir arkeolojik buluntudur. Beş iyi imparatordan birine ait olması muhtemel yontu, hiç şüphesiz antik dönem Anadolu'sunun en ihtişamlı serbest heykellerinden biridir. Tripolis'te devam eden kazılarda heykele ait diğer parçaların bulunması halinde bu önemli şaheserin niteliği çok daha iyi anlaşılabilecektir.

---

24 Kadıoğlu 2014, 105-06.

25 Zoroğlu 2013, 757-766.

26 Schilling 1992, 146.

27 Zoroğlu 2014, 158-160.

28 Botunun ucu açık olan bir diğer heykel Aphrodisias General Heykeli'dir ancak bu heykelin giydiği bot *calceus patricius* adı verilen yüksek bağcıklı bot tipine aittir. Bkz. Hallett 1998, 62-69, Res. 2-11; Smith 2006, 122-24 No 14 Lev. 14-16; Cadario 2004, 241-44, XLVI, 1,2; Laube 2006, No 4, Lev. 49, 1-3; Smith – Lenaghan 2008, 71 vd. Res. 1, 10.

29 Keil – Wilhelm 1931, 9, Lev. 7, No 19, Lev. 9, No 20; Vermeulle 1959/60, 63, No 251; Çalık 1997, 209, No 119, Lev. 60 (a).

30 Keil - Wilhelm 1931, 63-64, Lev. 33, No 100; Vermeule 1959/60, 63, No 252; Çalık 1997, 209, No 118, Lev. 59, b.

31 Çalık 1997, 210-211, No 120, Lev. 60, (b).

32 İnan – Alföldi-Rosenbaum 1979, No 47, Lev. 38.3,41.1-3; Vermeule 1980, 24, 196C; Çalık 1997, 86 vd. Lev. 11 a; Evers 1994, 289; Meischner 2003, 328, Lev. 34; 35.1-3.

33 İnan 1980a, 6; İnan 1980b, 608; Mellink 1980, 509; İnan 1983, 119-120; Özgür 2010, 86, No 36; Demirer ve diğ. 2005, 76, 233; Delemen 2011, 304, Res. 23.

34 Lanckoronski 1890, 95, Res. 72; Vermeule 1959/60, 65, No 267A.

35 Bkz. Floransa Museo dell'Opera Lahdi, Koch 2010, 103, Res. 7; Providence Akhilleus Lahdi, Koch 2010, 107, Res. 17; Waelkens 1982, Taf. 9, 2; Karaman Lahdi (Konya A), Wiegartz 1965, 162-63; Özgan 2003, Lev. 24, 1,3; Konya G1 Lahdi, Özgan 2003, 55, Kat. No 20, Lev. 47, 2.

36 Duman 2013, 182 vd.

37 Bkz. Zoroğlu 2014, 60-76.

Kaynakça

Bergmann 2010 B. Bergmann, "Bar Kochbaunddas Panhellenion: Die Panzerstatue Hadrians aus Hierapytna / Kreta (Istanbul, Archäologisches Museum Inv. Nr. 50) und der Panzertorso Inv. Nr. 8097 im Piräus museum von Athen", *IstMitt* 60 2010, 203-289.

Bormann – Henzen 1876 E. Bormann – G. Henzen, *Corpus Inscriptionum Latinarum Pars Prima* (1876).

Cadario 2004 M. Cadario, *La Corazzadi Alessandro. Loricatidi tipo ellenistico dal IV secoloa.C. al II d.C.* (2004).

Çalık 1997 A. Çalık, *Roman Imperial Sculpture from Cilicia*, Yayımlanmamış Doktora Tezi, Londra (1997).

Delbrueck 1940 R. Delbrueck, *Die Münzbildnisse von Maximinus bis Carinus* (1940).

Delemen 2011 İ. Delemen, "The Colossal Statue of Lucius Verus Recently Discovered in Perge", *Adalya 14*, 2011, 297-314.

Demirer ve diğ. 2005 Ü. Demirer – Ü. Çınar – N.S. Karakaş – A. Koç, *Antalya Museum* (2005).

Duman 2013 B. Duman, "Son Arkeolojik Araştırmalar ve Yeni Bulgular Işığında Tripolis ad Maeandrum (Tripolis Ad Maeandrum: The Latest Archaeological Research Results and New Finds)", *Cedrus* I, 2013, 179-200.

Evers 1994 *C. Evers, Les portraits d'Hadrien*: typologie et ateliers (1994).

Fejfer 2008 J. Fejfer, *Roman portraits in context* (2008).

Gehrke 2004 J.H. Gehrke, "Euergetism", *New Pauly Antiquity 5*, 2004, 154-156.

Gergel 2004 R.A. Gergel, "Agora S166 and Related Works: The Iconography, Typology, and Interpretation of the Eastern Hadrianic Breastplate Type", *Hesperia Supplements* 33, 2004, 371-409.

Goette 1988 H.R. Goette, "Mulleus-Embas-Calceus. Ikonographische Studienzu römischen Schuhwerk", *JdI* 103, 1988, 402-464.

Goldman 1994 N. Goldman, "Roman Footwear", içinde: J.L. Sebesta – L. Bonfante (ed.), *The World of Roman Costume* (1994) 101-129.

Hallett 1998 C. H. Hallett, "A Group of Portrait Statues from the Civic Center of Aphrodisias", *AJA* 102.1, 1998, 59-89.

Hekler 1919 A. Hekler, "Beiträge zur Geschichte der antiken Panzerstatuen", *ÖJh* 19/20, 1919, 190-241.

İnan – Alföldi-Rosenbaum 1979 J. İnan – E. Alföldi-Rosenbaum, *Römische und frühbyzantinische Porträt-plastik aus der Türkei: neue Funde* (1979).

İnan 1980a J. İnan, "Perge Kazısı 1979 Çalışmaları", *KST* 2, 1980, 11-14.

İnan 1980b J. İnan, "Perge Kazısı 1979 Çalışmaları", *Belleten* C.XLIV, 175, 1980, 607-11.

İnan 1983 J. İnan, "Neue Porträts von Perge", *AntK***26**, 1983, 119-120.

Jacop 1852 P. L. Jacob, *Histoire des Cordonniers et des Artisansdont la Profession se Rattache a la Cordonnerie* (1852).

Kadıoğlu 2014 M. Kadıoğlu, *Das "Gerontikon" von Nysa am Mäander*. Forschungen in Nysa am Mäander 3 (2014).

Keil – Wilhelm 1931 J. Keil – A. Wilhelm, Denkmaler aus dem Rauhen Kilikien. *MAMA 3* (1931).

Kleiner 1992 D.E.E. *Kleiner, Roman Sculpture (1992).*

Koch 2010 G. Koch, *Türkiye'deki Roma İmparatorluk Dönemi Lahitleri,* (2010) Çev. B. Varkıvanç.

Lanckoronski 1890 K.G. Von Lanckoronski, *Pamphiylia ve Pisidia Kentleri: Pamphylia* (1890) Çev. S. Bulgurlu.

Laube 2006 I. Laube, *Thorakophoroi. Gestalt und Semantik des Brustpanzers in der Darstellungdes 4. Bis 1. Jhs. v. Chr.* (2006).

Maxfield 1981 V.A. Maxfield, *Military Decorations of the Roman Army* (1981).

Meischner 2003 J. Meischner, Die Skulpturen des Hatay Museums von Antakya, *JdI* 118, 2003, 285-394.

Mellink 1980 M.J. Mellink, "Archaeology in Asia Minor", *AJA* 84.4, 1980, 501-518.

Niemeyer 1968 H.G. Niemeyer, *Studien zur statuarischen Darstellung der römischen Kaiser* (1968).

Opper 2008 T. Opper, *Hadrian: Empire and Conflict* (2008).

Özgan 2003 R. Özgan, *Die kaiserzeitlichen Sarkophage in Konya und Umgebung,* AMS 46 (2003).

Özgür 2010 E. Özgür, *Sculptures du Musee D'Antalya* (2010).

Peck 1898 H.T. Peck, *Harper's Dictionary of Classical Antiquities* (1898).

Price 1986 S.R.F. Price, *Rituals and Power* (1986).

Schilling 1992 R. Schilling, *Roman and European Mythologies* (1992).

Smith 2006 R.R.R. Smith, *Roman portrait statuary from Aphrodisias. Aphrodisias II* (2006).

Smith – Lenaghan 2008
R.R.R. Smith – J.L. Lenaghan, "Aphrodisias'tan Roma Portreleri", *Sergi Kataloğu* (2008).

Stemmer 1978 K. Stemmer, *Untersuchungenzur Typologie, Chronologie und Ikonographie der Panzerstatuen* (1978).

Waelkens ve diğ. 2009
M. Waelkens – M. Vanhaverbeke – H. Vyncke – K. Jacobs – I. Martens – F. Degraeve – B. Poblome – J. Richard – J. Uytterhoeven – I. Demarsin – K. Koçcak – E. De Silva – N. Risser – E. Mägele – S. Eck – W. Eich – A. Eich – E. Torun – S. Ercan, "Report on the 2006 and 2007 excavation and restoration activities at Tepe Düzen and Sagalassos", *KST* 30.3, 2008, (2009), 427-456.

Waelkens 1982 M. Waelkens, "Carrieres de marbre en Phrygie (Turquie)", *BMusArt 53.2*, 1982, 35-38.

Waelkens 2007 M. Waelkens, "Colossal Statue of Hadrian Found at Sagalassos, Turkey", *Minerva* 18.6, 2007, 3-4.

Waelkens – Poblome 2011
M. Waelkens – J. Poblome, Sagalassos. *City of Dreams* (2011).

Wiegartz 1965 H. Wiegartz, *Kleinasiatische Säulensarkophage* (1965).

Vermeule 1959/60 C.C.C. Vermeule, "Hellenistic and Roman Cuirassed Statues", *Berytus* 13, 1959/60, 1-82.

Vermeule 1964 C.C.C. Vermeule, "Hellenistic and Roman Cuirassed Statues, A Supplement", *Berytus 15, 1964*, 95-110.

Vermeule 1966 C.C.C. Vermeule, "Hellenistic and Roman Cuirassed Statues: Second Supplement", *Berytus 16, 1966*, 49-59.

Vermeule 1974 C.C.C. Vermeule, "Cuirassed Statues-*1974* Supplement", *Berytus 23*, 1974, 5-26.

Vermeule 1980 C.C.C. Vermeule, *Hellenistic and Roman cuirassed statues* (1980).

Zoroğlu 2013 C. Zoroğlu, "Anadolu'dan Bir Grup Zırhlı İmparator Heykeli Üzerindeki Bitkisel Bezeme ve Anlamı", içinde: M. Tekocak (ed.) *K. Levent Zoroğlu'na Armağan/Studies in Honour of K. Levent Zoroğlu* (2013) 757-766.

Zoroğlu 2014 C. Zoroğlu, *Anadolu'da Roma Dönemi Zırhlı Heykellerin Gelişimi*, Yayınlanmamış Doktora Tezi, Ankara (2014).

Tripolis Roma Hamamı (Büyük Hamam)

Coşkun DAŞBACAK*

Özet

Tripolis hamamı doğu-batı doğrultulu olarak yan yana ve paralel sıralanmış mekânlardan oluşmaktadır. Hamam, dikdörtgen formlu olarak, simetrik sıra tipi planda ince yonulu düzgün yüzeyli dörtgen traverten bloklardan inşa edilmiştir. Odaların yerleşim düzeni, M.S. II. yüzyılda inşa edilen Side Liman Hamamı, Laodikeia Batı Hamamı ve Hierapolis Kuzey Hamamı'na benzemektedir. M.S. 2. yüzyılda inşa edilen Tripolis Hamamı, Bizans Dönemi'nde tadilat geçirmiş ve geç dönemlere kadar kullanılmıştır.

Anahtar Kelimeler: Tripolis, Roma Hamamı.

Abstract

Tripolis bath was built East-West direction paralel rooms. The Roman Bath as the rectangular shaped symmetrical row type smooth surface in the plan was built with a rectangular traverten blocks. Each room layout similar Side Port bath, Laodicea West Bath and Hierapolis North Bath. Tripolis Roman bath was built in second century A.D. and in the Byzantine period has been restored. It was used until the late period after restoration.

Keywords: Tripolis, Roman Bath.

Tripolis Hamamı, kentin kısmen ayakta kalan yapılarından birisi olup tiyatronun güneybatısında yer almaktadır **(Fig. 1-3)**. Yapı bloğu, doğu-batı doğrultulu olarak yan yana ve paralel sıralanmış mekânlardan oluşmaktadır **(Fig. 4)**. Hamam, dikdörtgen formlu olarak, simetrik sıra tipi planda ince yonulu düzgün yüzeyli dörtgen traverten bloklardan inşa edilmiştir. Odalar, birbirine paralel ve simetrik olarak düzenlenmesine rağmen odalar arasında bağlantıyı sağlayan kemerli geçişler bu simetriyi bozmaktadır. Odaların yerleşim düzeni itibariyle hamam planı, Laodikeia[1], Hierapolis Hamamları[2] ve Side Büyük Hamamı planına benzemektedir[3]. Hamamın bazı odalarında duvar yüksekliği 1-5 metreye kadar korunmuş durumdadır.

Yapının batı sınırını oluşturan I nolu mekân[4], dikdörtgen formlu olarak düzgün kesme traverten bloklardan inşa edilmiştir. Mekânın batı duvarı hamam bloğunun batı cephesini oluştururken doğu duvarı diğer mekânla ortak kullanımlıdır. Batı duvarında yapının dışarı ile bağlantısını sağlayan kuzey, güney ve orta aksa üç adet giriş yapılmıştır[5] **(Fig. 5-6)**. Doğu duvarına yarım daire formlu niş yerleştirilmiş olup üzeri Laodikeia ve Hierapolis hamamlarında olduğu gibi yarım kubbe ile örtülmüştür[6] **(Fig. 7-8)**. Hamamın dışarı ile bağlantısını sağlayan

---

* Yrd. Doç. Dr., Pamukkale Üniversitesi, Fen-Edebiyat Fakültesi, Arkeoloji Bölümü, 20070 Kınıklı – Denizli..

1 Şimşek 2007, 177-200.

2 Yegül 1992, 273.

3 Side Büyük Hamam planı için bkz. Mansel 1978, 222, Res. 247; Pamir 1995, 90, 91.

4 Mekanlar batıdan doğuya doğru numaralandırılmıştır.

5 Pamir 1995, 90.

6 Pamir 1995, 90.

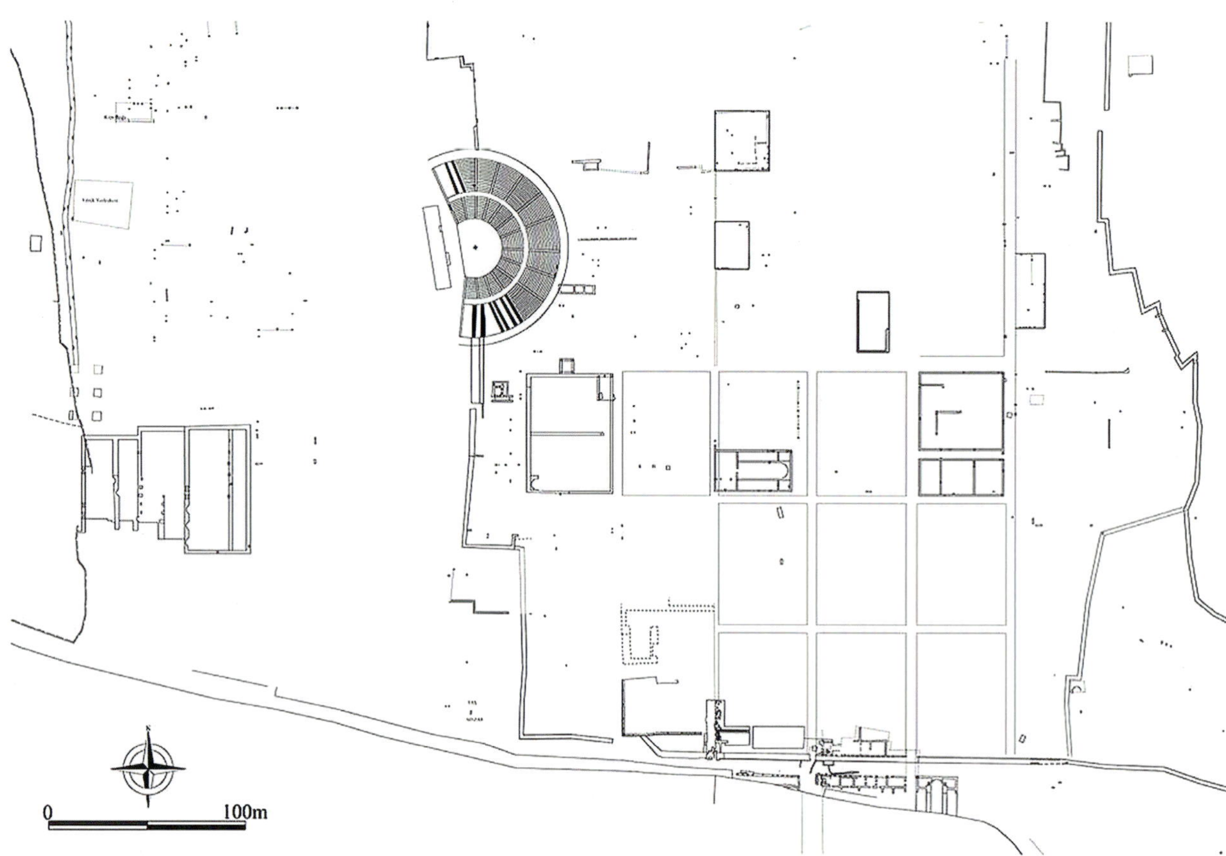

Fig. 1 Hamam ve kent yerleşim planı (Duman 2013, 186, Fig. 6)

Fig. 2 Hamamın tiyatrodan genel görünümü

Fig. 3 Hamamın batı yönünden genel görünüm

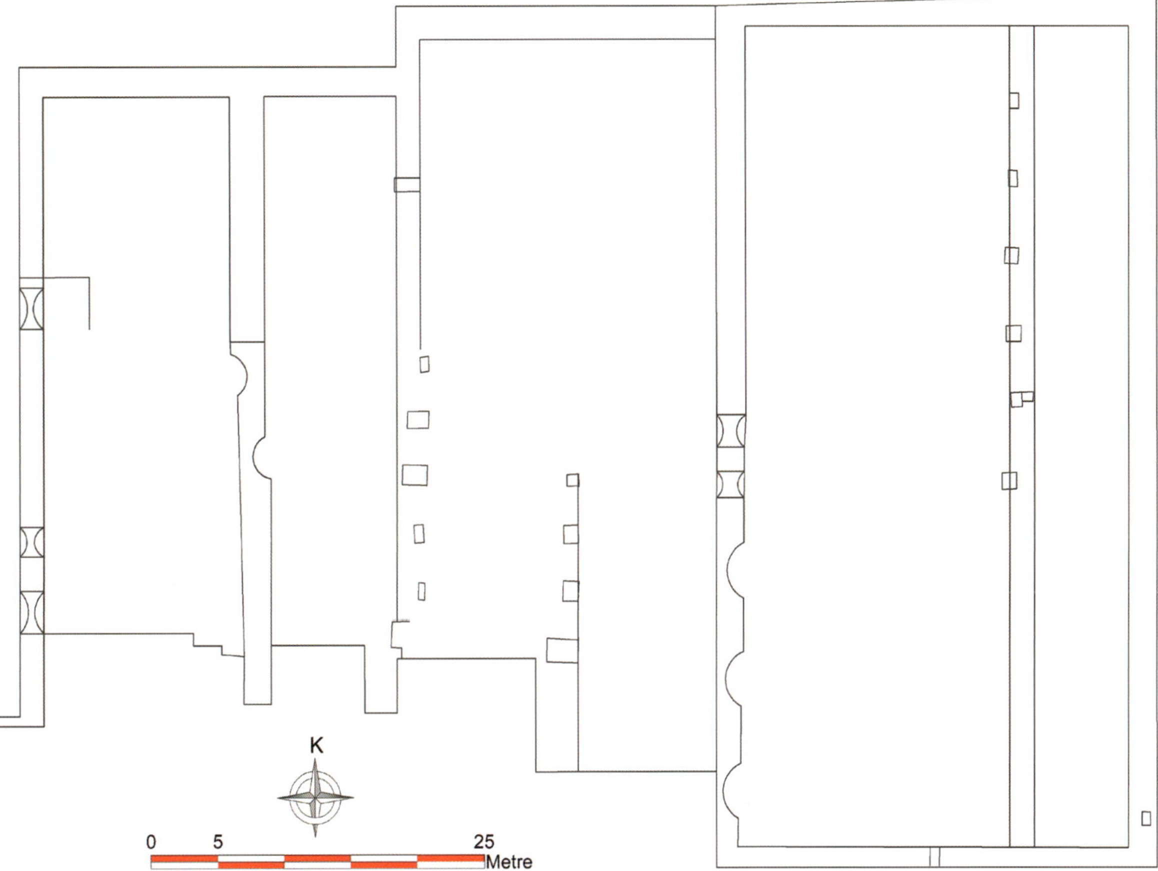

Fig. 4 Tripolis Roma Hamamı (Büyük Hamam) Planı (B. Duman, Tripolis kazı arşivi)

Fig. 5 Hamamın batı cephesi ve yapıya giriş

Fig. 6 Batı cephede yer alan giriş

ve ısıtılmayan bu mekânda bulunan nişler olasılıkla soyunma amaçlı kullanılmış olmalıdır. Apoditeriumlar ısıtılmayan odalar olduğu için soğuk veya yağışlı havalarda soyunma frigidarium odalarında gerçekleşirdi. Apoditeriumun ve Frigidariumun birlikte düzenlendiği plana Side Agora Hamamı'nda rastlamaktayız[7].

II nolu mekân kuzey-güney doğrultusunda dikdörtgen formlu olarak yapılmıştır. Mekânın kuzey ve güney duvarı tahrip olmasına rağmen izlenebilmektedir. Batı duvarında yuvarlak formlu niş bulunmaktadır[8]. Doğu bölümünde ise sonraki odaya bağlantısını sağlayan bir geçiş yer almaktadır[9]. Bu mekân konumu itibariyle ısıtılmayan odalardan olan frigidarium olarak kullanılmış olmalıdır.

III no.lu mekân, dikdörtgen formlu, kuzey güney doğrultuda, I ve II nolu odalara paralel olarak yerleştirilmiştir. Bu mekânın da kuzey duvarı tamamen, güney duvarı kısmen tahrip olmuştur **(Fig. 9)**. Batı duvarında II nolu oda ile bağlantısını sağlayan iki adet geçiş aralığı bulunmaktadır[10]. Bu mekânın tahrip olması nedeni ile işlevini belirlemek güçtür. Mekânın düzenleniş biçimi, Side Büyük Hamam II, III, IV nolu odalarına benzemektedir. Side Büyük Hamamı'nda III nolu oda hamamın tepidariumu olarak düzenlenmiştir[11]. Bu mekân da aynı işlevle tepidarium olarak düzenlenmiş olmalıdır.

IV nolu mekânın da kuzey ve güney duvarları tahrip olmuş durumdadır **(Fig. 9)**. Doğu duvarında bulunan açıklık aracılığı ile V nolu mekân ile bağlantı sağladığı belirgindir[12]. Tripolis Hamamı'ndaki odanın benzer düzenlemesi Side Büyük Hamamı'na benzemektedir[13]. Side Büyük Hamamı'nda birbirine paralel dört oda yan yana yapılmıştır. Caldarium olarak tanımlanan oda kenarda kalmaktadır. Caldarium ile bağlantısı bulunan IV numaralı oda sudatorium olarak tanımlanmıştır[14]. Tripolis Hamam bloğundaki bu oda da benzer amaç için kullanılan sıcak mekânlardan birisi olmalıdır.

---

7 Mansel 1978, 230, Res. 257 vd.; Nielsen 1990, 209, Fig. 253.

8 Pamir 1995, 90.

9 Pamir 1995, 90.

10 Pamir 1995, 89.

11 Mansel 1978, 231.

12 Pamir 1995, 89.

13 Side Büyük Hamam planı için bkz. Mansel 1978, 222, Res. 247.

14 Mansel 1978, 231.

Fig. 7 Mekânların yapı içinden genel görünümü

V nolu mekân ise yapının doğu ucundadır ve hamamın doğu sınırını belirlemektedir (**Fig. 9-10**). Dikdörtgen formlu olarak kuzey-güney doğrultusunda yerleştirilmiştir. Diğer mekânlarda olduğu gibi burasının da kuzey ve güney duvarları tahrip olmuştur. Batı duvarında, yan yana üç adet yarım daire formlu niş yapılmıştır[15]. Yarım daire formlu nişler, Hierapolis, Laodikeia, Aphrodisias Hamamı caldariumlarında görülmektedir. Bu nedenle, Tripolis hamamında yapılan bu nişler yıkanma amaçlı düzenlenmiş nişler olup, oda caldarium olarak kullanılmış olmalıdır[16].

Fig. 8 Yarım daire formlu niş

Tripolis'in de içinde bulunduğu Lykos Vadisi ve çevresinde bulunan kentler, Roma imparatorları tarafından saygı görerek ziyaret edilmiştir.

15 Pamir 1995, 88.

16 Pamir 1995, 88, 89. Side Liman hamamı için bkz. Mansel 1978, 217, Res. 243 ve Laodikeia Batı hamamı için bkz. Şimşek 2007, 177-200. Oda yerleşim düzenindeki benzerlik nedeniyle Tripolis hamamın bu odasının caldarium olarak düzenlendiği düşünülebilir.

Fig. 9
Mekânların yapı içinden görünümü

Fig. 10
V nolu mekânın güneyden görünümü

İmparator Traianus MS 113 kışında Herakleia Salbake Kenti'ni ziyaret etmiştir [17], İmparator Hadrianus MS 129 yılında Hierapolis ve Laodikeia[18]; Germanikus, Priene'den başlayıp Alabanda'da sona eren ziyareti sırasında Tabae Kenti'ni ziyaret etmiştir[19]. İmparator Caracalla, Hierapolis Kenti'ne "Neokoros" "Tapınak Bekçisi" unvanı vermiştir[20].

17 Buckler – Calder 1939, 34 kat no. 91.

18 Humann 1898, 24-25 vd.; Backler – Calder 1939, 10 vd.; Şimşek 2007, 187.

19 Derousse 2003, 96.

20 Robert 1954, 224 dipnot 4; Ferrero 1993, 75.

Laodikeia[21] ve diğer bölge kentlerinde MS 2. yüzyılda yoğun imar faaliyetleri bulunmaktadır. Tripolis Kenti en ihtişamlı çağını Roma Dönemi'nde yaşamıştır. MS 2. yüzyıldan itibaren kentte yeni bir yapılanmaya gidilmiş ve şehir kapıları, caddeler, hamamlar, stadyum, tiyatro ve meclis binası gibi kamu binaları yapılmıştır[22]. Roma'da önemli görevlerde bulunan Tripolisli Hermolaos[23], Asia başrahipliği yapan Tripolisli Kharidemos[24], kente önemli katkı sağlayan kişilerdir. MS 2. yüzyıl sonlarına doğru Büyük Attalianeia Olympia oyunları ilk kez Tripolis'de düzenlenmiştir[25].

Fig. 11 Hamamda yapılan tadilatlar

Odaların yerleşim düzeni, MS 2. yy'da[26] inşa edilen Side Liman Hamamı, Laodikeia Batı Hamamı[27] ve Hierapolis Kuzey Hamamı'na[28] benzemektedir. Aphrodisias, Hierapolis, Laodikeia ve Tripolis hamamları plan açısından birbirlerine yakındır[29]. Bu kentlerde bulunan hamamlar MS 2. yy içinde inşa edilmişlerdir. Tripolis hamamının hangi tarihte yapıldığını belirleyecek bulgular henüz kazısı yapılmadığı için mevcut değildir. Ancak oda yerleşim düzeni dikkate alındığında bu hamamın da MS 2. yy içinde inşa edildiği düşünülmektedir.

Fig. 12 Hamamda yapılan tadilatlar

Hamam bloğunun geç dönemlere kadar kullanım gördüğü, Bizans Dönemi'nde onarım ve tadilat geçirdiği bugünkü duvar kalıntılarından belli olmaktadır[30]. Hamamın orijinal mimari blokları ve hamama yakın yapılardan getirilen mimari bloklar bu tadilatlarda kullanılmıştır **(Fig. 11-13)**. Caldariumun doğu duvarında mimari elemanlar ikinci malzeme olarak kulanım görmüştür.

21 Şimşek 2007, 36.

22 Duman 2013, 182. *"M.S. 134-135 civarında kentteki gymnasiona on iki kez yağ bağışlayan Demetrios Andron'un onurlandırıldığı yazıt olasılıkla büyük hamam kompleksiyle alakalıdır".* Bkz. Duman 2013,182 dipnot 20.

23 Duman 2013, 182.

24 Tanrıver 2009, 85.

25 Tanrıver 2009, 85-86.

26 Mansel 1978, 221.

27 Şimşek 2007, 196.

28 Kentte çalışmalarda bulunan Ferrero, hamam inşasının MS 3. yy içinde olduğunu belirtmektedir. Bkz. Ferrero 1993, 100. D'Andria ise kentte yapılan kazılar ve kentin genel değerlendirmesine göre, imparatorluk çağı ortalarına MS 2. yy'a tarihlemiştir. Bkz. D'Andria 1999, 307; D'Andria 2003, 62.

29 Yegül 2006, 236.

30 Pamir 1995, 89 vd.

Fig. 13 Hamamda yapılan tadilattan detay

Bunlardan birisi de bir friz bloğunun taç bölümündeki bezemeli bir parçadır **(Fig. 14)**. Parça üzerinde yumurta, mızrak/ok ucu ve boncuk dizisi bezemesi bulunmaktadır. Yumurta kabuktan derin ve genişçe ayrılmıştır. Yumurtalar arasında kanatsız ve düz bir hat boyunca inen ok/mızrak ucu bulunmaktadır. Ok/mızrak ucu, altta yassı boncuğun üst kısmına değerek ters "T" oluşturmaktadır. Altta, iki yassı boncuk arasına yerleşen uzun bir boncuk bulunmaktadır. Kabuktan ayrılmış yumurta ve uzun boncuk dizisi, Hierapolis Triton Nympheumu'na ait Alexander Severus'a ithaf edilmiş yazıtlı arşitrav parçasının bezemelerine benzemektedir[31]. Aralarındaki fark ise, Triton Nympheumu'nda, yumurtalar arasına yerleşen ok ucu olmasına karşın Tripolis Hamamı'ndaki parçada mızrak ucu yapılmıştır. Süsleme genelinde aynı betimleniş özelliği olduğu için her iki süsleme de aynı dönemden olmalıdır. İki boncuktan sonra yapılan uzun boncuk ve uzun boncuğa değen ok ucu şeklinde yapılan bezeme stili Hierapolis Tiyatrosu sahne kapı sövesinde görülmektedir[32]. Hierapolis Tiyatrosu, arşitrav bloklarındaki ithaf yazısına göre Septimus Severus döneminde yapılmıştır[33]. Geç Severuslar dönemi bezemelerinde, yumurta kabuktan derin ve geniş biçimde ayrılmış, alt kesimi yassı boncuklarla kaynaşmıştır. Yumurtalar arasına yerleşen kanatsız ok ucu altta uzun boncuklarla bir ters "T" oluşturmaktadır. Boncuklar, ince kenarlı çanağın bir parçası gibi onunla bütünleşmiştir[34]. Tripolis hamamında bulunan bezemeli parça geç Severuslar döneminine tarihlenen Ksanthos Tiyatrosu[35], Nysa Tiyatrosu[36], Uzuncaburç Çeşmesi'ndeki[37] bezeme stiline çok benzediğinden aynı döneme ait olmalıdır. Tadilatta kullanılan mimari bloklar hamam içinden veya yakın çevresinden gelmiş olmalıdır. Bu da hamamda MS 3. yy sonrasında tadilat yapıldığını, hamamın MS 3. yüzyıl içinde de kullanım gördüğünü düşündürmektedir.

Fig. 14 Hamam tadilatında kullanılan friz parçası

Tripolis Hamamı, ince yonulu düzgün yüzeyli dörtgen traverten bloklardan, simetrik yerleştirilmiş mekânlarla sıralı plan tipinde MS 2. yy'ın ilk yarısı içinde inşa edilmiş, sonraki dönemlerde de kullanım görmüştür.

31 D'Andria 2003, 119, Res. 99 a-b.

32 Karaosmanoğlu 1996, 95, Lev. 38 a.

33 D'Andria 2003, 148-149.

34 Karaosmanoğlu 1996, 55.

35 Karaosmanoğlu 1996, 55, 103, Lev. 47 b.

36 Karaosmanoğlu 1996, 103-104, Lev. 48 b.

37 Karaosmanoğlu 1996, 104, Lev. 49 a.

Kaynakça

Buckler – Calder 1939
W.H. Buckler – W.H. Calder, *Monumenta Asiae Minoris Antiqua* VI, The Manchester University Pres.

D'Andria 1999 F. D'Andria, "Hierapolis of Phrygia: Its Evolution in Hellenistic and Roman Times" *AJA*, 103, 307.

D'Andria 2003 F. D'Andria, *Hierapolis (Pamukkale)*, İstanbul.

Derousse 2003 P. Derousse, *Tacitus Documentary Sources for Annals* I-IV, (PhD. Thesis Loyola University Chicago), Chicago, Illinois.

Duman 2013 B. Duman, "Son Arkeolojik Araştırmalar ve Yeni Bulgular Işığında Tripolis ad Maeandrum", *Cedrus*, I, 179-200.

Ferrero 1993 D.B. Ferrero, *Hierapolis, Aslantepe, Hierapolis, Iasos, Kyme, Scavi Archaeologoci Italiani in Turchia*, Marsilia.

Humann 1898 C. Humann – C. Cichorius – W. Judeich – F. Winter, *Altertümer von Hierapolis*, Berlin.

Karaosmanoğlu 1996
M. Karaosmanoğlu, *Anadolu Mimari Bezemeleri Roma Çağı Yumurta Dizisi*, Erzurum.

Mansel 1978 A.M. Mansel, *Side 1947-966 Yılları Kazıları ve Araştırmalarının Sonuçları*, Ankara.

Nielsen 1990 I. Nielsen, *Thermae et Balnea, The Architecture and Cultural History of Roman Public Bath, I Text*, Aarhus University Pres.

Pamir 1995 H. Pamir, *Frygia Bölgesi Therme Yapıları* (İstanbul Üniversitesi Sosyal Bilimler Enstitüsü Yayınlanmış Yüksek Lisans Tezi, İstanbul), İstanbul.

Robert 1954 L. Robert, *La Carie Histoire et Geographie Historique*, Paris.

Şimşek 2007 C. Şimşek, *Laodikeia (Laodikeia ad Lycum)*, Ege Yayınları, İstanbul.

Tanrıver 2009 C. Tanrıver, "Three New Inscriptions irom Tripolis", *Epigraphica Anatolica*, 81-86.

Yegül 1992 F. Yegül, *Baths and Bathing in Classical Antiquity*, Newyork.

Yegül 2006 F. Yegül, *Antik Çağda Hamamlar ve Yıkanma*, (Çev. E. Erten), İstanbul.

Erken Bizans Kilisesi

Fahriye BAYRAM*

Özet

Erken Bizans Sur Duvarı ile Kemerli Yapı'nın arasında yer alan kilisenin girişi, Roma dönemi imarı olan Hierapolis Caddesi'nin üzerine inşa edilmiştir. Yapı, batıda narteks bölümü sonrasında naos ve doğuya bakan apsis bölümünden oluşmaktadır. Apsis duvarının önünde de synthronon bölümünün bir kısmı günümüze kadar korunagelmiştir.

İlk inşası MS 5. ve 6. yy'a ait olan yapı, çeşitli düzenlemelerle MS 10. yy'a kadar kullanılmıştır. Naos bölümünün kuzey duvarı üzerinde MS 10. yy'a tarihlenen, iki azizin betimlendiği bir fresk bulunmaktadır. Yine naosun güney duvarı üzerinde, MS 5. yy'a tarihlenen, kırmızı renk arka fon üzerine beyaz renk boya kullanılarak yazılan bir dua bulunmaktadır. Ayrıca narteks bölümünün doğu duvarı üzerindeki bir blokta da kırmızı renk boya ile yapılan haç işareti yer almaktadır.

Abstract

The entrance to the church located between the Early Byzantine fortification wall and the Arched Building was built over the Hierapolis Street of the Roman Imperial period. The structure consists of a narthex on the west, a naos and an apse at the east end. Before the apse wall are parts of the *synthronon* extant.

The structure was first built in the fifth-sixth centuries AD and it remained in use until the tenth century with various arrangements. On the north wall of the naos is a fresco depicting two saints and it is dated to the tenth century. On the south wall of the naos there is a prayer written in white paint on red painted background and it is dated to the fifth century. In addition, one block on the east wall of the narthex bears a cross motif in red paint.

Şehrin merkezinde yer alan Erken Bizans Kilisesi 4[1], "Erken Bizans Surları" ile "Kemerli Agora" arasındaki dar bir alana sıkıştırılarak inşa edilmiştir.

2012 yılında çalışmalara başlandığında örtü seviyesine kadar yıkıntı moloz ve kentin güney eteğine yerleştirildiği tepeden akan toprak dolguyla kaplanmış olan yapı, 2013 yılında tamamıyla açığa çıkarılmıştır (**Fig. 2, 3**).

Kilise dıştan 15 x 7.5 m boyutlarında düzgün dikdörtgen planlıdır. Naos kısmı doğuda oval, batıda dıkdortgen planlı iki mekândan meydana gelmiştir. Oval planlı bölüm 6 m uzunluğunda olup en geniş kısmı 4 m'dir; dikdörtgen planlı bölüm ise 4 x 2.5 m boyutlarındadır. Batıda nartheks mekânı bulunmaktadır (**Fig. 1**).

Yapının duvarları oldukça kalın tutulmuştur. Doğuda 3.5 m, oval bölümde 1 m, batı bölümde ise 2.20 m'yi bulan duvarlar dolgu duvar tekniğinde inşa edilmiş; dolgu malzemesi olarak irili ufaklı moloz taş, tuğla parçaları ve kireç katkılı gri renkli sert harç kullanılmıştır. İki yapı arasında kaldığından cephelerin ne şekilde örüldüğü tam

* Prof. Dr., Pamukkale Üniversitesi, Fen-Edebiyat Fakültesi, Arkeoloji Bölümü, 20070 Kınıklı – Denizli.

Kiliseyi çalışmama izin veren kazı başkanı, değerli dost, Doç. Dr. Bahadır Duman'a içtenlikle teşekkür ederim.

1 Orijinal adı bilinmeyen kiliseye bu isim, kazı heyeti tarafından verilmiştir.

Fig. 1 Erken Bizans Kilisesi 4 planı.

Fig. 2 Kilisenin 2012 yılı kazı sezonundaki durumu.

olarak izlenememekle birlikte görülebilen kısımlardan düzgün kesilmiş ince uzun taşlarla inşa edildiği anlaşılmaktadır. İç kısımda ise zeminden 2.50 m. yüksekliğe kadar küçük boyutlu moloz ve kaba yonu taşlar kullanılmış, bu seviyeden sonra belli aralıklarla üç sıra tuğlaya yer verilerek almaşık teknik uygulanmıştır (**Fig. 4**).

İç mekâna giriş, batıdaki dikdörtgen planlı bölümün batı cephesi ekseninde bulunan kapı açıklığıyla sağlanmıştır. Turuncu renkli travertenden yapılan kapı eşiği 0.60 m yüksekliğinde, 0.57 m genişliğindedir ve mekânın genişliği boyunca uzanmaktadır. Sonradan, eşiğin üzerine oturtularak şimdiki yükseklikleri 1.13 m olan, güneyde 0.65 m, kuzeyde ise 0.80 m genişliğinde duvar örülerek mevcut kapı açıklığı oluşturulmuştur. Eşiğin mekân boyunca uzanması, duvarların eşik üzerine oturtularak örülmesi ve bu duvarların ana duvarla birleşen kısımlarındaki dilatasyon, aslında dikdörtgen planlı mekânın büyük bir kemerle doğrudan dışa açıldığını, sonraki bir dönemde yan duvarlar örülerek mekânın dışa daha kapalı hale getirildiğini göstermektedir (**Fig. 5**).

Kilisenin iki yapı arasında yer almasından kaynaklı olarak duvarlara pencere açılamamıştır. Batı cephenin kuzey kısmında zeminden 0.95 m yükseklikte bulunan, 1.04 m yüksekliğinde ve 0.80 m genişliğindeki yarım daire kemerli niş, içinde hâlâ izlenen is kalıntılarından anlaşıldığı üzere kandillik işlevinin yanı sıra cepheyi hareketlendiren tek unsur olmuştur (**Fig. 5**).

İç mekân sade bir şekilde düzenlenmiştir. Sadece oval planlı mekânın güney duvarında zeminden 1.20 m yükseklikte, boyu 1.13, genişliği 0.92, derinliği de 0.50 m olan yarım daire kemerli bir niş göze çarpmaktadır (**Fig. 4**). Bu sade düzenleme, yer yer günümüze ulaşan parçalardan anlaşıldığı üzere duvarları tamamıyla kaplayan fresklerle giderilmeye çalışılmıştır.

Fig. 3 Kilisenin kazısı tamamlandıktan sonraki durumu.

Fig. 4 Güney duvar.

Fig. 5 Batıdan doğuya doğru bakış.

Fig. 6 Yapının üstten genel görünümü.

Doğuda, geleneksel olduğu şekilde yarım daire planlı değil de üç cepheli, derinliği az (1 m) bir apsis bulunmaktadır. Apsisin kuzey duvarı, zeminden itibaren doğu duvarına dik açıyla bağlanmıştır. Güney tarafta ise oval planlı mekânın duvarı zeminden itibaren 0.84 m yüksekliğinde devam ettirilerek apsisin doğu duvarının yaklaşık orta kısmına birleştirilmiş, ancak bu seviyeden sonra güney duvar dik açıyla yükselmiştir. Apsisin zeminini batıda dört, doğuda bir mermer blok oluşturmaktadır. Batıdaki blokların birbirlerine kenetle tutturulmuş olmasından ve ön yüzeylerindeki iki kaval silmenin kesintisiz devam etmesinden blokların orijinal yerlerinde bulunduğu; apsis ve kısmen oval mekânın duvarlarının bu bloklar üzerine oturtularak örülmesinde de en azından apsis kısmının daha önce mevcut olan bir yapının kalıntıları üzerine inşa edildiği anlaşılmaktadır (**Fig. 6**).

Apsisin ön kısmında şimdi yer yer bir iki sırası günümüze ulaşmış, sütun parçası gibi devşirme malzemenin yanı sıra kesme taş ve tuğla kullanılarak örülmüş yarım daire planlı *synthronon* yer almaktadır. Zemin döşemesi üzerine inşa edildiğinden sonradan yapıldığı anlaşılan *synthronon*un yüzeyinde sıva izleri görülmektedir (**Fig. 6**) ve batı kısmında bir yüzü yazıtlı bir kaide parçası yer almaktadır. Olasılıkla apsisin alt kısmındaki yapıyla ilişkili bu kaidenin, bir yüzüne sonradan yapılan daire biçimli oyuk, kilisede altar masasının kaidesi olarak değerlendirildiğini akla getirmektedir (**Fig. 6,** 7).

Naosun zemini, batıdan başlayarak oval planlı mekânın ortasına kadar 68 x 52-78 x 72 cm arasında değişen boyutlarda traverten; doğu tarafta ise yaklaşık 33 x 33 cm ölçülerinde tuğla plakalarla kaplanmıştır. Ana aksta bir sıra halinde yerleştirilen pembe ve turuncu renkli traverten plakalarla bir hat oluşturularak apsise yöneliş vurgulanmış, doğuda bu hattı kesen enlemesine yerleştirilmiş plakalardan sonra da tuğla döşemeye geçilmiştir (**Fig. 4, 6**). Dikdörtgen planlı bölümün güneybatı köşesinde, zemin üzerine sert harçla yapılmış ve ince bir hatla ayrılmış kare biçimli iki taban yer almaktadır. Bu haliyle tabanların üzerinde yer alan kuruluşu tespit etmek mümkün değildir, ancak bir vaftiz teknesi ya da ambon önermek mümkün görünmektedir (**Fig. 4**).

Kilisenin örtü sistemi tamamıyla tahrip olmuş durumdadır. Ancak apsis kısmında günümüze ulaşan parçalar apsisin içte tuğla ile örülmüş beşik tonoz ile örtüldüğünü, dışta ise moloz taşlarla kaplandığını göstermektedir (**Fig. 3**). Kazılar sırasında yoğun şekilde moloz taşların açığa çıkarılması ve duvarların üstünde de örtünün başlangıç seviyesine ait bir iki sıra moloz taş örgünün bulunması, oval planlı bölümün doğrudan duvarlar üzerine oturan, moloz taşlarla örülmüş kubbeyle kapatıldığına işaret etmektedir. Dikdörtgen planlı bölüm ise yaygın olduğu şekilde beşik tonoz ile örtülmüş olmalıdır.

Fig. 7 *Synthrononun* önünde bulunan kaide.

Kilisenin batısında yer alan nartheks kısmı, kuzey-güney yönünde dikdörtgen planlıdır ve 5 x 4.5 m iç ölçülerine sahiptir (**Fig. 1**). Hierapolis Caddesi'ne kuzeyden bağlanan ara sokağın doğu yarısına inşa edilen nartheksin güney duvarını Erken Bizans Dönemi suru oluşturmuş, kuzey ve batı duvarlar ise ara sokakta mevcut olan payelerin arasına devşirme malzeme, kaba yonu taş ve tuğla sıralarıyla örülmüştür. Nartheksin kuzey duvarı ile kilisenin batı duvarının arasına, üç parçadan oluşan başlıklı bir paye konmuştur. Payenin kilisenin batı duvarında yer alan nişin kuzey kanadını kısmen kapatması, nartheksin kiliseyle birlikte programlanmadığını, daha sonraki bir dönemde yapıldığını göstermektedir. Bu kısmın doğu, batı ve güney duvarlarının ekseninde birer kapı açıklığı mevcuttur. Bunlardan doğudaki kapı kilisenin, güneydeki de surun kapısıdır. Batıdaki kapı ise nartheksle birlikte yapılmıştır ve ara sokağa açılarak kiliseye ulaşımı sağlamaktadır. Mekânın zemini tuğla ve traverten plakalarla kaplanmış, kuzey duvar ile güney duvarın batı yarısı önüne de 30 cm yüksekliğinde birer seki yapılmıştır (**Fig. 6**).

Fig. 8 Kuzey duvardaki fresk kalıntısı.

Fig. 9
Güney duvardaki fresk kalıntısı.

Batıdaki sur kapısından, surun güney yanına birleştirilerek inşa edilmiş bir mekâna ulaşılmaktadır. Mevcut kapının pratik bir çözümle giriş olarak değerlendirildiği mekânın duvarları kaba yonu ve moloz taşlarla örülmüş olup 5.5 x 2.5 m ölçülerinde doğu-batı doğrultusunda dikdörtgen planlıdır ve batıdaki daha küçük boyutlu olmak üzere iki bölümlüdür. Kazılar sırasında doğudaki bölümün güney duvarı önünde zemin içine oturtulmuş bir pitosun dip kısmı açığa çıkarılmıştır. Komünyon ayininde kullanılan şarapla bağlantılı olabilecek bu pitos parçası, apsisin iki yanında *pastophorion* hücrelerinin yerleştirilebileceği yeterli alan olmadığından mekânın bu amaca hizmet ettiğini, küçük bölümde de kilisenin daha özel eşyalarının korunduğunu düşündürmektedir.

Freskler

Kilisenin duvarlarını kaplayan fresklerden kısmen tanımlanabilir olanlar, dikdörtgen planlı bölümün kuzey ve güney duvarında bulunmaktadır.

Kuzey duvarda, nefti yeşil (siyahımsı yeşil) zemin üzerine, yaklaşık gerçek boyutlarda tasvir edilmiş iki figür yer almaktadır. Figürlerden soldakinin baş kısmı tahrip olmuş, sağdakinin ise vücudunun orta bölümü günümüze ulaşmıştır.

Soldaki figür, kol üzerindeki kıvrımları siyah hatlarla belirtilmiş beyaz uzun tunik üzerine ayak bileklerine kadar uzanan *chlamys* giymiştir. Sağ omzu açıkta bırakan *chlamys* kiremit kırmızı renktedir ve sol parçası üzerine siyah konturlu, haç motifli *tablion* işlenmiştir. Figür sağ kolunu dirsekten hafifçe bükerek sola doğru uzatmıştır ve elinde küçük bir haç tutmaktadır (**Fig. 8**). Sağdaki figür ise krem rengi tunik üzerine, kıvrımları yeşil ve kiremit kırmızısı hatlarla vurgulanmış krem rengi *hymation* giymiştir. Sağ kolunu dirsekten bükerek elini takdis işareti yapar şekilde sol göğsüne doğru uzatan figürün sol elinde beyaz renkli kapalı bir rulo bulunmaktadır (**Fig. 8**).

İki figürün giysilerinin bu kadar farklı işlenmesi; elinde rulo tutan ve takdis işareti yapan sağdaki figürün bir aziz; beyaz tunik üzerine *tablion*lu kırmızı *chlamys* giymiş soldaki figürün ise yüksek düzeyli bir din görevlisi, hatta kilisenin banisi olabileceğini düşündürmektedir.

Bu sahnenin sol tarafında, altta kalmış ve kırmızı toprak boyayla yapılmış bir haçın üst ve sol kolundan bir parça izlenmektedir (**Fig. 8**). Bilindiği üzere kökleri 3-5. yüzyılda yaşamış teologlardan İskenderiyeli Clement, Tertullian, Kayseriyeli Eusebius ve Salamisli Epiphanius'a uzanan[2], 6. yüzyılda Iustinianos'u Hagia Sophia Kilisesi'ne figürlü resim yapmaktan alıkoyan tasvir karşıtı görüşler, 726-843 yılında kutsal tasvirlerin tamamıyla yasaklanması, mevcut olanların da tahrip edilmesiyle sonuçlanmıştır. Ancak duvarların Erken Hıristiyanlık Döneminde olduğu gibi ağaçlar, hayvanlar ve bitkisel örgelerle bezenmesine ve özellikle apsiste haç motifinin kullanılmasına izin verilmiştir[3]. Özellikle Kapadokya bölgesindeki pek çok kilisede, dökülen fresklerin altından bu döneme işaret eden ve kırmızı toprak boyayla işlenmiş haç motifleri ile basit çizgisel hatlara sahip hayvan ve ağaç tasvirleri ortaya çıkmıştır[4]. Dolayısıyla haç tasvirini İkonaklazma, haçın üzerinde yer alan figürlü sahneyi de İkonaklazma Dönemi sonrasına tarihlendirmek uygun olacaktır. Ayrıca zeminde kullanılan nefti yeşil rengin siyahımsı maviyle birlikte Orta ve Geç Bizans Dönemine tarihlenen duvar resimlerinde neredeyse bir gelenek halini alması[5], figürlerde izlenen serbest fırça darbesiyle yapılmış kaba hatlı üslup ve kazılar sırasında apsis zemininde açığa çıkarılan 950 – 959 tarihli sikke[6] de bu görüşü doğrular niteliktedir.

Kilisenin güney duvarında yer alan fresk kalıntısında ise düşey bir bordürle ayrılmış iki sahne bulunmaktadır. Nefti yeşil zeminli bordür iki yanda krem rengi şeritle sınırlandırılarak yüzeyine boydan boya beyaz inci taneleri işlenmiştir. Sol taraftaki sahne içeriği anlaşılamayacak derecede bozulmuştur; sağ tarafta bordüre yaslanmış olarak kiremit kırmızısı zemin üzerine, beyaz harflerle yazılmış on iki satırlık Yunanca dua kitabesi görülmektedir (**Fig. 9**).

Tripolis Erken Bizans Kilisesi 4, Priene, Xanthos, Aphrodisias, Arykanda ve Hierapolis'in de aralarında bulunduğu pek çok antik kentte olduğu gibi şehrin merkezinde, agoraya yakın bir konumdadır. Kilisenin bir yanda agora bir yanda da surla sınırlandırılmış daracık bir alana adeta sıkıştırılarak inşa edilmesi, bu alanın öncelikle tercih edildiğini göstermektedir. Alanın darlığı yapının planını etkilemiş, olasılıkla daire planlı düşünülen ana mekân oval olarak şekillenirken küçük boyutlu tutulmak zorunda da kalınmıştır. Ancak şehrin en işlek bölgesindeki yapının daha fazla kişiye hizmet vermesini sağlamak amacıyla oval planlı bölüm, batısına yapılan dikdörtgen planlı mekân ile genişletilmiştir. Bu öncelikli yer seçimine karşın, küçük boyutlarda ve sade bir şekilde yapılmak durumunda kalınan kiliseye anıtsal görünümü sağlamak da ana mekânın üzerini örten kubbeye kalmıştır.

Kaba yonu taşlar ve tuğla kullanılarak almaşık teknikte örülen duvarlar ve zemin altında yapılan sondajlarda ele geçirilen on adet sikkeden altısının 5. yüzyıla ait olması[7] yapının Erken Bizans Döneminde inşa edildiğini göstermektedir. Sonraki bir dönemde apsisin önüne *syntronon* eklenmiş, İkonaklazma Dönemi'nde duvarlara işlenen toprak kırmızısı renkli haçların yerini 10. yüzyılda figürlü duvar resimleri almıştır.

---

2 Lafontaine – Dosogne 1987, 322; Çoban 2008, 125.

3 Delvoye 1964, 306.

4 Resimler için bkz. Restle 1967, Cilt I-III.

5 Winfield 1968, 100.

6 Sikke Doç. Dr. Bahadır Duman tarafından okunmuştur.

7 Sikke Doç. Dr. Bahadır Duman tarafından okunmuştur.

Kaynakça

Çoban 2008 B.Z. Çoban, "Bizans İkonaklazmının Nedenleri ve İslam Etkisi Tartışması", *Dinbilimleri Akademik Araştırma Dergisi,* VIII, S. 4, s. 117-145.

Delvoye 1964 C. Delvoye, Bizans Resim Sanatının Ana Temayülleri, (Çev. Y. Boran), *DTCF Dergisi,* s. 22: 3-4, s. 303-318.

Lafontaine – Dosogne 1987
J. Lafontaine – Dosogne, "Pour une problématique de la peinture d'Église byzantine a l'époque iconoclaste", *Dumbarton Oaks Papers,* Vol. 41, Studies on Art and Archeology in Honor of Ernst Kitzinger on His Seventy-Fifth Birthday, pp. 321-337.

Restle 1967 M. Restle, *Byzantine Wall Painting,* C. I-III, Germany.

Winfield 1968 D.C. Winfield, "Middle and Later Byzantine Wall Painting Methods: A Comperative Study", *Dumbarton Oaks Papers,* Vol. 22, pp. 61-139.

Tripolis ad Maeandrum Kazisi Geç Roma Dönemi Amphora Mühürleri

Erkan ALKAÇ*

Abstract

During the excavations in 2012-13 in Tripolis ad Maeandrum which was one of the cities of the Eastern Lydian Region, twelve stamped amphora handles have been found in the colonnaded street, arched agora and environmental trenches. In this study the aim is to introduce the stamped amphoras and stamping application of some of their specimens in Tripolis at the meeting point on the border of Lydia and Phrygia for the first time. The main issue of this study is to trace the history and origin of the stamps. Context information of the excavations, similar forms and the history of Tripolis are considered as the criteria for the dating of the samples. In determining the origin of some stamps, the clay color and forms of produced amphoras with similar amphora stamps in the region will be taken into consideration. Furthermore the stamps will be described according to their inscriptions and symbols, in order to be able to determine the origin of the stamps, discuss the reason of their regional characteristics and to put forth which commercial products could be carried with amphoras.

Fig. No. 1, consists of mouth, neck and handle. The mouth is everted. The oval handle starts from the mouth level. The neck is shrunk inwards. At the adjoining point of handle and mouth, Latin OATM (abbreviation inscription) letters that are taken into the framework can be read clearly. **Fig. No. 2** is a ligature stamp that has ΛΑΟΔΙΚΕΩΝ letters. Samples between **Fig. No. 3-10** have the *planta pedis* stamp form; Ωηνκ[ε]ῄ inscription is ascertained in **Fig. No. 3**; zeta and nü letters are written as retrograde on this stamp. This inscription is complemented as Ωηνκεῄ according to samples of the neighboring city Laodicea. On the stamp of Laodicea, *epsilon* is the last letter of the abbreviation iscrescent-shape. **Fig. 4** and **5** bear the Oc[...] inscription. These amphora stamps are read as Οχκε[.] according to the findings of Laodicea. But the last letter in the Laodicea samples can not be identified. In **Fig. No. 6** the ΦΔΚΕ[.]Ο[.] inscription is to be observed ; here *epsilon* has been pressed as a crescent-shape and *delta is* italic. **Fig. No. 7** has an greek inscription which is ΧΡΛΓΔΝ[.]; this inscription is surrounded with point. On **Fig. No. 8** [.]ΡΗΓΝΒ can be identified. This inscription is retrograde. **Fig. No. 9**, shows also a star symbol. **Fig. No. 10** carries an epsilon together with a branch motif. **Fig. No. 11** has been found together with Late Roman coins which are dated to the 5th century AD **Fig. No. 11** consists of a mouth, neck and handle. This sample's mouth is upright, its handle is oval, its neck is long and its shoulders which slope downwards with a strong angle is grooved. An italic "v" row symbol is seen on the handle. It has been observed that **Fig. No. 12** has englyphic stamp features. Symbol of a branch with leaves is located on the handle. This sample does not have a stamp.

Amphora stamps of Tripolis are import and regional productions.. **Fig. No. 1** is an amphora that belongs to the Keay XXII group and is produced in the workshops of Algarve, Tagus and Sado in Portugal. Some of these amphora stamps must be connected with the regional production (**Fig. No. 3-12**) as they neither show the name of the workshop nor do they have an *ethnikon* determining the origin of these samples which is a

* Yrd. Doç. Dr., Mersin Üniversitesi, Fen Edebiyat Fakültesi, Arkeoloji Bölümü, Çiftlikköy Kampüsü, Mersin. E-posta: ealkac77@gmail.com

Amphoraların hamur renklerinin saptanmasında Munsell Color Chart (1998) kullanılmıştır.

Tripolis Kazı Başkanlığı'nı yürüten Pamukkale Üniversitesi Fen Edebiyat Fakültesi Arkeoloji Bölümü'nden Tripolis Kazı Başkanı Doç. Dr. Bahadır Duman'a bu mühürleri çalışmama imkan tanıdığı için teşekkür ederim.

problematic issue. But the findings bear resemblance to the amphoras produced in Hierapolis in Phrygian Region, in terms of their color and handle form. Amphoras are produced in ceramic kilns that were built after the earthquake of the second half of the 4th century AD Εφσχῇ inscription is ascertained on a handle of a city production amphora, on planta pedis stamp. The sample put forth that some of the amphoras of this city have been stamped. **Fig. No. 11** bears resemblance with Hierapolis originated amphoras in terms of mouth, neck, grooved oval handle and the switch from the neck to the body, the broad groove in the shoulder and downwards, Stamped amphoras between **Fig. No. 3-12** must have been produced in ceramic kilns of Hierapolis due to their resemblance in their clay-color and form. Moreover, besides Hierapolis regional ceramics were produced with similar form properties around Laodicea and Tripolis at different times. These stamped amphoras may have been produced in the workshop or workshops in the three cities of the region.

With the amphoras which are the evidence of trade, foodstuffs such as wine, olive oil and sea products were delivered to the market. These products must also have been imported to Tripolis. It is obvious that seafood was carried with Keay amphoras to the city. It is stated that Hierapolis amphoras have suitable forms for short or medium distance transport with their upright mouth, cylindrical neck, oval double handle, oval body and short ring base. It is believed that the amphoras of this city have been used in regional trading network. Analyze results put forth that wine is transported with amphorae, produced in Hierapolis and nearby settlements, workshops were established for the production of wine and olive oil in the Roman Period. In addition, the presence of vineyards are indentified by epigraphic proof. Wine must be transported to Tripolis with these amphoras.

Stamps in Tripolis, context information of the excavation, the ancient history of the city and region as well as similar forms of the amphoras all date to the Late Roman Period. **Fig. No. 1** has benn found in the context belonging to the 4th century AD which could be dated by the Late Roman coins. The similar form has been found in the layer of the 4th and 5th centuries AD in Phokai. This amphora group which its geographically spread in the western Mediterranean région is dated to the mid of the early 4th and 5th century AD in general.

These amphora stamps must have belonged to the period between the end of the 4th and 6th century and the middle of the 7th century AD Amphora stamps between **Fig. No. 3-10** should not be dated to the period after the Sassanid attacks at end of the 6th century and the beginning of the 7th century as well as to the timeperiod of the Arab attacks in the 7th century AD that adversely affected the city. We can oberse that after these wars, from the middle of the 7th century AD onwards, archaeological materials in the city decreases. A similar situation is traced in the neighbouring city of Laodicea. The earthquake in the first half of the 7th century AD as well as the Sassanid and Arab attacks must have interrupted the ceramic production in Tripolis, Laodicea and Hierapolis. As a result of Arab raids, Late Roman 1 amphoras which were produced around Cilicia, Cyprus, and Antioch had ended up. **Fig. No. 11** and similar forms of this amphora belongs to second half of 5th century AD - 7th century AD and end of the 6th century AD – beginning of the 7th century AD in Hierapolis. The handle form of **Fig. No. 12** is similar to the Late Roman amphoras from Tripolis. These attacks constitute the latest date of the amphoras in Tripolis. As stated above, these amphora stamps must belong to the period between the end of the 4th till the 6th century and the middle of the 7th century AD.

Özet

Doğu Lydia Bölgesi'nin kentlerinden olan Tripolis ad Maeandrum'da 2012-2014 yıllarında yapılan kazı çalışmaları sırasında Sütunlu Cadde, Kemerli agora ve çevre açmalarda, on iki adet mühürlü amphora kulp parçası bulunmuştur. Tripolis'in mühürlü amphoralarının bu çalışmada ilk kez tanıtılması ve bazı örneklerin Lydia ile Phrygia Bölgeleri'nin batı sınır çevresinin mühürleme uygulaması olabileceği bakımından önem taşımaktadır. Mühürlerin tarihi ve kökeni, çalışmanın temel problemlerini oluşturmaktadır. Kazının kontekst bilgileri, benzer formlar ve Tripolis'in tarihi, örneklerin dönemi için kriter olarak ele alınmaktadır. Bazı mühürlerin kökeninin belirlenmesinde bölge üretimi amphoralarının kil rengi ve formu ile benzer amphora mühründen yola çıkılmaktadır. Makalenin sonucunda, mühürleri yazıt ve sembollerine göre tanımlamak, mühürlerin kökenini belirlemek, bazı örneklerin neden bölgesel özellik taşıdıklarını tartışmak, kentte amphoralarla hangi ticari ürünlerin taşınmış olabileceğini ortaya koymak ve mühürleri tarihlemek amaçlanmaktadır.

MÖ 3. yüzyılda kurulan kentin ismi, önce Apollonia sonra Antoniopolis ve daha sonra Augustus Döneminde ise Tripolis olarak anılmıştır. Kentin mimari gelişimi, MS 2. yüzyılda gerçekleşmiştir. Tripolis ve çevresi, MS 494 yılındaki büyük depremden etkilenmiştir. MS 6. yüzyılın sonu-7. yüzyılın başlarındaki Sasani akınları sonucunda, kent nüfusunun daha korunaklı bölgelere göç ettiği düşünülmektedir. Kentteki kazılarda MS 610 yılından sonra bir boşluk döneminin varlığı tespit edilmiştir. Zaten genel olarak MS 7. yüzyıla ait olabilecek buluntulara neredeyse yok denecek kadar az miktardadır[1]. Bu akınlar dışında, kentin MS 7. yüzyıldaki Arap saldırıları sonuçlarınından da olumsuz şekilde etkilendiği düşünülmektedir. Sasani ve Arap akınları sonrasında kent ve çevresinde, MS 13. yüzyıla kadar güçlü bir yerleşim izine rastlanmamaktadır[2].

Amphoraların mühürlemesi, Klasik Dönemin başlarından itibaren gerçekleşmiştir. Rhodos ve Knidos gibi bazı amphora üreticileri, Hellenistik Dönemde uygulamayı sisteme kavuşturmuştur[3]. Bu durum, I. Mithridates-Roma Savaşları'na kadar kesintisiz olarak bir düzen içerisinde devam etmiştir. Mithridates Savaşları sonrasında mühürleme işlemi devam etmiş olsa da, eski sistemli haline bir daha geri dönememiştir[4]. Augustus'un egemenliğinden itibaren neredeyse ortadan kalkan mühürleme işlemi[5], Roma İmparatorluğu'nun erken ve geç dönem amphoralarına düzenli şekilde basılmamıştır. Geç Roma Döneminde Akdeniz ve Ege Bölgeleri'nde yoğun bir amphora üretiminin yapıldığı bilinmektedir. Buna karşın bu dönemde sistemli bir mühürleme geleneğinin olmadığı görülmektedir. Bu dönemin amphoralarında ligatür[6], sikke tipi mühürleme[7], bir figür çevresinde yazıt[8], tam[9], kısaltma[10] ve monogram[11] gibi mühürler görülmektedir. Geç Roma Dönemi amphoralarının sadece bir bölümünün mühürlenmesi ve bununla birlikte ilgili bilimsel çalışmaların gerekli düzeyde olmaması nedeniyle konu hakkında yeterli bilgiye ulaşılamamaktadır.

Fig. No. 1, ağız, boyun ve kulptan oluşmaktadır. Formun ağız yapısı dışa çekiktir. Oval kulp, ağız seviyesinden itibaren başlamaktadır. Boyun, içe doğru daralmaktadır. Kulpun ağızla birleşme noktasına, çerçeve içerisine alınmış OATM(harflerinden oluşan Latince kısaltma yazıt basılmıştır.

Fig. No. 2, ligatür olarak *nu*, *alpha*, *epsilon*, *kappa*, *omikron*, *delta*, *omega*, *iota* ve *lambda* harflerinden olduğu düşünülmektedir. Retrograd *nu* harfinin sağ dik ve diagonal çizgileri arasında *alpha* yer almaktadır. *Nu*'nun sağ dik çizgisinin altında *lambda* ve sol dik çizgisinin altında *omikron* görülmektedir. *Nu* harfinin sol çizgisinden retrograd *kappa* oluşturulmuştur. Sol tarafına ise *epsilon* harfi eklenmiştir. *Epsilon*'un üsttünde ters *delta* yer almaktadır. *Iota* harfini, *nu*'nun dik çizgilerinden birinin temsil ettiği önerilebilir. *Delta*'nın sağ tarafında diagonal olarak yapılmış açık omega harfi görülmektedir. Tüm bu harfler bir araya getirildiğinde Laodikeia kentinin *ethnikonu*'nu ΛΑΟΔΙΚΕΩΝ şeklinde elde etmek mümkündür. Benzer bir örnekler, Loadikeia'da bulunmuştur[12].

Fig. No. 3-10 arasındaki örnekler, *planta pedis* mühür formu içerisinde bulunmaktadır. **Fig. No. 3**'de Yunanca Ωηνκ[.] yazıtı saptanmıştır. Bu mühürde *zeta* ve *nü* harfleri *retrograd* olarak yazılmıştır. Bu yazıt, komşu kent Laodikeia örneklerine göre Ωηνκεῇ olarak tamamlanmaktadır[13]. Kısaltmanın son harfi olan *epsilon* hilal şeklindedir. **Fig. No. 4-5**, Yunanca Οχ[...] yazıtına sahiptir. Bunlar, aynı kalıptan çıkmış mühürlerdir. Bu amphora

1 Duman 2013, 195-196.

2 Duman 2013, 180-184, 195.

3 Cankardeş – Şenol 2006, 11.

4 Alkaç 2012, 131-141.

5 Doğer 1991, 95.

6 Gardner 1885, 194, No. 7.

7 Grace 1949, 188, No. 14, Pl. 20.

8 Diamanti 2012, 3, Fig. 1.

9 Opait 2004, 295, Fig. 4.

10 Polito 2012, 184, No. 35, Fig. 17.

11 Diamanti 2012, 3, Fig. 4.

12 Şimşek – Alkaç – Duman 2017, 49-51, No. 31-34.

13 Şimşek – Alkaç – Duman 2017, 64, No. 61-62.

mühürleri, Laodikeia buluntularına göre Οχκε[.] olarak okunmaktadır. Fakat Laodikeia örneklerindeki son harf belirlenememiştir[14]. **Fig. No. 6**'da Yunanca ΦΔΚΕ[.]Ο[.] yazıtı yer almaktadır. Bu mühürde, *delta* yatık ve *epsilon* ise hilal şekilde basılmıştır. **Fig. No.** 7'de Yunanca ΧΡΛΓΔΝ[.] yazıtı bulunmaktadır. Yazıttaki *lambda* harfi ters yerleştirilmiştir ve *delta* ve *nü* ise *retrograd*'dır. Yazıtın çevresi, nokta dizisi sembolü ile çevrelenmiştir. **Fig. No. 8**'de Yunanca olarak [.]ΡΗΓΝΒ yazıtı okunmaktadır. *Retrograd* yazıtın bazı harfleri *ligatür*'dür. Mühürde *eta*, *ligatür*ün merkez harfidir. Bu harfin sağ kolunun iç tarafında bir *rho* görülmektedir. Merkez harfin sol kolunun üst tarafının dışındaki çıkıntı, *gamma*'nın yatay üst kolu olmalıdır. *Eta*'nın sağ kolunun dışında bir harf seçilebilmektedir ama buna karşın hangi harf olduğu anlaşılamamaktadır. **Fig. No. 9**'da yıldız sembolü yer almaktadır. **Fig. No. 10**'da ise muhtemelen *epsilon* ve dal motifi birlikte görülmektedir.

Fig. No. 11, ağız, boyun ve kulptan oluşmaktadır. Bu örneğin ağzı dik, kulpu oval, boynu uzun ve sert bir açıyla aşağıya doğru inen omzu ise yivlidir. Kulpta, yatık "v" dizisi sembolü görülmektedir.

Fig. No. 12, englyphik (oyuk) mühür özelliği taşımaktadır. Kulpun üzerinde yapraklarıyla birlikte bir dal sembolü yer almaktadır. Bu örnek, bir mühür formuna sahip değildir.

Sonuç

Tripolis ad Maeandrum'da ithal, Lykos Vadisi ve kökeni saptanamayan amphora mühürleri bulunmuştur. Latince ve Yunanca yazıtlardan oluşan bu mühürler, genel olarak Geç Roma Dönemine tarihlemektedir. Bunlar, kısaltma veya tam isimlerdir. Yazıtlar, normal ve *retrograd* (sağdan sola) şeklinde basılmıştır. Tamamı veya birkaç harfi, ligatür mühürler de yer almaktadır. Yazıt dışında yıldız, yatık "v" dizisi ve dal motifi sembol olarak görülmektedir. Yazıtlar, dikdörtgen, planta pedis ve yuvarlak formlu mühürlerde mevcuttur. Mühürler, kabartma ve englyphik özellikler taşımaktadır.

Kat. No. 1, Portekiz'in Algarve, Tejo ve Sado'daki atölyelerinde üretilen Keay XXII grubuna ait bir amphoradır. Bu amphora, kontekst ve benzer örneklerden yola çıkarak, MS 4. – 5. yüzyıllara tarihlenmelidir. Keay amphoralarıyla genellikle deniz ürünlerinin taşındığı belirlenmiştir[15].

Kat. No. 2-11 arasındaki mühürler, olasılıkla Lykos Vadisi'nde üretilmiş bölgesel amphoraların kulplarında yer almaktadır. **Kat. No. 2**'deki mühürde, ligatür olarak okunan ΛΑΟΔΙΚΕΩΝ ethnikonu'nu oluşturabilecek harfler tespit edilmiştir. Bu ethnikon, Lykos Vadisi'nde yer alan Laodikeia'da, mühürlü amphora üretiminin varlığını ortaya koymaktadır. Ancak atölyenin nerede olduğu belirlenememiştir. Bu mühürlere sahip amphoralar, bazı farklılıklar taşısalar bile, form ve kil rengi benzerliklerinden dolayı Laodikeia, Tripolis ve Hiearapolis'te ya da yakın çevrelerindeki alanlarda üretilmiş olmalıdır. Benzer form özellikleri taşıyan bölgesel seramik üretimi, Laodikeia ve Tripolis'te gerçekleştiği anlaşılmıştır[16]. Bu mühürlü amphoralar, üç kentin bulunduğu bölgedeki atölye veya atölyelerde üretilmiş olmalıdır. Hierapolis'te MS 4. yüzyılın ikinci yarısındaki depremden sonra inşa edilen seramik fırınlarında amphora üretilmiştir[17]. Hierapolis üretimi olabilecek amphoralar, hamur rengi, katkı maddesi ve kulp formu açısından Tripolis'teki örneklere benzemektedir. Kentin üretimi olan bir amphoranın kulpunda, *planta pedis* mühür formunda Εφσχῇ yazıtı saptanmıştır[18]. Kat. No. 11, ağız, boyun, yivli oval kulp ve boyundan gövdeye geçiş, omuzdaki geniş yivler ve omuzdan aşağıya iniş, Hierapolis kökenli amphoralara benzemektedir[19].

---

14 Şimşek – Alkaç – Duman 2017, 68-70, No. 71-75.

15 Keay 1984, 169-172.

16 Duman 2014, 163.

17 Arthur 2012, 278.

18 Polito 2012, 184, No. 35, Fig. 17.

19 Mastronuzzi – Melissano 2007, 573, No. 74-77, Fig. 43-45.

Kat. No. 2, MS 4. yüzyılın sonu – erken 6. yüzyıl ilk çeyreği arasına tarihlenen Geç Roma sikkeleriyle ele geçmiştir. **Kat. No. 11**, Tripolis'te MS 5. yüzyıla ait Geç Roma sikkesiyle bulunmuştur. Bu amphoranın benzer formları, Hierapolis'te MS 5. yüzyılın ikinci yarısı – 7. yüzyıla[20] ve MS 6. yüzyılın sonu – 7. yüzyılın başlarına[21] aittir. Lykos Vadisi olabilecek amphora mühürleri, genel olarak MS 4. – 7. yüzyılın başları arasında bir döneme tarihlenmelidir. Bu mühürler, MS 7. yüzyılın başlarından sonraya ait olmamalıdır. Mühürler, Anadolu'daki bir çok kenti olumsuz etkileyen MS 6. yüzyılın sonu – 7. yüzyılın başlarındaki Sasani ve MS 7. yüzyılın ilk yarısındaki Arap saldırılarından sonraya tarihlenmemelidir. Çünkü Tripolis'te bu savaşlar sonrasında, MS 7. yüzyılın başlarından itibaren kentteki arkeolojik materyaller azalma göstermektedir[22]. Benzer durumun komşu kent Laodikeia için de geçerli olduğu tespit edilmiştir[23]. MS 7. yüzyılın ilk yarısında gerçekleşen deprem[24], Sasani ve Arap akınları, Tripolis, Laodikeia[25] ve Hierapolis'teki[26] seramik üretimini sekteye uğratmış olmalıdır. **Kat. No. 12**'nin kulp formu, Tripolis'teki Geç Roma Dönemi amphoralarına benzemektedir[27].

Ticaretin kanıtı amphoralar ile genellikle şarap, zeytinyağı ve deniz ürünleri gibi gıda maddeleri pazaryerlerine ulaştırılmıştır. Dik ağız, silindirik boyun, oval çift kulp, oval gövde ve kısa halka kaide ile Hierapolis amphoralarının kısa veya orta mesafe taşımacılığa uygun form yapısına sahip olduğu belirtilmektedir. Bu kentin amphoralarının bölgesel ticaret ağı içerisinde kullanıldığı düşünülmektedir. Analiz sonuçları, Hierapolis üretimi örneklerle şarap taşındığını ortaya çıkarmıştır[28]. Hierapolis ve yakınlarında, Roma Döneminde şarap ve zeytinyağı üretimi için atölyeler kurulmuştur[29]. Ayrıca üzüm bağları, epigrafik kanıtlarla da anlaşılmıştır[30].

---

20 Mastronuzzi – Melissano 2007, 573-576, No. 75-76, Fig. 44-45.

21 Ruggiu – Cottica 2007, 164, Fig. 4: G-H.

22 Duman 2013, 195.

23 Şimşek 2007, 356–367.

24 Şimşek 2015, 597.

25 Şimşek 2007, 67.

26 D'Andria 2003, 38.

27 Duman 2013, 193, Fig. 19.

28 Ruggiu – Cottica 2007, 171.

29 Scardozzi 2010, 277-302.

30 Doğer 2004, 171.

Kaynakça

Alkaç 2012 E. Alkaç, "Mithridates Savaşları Sırasında Khios'un Şarap İhracatı", *Ege Üniversitesi Arkeoloji Dergisi* XVI, 2011, 131-141.

Arthur 2012 P. Arthur, "Hierapolis of Phrygia: He Drawn-Out Demise of an Anatolian City", N. Christine – A. Augenti (edts.) *Vrbes Extinctae Archaeologies of Abandoned Classical Towns*, 275-305, 2012.

Cankardeş – Şenol 2006
G. Cankardeş-Şenol, Klasik ve Hellenistik Dönemde Mühürlü Amphora Üreten Merkezler ve Mühürleme Sistemleri, İstanbul, 2006.

Diamanti 2012 C. Diamanti, "Byzantine emperors on stamped Late Roman / Early Byzantine amphoras", *Rei Cretariae Romanae* 42, 1-5.

Doğer 1991 E. Doğer, Antik Çağda Amphoralar, İzmir, 1991.

Doğer 2004 E. Doğer, *Antik Çağda* Bağ ve Şarap, İstanbul, *2004.*

Duman 2013 B. Duman, "Son Arkeolojik Araştırmalar ve Yeni Bulgular Işığında Tripolis ad Maeandrum", *Cedrus* I, 179-200, 2013.

Duman 2014 B. Duman, "Lykos Laodikeia'sından Yerel Üretim Bir Grup Seramik: Lykos Skyphosları", C. Şimşek (ed.), *10. Yılında Laodikeia (2003-2013)*, 159-172.

D'Andria 2003 F. D'Andria, Hierapolis (Pamukkale), İstanbul, 2003.

Gardner 1985 P. Gardner, "Amphora-Handles fro Antiparos", *The Journal of Hellenistic Studies* 6, 192-194.

Grace 1949 V. Grace, "Standard Pottery Containers of the Ancient Greek World", *Hesperia Suppl.* 8, 175-189, pl. 19-20.

Mastronuzzi – Melissano 2007
G. Mastronuzzi – V. Melissano – F. D'Andria – P. Caggia (edts.), "Le Case Bizantine Sul lato Ovest dell'Agora (Regio I)", *Hierapolis di Frigia I. Le Attivia delle Campagne di Scavo e Restauro 2000-2003*, 541-581, İstanbul, 2007.

Keay 1984 S. J. Keay, "Late Roman Amphorae in the Western Mediterranean. A Typology and Economic Study: The Catalan Evidence", *BAR.* Int. Series, 136, 1984.

Polito 2012 C. Polito, "Saggi di scavo nell'area del Teatro", F. D'Andria – M.P. Caggia – T. Ismaelli (edts.), *Hierapolis di Frigia le Attivita delle Campagne di Scavo e Restauro. Hierapolis Frigia* V, 177-206, İstanbul, 2012.

Opait 2004 A. Opait, "The Eastern Mediterranean Amphorae in the Province of Scythia", Transport Amphorae and Trade in the Eastern Mediterranean (Eds. J. Eiring - J. Lund), Acts of the International Colloqium at the Danish Institute at Athens September 26-29 2002, *Monographs of the Danish Institute at Athens* Vol. 5, Denmark, 293-308.

Ruggiu – Cottica 2007
A.Z. Ruggiu – D. Cottica, "Hierapolis di Frigia Fra Tarda Antichita Ed XI Secolo: L'Apporto dello Studio degli Spazi Domestici nell'Insula 104", *Rivista di Archeologia* 31, 139-189. 2007.

Scardozzi 2010 G. Scardozzi, "Oil and Wine Productions in Hierapolis of Phrygia and Its Territory During Roman and Byzantine Age: Documentation From Archaeological Excavations ans Surveys", Ü. Aydınoğlu – A.K. Şenol (edts.), *Antik Çağda Anadolu'da Zeytinyağı ve Şarap Üretimi*, 277-302, 2010.

Şimşek 2007 C. Şimşek, Laodikeia (Laodikeia ad Lycum), İstanbul, 2007.

Şimşek 2015 C. Şimşek, "Laodikeia'da MS 7. yy Sonrası Yaşam", *Mustafa Büyükkolancı'ya Armağan*, Ed. C. Şimşek, İstanbul, 2015, 597-612.

Şimşek – Alkaç – Duman 2017
C. Şimşek – E. Alkaç – B. Duman, "Laodikeia Amphora Mühürleri", *Laodikeia Çalışmaları* 4, Ege Yayınları, İstanbul.

KATALOG

Fig. No. 1

Envanter Numarası: TR.13.KA.4633
Buluntu Yeri: Kemerli Agora
Mühür Formu: Dikdörtgen
Mühür Ölçüleri: 4.0 x 2.0 cm
Hamur Rengi: 7.5YR 6/6
Yüzey Rengi: 7.5YR 6/6
Astar Rengi: 7.5YR 6/6
Katkı Maddesi: Kil, kum, taşçık

OATM

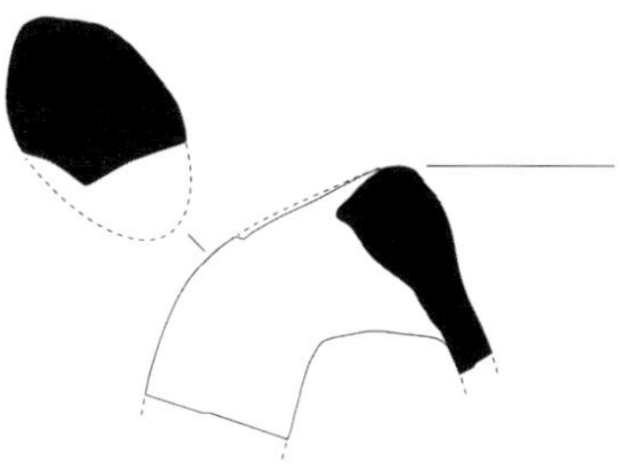

Fig. No. 2

Envanter Numarası: TR.12.SC.450
Buluntu Yeri: Sütunlu Cadde
Mühür Formu: Yuvarlak
Mühür Ölçüleri: R: 1.3 cm
Hamur: 7.5YR 6/6
Yüzey: 7.5 YR 7/4
Astar: 7.5YR 6/6

Δ Ά
A I K E N
O Λ

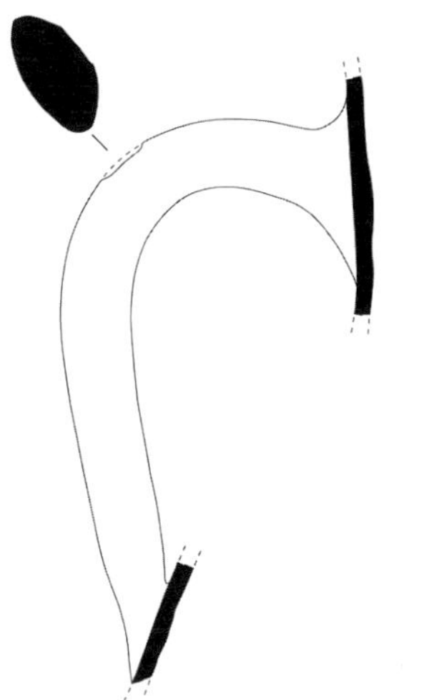

Fig. No. 3

Envanter Numarası: TR.12.SC.PT.01
Buluntu Yeri: Ara Sokak 2
Mühür Formu: Planta pedis
Mühür Ölçüleri: ? x 1.4 cm
Hamur: 7.5YR 6/4
Yüzey: 10YR 7/4
Astar: 10YR 7/4
Katkı Maddesi: Mika

Ωηνκ[ε]ᾐ

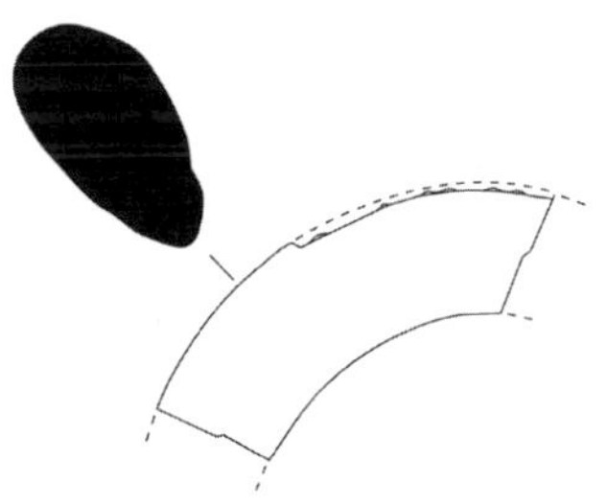

Fig. No. 4

Envanter Numarası: TR.13.AY.Y.01
Buluntu Yeri: Apsisli Yapı Kuzeyi
Mühür Formu: Planta pedis
Mühür Ölçüleri: ? x 1.5 cm
Hamur: 7.5YR 6/6
Yüzey: 7.5YR 6/6
Astar: 7.5YR 6/6
Katkı Maddesi: Mika

Οχ[κε.] *retr.*

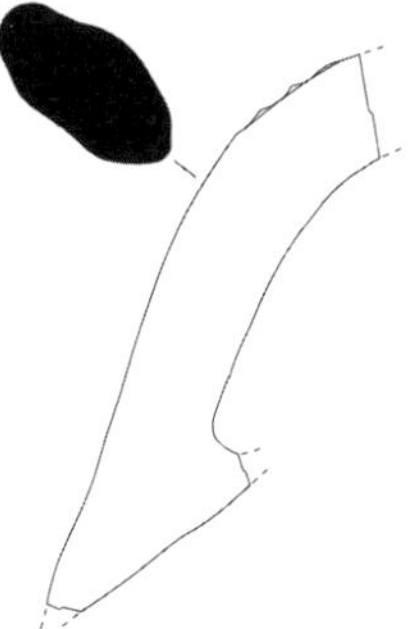

Fig. No. 5

Envanter Numarası: TR.13.SC.ARS2.47

Buluntu Yeri: Ara Sokak 2

Mühür Formu: Planta pedis

Mühür Ölçüleri: ? x 1.8 cm

Hamur: 7.5YR 6/6

Yüzey: 7.5YR 6/6

Astar: 7.5YR 6/6

Katkı Maddesi: Mika

Oξ[κε.] *retr.*

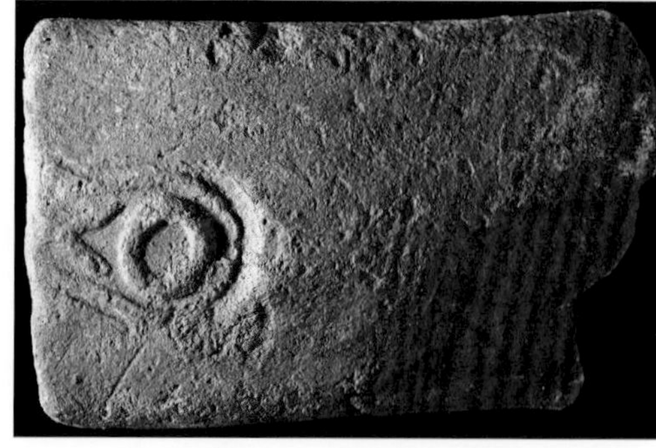

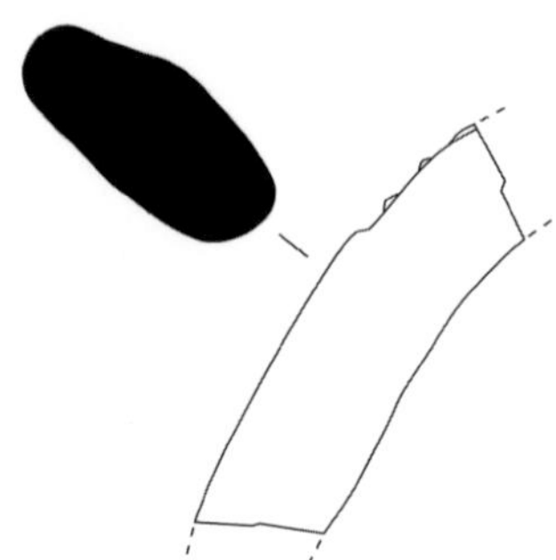

Fig. No. 6

Envanter Numarası: TR.13.KA.4989

Buluntu Yeri: Kemerli Agora

Mühür Formu: Planta pedis

Mühür Ölçüleri: ? x 1.4 cm

Hamur: 7.5YR 7/4

Yüzey: 7.5YR 7/4

Astar: 10YR 7/4

Katkı Maddesi: Mika, taşçık

ΦΔΚΕ[.]Ο[.]

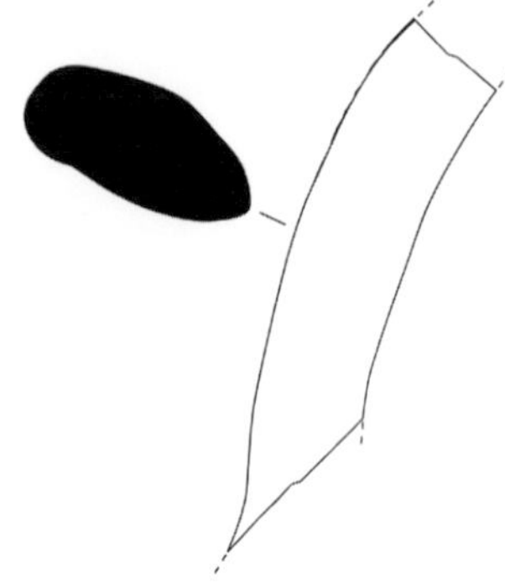

Fig. No. 7

Envanter Numarası: TR.14.HCDP.22

Buluntu Yeri: Hierapolis caddesi portikosu

Mühür Formu: Planta pedis

Mühür Ölçüleri: 5.0 x 1.6 cm

Hamur: 5YR 7/6

Yüzey: ?

Astar: ?

Katkı Maddesi: Mika

ΧΡΛΓΔΝ[.]

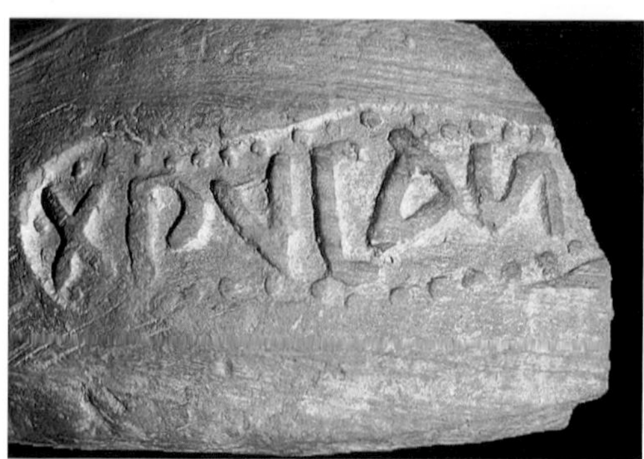

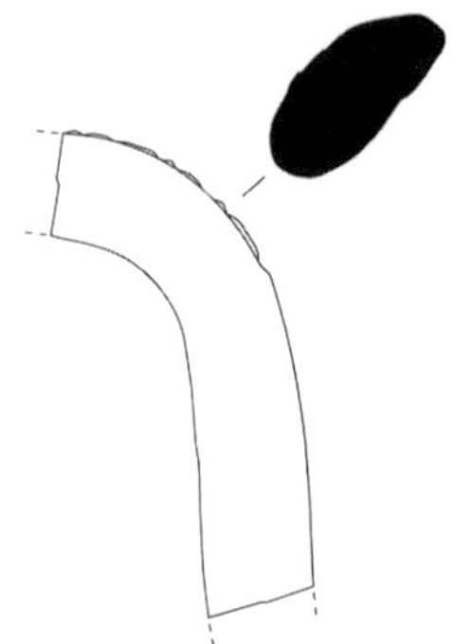

Fig. No. 8

Envanter Numarası: TR.14.ARS2.58

Buluntu Yeri: agora stoa

Mühür Formu: Planta pedis

Mühür Ölçüleri: 3.3 x 1.2 cm

Hamur: 5YR 5/4

Yüzey: 5YR 5/4

Katkı Maddesi: Mika, taşçık, kalker

[.]ΡΗΓΝΒ

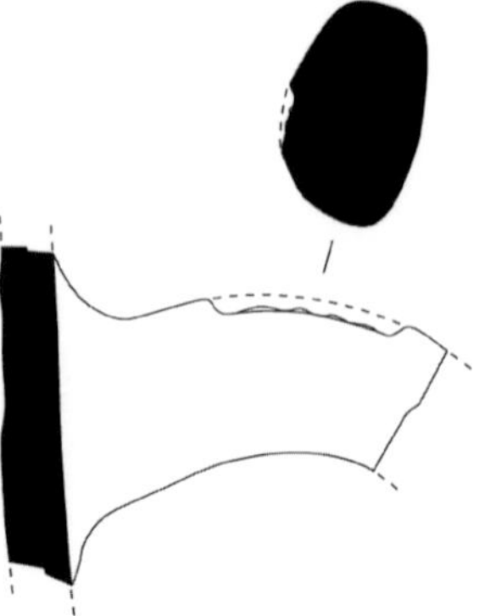

Fig. No. 9

Envanter Numarası: TR.13.7S/8H.G.GMK4.28

Buluntu Yeri: 7S/8H-G Açması

Mühür Formu: Planta pedis

Mühür Ölçüleri: 3.7 x 1.5 cm

Hamur: 10YR 7/4

Yüzey: 10YR 7/4

Astar: 10YR 8/2

Katkı Maddesi: Mika

yıldız

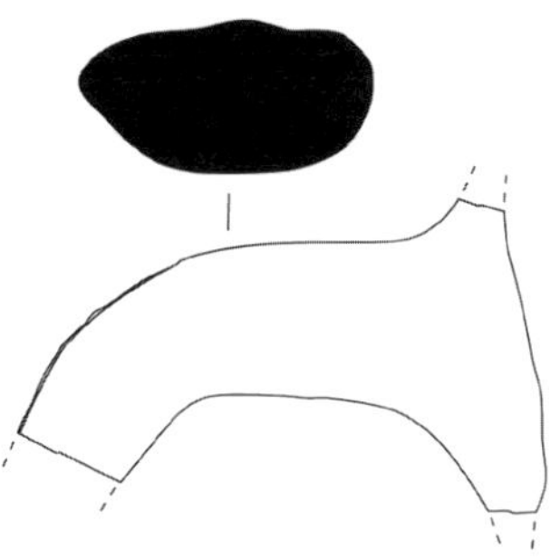

Fig. No. 10

Envanter Numarası: TR.13.7S/8H.MK2.15

Buluntu Yeri: 7S/8H-G Açması

Mühür Formu: Dikdörtgen

Mühür Ölçüleri: 4.4 x 1.3 cm

Hamur: 10YR 6/4

Yüzey: 10YR 6/4

Astar: 10YR 6/4

Katkı Maddesi: Mika, taşçık

E ve dal sembolü

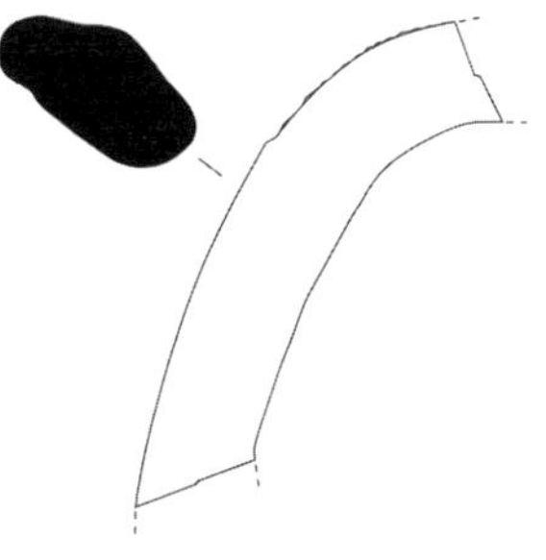

Fig. No. 11

Envanter Numarası: TR.12.ARS1.59

Buluntu Yeri: Ara Sokak 1 Doğusu

Mühür Formu: Dikdörtgen

Mühür Ölçüleri: 4.2 x 2.0 cm

Hamur: 7.5YR 6/6

Yüzey: 10YR 8/2

Astar: 7.5YR 6/6

Katkı Maddesi: Mika, Taşçık

yatık "v" dizisi

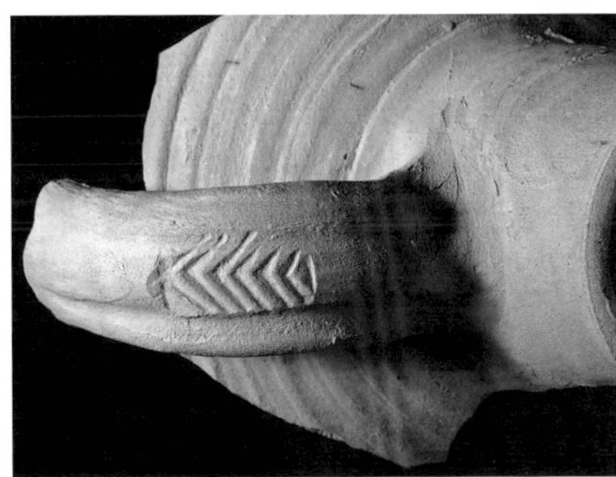

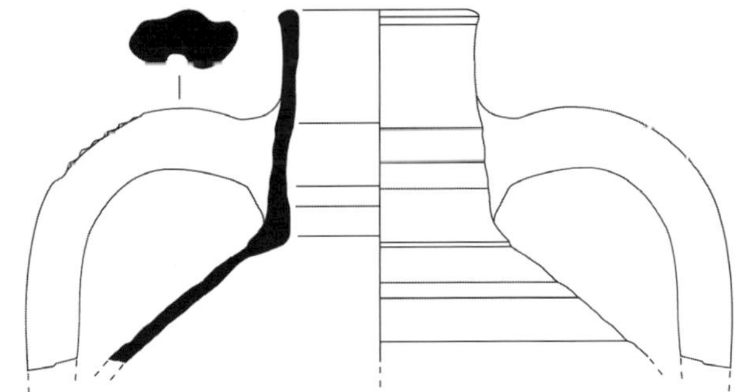

Fig. No. 12

Envanter Numarası: TR.13.7S/8H G.MK1.72

Buluntu Yeri: 7S/8H-G açması

Mühür Formu: Dikdörtgen

Mühür Ölçüleri: 4.0 x 1.8 cm

Hamur Rengi: 10 YR 7/4

Yüzey Rengi: 10 YR 6/4

Katkı Maddesi: Mika, taşçık

yapraklarıyla birlikte dal

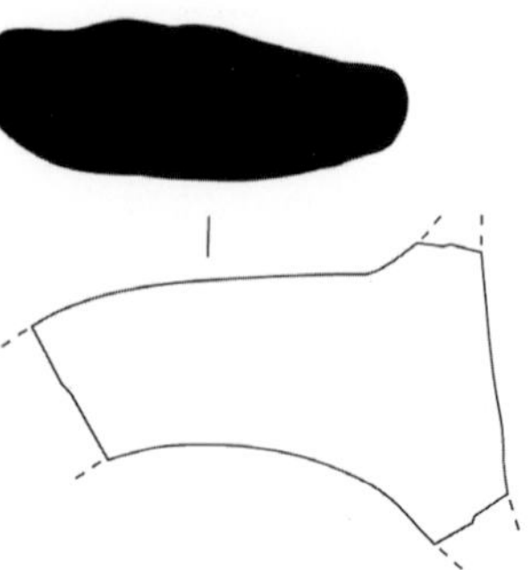

TRIPOLIS BATI STOA KORUMA VE ONARIM ÇALIŞMALARI

Saadet MUTLU KAYTAN*

ÖZET

Tripolis antik kentinde, 2012 yılında başlayan kazı çalışmalarıyla günümüze kadar birçok yapı gün ışığına çıkarılmıştır. Bu yapılardan biri olan "Batı *Stoa*"da yürütülen kazı çalışmalarının ardından; koruma ve onarım çalışmaları yapılmış ve yapı ziyarete açılmıştır. Bu bildiride, kent hakkında kısa bilgiler verildikten sonra; *stoa*nın mimarisi, koruma sorunları, koruma ve onarım çalışmaları ile teknikleri ele alınmıştır.

Anahtar kelimeler: Mimarlık, Restorasyon, Arkeoloji, Kültürel Miras, Tripolis, Stoa.

ABSTRACT

In Tripolis ancient city, a lot of ruins have been unearthed with excavation works which restarted in 2012. After excavation works in "West Stoa", conservation and restoration work sactualized and ruins were opened to visit. In this article after giving information about the ancient city; the architecture of stoa, conservation problems, conservation and restoration Works and methods are discussed.

Keywords: Architecture, Restoration, Archaeology, Cultural Heritage, Tripolis, Stoa.

1. Giriş

Tripolis antik kenti (**Fig. 1**) günümüzde İç Ege Bölgesi'nde, Denizli ili Buldan ilçesi Yenicekent Mahallesi sınırları içerisinde yer almaktadır. Yaklaşık 3 km^2 büyüklüğünde bir alanı kaplayan antik kent, Çürüksu (Lykos) Vadisi'nde, bu vadiye egemen bir tepenin güney yamacında bulunmaktadır. Geçmişi Hellenistik Dönem'e dayanan kentin çevresinde gerçekleştirilen yüzey araştırmalarında elde edilen arkeolojik veriler ışığında bölgedeki yaşam izleri günümüzden 5000 yıl öncesine kadar tarihlendirilmektedir[1].

En parlak zamanı Roma Dönemi olan kentte, MS 2. yüzyıldan itibaren şehir kapıları, caddeler, hamamlar, anıtsal çeşme (*nymphaeum*), stadyum, tiyatro, *agora*, *stoa* ve meclis binası (*bouleuterion*) gibi birçok kamu yapısı inşa edilmiştir[2]. Kent, farklı yüzyıllarda bölgede meydana gelen birçok depremden etkilenmiştir. Bu depremler kentteki imar faaliyetlerini ortaya çıkarmış ve aynı zamanda kentin terk edilmesinde etkili olmuştur. Nitekim MS 6. yüzyıl sonu – 7. yüzyıl başında doğudan gelen ve Anadolu'daki kentler üzerinde etkili olan Sasani saldırıları sonucunda kentteki yaşam azalarak devam etmiştir. Kent, 12. yüzyıl sonlarında yıkık ve terk edilmiş bir görünüme sahiptir. 13. yüzyıldan itibaren artan Türk akınlarıyla bölgede yaşanan çekişmeler sonunda Tripolis'in (Yenice) de içinde bulunduğu bölge Türkler'in eline geçmiştir[3].

* Restorasyon Uzmanı – Yüksek Mimar, Pamukkale Üniversitesi, Mimarlık ve Tasarım Fakültesi, Mimarlık Bölümü, Kınıklı – Denizli.

1 Tripolis hakkında kapsamlı bilgi için bkz. Duman 2013, 179-200; Duman 2014 a, 38-51; Duman 2014 b, 41-58.

2 Duman 2013, 182, 188-196; Duman 2014 a, 40, 44-51.

3 Duman 2013, 184-187; Duman 2014 a, 42-43.

Fig. 1
Tripolis antik kentinin havadan görünümü (Tripolis Kazı Arşivi).

Fig. 2
Yapının kazı çalışmaları sonrası görünümü (Tripolis Kazı Arşivi).

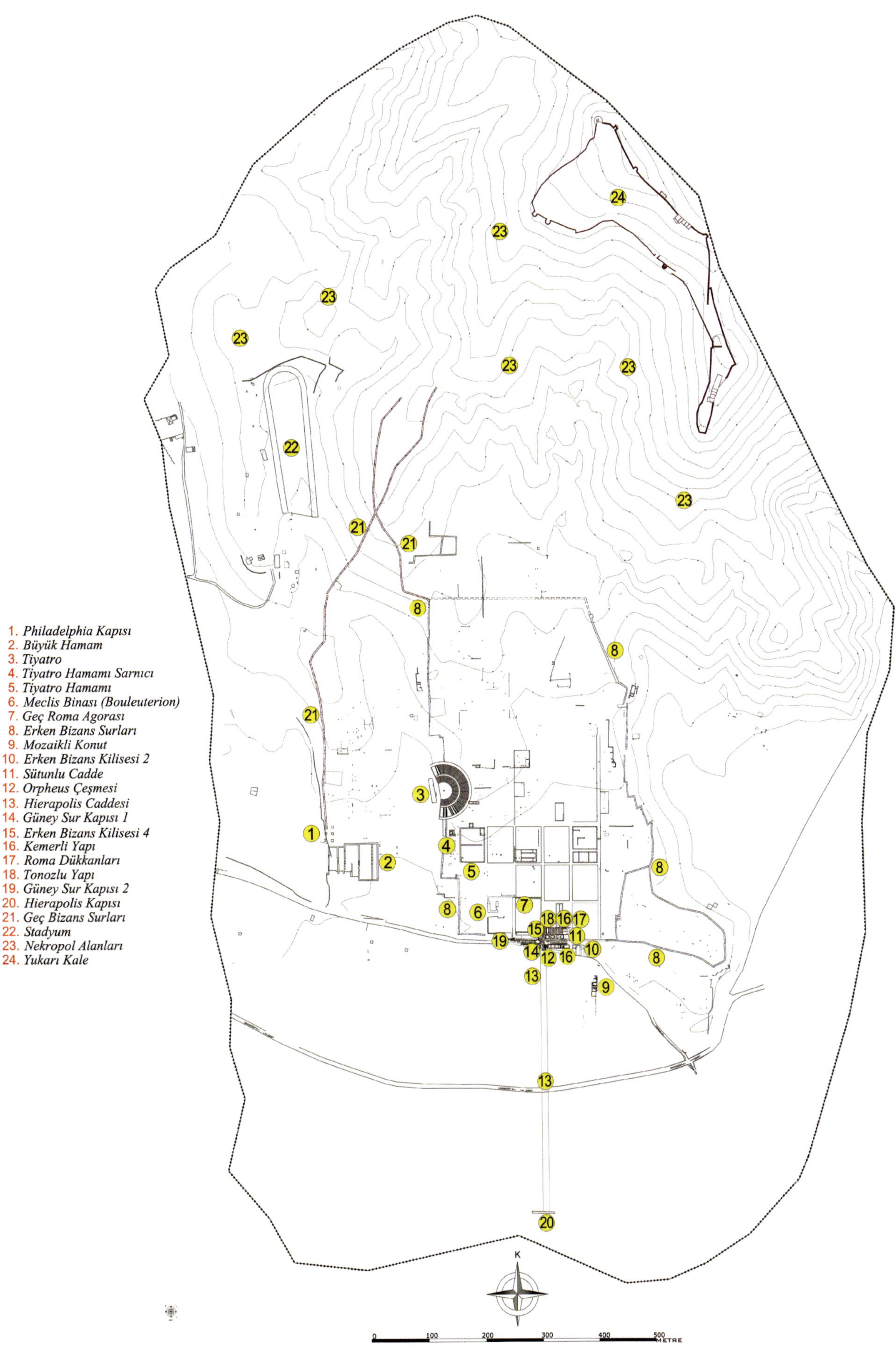

Fig. 3 Tripolis Vaziyet Planı'nda Batı *Stoa*'nın kent içindeki konumu (Tripolis Kazı Arşivi).

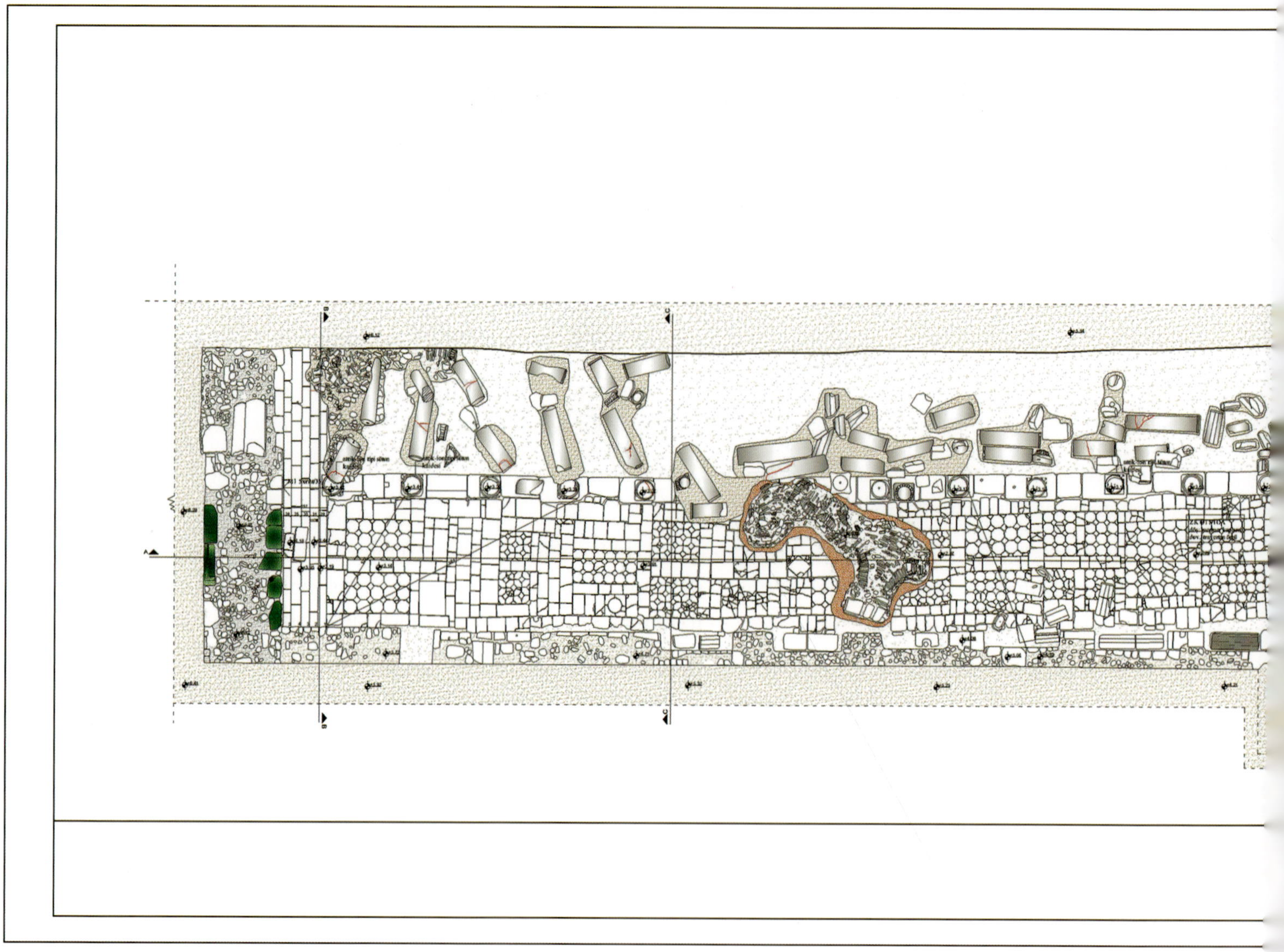

Fig. 4 Batı Stoa rölöve çalışması, plan.

Fig. 5 Batı Stoa rölöve çalışması, plan.

Sütunlu Cadde
METRE
çatlak(<5 cm.)
toprak
mermer
yapı kesit

+4.94
+4.35
+4.49
+4.16
+3.72
+2.25
+0.72
+0.49
+0.00
5 m.

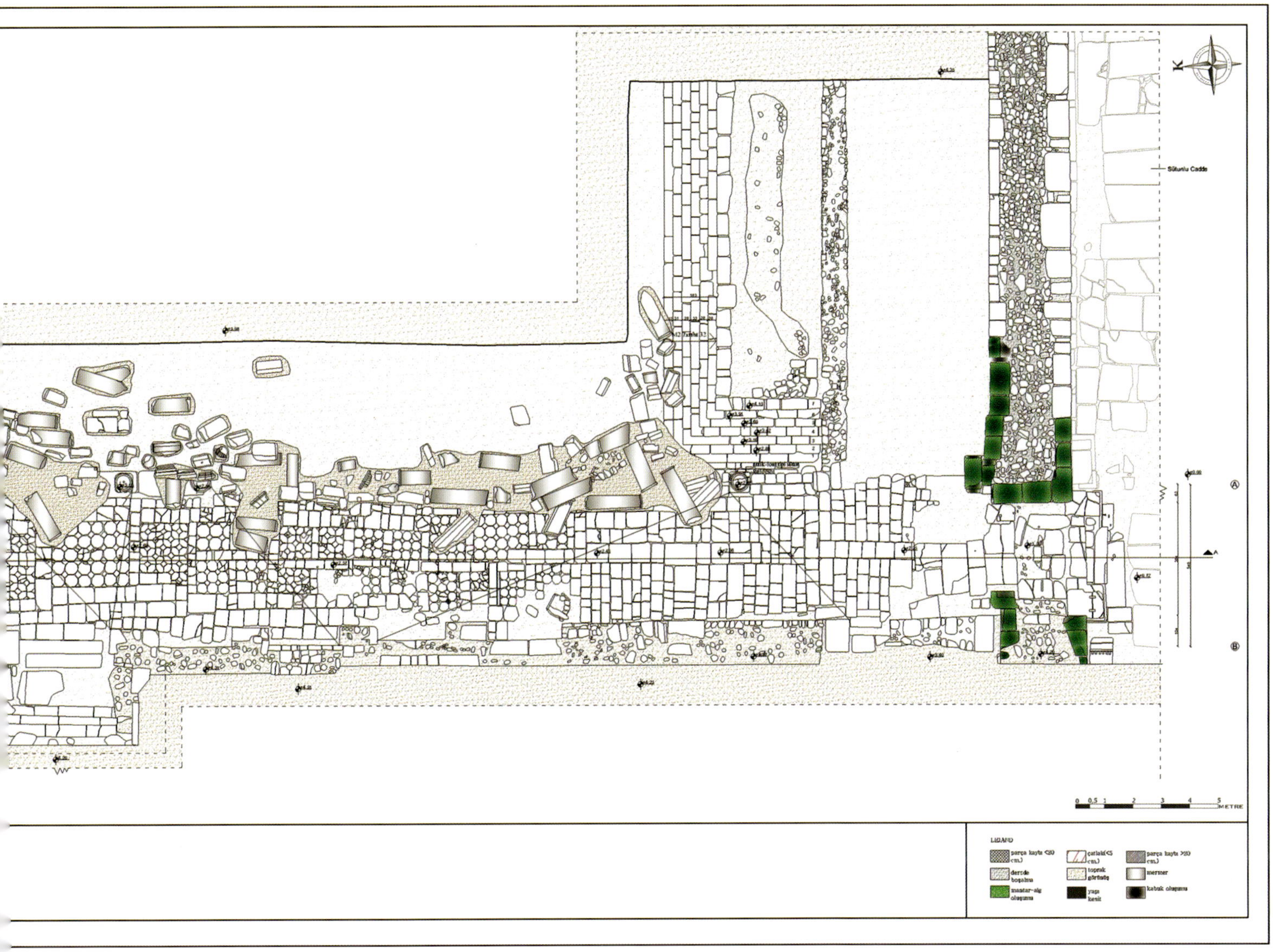

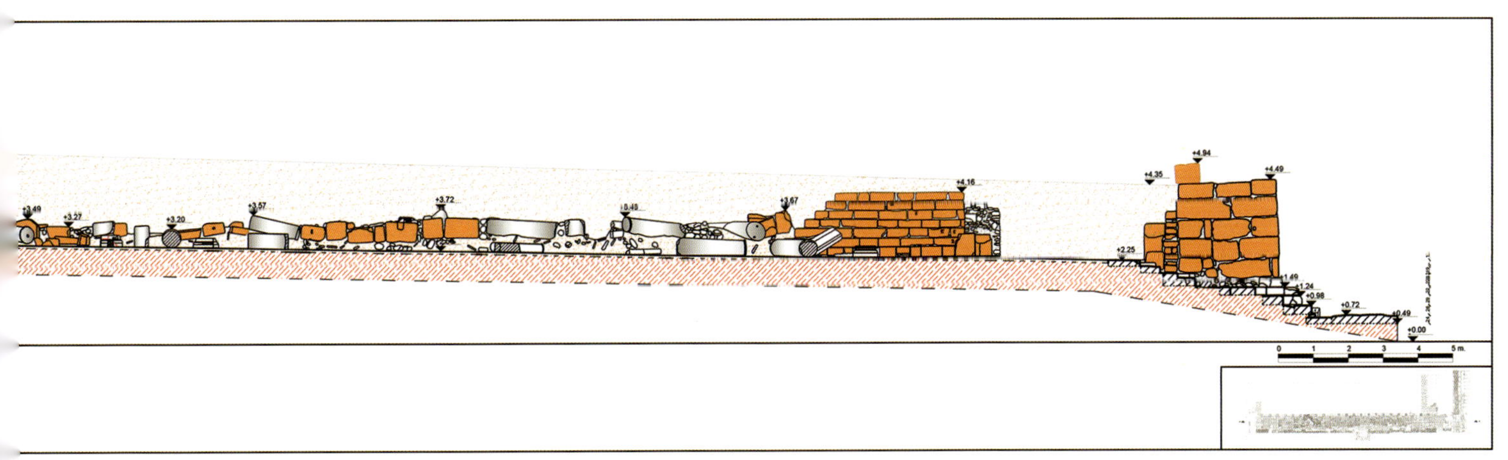

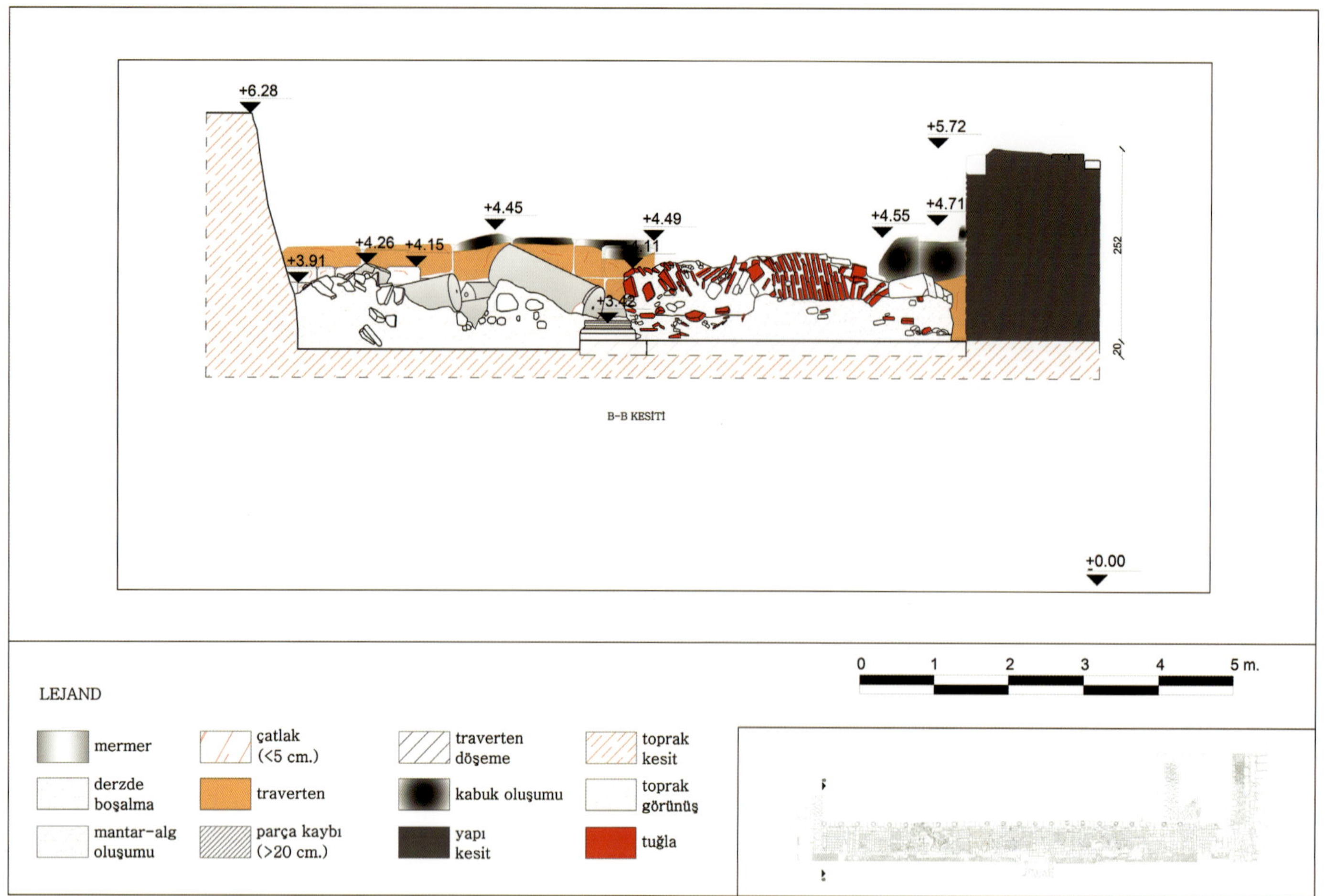

Fig. 6 Batı Stoa rölöve çalışması, B-B kesiti.

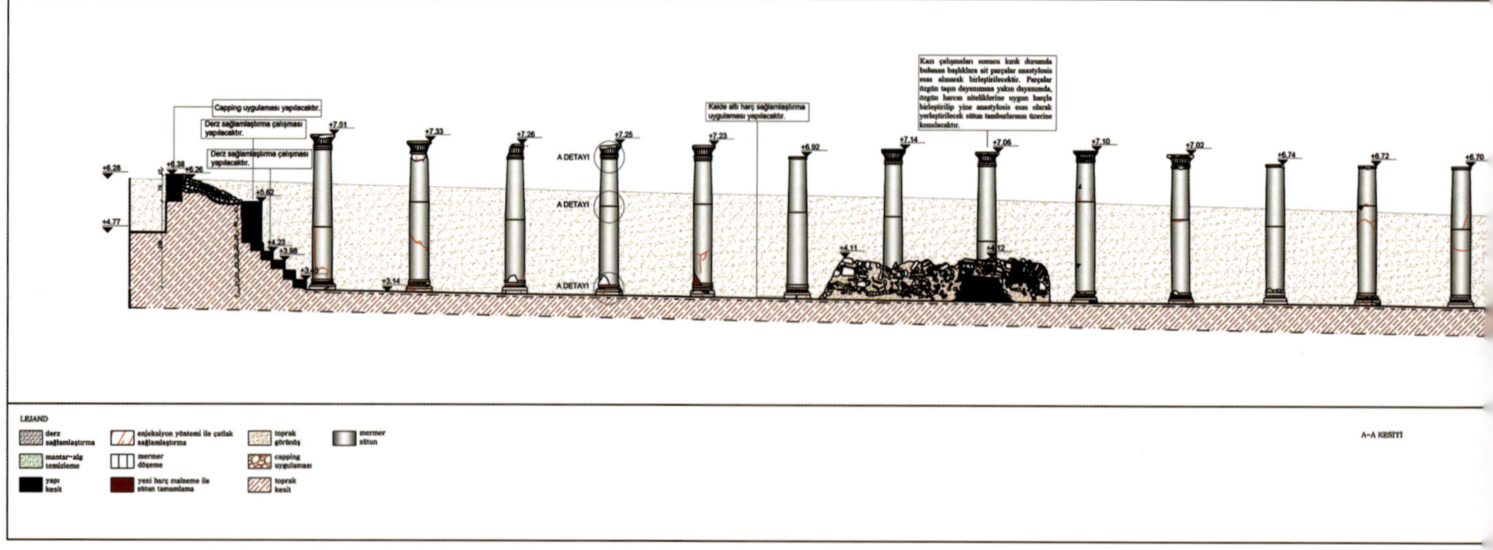

Fig. 8 Batı Stoa restorasyon projesi, A-A kesiti.

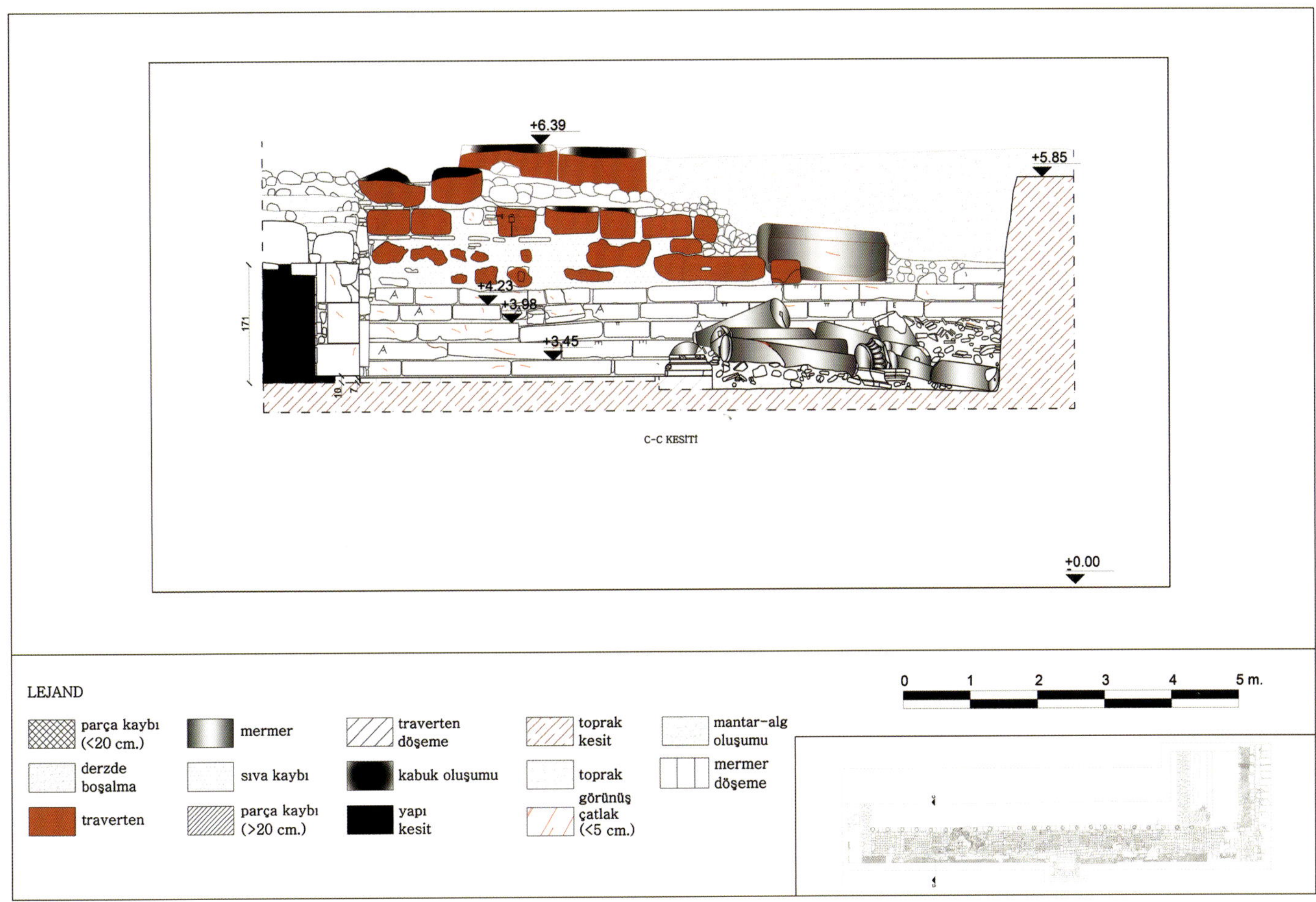

Fig. 7 Batı Stoa rölöve çalışması, C-C kesiti.

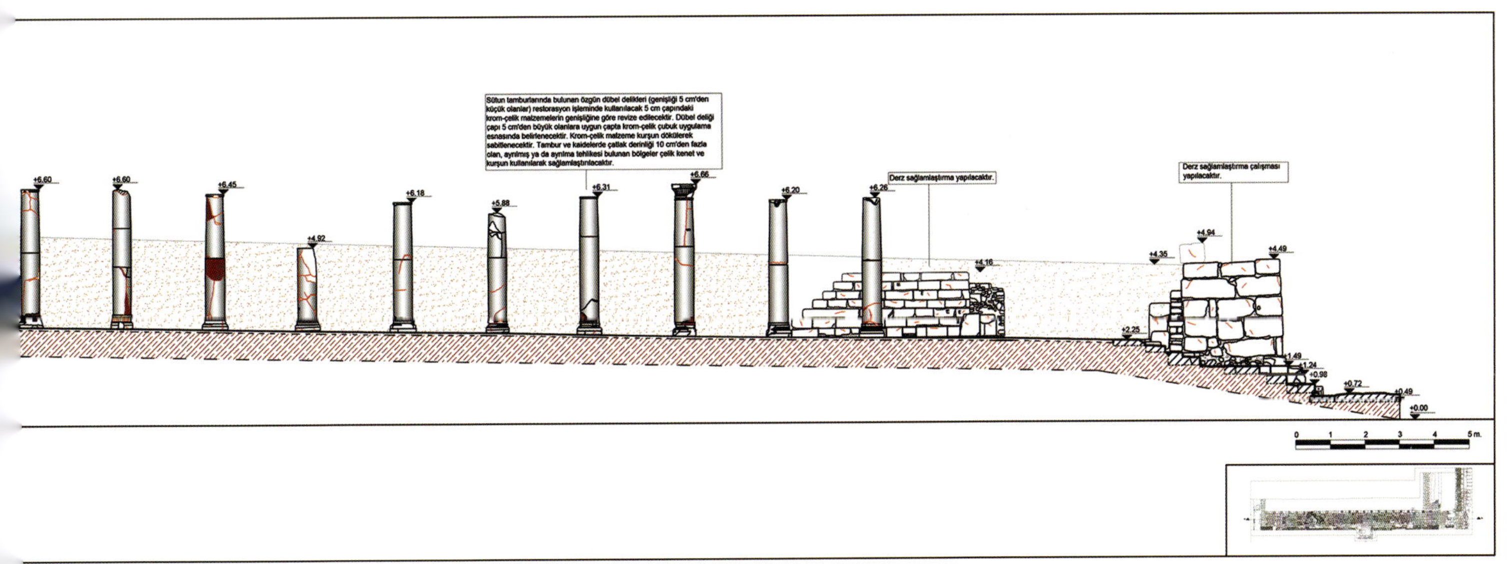

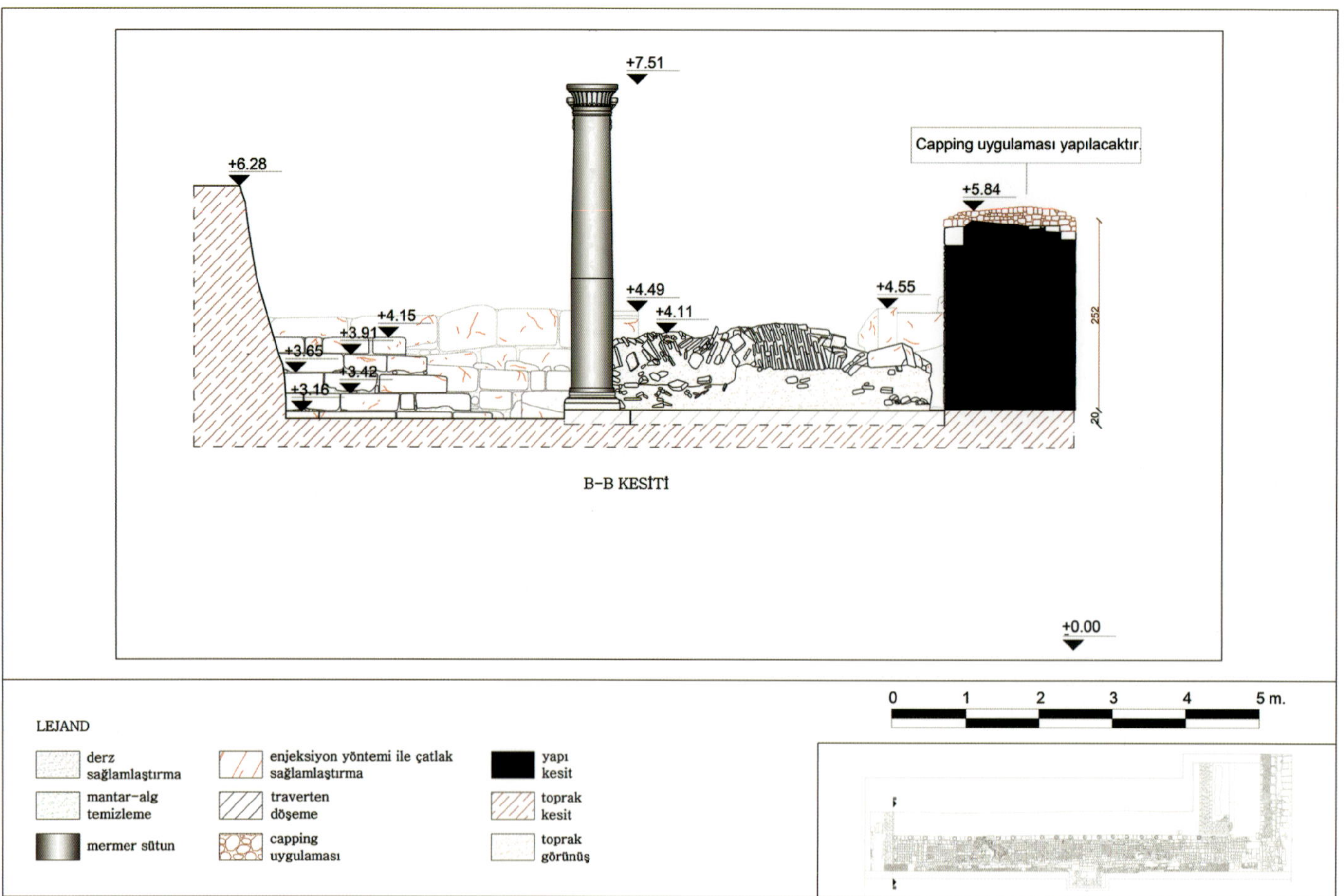

Fig. 9 Batı Stoa restorasyon projesi, B-B kesiti.

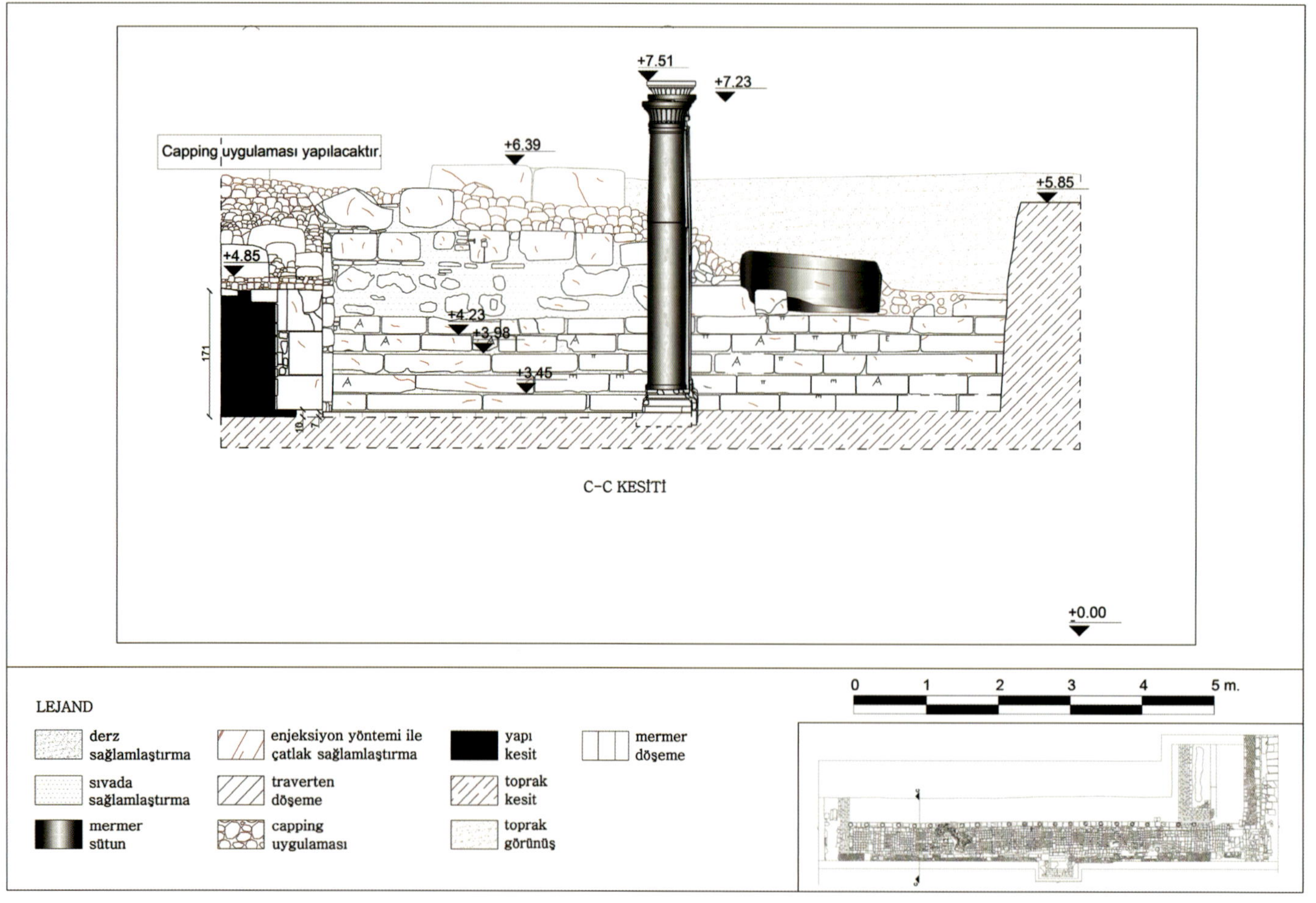

Fig. 10 Batı Stoa restorasyon projesi, C-C kesiti.

Fig. 11
Sütun tamburunun sağlamlaştırma çalışması sonrası görünümü (Tripolis Kazı Arşivi).

Fig. 12
Kenet yapımı ve kurşun dökümü (Tripolis Kazı Arşivi).

Fig. 13
Krom çelik çubuk yerleştirme ve kurşun dökümü (Tripolis Kazı Arşivi).

Fig. 14 Kaide altı harç sağlamlaştırma çalışması (Tripolis Kazı Arşivi).

Kentte ilk kazı çalışmaları 1994 yılında gerçekleştirilmiş; 2007-2009 yılları arasında yapılan kazı çalışmalarına bir süre ara verildikten sonra çalışmalar 2012 yılında tekrar başlatılmıştır. Total Station kullanılarak yapılan ölçümler ile oluşturulan topografik harita üzerine mevcut yapıların planlarının yerleştirilmesi ve yaklaşık 4000 m^2'lik alanda jeoradar (GPR – Yer Radarı) cihazı ile yapılan yer altı görüntüleme çalışmalarında kentin 60x45 m.lik insulalardan oluşan ızgara plana (hippodamik) sahip olduğu tespit edilmiştir[4]. Yeni çalışmalar sonucu tespit edildiği üzere kentte düzenli bir şehir planlama ve yapılanma anlayışıyla yapılan imar faaliyetleri görülmektedir. Batı *Stoa*'da, yapının 2012 yılında jeoradar cihazı ile yapılan yer altı görüntüleme çalışmalarında tespit edilmesiyle başlayan kazı çalışmaları[5] 2014 yılında tamamlanmıştır (**Fig. 2**)[6]. Özgün haliyle günümüze kadar ulaşan yapının Geç Roma *Agora*sı ile birlikte inşa edildiği tespit edilmiş ve söz konusu yapı topluluğu MS 4. yüzyıl sonu – MS 5. yüzyıla tarihlendirilmiştir[7]. Izgara planlı olarak düzenlenmiş kentin (**Fig. 3**) güney bölümünde yer alan yapı; Sütunlu Cadde'nin kuzeyinde, Geç Roma *Agora*sı'nın batısında bulunmaktadır ve kuzey-güney yönünde *agora* boyunca devam etmektedir.

2. Mimari Özellikleri

Yaklaşık 6.40 m. genişliğinde, 69 m uzunluğunda olan dikdörtgen planlı *stoa*nın (**Fig. 4**) oturduğu alan 440 m^2'dir. Yapının girişi Sütunlu Cadde üzerinde yer almakta olup, girişe altı adet rıhtan oluşan *krepidoma* ile ulaşılmaktadır. Yapının doğu tarafında; ortalama 2.80 m aks aralığı ile kuzey-güney doğrultusunda yerleştirilmiş olan 23 adet sütun yer almaktadır (**Fig. 5-7**). İki sütun arasındaki mesafe ortalama 2 m'dir. Sütun kaideleri *attikion* tipindedir; sütunlar yivsizdir ve palmet sütun başlıkları[8] kullanılmıştır. Sütun kaideleri traverten, tamburlar ve başlıklar mermer malzemeden yapılmıştır. Sütun dizisi traverten malzemeden yapılmış olan *stylobat* üzerinde durmaktadır. Batı tarafta ise sütun dizisine simetrik olarak yapılmış bir duvar yer almaktadır. Duvarda *bouletherion*a geçişi sağlayan üç adet giriş bulunmaktadır. Bu duvar traverten, tuğla ve çay taşı malzemenin kireç harcı ile birleşiminden oluşmaktadır. Duvarın doğu ucunda duvar payeleri bulunmaktadır. Yapının özgün halinde duvarlarda yer alan ve kazı çalışmalarında yıkılmış durumda bulunan hafifletme kemerleri pişmiş toprak tuğla ve traverten malzemeden yapılmıştır. Ayrıca duvar içerisinde yer alan pişmiş toprak künkler yardımıyla yağmur suyunun yapıdan uzaklaştırıldığı anlaşılmaktadır[9].

*Stoa*nın zemini *onyx* malzeme kullanılarak yapılmış *opus sectile* taban döşemesinden oluşmaktadır. Döşeme günümüze özgünlüğünü büyük oranda korumuş durumda ulaşmıştır.

Kazı çalışmalarında bulunan mimari öğeler arasında taç blokları, yassı sütunlar, *impost* sütun kaideleri vardır. *Stoa* duvarı üzerinde yer aldıkları kabul edilen bu öğelerin pencere görevi üstlendikleri düşünülmektedir[10].

---

4 Duman 2013, 189; Duman – Baysal 2014, 633-634.

5 Bkz. Duman 2014b, 41-58.

6 Duman – Baysal 2016.

7 Duman – Baysal 2016.

8 Kazılarda toplam 10 adet sütun başlığı bulunmuştur.

9 Duman – Baysal 2016.

10 Duman – Baysal 2016.

Fig. 15 *Stoa*nın restorasyon çalışmaları sonrası görünümü (Tripolis Kazı Arşivi).

3. Koruma Sorunları

2014 yılında tamamlanan kazı çalışmalarının ardından kentin geçirdiği depremler sonrası Batı *Stoa*'nın yıkılan yapı elemanlarını yapı içinde ve etrafında görmek mümkündür. Yapı özgünlüğünü korumuş olmasına karşın mevcut yapı elemanlarında bozulmalar, eksik yapı elamanı sayısı ve deprem kaynaklı etkiler yoğundur. Kazı çalışmaları sonrası yapının korunması ve ziyarete açılması amacıyla analitik rölöve çalışması ve restorasyon projesinin[11] hazırlanmasına karar verilmiştir. Analitik rölöve çalışması ile mevcut bozulmalar tespit edilmiştir. Sütun kaideleri, tamburları ve merdivenler gibi yapı elemanlarında derinliği 5 cm'den küçük çatlak, 20 cm'nin altında ve üzerinde parça kayıpları; duvarlarda derzde boşalma, kabuk oluşumu ve mantar-alg oluşumu görülmektedir. Ayrıca traverten blok yüzeylerinde 5 cm'den küçük erozyon bulunmaktadır. Sütunlar arasındaki aks mesafelerinde özgün konumlarından sapma mevcuttur.

*Stoa*nın zemininde kuzey-güney doğrultusunda yaklaşık 90 cm kot farkı görülmektedir. *Opus sectile* taban döşemesindeki derzlerde boşalmalar mevcuttur. Döşemenin bazı yerlerinde çatlak ve parça kayıpları bulunmaktadır.

4. Koruma ve Onarım Çalışmaları

Koruma ve onarım çalışmaları[12]*anastylosis* esas alınarak gerçekleştirilmiş olup bu bağlamda yeni yapı elemanı kullanılmamıştır. Yapıya ait olan toplam 23 adet sütunda yürütülen restorasyon çalışmaları tamamlanmıştır. Restorasyon çalışmalarının ardından sütunların yükseklikleri 4.15 m ile 4.30 m arasında değişmektedir (**Fig. 8-10**).

*Stoa*yı oluşturan yapı elemanlarının (sütun, başlık vb.) detaylı çizimlerinin ardından yıkılma yönleri ve boyutları değerlendirilerek kaideler üzerinde deneme yöntemiyle özgün konumları tespit edilmiştir.

Mimari elemanlar taşıma ekibi tarafından buluntu yerlerinden ipek halatlar bağlanarak vinç yardımıyla taşınmıştır. Zarar görmemeleri için kum havuzunda döndürülmüş ve ahşap takozlar üzerinde bekletilerek toprakla ilişkileri kesilmiştir. Toprak, toz gibi kirler kompresör ile basınçlı hava uygulanarak temizlenmiştir. Çalışmalarda, taşıma ve kaldırma işlemleri için metal ve ahşap malzemeden oluşan tekerlekli-raylı taşıma sistemi ile manuel zincirli caraskal ve ipek halatlar kullanılmış; flanşlı kamalı iskele üzerinde çalışılmıştır.

Parçalanmış ya da yapısal çatlaklar bulunduran yapı elemanları mekanik yöntemlerle temizlendikten sonra özgün harcın niteliklerine uygun harçla veya gerekli görülen yerlerde epoksi yapıştırıcı ile sağlamlaştırılmıştır (**Fig. 11**).

Yapısal çatlak dışındaki çatlaklar özgün harca göre hazırlanan yeni harç ile sağlamlaştırılmıştır. Bazı parçalar birleştirildikten sonra birbirlerine iki ucu 90 derece açıyla aynı yönde kıvrılmış kenetle bağlanmıştır (**Fig. 12**). Aynı uygulama derinlikleri bilinmeyen, mukavemeti zayıflatabilecek yüzeysel çatlakların görüldüğü mimari elemanlarda sağlamlaştırma amacıyla kullanılmıştır. Bu uygulamada; krom çelik malzemeden muhtelif uzunluklarda hazırlanan kenedin genişliği 2-3 cm, kalınlığı 0,5-1 cm; kıvrılan uç uzunlukları en az 5 cm'dir. Kenet kırığa veya çatlağa göre ters yönde açılan yuvaya yerleştirildikten sonra üzerine kurşun dökülerek yapı elemanına sabitlenmiştir.

Özgün konumları tespit edilen yapı elemanlarının birbirleriyle bağlantılarını sağlamak için alt ve üst yüzlerinde yer alan özgün yuvalar (dübel delikleri) kullanılmıştır. Projedeki detaylara bağlı kalınarak özgün yuvaların boyutuna göre 5 cm çapında 10 cm uzunluğunda krom çelik çubuklar bu yuvalara yerleştirildikten sonra özgün uygulama detayındaki gibi kurşun dökülerek yapı elemanına sabitlenmiştir (**Fig. 13**).

---

11 Yapıya ait analitik rölöve çalışması ve restorasyon projesine Haziran 2014 tarihinde başlanmış ve çalışmalar Aralık 2014 tarihinde bitirilmiştir. Bu çalışmalar Aydın Kültür Varlıklarını Koruma Bölge Kurulu Müdürlüğü'nün 26.12.2014 gün ve 3444 sayılı kararıyla onaylanmıştır. Projenin müellifi Restorasyon Uzmanı Yüksek Mimar Saadet Mutlu Kaytan; Proje Ekip Üyesi Arkeolog Sezer Sayan.

12 Koruma, onarım ve restorasyon uygulamaları Tripolis Kazı Başkanlığı tarafından gerçekleştirilmiştir.

Her bir çubuğun dışarıda kalan ortalama 5 cm'lik kısmına, iki mimari öğe birbirine bağlanırken epoksi yapıştırıcı malzeme uygulanmıştır. Özgün işlevini devam ettiren *krepidoma*yı oluşturan traverten bloklar arasındaki işlevini kaybetmiş olan harç mekanik yöntemlerle temizlenerek özgün harcın niteliklerine uygun olarak hazırlanan yeni harç ile sağlamlaştırılmıştır. *Opus sectile* taban döşemesini oluşturan *onyx* malzeme arasında harç sağlamlaştırma çalışmaları yapılmıştır. Yapının yıkılmadan önceki özgün duvar sisteminde yer alan hafifletme kemeri yıkıntısı altında kalan kaideler açığa çıkartıldıktan sonra özgün yapım sistemine dair fikir vermek ve geçirdiği depremin etkisini göstermek amacıyla mevcut haliyle harç sağlamlaştırma çalışması yapılarak yerinde korunmuştur. Kaidelerin altında bulunan işlevini kaybetmiş harç malzeme mekanik yöntemlerle temizlendikten sonra özgün harç analizlerine göre hazırlanmış harç ile kaideler yerlerine sabitlenmiştir (**Fig. 14**). Restorasyon çalışmaları büyük oranda bitirilen yapı ziyarete açık durumdadır (**Fig. 15**).

Kaynakça

Duman 2013 B. Duman, "Son Arkeolojik Araştırmalar ve Yeni Bulgular Işığında Tripolis ad Maeandrum (Tripolis Ad Maeandrum: The Latest Archaeological Research Results and New Finds)", *CEDRUS* I, 179-200.

Duman 2014 a B. Duman, "Menderes Tripolisi'ndeki Arkeolojik Keşifler", *Geçmişten Günümüze Denizli* 38, 38-51.

Duman 2014 b B. Duman, "Tripolis Antik Kenti 2012 yılı Kazı ve Restorasyon Çalışmaları Ön Raporu", *Türkiye Felsefe Kurumu Seminerler Dizisi* 16, 41-58.

Duman – Baysal 2014
B. Duman – H.H. Baysal, "Tripolis 2. Sezon Kazı ve Restorasyon Raporu: 2013", *36. Kazı Sonuçları Toplantısı*, 2, Gaziantep 02-06 Haziran 2014, 633-650.

Duman – Baysal 2016
B. Duman – H.H. Baysal, "Tripolis ad Maeandrum 2014 Yılı Kazı, Onarım ve Koruma Çalışmaları", *37. Kazı Sonuçları Toplantısı*, C.1, 563-584, 2016.

Tripolis Antik Kentinde Bulunan Kemerli Yapının Sonlu Elemanlar Yöntemi ile Doğrusal Elastik Analizi

Ali Haydar KAYHAN*

Özet

Bu çalışmada, Denizli ili, Buldan ilçesi, Yenicekent Belediyesi sınırları içerisinde yer alan Tripolis antik kentinde bulunan kemerli taş yapının, sonlu elemanlar yöntemi ile doğrusal elastik analizi gerçekleştirilmiştir. Çalışmanın amacı, kemerli yapının sadece düşey yükler ve düşey yüklerle beraber deprem yükleri dikkate alındığında yatay ötelenmeler ve taşıyıcı sistem elemanlarında meydana gelen iç kuvvetler üzerinden değerlendirme yapmaktır. Bu amaçla, kemerli yapıyı temsil eden üç boyutlu taşıyıcı sistem modeli, yerindeki yapı geometrisi de dikkate alınarak hazırlanmıştır. Modelde, yapı malzemelerinin doğrusal elastik davranış gösterdiği kabul edilmiştir. Yapıya etkiyen düşey yüklerin yanında olası senaryo depremleri temsil edecek yatay yükler de analiz modelinde dikkate alınmıştır. Taşıyıcı sistem elemanlarında ortalama enkesit gerilmeleri ve yatay ötelenmeler kullanılarak, kemerli yapının düşey yükler ve senaryo deprem yükleri etkisi altındaki davranışı değerlendirilmiştir.

Abstract

In this study, structural analysis of arched structure in the ancient city of Tripolis located in the municipality of Yenicekent, in the Denizli province are performed with finite element method. The aim of this study is to evaluate the behavior of the structure using internal force and lateral displacement demands considering both vertical and seismic load effects. For this aim, three dimensional analysis model of the structure are prepared. Structural material is assumed as linearly elastic for analysis model. Using average cross-sectional stress structural elements and lateral displacement demands, the behavior of the arched structure is evaluated considering vertical loads and seismic load scenarios.

1. Giriş

Tripolis antik kenti Denizli ili, Buldan ilçesi, Yenicekent Belediyesi sınırları içerisinde yer almaktadır. Her ne kadar Tripolis'in bir kent olarak geçmişi Hellenistik Dönem'e dayansa da, kentin çevresinde gerçekleştirilen yüzey araştırmalarında elde edilen arkeolojik materyal bu bölgedeki yerleşimin günümüzden 5000 yıl öncesine kadar gittiğini kanıtlamaktadır.[1]

Türkiye'nin çok büyük bir bölümü deprem tehlikesi altındadır. Türkiye için hazırlanan deprem bölgeleri haritasında, deprem tehlikesi dört farklı seviyede temsil edilmiştir.[2] Deprem bölgeleri haritasına göre, Denizli ve çevresi, dolayısıyla Tripolis Antik Kenti'nin bulunduğu bölge, birinci derece deprem bölgesindedir. Birinci derece deprem bölgesi, deprem tehlikesinin en büyük olduğu bölgeleri ifade etmektedir.

---

* Doç. Dr., Pamukkale Üniversitesi, Mühendislik Fakültesi, İnşaat Mühendisliği Bölümü, 20070 Kınıklı – Denizli.

1 Duman 2013.

2 Türkiye Deprem Bölgeleri Haritası 2014.

Bu çalışmada, Tripolis Antik Kenti'ne ait kazı çalışması sonucu ortaya çıkarılan yapılardan birisi olan "Kemerli Yapı" ile ilgili statik değerlendirme yapmak amacı ile gerçekleştirilen analizler ve analiz sonuçları üzerinden yapılan statik değerlendirme ile ilgili bilgiler verilmiştir. Yapının statik olarak değerlendirilmesi amacı ile kemerli yapıyı temsil eden üç boyutlu taşıyıcı sistem modeli, yerindeki yapı geometrisi de dikkate alınarak hazırlanmıştır. Modelde, yapı malzemelerinin doğrusal elastik davranış gösterdiği kabul edilmiştir. Yapıya etkiyen düşey yüklerin yanında göz önüne alınan senaryo depremleri temsil eden yatay yükler de analiz modelinde dikkate alınmıştır. Daha sonra, hem sadece düşey yüklerin hem de düşey yüklerle beraber deprem yüklerinin göz önüne alındığı analizler gerçekleştirilmiştir. Taş kemer yapısı ile kolonlarda oluşan iç kuvvetler ve buna bağlı olarak enkesitte meydana gelen ortalama gerilmeler hesaplanmıştır. Ayrıca deprem etkisi dolayısıyla meydana gelecek yatay ötelenmeler hesaplanmıştır. Ortalama gerilmeler ve yatay ötelenmeler kullanılarak, kemerli yapının düşey yükler ve olası deprem yükleri etkisi altındaki davranışı değerlendirilmiştir.

2. Kemerli Yapının Bulunduğu Bölgenin Depremselliği

Denizli ve civarı, Büyük Menderes Çöküntüsü ile Gediz Çöküntüsü'nün birleşim alanındaki bölgede yer alması nedeniyle, gerek tarihsel gerekse aletsel dönemde depremlerle karşı karşıya kalmıştır. Aydın-Denizli-Manisa üçgeni de, Ege Çöküntü Bölgesi'nin en fazla deprem üreten Büyük Menderes ve Gediz Çöküntüleri'nin üzerinde yer almaktadır.

Denizli ve Aydın civarında meydana gelen tarihsel ve aletsel dönem depremlerini inceleme konusu yapan birçok çalışma bulunmaktadır.[3] Bu çalışmalardan elde edilen bilgilere göre M.Ö. 300'den aletsel dönemin başlangıcı sayılan M.S. 1900 yılına kadar şiddetleri farklı olmakla beraber hasar ve can kaybına sebep olabilecek düzeyde depremler meydana gelmiştir. İnceleme alanındaki tarihsel deprem aktivitesi incelendiğinde Aydın-Denizli arasındaki bölgede M.Ö. 26, 1653, 1895 ve 1899 yıllarında, Denizli bölgesinde ise 60, 297-305 arası, 494, 1651, 1702 ve 1717 yıllarında şiddeti VIII'den büyük depremlerin olduğu, belirtilen en son tarihten günümüze kadar olan sürede şiddeti VIII'e eşit veya daha büyük bir depremin olmadığı gözlenmiştir.[4] 1900 yılından günümüze kadar olan aletsel dönemde de Denizli ve çevresini etkileyen birçok deprem kaydedilmiştir. Bu dönemde kaydedilen depremler arasında büyüklüğü M>5 olan deprem sayısı 40'ın üzerindedir. Denizli ve Aydın illerindeki tarihsel ve

Fig. 1
Kemerli yapının doğudan görünümü.

[3] Ambrasey – Finkel 1987; Altunel 1999; Pınar – Lahn 1952; Ergin vd. 1967; Karnik 1971.

[4] Eravcı vd. 2007.

Fig. 2
Kemerli yapının havadan görünümü.

Fig. 3
Kemerlerin duvara mesnetlenmesi.

aletsel dönem kayıtlarına bakıldığı zaman Hierapolis, Laodikeia, Nysa, Tralleis gibi antik kentlerin yıkılmasına neden olan faylar üzerinde uzun süredir büyük bir depremin olmaması, bu fayların gelecekte orta-büyük magnitüdlü deprem üretme olasılıklarının yüksek olduğunu göstermektedir.[5]

[5] Eravcı vd. 2007.

Fig. 4
Kemeri taşıyan kolonlar ve kemerlerin kolona bağlantı biçimi.

Fig. 5
Kemerlerin üzerini örten kaplama elemanları.

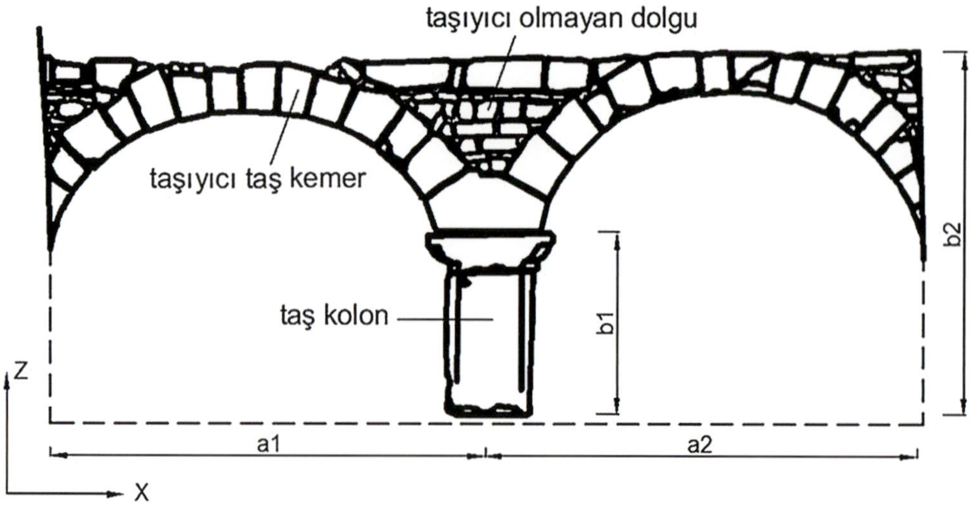

taşıyıcı olmayan dolgu
taşıyıcı taş kemer
taş kolon
b1
b2
a1
a2
Z
X

Fig. 6
Kemerli yapıya ait geometrik bilgiler.

Bilindiği gibi, Tripolis Antik Kenti'nin bulunduğu bölge, deprem bölgeleri haritasına göre birinci derece deprem bölgesindedir[6]. Birinci derece deprem bölgelerinde, tasarım için dikkate alınan deprem, 50 yılda aşılma olasılığı %10 olan (dönüş periyodu 475 yıla denk gelmektedir) depremdir. Deprem Yönetmeliği'ne göre tasarım depremini temsil eden ivme spektrumunun tanımlanmasında etkin yer ivmesi katsayısı A_0=0.40 alınmaktadır, yani etkin yatay yer ivmesi, yerçekimi ivmesinin %40'ı alınmaktadır.[7] Bu çalışmada senaryo depremleri temsil etmek üzere A_0=0.30 ve A_0=0.4 katsayıları ayrı ayrı dikkate alınarak deprem yükleri hesaplanmış ve yapıya etkitilmiştir.

3. Kemerli Yapıya Ait Genel Bilgiler

Tripolis Antik Kenti kazı çalışmaları sırasında ortaya çıkan yapılardan birisi de "Kemerli Yapı" olarak adlandırılan yapıdır. **Fig. 1** ve **Fig. 2**'de yapıya ait genel görünüm verilmiştir. Kemerli yapı, birbirini takip eden iki kemere sahiptir ve iki taraftan duvarlara mesnetlenmektedir. Ortada ise kemerler taş kolona oturmaktadır.

Fig. 3'te kemerlerin duvarlara bağlantısı ile ilgili bir görünüm verilmiştir. **Fig. 4**'te ise kemerlerin mesnetlendiği kolon ve kemerlerin kolona bağlantısı görülmektedir. Kolonların altında ise yükleri zemine aktarmak amacı ile yine büyük taş parçalarından oluşan temel blokları teşkil edildiği görülmektedir.

Fig. 5'te ise kemerlerin üzerini örten ve her iki uçlarından kemerlere oturan elemanlar görülmektedir. Bu elemanlar bir şekilde çatı görevi de üstlenmişlerdir.

Statik olarak düşünüldüğünde kemerler, kendi ağırlıkları yanında **Fig. 2**'de görülebilen kemer üzerindeki dolgu taş duvarlar ile **Fig. 5**'te görülen ve kemerin üst yapısını oluşturan elemanları taşımaktadır. Üst yapıyı oluşturan taşlar planda 0.6 m-1.5 m genişliğe ve 2.5 m uzunluğa sahip olup 0.3 m civarında kalınlığa sahiptir.

Fig. 6'da tipik bir kemer aksı üzerinde taşıyıcı taş kemer, kemerlerin oturduğu kolon ve kemer üzerindeki taşıyıcı olmayan dolgu duvar görülmektedir. Kemerli yapıda, birbirlerine yaklaşık 2.5 m uzaklıkta **Fig. 6**'daki gibi 10 adet kemer aksı bulunmaktadır. Taşıyıcı taş kemerin yüksekliği 0.5 m, genişliği ise 0.7 m civarındadır. Kemer açıklığı a1 ve a2 ile gösterilmiştir ve 5.2 m-5.3 m aralığında boyuta sahiptir. Kolon yüksekliği (b1) ve tabandan itibaren toplam kemer yüksekliği (b2) sırası ile 2.2 m ve 4.2 m civarındadır. Kemerlerin oturduğu yan duvarların kalınlığı 0.7 m, kare enkesit olarak kabul edilecek kolonların plandaki bir boyutu 0.8 m civarındadır.

4. Taşıyıcı Sistem Analiz Modeli

Bir önceki bölümde özetlenen geometrik bilgiler kullanılarak yapının üç boyutlu taşıyıcı sistem modeli Sap2000 (2014) yapısal analiz programı ile hazırlanmıştır. **Fig. 7**'de üç boyutlu taşıyıcı sistem modeli ile ilgili görünümler verilmiştir. Analiz modelinde kemer aksı doğrultusu X doğrultusu, kemerlere dik doğrultu Y doğrultusu, düşey doğrultu ise Z doğrultusu olarak kabul edilmektedir.

Taşıyıcı sistem oluşturulurken taşıyıcı taş kemer, iki kemerin ortasında bulunan ve kemerlerin mesnetlendiği taş kolonlar (**Fig. 6**) ile yapının tavanını oluşturup her iki uçlarından kemerlere mesnetlenen yapı elemanları (**Fig. 5**), çubuk eleman (FRAME) olarak modellenmiştir. Kemerlerdeki taşıyıcı olmayan dolgu duvarlar ise düzlem eleman (AREA) olarak modellenmiştir.

Bilindiği gibi, kemerler her iki yanda taş duvarlara mesnetlenmiştir (**Fig. 3**). Kemerlerin mesnetlendiği taş duvarlar taşıyıcı sistem modelinde yer almamaktadır. Taşıyıcı sistem modelinde kemerlerin taşıyıcı duvarlara mesnetlendiği noktayı temsil eden her iki yandaki kemer uç noktalarının mesnetlenme biçimi modelde dikkate alınmıştır. Bu noktalarda bütün serbestlik derecelerinin tutulu olduğu kabul edilmiştir. Kolonların alt ucunda ise ötelenme serbestlik dereceleri tutulu olarak kabul edilmiştir.

Taşıyıcı sistemi oluşturan kemer ve kolonlar için birim ağırlığı 16 kN/m^3, elastisite modülü 3000 MPa, poisson oranı 0.20, dolgu duvarlar için birim ağırlığı 13 kN/m3, elastisite modülü 1500 MPa, poisson oranı 0.25

[6] Türkiye Deprem Bölgeleri Haritası 2014.

[7] DBYBHY 2007.

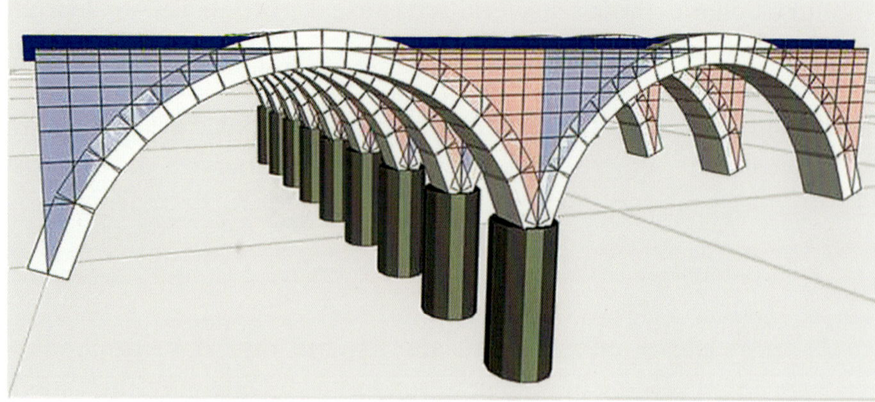

Fig. 7 Kemerli yapı üç boyutlu taşıyıcı sistem modeli görünümleri.

kabul edilmiştir.[8] Malzemeler doğrusal elastik davranış gösterecek şekilde tanımlanmıştır.

Kolonlar, çapı 80 cm olan dairesel enkesite, kemerler 50x70 cm dikdörtgen enkesite sahip olarak tanımlanmıştır. Dolgu duvarların kalınlığı 60 cm alınmıştır.

Eleman kütlelerinin sebep olduğu düşey yüklerin yanında, yine eleman kütleleri ile uyumlu yatay yükler (deprem yükleri) analiz modelinde dikkate alınmıştır. Deprem Yönetmeliği'nde tanımlanmış Z2 ve Z4 sınıfı zeminler, iki farklı zemin sınıfını temsil etmesi amacıyla dikkate alınmıştır. Yani, yapının Z2 sınıfı zemin ve Z4 sınıfı zemin üzerinde olduğu kabulleri ayrı ayrı dikkate alınmıştır. Bunun yanında iki farklı seviyede deprem tehlikesini temsil etmek amacı ile yapının bulunduğu bölge için geçerli etkin yer ivmesi 0.40 g yanında 0.30 g de dikkate alınmıştır.

Dikkate alınan deprem seviyeleri için birbirine dik iki doğrultuda (kemer aksları doğrultusu ve kemer akslarına dik doğrultu) deprem yüklerinin hesabında tepki spektrumu yöntemi (mod birleştirme yöntemi) ilk 20 titreşim modu dikkate alınarak kullanılmış, taşıyıcı sistem davranış katsayısı R=2 kabul edilmiştir.

İki farklı zemin ve iki farklı deprem seviyesinin kombinasyonu ile dört farklı senaryo dikkate alınarak her bir durum için analizler yapılmış ve değerlendirilmiştir. Kombinasyon isimlerinde zemin sınıfı ve etkin yer ivmesi de kullanılmıştır. Örneğin GRESPXZ204 kombinasyonu, düşey yükün yanında X yönünde zemin sınıfı Z2 ve etkin yer ivmesi katsayısı A0=0.4 kullanılarak elde edilen deprem yükünün dikkate alındığı kombinasyonu ifade eder. Bu şekilde her doğrultuda 4 ve toplam 8 kombinasyon tanımlanmıştır: GRESPXZ203, GRESPXZ204, GRESPXZ403, GRESPXZ404, GRESPYZ203, GRESPYZ204, GRESPYZ403, GRESPYZ404.

Mod	Periyot (s)	Frekans (1/s)	Mod	Periyot (s)	Frekans (1/s)
1	0.190	5.277	7	0.080	12.512
2	0.129	7.731	8	0.069	14.443
3	0.122	8.189	9	0.061	16.310
4	0.108	9.256	10	0.060	16.792
5	0.096	10.382	11	0.056	17.916
6	0.090	11.110	12	0.053	19.020

Fig. 8 Yapının ilk 12 titreşim moduna ait periyotlar ve frekanslar.

[8] Bayraktar vd. 2007.

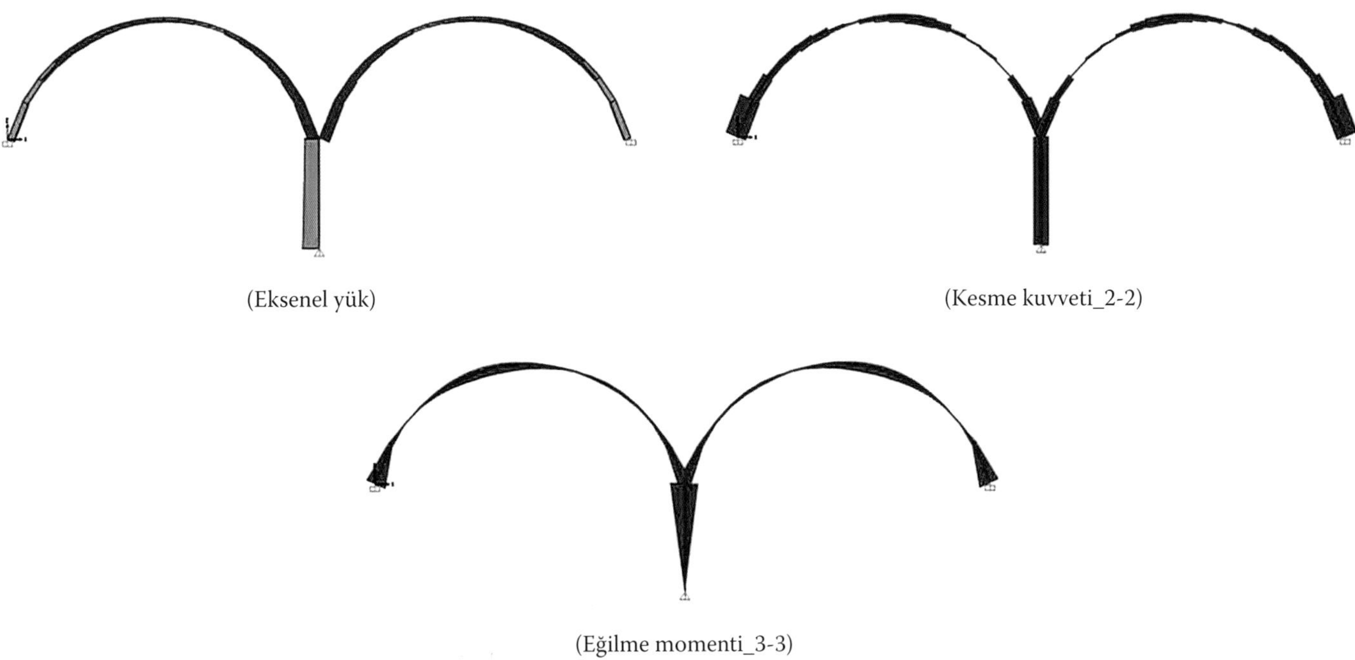

Fig. 9 GRESPXZ204 kombinasyonu için taş kemerde iç kuvvetler diyagramı.

5. Analiz Sonuçları

Dinamik analiz sonuçlarına göre yapının ilk 12 titreşim moduna ait periyot değerleri Figür 8'de verilmiştir. Yapının kemer akslarına dik doğrultudaki baskın modu ilk mod (periyodu 0.190s), kemer aksları doğrultusundaki baskın modu ise ikinci moddur (periyodu 0.129s).

Figür 9'da, taş kemerlerde oluşan iç kuvvetlerin dağılımına örnek olması amacıyla GRESPXZ404 nolu kombinasyondan dolayı oluşan eksenel yük, 2 nolu lokal aks doğrultusunda (kemeri temsil eden 50x70 boyutundaki enkesitte kısa kenar doğrultusu) kesme kuvveti ve 3 nolu lokal aks (kemer enkesitinde uzun kenar doğrultusunda uzanan lokal aks) etrafında eğilme momenti diyagramları verilmiştir. Kemer yapı sisteminde diğer kombinasyonlar için de benzer diyagramlar elde edilmektedir. Tepki spektrumu analizi kullanıldığı için kombinasyonlara ait diyagramlar deprem yüklemesinin her iki yönü için elde edilen değerlerin zarfı şeklinde çizilmektedir.

Kemerli yapıda deprem etkisi ile oluşan maksimum yatay ötelenme X yönündeki deprem yüklemeleri için kemer aksı doğrultusunda 2.0 mm ve Y yönündeki deprem yüklemeleri için kemer aksına dik doğrultuda 6.0 mm olarak hesaplanmıştır. 6 mm yatay ötelenme GRESPYZ404 kombinasyonuna aittir, yani etkin yer ivmesinin 0.40 g ve zemin sınıfının Z4 olduğu kabulü için hesaplanmıştır. Kolon alt ucundan kemer üst noktanın kodu 4.20 m olduğu düşünüldüğünde, yatay ötelenme oranının maksimum 6/4200=0.0014 olduğu görülür.

X ve Y yönündeki deprem yüklemeleri için kemerli yapının duvarlara bağlandığı noktalarda tanımlanmış mesnetler ile kolon alt ucundaki mesnetlerde hesap değerleri incelenmiştir.

X yönündeki yüklemeler için, kemer aksı doğrultusunda ve düşey yönde maksimum mesnet reaksiyonları sırası ile 63 kN ve 128 kN (kolon alt ucunda) olarak hesaplanmıştır. Duvar mesnetlerinde maksimum eğilme momenti 41 kN-m'dir. Y yönündeki yüklemeler için, kemer aksı doğrultusunda ve kemer aksına dik doğrultuda maksimum mesnet reaksiyonları 40 kN civarında iken düşey doğrultuda maksimum mesnet reaksiyonu 132 kN (kolon alt ucunda) olarak hesaplanmıştır. Duvar mesnetlerinde maksimum eğilme momenti 53 kN-m'dir. Sadece düşey yükler dikkate alındığında duvar mesnetlerinde 57 kN düşey reaksiyon hesaplanmıştır.

Kolonlarda maksimum kesit tesirleri şu şekildedir: X yönündeki yüklemeler için eksenel yük 128 kN, kesme kuvveti 25 kN, Y yönündeki yüklemeler için eksenel yük 128 kN ve kesme kuvveti 20 kN. Buna göre kolon enkesitinde ortalama eksenel basınç gerilmesi ve kayma gerilmesi sırası ile 0.20 MPa ve 0.05 MPa düzeyindedir.

Taş kemerlerde sadece düşey yükler dikkate alındığında eğilme momenti 3 kN-m ve kesme kuvveti 8 kN civarındadır. Eksenel yükün en büyük değeri 57 kN olmaktadır. Düşey yükler için en büyük eksenel basınç gerilmesi 0.27 MPa, kayma gerilmesi ise 0.03 MPa olmaktadır.

Taş kemerlerde deprem etkisi de dikkate alındığında kemer boyunca hesaplanan maksimum kesme kuvveti X yönündeki yüklemeler için 43 kN, Y yönündeki yüklemeler için 37 kN olmaktadır. Bu değerlere göre hesaplanan kayma gerilmeleri sırası ile 0.15 MPa ve 0.12 MPa'dır. Maksimum eksenel yük X yönündeki yüklemeler için 103 kN, Y yönündeki yüklemeler için 58 kN olarak hesaplanmıştır. Maksimum eğilme momenti değerleri de X yönündeki yüklemeler için 40 kN-m ve Y yönündeki yüklemeler için 59 kN-m'dir. İlgili aks etrafındaki eğilme momenti ve eksenel yük beraber dikkate alınarak hesaplanan maksimum eksenel basınç gerilmeleri X yönündeki yüklemeler için 1.49 MPa Y yönündeki yüklemeler için 1.60 MPa olmaktadır.

6. Sonuçlar

Bu çalışmada, Denizli ili, Buldan ilçesi, Yenicekent mahallesi sınırları içerisinde yer alan Tripolis antik kentinde bulunan kemerli taş yapının, sonlu elemanlar yöntemi ile doğrusal elastik analizi gerçekleştirilmiştir. Kemerli yapıyı temsil eden üç boyutlu taşıyıcı sistem modeli, yapı malzemelerinin doğrusal elastik davranış gösterdiği kabulü ile hazırlanmıştır. Yapıya etkiyen düşey yüklerin yanında olası senaryo depremleri temsil edecek yatay yükler de analiz modelinde dikkate alınmıştır. Taşıyıcı sistem elemanlarında ortalama enkesit gerilmeleri ve yatay ötelenmeler kullanılarak, kemerli yapının düşey yükler ve senaryo deprem yükleri etkisi altındaki davranışı değerlendirilmiştir.

Düşey yükler etkisi altında, yapıda oluşacak düşey ötelenmeler ve taş kemer ile kolonlarda oluşacak gerilmelerin, yapı güvenliğini etkileyecek düzeyde olmayacağı kanaatine varılmıştır.

Senaryo depremleri için yapılan hesaplamalar sonucunda kemer yatay ötelenmelerinin kemer aksı doğrultusunda maksimum 2.0 mm, kemer aksına dik doğrultuda ise 6.0 mm olduğu belirlenmiştir.

Senaryo depremleri için yapılan hesaplamalar sonucunda kolon enkesitinde maksimum eksenel basınç gerilmesi ve ortalama kayma gerilmesi sırası ile 0.20 MPa ve 0.05 MPa bulunmuştur. Taş kemer yapısı için maksimum kayma gerilmesi 0.15 MPa'dır. Kemer yapısında, ilgili aks etrafındaki eğilme momenti ve kemer eksenel yükü beraber dikkate alınarak hesaplanan maksimum basınç gerilmesi X yönündeki yüklemeler için 1.49 MPa, Y yönündeki yüklemeler için 1.60 MPa bulunmuştur. Gerilmenin büyük değerleri duvar mesnetlerine yakın bölgede elde edilmektedir.

Bu çalışmada dikkate alınan etkiler sonucunda yapı elemanlarında oluşacak gerilmeler elde edilmiştir. Elde edilen sonuçların, malzemenin elastik özellikleri ile deprem yüklerinin hesabına ilişkin bazı kabulleri içerdiğini ve bu kabuller için geçerli olduğunu ifade etmek gerekir.

Bu çalışmada kullanılan doğrusal elastik malzeme davranışı modeli, kemerli tarihi yapıların statik durumlarının (genel stabilite ve çeşitli yükler altında oluşabilecek olası hasarlar için kritik bölgelerin tespiti) belirlenmesi amacı ile ilk aşama yaklaşımı olarak uygundur. Doğrusal elastik analiz sonuçlarının yorumlanmasından yola çıkarak kritik bölgelerde yapı davranışını daha detaylı olarak değerlendirebilmek amacı ile yapıyı oluşturan malzemenin doğrusal elastik olmayan davranışının ve geometrik düzensizliklerin de dikkate alındığı daha ayrıntılı analiz modellerinin kullanılması mümkündür.

Kaynakça

Ambraseys – Finkel 1987
N.N. Ambraseys – C.F. Finkel, "Seismicity of Turkey and neighbouring regions, 1899-1915." *Annales Geophysicae*, 5B,701,726.

Altunel 1999 E. Altunel, "Geological ve Geomorphological observations in relation to the 20 September 1999 Menderes Earthquake, Western Turkey." *Journal of the Geological Society*, London. Vol 156., pp 241-246.

Bayraktar ve diğ. 2007
A. Bayraktar – A.C. Altunışık – T. Türker – B. Sevim, "Tarihi Köprülerin Deprem Davranışına Sonlu Eleman Model İyileştirilmesinin Etkisi", Sixth National Conference on Earthquake Engineering,Istanbul, Turkey.

DBYBHY. 2007 Deprem Bölgelerinde Yapılacak Binalar Hakkında Yönetmelik, Bayındırlık ve İskan Bakanlığı, Ankara, 159s.

Duman 2013 B. Duman, "Son Arkeolojik Araştırmalar ve Yeni Bulgular Işığında Tripolis ad Maeaundrum", *Cedrus* 1, Antalya, 179-200.

Eravcı ve diğ. 2007 B. Eravcı – M. Yaman – E. Tepeuğur – C. Erkmen – T. Aktan – H. Albayrak – R. Demirtaş, "Batı Anadolu Çöküntü Bölgesinin Paleosismoloji Projesi Sonuç Raporu", Afet İşleri Genel Müdürlüğü Deprem Araştırma Dairesi, Rapor No: 5691-1, 135s.

Ergin ve diğ. 1967 K. Ergin – U. Güçlü – Z. Uz, Türkiye ve civarının deprem kataloğu (Milattan sonra 11 yılından 1964 sonuna kadar). İstanbul Teknik Üniversitesi Maden Fakültesi Arz Fiziği Enstitüsü Yayınları, No:24.

Karnik 1971 V. Karnik, *Seismicity of the European Area Part 2*. D. Reidel Publishing Company Dordrecht-Holland.

Pınar– Lahn 1952 N. Pınar – E. Lahn, Türkiye Depremleri İzahlı Kataloğu,T.C. Bayındırlık Bakanlığı Yapı ve İmar İşleri Reisliği Yayınlarından, Seri: 6, Sayı 36, 151 sayfa, Ankara.

SAP2000. 2014 Three Dimensional Static and Dynamic Finite Element Analysis and Design of Structures, Computer and Structures Inc., Berkeley, California, USA.

Türkiye Deprem Bölgeleri Haritası. 2014
T.C. Bayındırlık ve İskan Bakanlığı, Afet İşleri Genel Müdürlüğü, Deprem Araştırma Dairesi, http://www.deprem.gov.tr

Tripolis Antik Kenti (Yenicekent/Buldan-Denizli) Yapılarında Kullanılan Kayaçların Minero-Petrografik Özellikleri

Tamer KORALAY*

Özet

Doğal yapıtaşı kullanımı, insanoğlunun yaşamında en yaygın kullanılan malzemelerden bir tanesidir. Bunun sebebi yapıtaşlarının doğada çok büyük rezervler halinde bulunması, kolaylıkla elde edilebilir olması ve diğer yapı malzemelerine göre çok daha fazla taşıyıcı gücünün olmasıdır. Yapılarda kullanılan kayaların ihtişamlı görüntüleri, eski dönemlerden beri güç ve zenginliğin bir göstergesi olup, bu görünüş insanoğlunun geçmiş dönemlerden bu yana daima dikkatini çekmiştir. Zengin mermer ve doğal taş kaynaklarına sahip olan Anadolu topraklarında çeşitli medeniyetler tarih boyunca bu zenginliği kullanarak önemli eserler meydana getirmiştir. Tripolis antik kentini oluşturan birçok yapıda değişik renk ve dokuda kaya blokların kullanıldığı bilinmektedir. Bu çalışmada Tripolis antik kenti yapılarında kullanılan kaya türlerinin %75'inin tortul (mermer, bantlı traverten, traverten, fosilli kumtaşı), %20'sinin metamorfik (mikaşist, gnays) ve % 5'inin magmatik (serpantinit, granodiyorit, gabro, andezit) kökenli oldukları belirlenmiştir. Ayrıca bu kaya türlerinin mineralojik ve petrografik özellikleri detaylı bir şekilde ortaya çıkarılmıştır. Bölgede yüzlek veren kayaç litolojilerinden yararlanılarak bazı kaya blokları için olası kaynak alanları belirtilmiştir.

Anahtar Kelimeler: Tripolis, Yapıtaşı, Bantlı Traverten, Fosilli Kumtaşı, Mikaşist

Abstract

The natural building stones are the most widely used material in human life due to their large reserves in the nature and high carrying capacity compared to other construction materials. Magnificent images of rocks, used in buildings and monuments, are an indicator of power and wealth since ancient times. This situation always has attracted the attention of mankind. Having rich marble and natural stone source in Anatolia, several civilizations has created important works by using of this wealth throughout the history. The rock blocks which are various colors and textures, have been used in the structures of Tripolis ancient city. In this study, different rock types have been determined. They are mainly composed of 75% of sedimentary (marble, banded travertine, travertine, fossil sandstone), 20% of the metamorphic (schist, gneiss) and 5% of magmatic (serpentinite, granodiorite, gabbro, andesite) origin. In addition, mineralogical and petrographic properties of these rock types have been revealed in detailed investigations. It is also proposed potential source areas for the some rock types based on regional geological properties.

Keywords: *Tripolis, Building stone, Banded Travertine, Fossiliferous Sandstone, Micaschist*

* Doç. Dr., Pamukkale Üniversitesi, Mühendislik Fakültesi, Jeoloji Mühendisliği Bölümü, 20017 Kınıklı – Denizli.

Giriş

Günümüzde bilimsel ve teknik problemlerin çözümünde disiplinler arası çalışmalar hızla artmaktadır. Bu anlamda jeoarkeoloji; arkeoloji ve jeoloji bilimlerinin ortak çalışmaları ile önemli sonuçların elde edildiği disiplinler arası bir çalışmadır. Arkeolojik kazılarda elde edilen veriler, farklı bilim dallarının ortaklaşa çalışmaları ile değerlendirildiğinde önemli sonuçlara ulaşılabilmektedir. Jeolojik ve jeolojik oluşumlarla ilintili birçok araştırmada

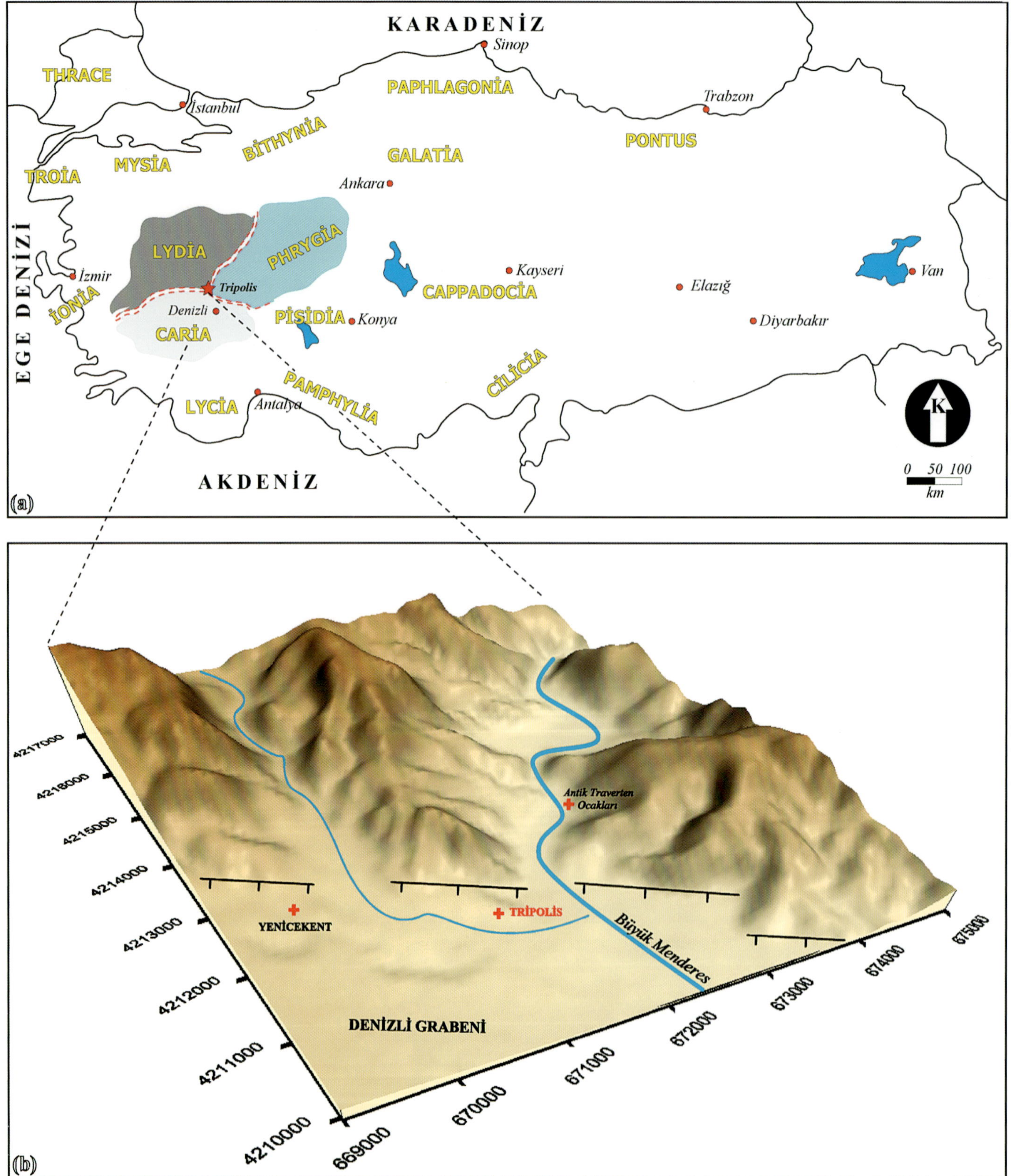

Fig. 1a-b

kaya örneklerinden hazırlanan ince kesitler, optik mikroskop kullanılarak bu kayaların minero-petrografik özelliklerinin belirlenmesinde yaygın olarak kullanılmaktadır. Minero-Petrografik çalışmalar yoluyla elde edilen bilgiler yapılması planlanan birçok araştırmaya teknik ve bilimsel altlık oluşturmaktadır. Örneğin kazı alanlarındaki yapılarda kullanılan kaya örneklerinin detaylı incelenmesi geçmiş dönem taş ocağı işletmeciliğinin bütün yönleri ile tanımlanmasına yardımcı olmaktadır. Benzer şekilde yapılarda kullanılan kayaların kaynak alanlarının belirlenmesi, koruma ve onarım çalışmalarında doğru malzeme seçimine ve doğru uygulamaların yapılabilmesine olanak sağlayacaktır. Bu çalışmanın amacı; Tripolis Antik Kenti yapılarında kullanılan kaya türlerinin mineralojik ve petrografik özelliklerini belirlemek ve olası kaynak alanlarının nereler olabileceği hakkında bilgi vermektir.

Tripolis'in Kısa Tarihçesi

Tripolis Antik Kenti Denizli İli, Buldan İlçesi, Yenicekent Kasabası sınırları içerisinde yer almaktadır. Hellenistik Dönem'de Lydia, Phrygia ve Karia bölgelerinin kesişim noktasında, Menderes Nehri'nin kenarında kurulmuştur (**Fig. 1a**). Lydia bölgesi sınırları içerisinde ilk kez Apollonia ismi ile kurulan ve kısa bir dönem Antoniopolis olarak anılan kent, M.Ö. 1. yy'da üç bölgenin kesişim noktası olması nedeniyle bu bölgelerden gelen halkların yerleşim yeri olmuş ve bu nedenle Tripolis ismini almıştır[1]. Tripolis Antik Kenti'nin de içerisinde bulunduğu Lykos (Çürüksu) Vadisi M.Ö. 190 yılında Seleukos Krallığı ile Romalılar arasında yapılan Magnesia Savaşı'na kadar Seleukos Hanedanlığı yönetiminde kalmıştır. Bu savaşı, Bergama'nın desteğinde kazanan Romalılar, M.Ö. 188 yılında imzalanan Apameia (Dinar) Barışı'yla o bölgedeki Seleukos topraklarını Bergamalılar'a bırakmıştır. Bergama Krallığı da daha sonra III. Attalos'un M.Ö. 133 yılında ölümünün ardından vasiyet üzerine Roma İmparatorluğu'na bağlanmıştır[2].

Kent en ihtişamlı çağını Roma Dönemi'nde yaşamıştır. M.S. 2. yy.'dan itibaren kente yeni bir yapılanmaya gidilmiş ve şehir kapıları, caddeler, hamamlar, stadyum, tiyatro ve meclis binası gibi kamu binaları yapılmıştır. M.S. 325'de Nicaea (İznik) Konsili'nde Piskoposluk seviyesinde temsil edilen Tripolis Antik Kenti'nde, M.S. 494 depreminden önemli hasarlar meydana gelmiştir[3]. M.S. 6 yy. sonu 7. yy. başında Anadolu toprakları üzerinde etkili olan Sasani akınları nedeniyle kentte yaşayan halk, Tripolis'in yaklaşık 5 km. kuzeyindeki Direbol'a (Narlıdere) ve daha korunaklı dağ yamaçlarına taşınmıştır. Tripolis 13. yy.'ın ilk yarısında Bizanslılar ile Türkler arasında birkaç kez el değiştirmiş, 1304-1306 tarihlerinden itibaren Türk hâkimiyetine (İnançoğulları ve Germiyanoğulları) geçmiştir. Son olarak 1429'da Denizli ve çevresi Osmanlı egemenliği altına girmiştir[4].

Her ne kadar Tripolis'in bir kent olarak geçmişi Hellenistik Dönem'e dayansa da, kentin çevresinde gerçekleştirilen yüzey araştırmalarında elde edilen arkeolojik materyaller, bu bölgedeki yerleşimin günümüzden 5000 yıl öncesine kadar gittiğini kanıtlamaktadır[5].

Tripolis Antik Kenti ve Çevresinin Jeolojik Yapısı

Tripolis Antik Kenti ve çevresini kapsayan inceleme alanı, 1/25000 ölçekli Uşak L21-c3 paftasında yer almaktadır. Bu çalışmada detaylı jeolojik harita alımı çalışmaları yapılmamış, farklı renk ve doku özelliği gösteren kaya birimlerinden örnek alımı yapılmıştır. Tripolis antik kentinin bulunduğu alan graben tektoniğinin hâkim olduğu bir bölgede kurulmuş olup, deniz seviyesinden yüksekliği 220 m'dir. Kentin kuzeyine doğru yükseklik değerleri artmaktadır (**Fig. 1b**). 51 m^3/sn'lik debisi ile bölgenin en büyük akarsuyu olan Büyük Menderes Nehri antik kenti doğudan sınırlamaktadır. Bununla birlikte çalışma alanı ve çevresinde Büyük Menederes Nehri'ne bağlanan mevsimsel akışa sahip dereler bulunmaktadır. Bu dereler özellikle yağışlı mevsimlerde yüksek kodlardan sellenmeler ile taşıdıkları çökelleri eğimin düştüğü antik kent kalıntıları üzerinde biriktirmekte ve kazı

1 Duman 2013, 180.

2 Şimşek 2007, 384.

3 Duman 2013, 180. vd.

4 Duman 2013, 180. vd.

5 Duman 2013, 180.

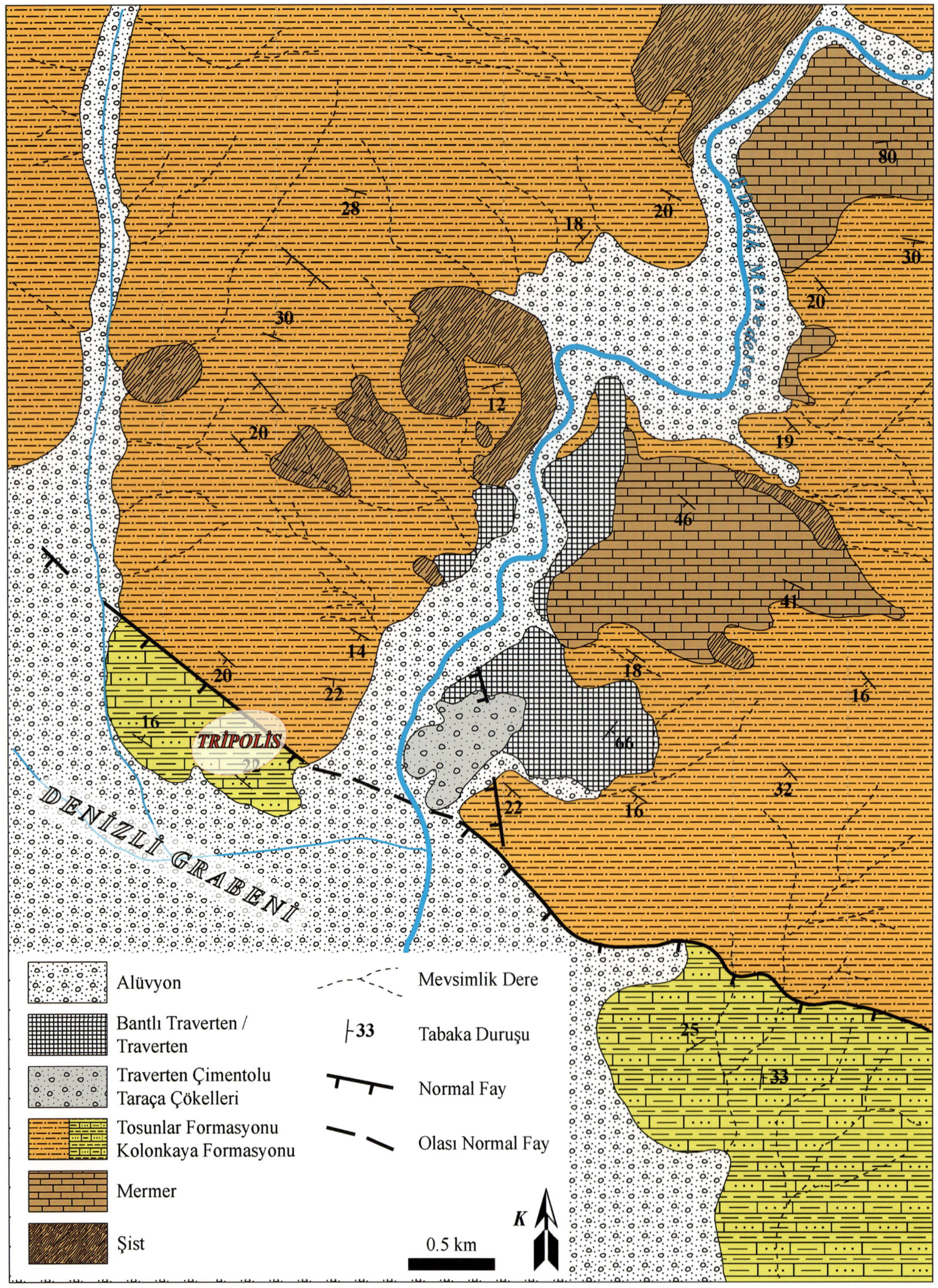

Fig. 2 Tripolis antik kenti ve çevresinin jeoloji haritası

çalışmalarını güçleştirmektedir. Denizli İli, coğrafi konumu itibariyle Ege, İç Anadolu ve Akdeniz Bölgeleri arasında bir geçit teşkil ettiğinden iklimi değişiklik arz etmektedir. Genellikle İç Anadolu'nun güney bölümü ve Ege ikliminin yaygın özellikleri görülmektedir. Ege Bölgesi ikliminden sıcaklık olarak biraz düşüktür. Yazları gölgede 40° C'ye varan ve kış ayları ise -15° C'ye kadar düşen sıcaklık ile Ege Bölgesi ikliminden farklılık gösterir. Güney Meteoroloji istasyonunun 1975-2006 tarihleri arasındaki 32 yıllık ortalama sıcaklık değeri 10,9° C'dir. Ölçüm yapılan 32 yılın ortalamalarına göre en soğuk ay -0.1° C ortalama ile Ocak ayı, en sıcak ay ise 22.2° C ortalama ile Temmuz ayıdır. Yağış miktarı yıllık 47.32 kg/m^2 olup, yağışın %40'ı kışın, %21'i ilkbahar ve %33'ü sonbahar dönemlerinde gerçekleşir[6].

Günümüzde yapılaşma ile ilgili hammadde kaynaklarının, zaman ve ekonomi problemlerini aşmak bakımından, hammaddelerin kullanılacağı bölgelere yakın olması istenilmektedir. Bu gerçekten hareketle antik dönem medeniyetlerinin yapılaşma için kendilerine en yakın kaynakları kullanmak isteyecekleri doğal bir sonuçtur. Bu nedenle öncelikle antik yerleşimler ve yakın çevresindeki jeolojik yapının ve kaya birimlerinin araştırılması uygun olacaktır. Tripolis Antik Kenti, Batı Anadolu'da yaklaşık olarak doğu-batı uzanımlı normal fayların şekillendirdiği ve aktif olarak genişleme tektoniğinin etkisinde kalan Büyük Menderes Grabeni içerisinde yer alan bir bölgedir. Çalışma alanında görülen jeolojik birimler yaşlıdan gence doğru;

- Paleozoyik yaşlı metamorfik kayaçlar,
- Üst Pliyosen yaşlı Kızılburun formasyonu,
- Pliyosen yaşlı Sazak, Kolonkaya ve Tosunlar formasyonları ve
- Kuvaterner yaşlı karasal sedimanter kayaçlardır [7] (**Fig. 2**).

Bölgedeki bu kayaç toplulukları arasında uyumsuzluklar ve stratigrafik boşluklar bulunmaktadır. Tripolis ve çevresinde temel kayaçları Menderes Masifi olarak tanımlanan yüksek dereceli metamorfik kayaçlar oluşturmaktadır. Menderes Masifi'nde iki stratigrafik düzey ayırt edilmektedir. Bunlar; ileri derecede metamorfizmaya uğramış gözlü gnays, migmatit, amfibolit ve eklojit kayaçlarından oluşan çekirdek seviyesi ve bu seviyeyi örten kuvarsit, mikaşist, fillat ve mermerlerden oluşan örtü seviyesidir[8]. Örtü seviyesini oluşturan şist ve kuvarsitler ince-orta tabakalı olup, baskın olarak kuvars, muskovit, biyotit minerallerinden oluşmaktadır. Menderes Masifi'nin çekirdek seviyesinin Pan Afrikan temeline ait yaşlı bir kristalen kütle olduğu ve yaşının 0,8-2 milyar yıl arasında değiştiği farklı araştırmacılar tarafından belirtilmektedir[9]. Masifi oluşturan örtü kayalarının tanım ve ayırımından kaynaklanan farklılıklar nedeniyle yaşları üzerinde bir fikir birlikteliği bulunmamaktadır. Bazı araştırmacılar örtü kayalarında Kambriyen'den Eosen'e kadar olan bir istifin varlığını kabul ederken, diğer bazı araştırmacılar ise Üst Karbonifer'den Üst Kretase - Eosen'e kadar olan bir istiften söz etmektedir. Neojen yaşlı çökeller[10] H. Alçiçek[11] tarafından tanımlanmış olup, yaşlıdan gence doğru Kızılburun, Sazak, Kolankaya ve Tosunlar formasyonlarından oluşmaktadır. Orta Miyosen yaşlı Kızılburun formasyonu yaklaşık 300 m. kalınlığında kaba ve ince taneli konglomera, kumtaşı ve çamurtaşından oluşmaktadır. Kızılburun formasyonu üzerine uyumlu olarak Orta Miyosen yaşlı Sazak formasyonu gelmektedir. Sazak formasyonu 150-300 m. kalınlığa sahip olup, kireçtaşı, gri renkli marn, laminalı silttaşı-çamurtaşı, killi kireçtaşı, çörtlü kireçtaşı, selenitik jips, jips arenit, jipsli halit, jipsli çamurtaşı litolojilerinden oluşmaktadır. Orta Geç Miyosen yaşlı Kolankaya formasyonu marn, çamurtaşı (kil-silt ardalanması) ve egemen olarak kumtaşlarından oluşmakta olup, 500 m. kalınlığa sahiptir. Kumtaşları açık kahverengi, sarımsı ve gri renklerde yer yer az pekleşmiş, orta-kalın tabakalı, bol miktarda Gastrapod ve Lamellibranş fosillidir. Pliyosen yaşlı çökeller Tosunlar formasyonu tarafından temsil edilmekte olup, 500 m. kalınlığındadır. Formasyon genellikle kırmızımsı turuncu ve/veya sarımsı beyaz renkli, orta-kalın tabakalanmalı, gevşek karbonat-kil çimentolu, çoğunlukla kendinden önceki formasyonların kaya litolojilerinden oluşan yarı

---

[6] http://www.dmi.gov.tr

[7] Şimşek 1984, 145-162; Sun 1990; Gökgöz1994, 263; Çakır 1999, 67-80; Bülbül 2000, 97.

[8] Oberhänsli vd. 1997, 135-150.

[9] Şengör vd. 1984, 693-707; Satır-Friedrichsen 1986, 703-714; Candan vd. 2011, 142.

[10] Bülbül 2000, 97; Candan vd. 2011, 142; Gökgöz 1994, 263; Şimşek 1984, 145-162.

[11] Alçiçek 2007.

yuvarlanmış çakıltaşı-kumtaşı ardalanması ve yer yer marnlı, kireçli seviyelerden oluşmaktadır[12]. Tripolis ve yakın çevresinde görülen alüvyon, taraça çökelleri, yamaç molozu ve traverten oluşumları Kuvaterner dönemi çökellerini oluşturmaktadır (**Fig. 2**).

Materyal ve Metot

Tripolis Antik Kenti kazı çalışmaları sırasında açığa çıkarılan ve kazı alanında belli yerlerde toplanan kayaç örnekleri incelenmiş, farklı renk ve doku özelliği gösteren kayaçlardan örnekleme yapılmıştır. Farklı renk ve doku özelliği gösteren kayaç örneklerinden toplam 30 adet alınarak bu örneklerin mineralojik ve petrografik özellikleri belirlenmeye çalışılmıştır. Bu incelemeler Pamukkale Üniversitesi Jeoloji Mühendisliği Bölümü Optik Mineraloji Laboratuvarı'nda, "Leica DM750P marka polarize mikroskop" kullanılarak yapılmıştır. Kaya örneklerinin ayrıntılı incelenmesi sonucu kaya örneklerinin mineral bileşimi ve doku özellikleri hakkında detaylı bilgi elde edilmektedir. Bu bilgiler daha sonra yapılacak koruma-onarım çalışmalarına altlık oluşturmaktadır.

Tripolis Yapı Taşlarının Minero-Petrografik Özellikleri

Taş ocaklarından çıkarıldıktan sonra doğrudan ve/veya çok az bir işlemden geçirildikten sonra kullanılabilen, atmosfer etkilerine dayanıklı, teknolojik özellikleri bakımından yapı işlerinde kullanmaya elverişli taşlara "doğal yapı taşları" denilmektedir. Doğal yapıtaşları geçmiş dönemlerden günümüze insanoğlu tarafından yapılarda ve anıtlarda kolaylıkla elde edilebilmesi, şekil verilebilir olması ve dayanıklılığı sebebiyle yaygın olarak kullanılmıştır. Doğal taşların kullanılmasıyla inşa edilmiş tarihi yapılar ne kadar eski ve kötü şartlar altında kalmış da olsalar uzun yıllar ayakta kalarak, yapıldığı döneme ait önemli bilgileri günümüze kadar beraberlerinde getirmişlerdir. Zaman içerisinde gelişen teknolojinin bir sonucu olarak yerini yapay türevlerine bırakan doğal yapı taşları, özellikle antik dönem yapı ve anıtlarında yaygın olarak kullanılmışlardır. Jeoloji bilimi açısından doğal yapı taşları oluşum şekillerine göre tortul, magmatik ve metamorfik olmak üzere 3 ana başlık altında toplanmaktadır. Tripolis antik kenti doğal yapıtaşlarını incelediğimizde %75'nin tortul (mermer, bantlı traverten, traverten, fosilli kumtaşı), %20'sinin metamorfik (mikaşist, gnays) ve % 5'nin magmatik (serpantinit, granodiyorit, gabro, andezit) kökenli oldukları görülmektedir.

Mermer

Tripolis Antik Kenti'nde sütun, korinth başlığı, paye bloğu gibi üzerinde kabartma ve işlemelerin bulunduğu bloklarda yaygın olarak mermer türü kayalar kullanılmıştır (**Fig. 3a**). Renk olarak beyaz, grimsi beyaz, lila-mor damarlı, gri damarlı ve gri renklerde görülen mermer örneklerini oluşturan bileşenler çıplak gözle kolaylıkla görülmektedir (**Fig. 3b, c, d**). Kristal boyutlarına göre orta-iri (2 mm - > 5 mm) ve ince-orta (100 µm. - 5 2 mm) olmak üzere iki tür mermer tanımlanmıştır. Orta-iri kristalli mermer örneklerinde kristal sınırları genellikle düzgün çizgiler halinde olup, kristal yüzeyleri gün ışığı altında parlak yansıma göstermektedir (**Fig. 3e, f**). İnce-orta kristalli mermerlerin kristal sınırları genellikle düzensiz olup, tipik olarak lila-mor ve gri damarlı yapı ve şeker dokusu göstermektedir.

Orta-iri kristalli mermer örnekleri çoğunlukla heteroblastik mozaik dokuda olup, karbonat minerallerinden (kalsit, dolomit) oluşmaktadır (**Fig. 4a, b**). Örnekleri oluşturan karbonat mineralleri baskın olarak kalsit bileşimindedir. Kalsit mineralleri çoğunlukla özşekilli-yarı özşekilli kristaller halinde olup, kristal boyutları 100-3520 µm. arasında değişmektedir. Kalsit kristallerinde rombohedral dilinim izleri belirgin olup, dilinim açısı 40°-55° arasındadır. İri kalsit kristallerinin birçoğunda polisentetik ikizlenmeler görülmektedir (**Fig. 4a**). İnce-orta kristalli mermer örnekleri homoblastik poligonal dokuda olup, karbonat minerallerinden (kalsit, dolomit) oluşmaktadır (**Fig. 4c, d**). Karbonat mineralleri baskın olarak kalsit, daha az oranda dolomit bileşimlidir. Karbonat mineralleri çoğunlukla yarı özşekilli-özşekilsiz kristaller halinde olup, kristal boyutları 30-2580 µm. arasında değişmektedir. Karbonat minerallerinde rombohedral dilinim izleri belirgin olup, dilinim açısı 38°-61° arasındadır. Karbonat minerallerinde polisentetik ikizlenmeler görülmektedir (**Fig. 4d**).

12 Alçiçek 2007; Bülbül 2000, 97; Çakır 1999, 67-80; Gökgöz 1994, 263; Şimşek 1984, 145-162.

Fig. 3

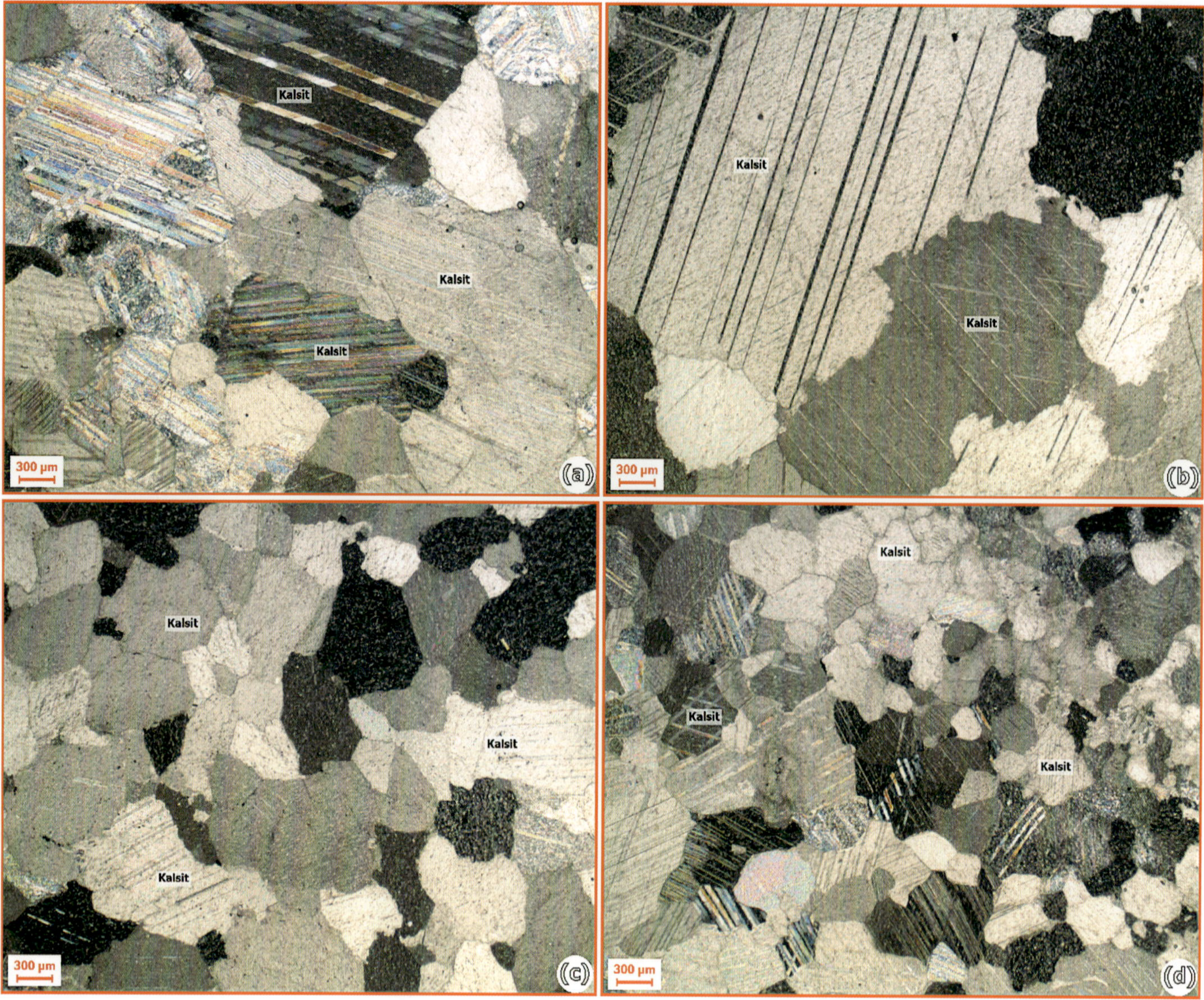

Fig. 4

Bantlı Traverten

Bantlı traverten örnekleri sütun yapıları, zemin ve duvar kaplamalarında yaygın olarak kullanılmıştır (**Fig. 5a**). Bantlı traverten örneklerinin en tipik özelliği beyaz, sarımsı beyaz, yeşilimsi beyaz, kırmızı ve kırmızımsı kahverengi renk bantları göstermesidir (**Fig. 5b, c**). Renk bantlarının genişliği değişken olup, çoğunlukla birbirine paralel olarak ardalanma gösterirler (**Fig. 5b**). Bantlı traverten örnekleri içerisinde sarımsı beyaz ve kırmızımsı kahverengi olanlar daha baskındır. Bazı örneklerde renk bantlarının arasında elips şekilli boşluklar bulunmaktadır. Bu boşluklarda özşekilli küçük kristal oluşumları bulunmaktadır. Bantlı traverten örneklerini oluşturan bileşenler lupla veya gözle tanımlanamayacak kadar küçüktür. Kaya örneklerinin %10'luk seyreltik HCl asit damlatıldığı zaman, fazla miktarda köpürmesi, bileşenlerinin büyük oranda karbonat minerallerinden (kalsit, dolomit ve aragonit) oluştuklarını göstermektedir (**Fig. 6a, b**).

Bantlı traverten örnekleri karbonat minerallerinden (kalsit, dolomit ve aragonit) oluşmaktadır (**Fig. 4a, b**). Karbonat minerallerinin mikroskop altında ayrımının yapılması çoğunlukla zordur. Bu nedenle karbonat minerallerinin ayrımının net bir şekilde yapılabilmesi ve kayaç içerisindeki miktarlarının belirlenebilmesi için X ışınları Difraktometre (XRD) analizinin yapılması uygun olacaktır. Aragonit olarak tanımlanan karbonat mineralleri, kaya örnekleri içerisinde bol miktarda görülmektedir. Renk bantlanmalarının büyük bir çoğunluğu aragonit bileşimli ince-uzun ışınsal kristallerden oluşmaktadır (**Fig. 6b, c, d**). İki renk bandı arasında çok küçük boyutlu kalsit/dolomit kristalleri veya karbonat çamuru olarak tanımlanabilecek seviyeler bulunmaktadır

Fig. 5

(**Fig. 6c, d**). Aragonit kristalleri bu seviyeler üzerinde ışınsal kristaller halinde gelişmiştir. İri aragonit kristalleri boyunca enine çatlaklar gelişmiştir.

Traverten

Duvar blokları olarak kullanılan traverten örnekleri sarımsı beyaz, açık kahvemsi beyaz renklidir (**Fig. 7a, b**). Kaya örnekleri renk olarak homojen bir görünümde olup, bol gözenekli bir yapıya sahiptir (**Fig. 7c, d**). Kaya örneklerini oluşturan bileşenlerin tane boyutu çok ince olup, taneler gözle veya lupla tanımlanamamaktadır. Gözenekler yuvarlak, elips ve boru şeklinde olup, dolgusuzdur (**Fig. 7c**). Gözeneklerin çapı 0.5-1 mm. arasında değişmektedir. Gözeneklerin yoğun olarak görüldüğü kısımlarda kaya örnekleri kolaylıkla kırılmakta ve ufalanabilmektedir. Gözeneklerin az olduğu kısımlarda kaya örnekleri sıkı ve tıkız bir yapıya sahiptir.

İncelenen traverten örneklerinde kayaçlar tamamen sparit ve mikrit bileşenlerinden oluşmaktadır. Sparit ve mikrit, içeriği incelenen kaya örneklerine göre değişiklik göstermektedir. Sparit bileşenler tane boyutu >10 µm. olan kalsit kristallerinden oluşur. Kil tane boyutu < 5 µm. olan mikrit türü bileşenler, I. nikolde kahverengi renkte görülür. Kaya örnekleri içerisinde birbirinden bağımsız olarak gelişmiş bol miktarda gözenek görülmektedir (**Fig. 8a, b, c, d**). Gözenekler dolgusuz olup, belirgin bir şekle sahip değillerdir. Gözenek çeperleri boyunca çok küçük II. nikolde canlı girişim rengi gösteren kristalin kalsit oluşumları görülmektedir. Gözenekler birbirinden bağımsız olarak gelişmiştir (**Fig. 6a, b, c, d**). Mikrit türü bileşenler kil boyutu (< 5 µm) tanelerden oluşur ve I. nikolde kahverengi renkte görülür.

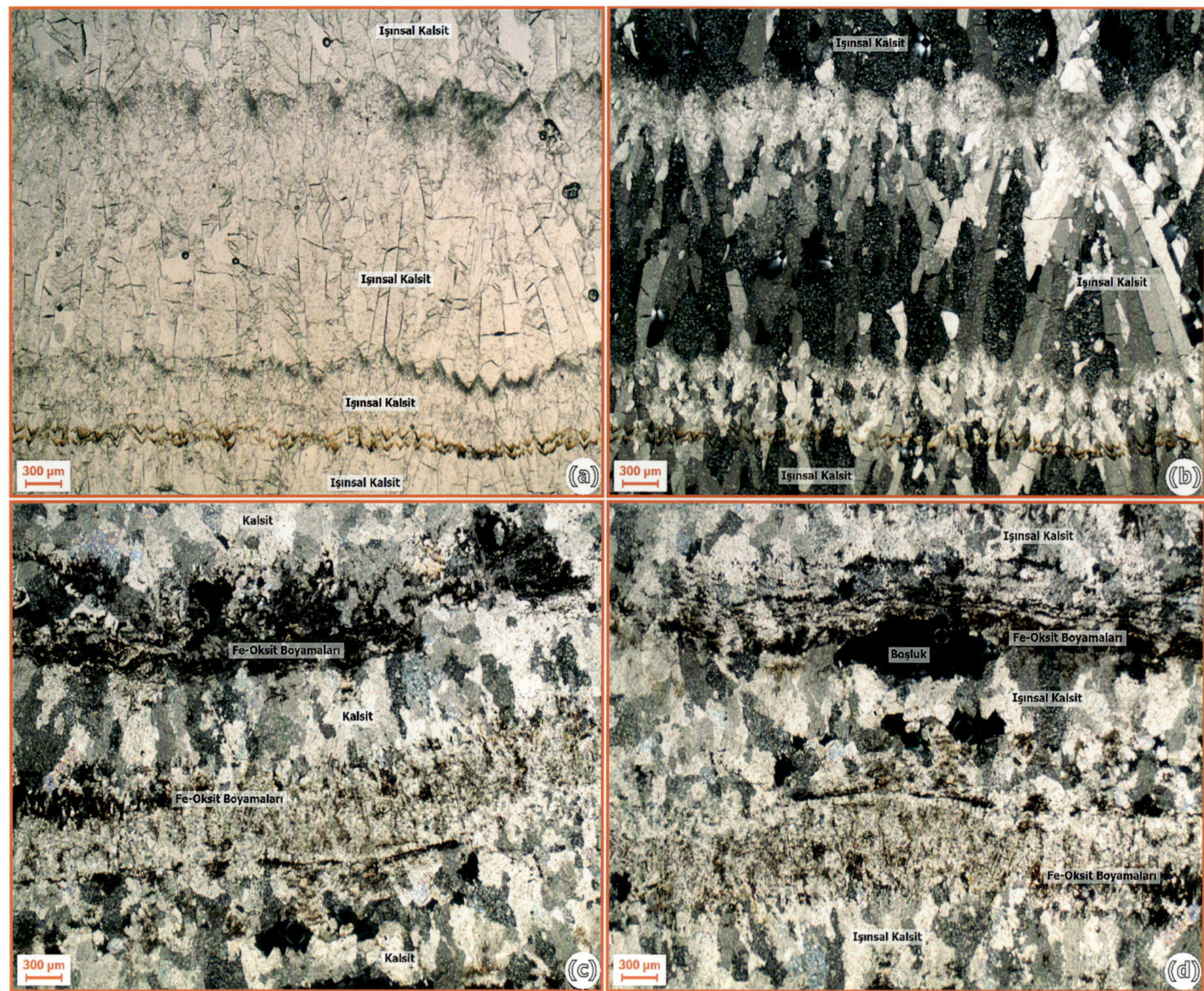

Fig. 6

Fosilli Kumtaşı

Büyük boyutlu bloklar şeklinde görülen fosilli kumtaşı örnekleri, cadde ve bina duvarlarında yaygın olarak kullanılmıştır (**Fig. 9a**). Fosilli kumtaşı örnekleri sarı, sarımsı gri, gri ve yeşilimsi gri renklidir. Bu tür kaya örneklerinin en tipik özelliği içerisinde iyi korunmuş gastropod ve lamellibranş türü fosillerin varlığıdır (**Fig. 9b, c**). Kum türü bileşenler ince-orta (0.1-0.5 mm.) boyutludur. Kaya örneklerinin %10'luk seyreltik HCl asit damlatıldığı zaman, fazla miktarda köpürmesi, bağlayıcı malzemenin karbonat bileşiminde olduğunu göstermektedir. Kaya örneklerinin bir kısmı oldukça sıkı ve sert bir yapıda iken, bazıları kolaylıkla ufalanıp dağılmaktadır.

Mikroskop incelemeleri sonucunda fosilli kumtaşı örneklerinin oolitik dokuda, karbonat çimentolu kuvars kumtaşı özelliği gösterdikleri belirlenmiştir (**Fig. 10a, b**). Bir çekirdek etrafında bir yada daha fazla konsantrik halkalardan oluşan küresel yada küresele benzer şekilli tanelere oolit adı verilmektedir. Oolitik tanelerin çekirdeğinde 0.1-0.5 mm arasında değişen tane boyutuna sahip köşeli kuvars taneleri bulunmaktadır (**Fig. 10a, b**). Bunların dışında kaya örnekleri içerisinde kavkı, kuvarsit, şist türü kaya parçaları ile plajiyoklaz, feldspat türü mineral kırıntıları görülmektedir (**Fig. 10a**). Kavkı parçalarının içbükey kısımları doğal boşluk alanları oluşturmaktadır (**Fig. 10c, d**). Bu durum kaya örneklerine boşluklu bir yapı kazandırmaktadır.

Fig. 7

Şist

Çoğunlukla duvar kaplaması olarak gördüğümüz şist türü yapıtaşları, kahverengimsi kırmızı veya sarımsı beyaz renklidir. Kaya örneklerini meydana getiren bileşenler ince kristalli olup, bileşenleri çıplak gözle veya lupla tanımlanabilmektedir (**Fig. 11a, b**). İncelenen şist örnekleri sert, sıkı ve laminalı bir yapıya sahiptir. Şistozite düzlemleri kolaylıkla tanımlanabilmektedir. Bazı kaya örneklerinin yüzeyinde siyah renkli ince mangan damarları mevcuttur. Kaya örneklerini oluşturan mika mineralleri beyaz renkli olup, kristal yüzeyleri gün ışığı altında parlak yansıma göstermektedir (**Fig. 11b**).

Mikroskop incelemelerine göre şist türü kaya örnekleri kuvars mineralleri bakımından zengin sedimanter bir kayacın metamorfizmaya uğraması sonucu oluşmuş, ilksel dokusunu kaybetmiştir. Kaya örneklerini oluşturan bileşenler de belirgin yönlenme göstermektedir (**Fig. 11c, d**). Tipik olarak lepidogranoblastik dokuya sahip şist örnekleri başlıca kuvars, muskovit, opak mineral daha az olarak turmalin, rutil, k-feldspat ve sfen minerallerinden oluşmaktadır. Kuvars türü bileşenler kaya örnekleri içerisinde yaygın olarak görülen bileşenleri oluşturur. Özşekilsiz, kenarları girintili-çıkıntılı kristaller şeklinde bulunan kuvarsların boyutları 20-150 μm arasında değişmektedir (**Fig. 11c, d**). I. nikolde parlak, temiz kristal yüzeyine sahiptirler. Çoğunlukla dalgalı sönme gösteren kuvars taneleri belirgin bir yönelim göstermektedir. Kuvars bileşenlerinin arasında ince-uzun çubuğumsu kristaller halinde muskovit mineralleri görülmektedir (**Fig. 11c**). Muskovit mineralleri bir yönde dilinimleri ve II. nikolde canlı polarizasyon renkleri ile karakteristik olup, kristal boyutları 10-100 μm arasında değişmektedir.

Boşluk
Kalsit
Boşluk
Kalsit
300 µm
(a)
Boşluk
Kalsit
Kalsit
Kalsit
Boşluk
300 µm
(b)
Boşluk
Kalsit
Boşluk
Boşluk
Kalsit
300 µm
(c)
Fe-Oksit Boyamaları
Boşluk
Kalsit
Kalsit
300 µm
(d)

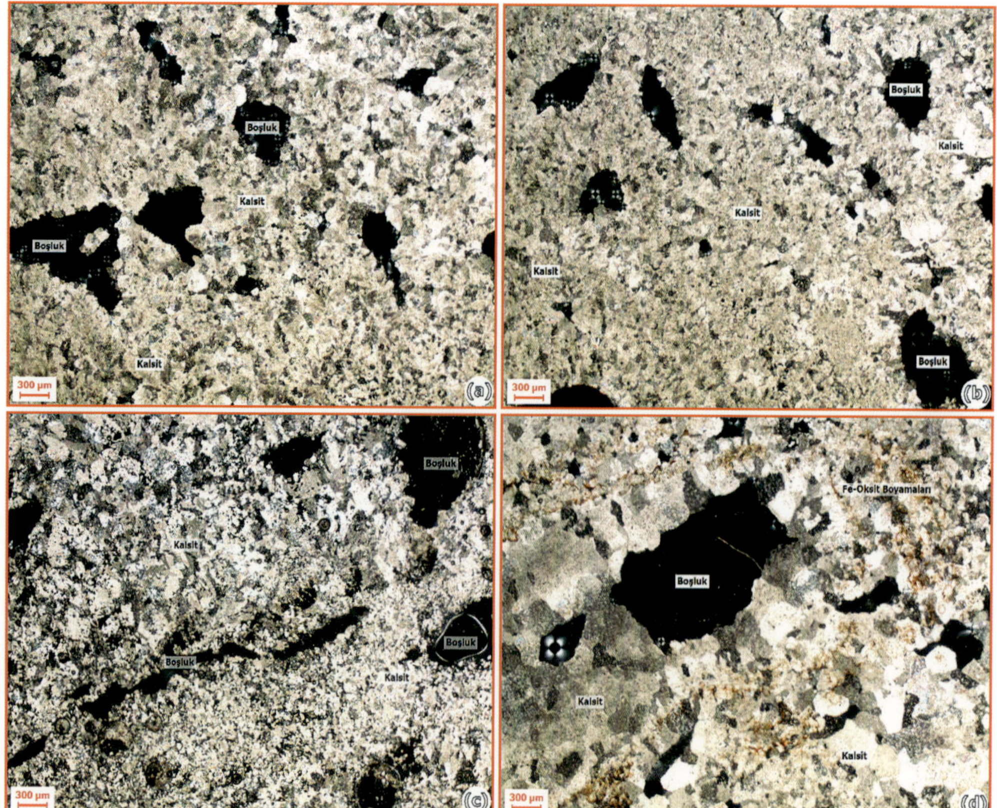

Fig. 8

Fig. 9

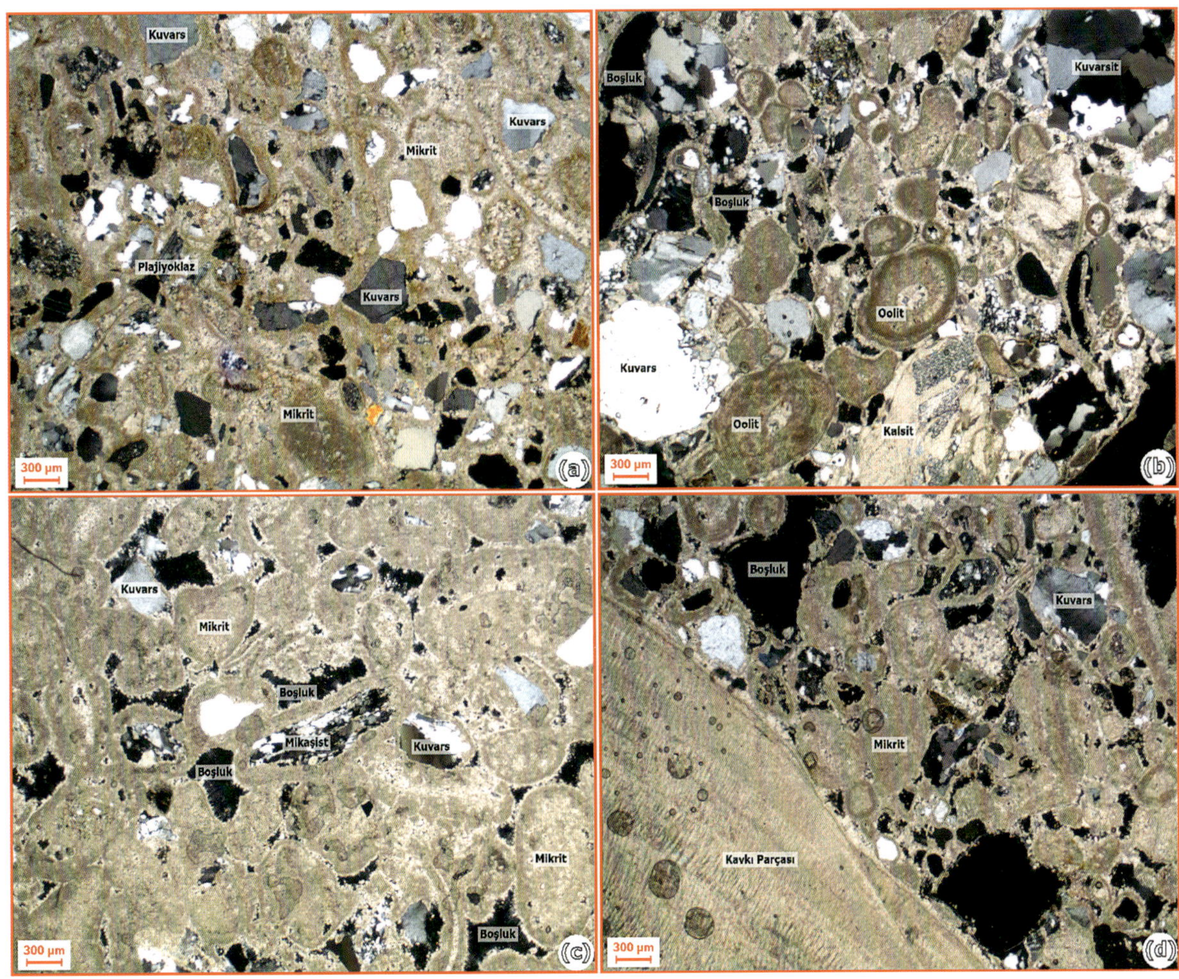

Fig. 10

Fig. 11

Fig. 12

Opak mineraller kaya örneklerinde kristal boyutları 30-90 µm. arasında değişen, dikdörtgen şekilli siyah (manyetit), kırmızımsı bordo (hematit) renkli kristaller halinde bulunur. Belirlenen mineral bileşimine göre şist türü kaya örnekleri muskovit kuvars şist olarak tanımlanmıştır.

Serpantinit

Duvar kaplaması olarak görülen serpantin türü kaya örnekleri koyu yeşil, yeşilimsi siyah renklidir (**Fig. 12a**). Kayaç içerisinde çıplak gözle tanımlanabilen beyaz renkli kalsit damarları ve kısmen yuvarlaklaşmış mermer çakılları görülmektedir. Serpantinitler kırılgan bir yapıya sahip olup, dış yüzeyler serpantinleşme nedeniyle kaygan ve parlak bir yapı göstermektedir.

Mikroskop incelemeleri sonucunda serpantinit örneklerinin baskın olarak serpantin mineralleri, kalsit ve daha az oranda klorit ve kromit minerallerinden oluştuğu belirlenmiştir (**Fig. 12b, c, d**). Tipik olarak elek (mesh) dokuya sahip olan serpantinitlerde tipik olarak karbonatlaşma görülmektedir. Kaya örneklerini oluşturan serpantin mineralleri iğnemsi, lifsi kristaller halinde olup, türü belirlenememiştir (**Fig. 12b**). Kromit türü bileşenler yuvarlağımsı veya küçük benekler şeklinde gözlenmektedir (**Fig. 12c**). I. nikolde kırmızımsı kahve renkli olup, özşekilsiz kristaller halindedir.

Fig. 13

Granodiyorit

Tripolis kazı alanında nadir olarak görülen bir kaya türüdür. Bu kayaya örnek olarak büyük bir sütun ve daha küçük bir kaya parçası bulunmaktadır (**Fig. 13a**). Kaya örneği kristalli bir yapıya sahip olup, derinlik kayacıdır. Faneritik doku gösteren kayaç içerisindeki kristallerin boyutları 0.05-0.1 mm arasında değişmektedir (**Fig. 13b**). Kayacı oluşturan bileşenler çıplak gözle görülebilmekte ve kolaylıkla tanınabilmektedir. Kayaç başlıca plajiyoklaz, alkali feldspat, kuvars, amfibol ve biyotit minerallerinden oluşmaktadır. Plajiyoklaz ve alkali feldspat mineralleri beyaz renkli olup, mat görünümdedir. Kuvars mineralleri grimsi beyaz renkli olup, camsı parlaklık gösterirler. Amfibol kristalleri siyah renkli çubuğumsu kristaller halindedir. Biyotit kristalleri levhamsı yapıda olup, yarı metalik-camsı parlaklık gösterirler.

Mikroskop incelemesi sonucunda kaya örneğinin holokristalen doku gösterdiği, başlıca plajiyoklaz, alkali feldspat (ortoklaz), kuvars, hornblent, biyotit, opak mineral, klorit ve sfen minerallerinden oluştuğu belirlenmiştir (**Fig. 13c, d**). Plajiyoklaz mineralleri ince uzun diktörgen latalar şeklinde, öz-yarı özşekilli kristaller halinde görülürler. Kristal boyutları 400-1250 µm arasında değişmektedir. Kaya içerisinde görülen iri plajiyoklaz kristallerinde kırıklı yapı ve polisentetik ikizlenme tipik olarak görülmektedir (**Fig. 13c**). Polisentetik ikiz gösteren plajiyoklaz üzerinde yapılan sönme açısı tayinlerinde sönme açısı değerleri 24°-28° arasında değişmekte olup, çoğunlukla andezin türünden oldukları belirlenmiştir. Bazı iri plajiyoklaz kristallerinde zonlu doku belirgin olarak görülmektedir (**Fig. 13d**). I. nikolde kahverengi renkli ve kumsu bir yapı gösteren ortoklaz mineralleri, yarı özşekilli-özşekilsiz kristaller halinde görülürler. Çoğunlukla killeşme ve serizitleşme gösterirler. İri ortoklaz kristalleri içerisinde plajiyoklaz, amfibol, biyotit ve opak mineral kapanımlar yaygın olup, poikilitik doku özelliği göstermektedir (**Fig. 13d**). Ayrıca ipliğimsi yapıdaki pertitleşmeler de görülmektedir. Kuvars mineralleri I. nikolde renksiz ve düşük röliyefe sahip, özşekilsiz kristaller halinde görülür. Çoğunlukla iri kristaller arasında parçalı ve kırıklı kristaller halinde bulunur (**Fig. 13c, d**). I. nikolde yeşil, koyu yeşil ve sarı renklerde belirgin pleokroizma gösteren hornblend mineralleri yarı özşekilli kristaller halinde olup, opak mineral kapanımları içermektedirler. Biyotitler I. nikolde soluk yeşil, sarımsı kahverengi, kahverengi renkli belirgin pleokroizma gösterir. İnce uzun dikdörgen şekilli, öz-yarı özşekilli kristaller halinde görülür. Tek yönde mükemmel dilinime sahiptirler (**Fig. 13d**). Bazı özşekilli biyotit kristallerinin kenarları boyunca I. nikolde soluk yeşil renkli klorit oluşumları ve opasitleşmeler görülmektedir. Kristal boyutları 150-850 μm. arasında değişmektedir. Sfen (Titanit) kaya içerisinde aksesuar mineral olarak yarı özşekilli kristaller halinde bulunur. I. nikolde açık kahverengi olup, yüksek röliyefe sahiptir.

Gabro

Çok nadir olarak bulunan gabro türü kaya örneği ince-orta kristalli (0.1-0.5 mm) bir yapıda olup, koyu yeşil, yeşilimsi gri renklidir (**Fig. 14a**). Kaya örneğini oluşturan bileşenler çıplak gözle tanımlanamamaktadır. Kayaç oldukça sert ve tıkız bir yapıya sahiptir. Kaya örneği tamamen kristalli bir yapıya sahip olup, başlıca plajiyoklaz ve piroksen minerallerinden oluşmaktadır.

Fig. 14

Mikroskop incelemeleri sonucunda incelenen örneğin ince-orta kristalli, subofitik dokuya sahip olduğu belirlenmiştir. İncelenen kayanın mineralojik bileşimi başlıca plajiyoklaz (labrador), piroksen (ojit), ilmenit ve demir oksitten daha az miktarda klorit, olivin ve epidot' tan oluşmaktadır (**Fig. 14b**). Plajiyoklazlar ince uzun dikdörtgenimsi latalar halinde görülürler. I. nikolde kahverengi kumsu görünümde olup, sossüritleşmiş kristaller halindedir. Polisentetik, karlsbad ve/veya karışık ikizlenme gösterirler. Polisentetik ikiz gösteren, kısmen özşekilli plajiyoklaz kristallerinin çoğunlukla labrador bileşimli oldukları belirlenmiştir. Plajiyoklaz minerallerinden sonra en fazla görülen mineral, kısa prizmatik kristaller halinde bulunan piroksendir. I. nikolde yeşilimsi sarı renkte olup hafif pleokroizma gösterirler. Piroksenler ojit bileşimli olup, çoğunlukla uralitleşme, kloritleşme ve epidotlaşma gösterirler (**Fig. 14b**). Olivinler nadiren görülmekle birlikte çoğunlukla serpantin minerallerine dönüşmüşlerdir. Klorit, I. nikolde soluk yeşil, mavimsi yeşil renklerde, hafif bir pleokroizma gösterir. II. nikolde mavimsi siyah girişim renklerinde görülür. İlmenit kafes yapısı ayırtmandır (**Fig. 14b**). İlmenit kenarında bulutumsu gri renkli lökoksen mineralleri görülmektedir. Epidot, I. nikolde sarımsı kahverengi renkte, hafif bir pleokroizma gösteren, II. nikolde tanemsi kristaller halinde ve canlı polarizasyon renkleri gösteren kristaller halinde bulunmaktadır.

Andezit

Nadiren görülen diğer bir kaya türü de andezit bileşimli olanlardır. İnce taneli andezit bileşimli lavlardan oluşan andezit türü kaya örneği kahverengi, bordo renkli olup, porfiro afanitik doku göstermektedir (**Fig. 14c**). Kaya örneği başlıca özşekilli plajiyoklaz ve biyotit kristalleri içermektedir. Plajiyoklaz kristalleri mat beyaz renkli olup, ince uzun dikdörtgen şekilli, biyotit kristalleri siyah-koyu kahverengi ve ince uzun şekilli kristaller halinde görülmektedir (**Fig. 14c**).

Kaya örneğinin mikroskop incelemeleri sonucu hipohiyalin porfirik doku gösterdiği ve yoğun olarak karbonatlaşma, opaklaşma ve killeşme gösterdiği belirlenmiştir. Kaya örneği plajiyoklaz, biyotit, amfibol ve opak mineral birlikteliğinden oluşmaktadır (**Fig. 14d**). Plajiyoklazlar genellikle özşekilli, orta ve iri tane boyutlarına sahiptir. İri ve özşekilli plajiyoklaz minerallerinin bazılarında zonlu doku belirlenmiştir. Biyotitler ince uzun dikdörtgen çubuklar şeklinde görülürler. Sarımsı yeşilimsi renkte pleokroizma gösteren biyotitler, çoğunlukla opaklaşmış veya opasitleşmişlerdir (**Fig. 14d**). Amfiboller altıgen özşekilli kristaller halinde olup, sarımsı turuncu renkte pleokroizma göstermektedirler. Kırık, dilinim ve kenarları boyunca yaygın opasitleşme gösterirler. Opak mineraller genelde hamur içinde özşekilli veya yuvarlağımsı kristaller şeklinde gözlenmektedir. Küçük boyutlu olan opak mineraller fenokristaller içinde kapanım olarak gözlenebilmektedir. Hamur I. nikolde kahverengi olup, yaygın killeşme gösterir (**Fig. 14d**).

Tripolis Yapıtaşlarının Olası Kaynak Alanları

Ancak antik dönem sanat eserlerinin ve yapı taşlarını kaynak alan belirleme çalışmalarında kaya örneklerinin minero-petrografik özelliklerinin yanısıra bir dizi aletsel analiz tekniklerinin (X-ışınları kırınımı, jeokimyasal analizler, C, O duraylı izotop analizleri, elektron paramanyetik rezonans) birlikte değerlendirilmesi ile sağlıklı sonuçlar elde edilebilmektedir. Bu çalışmada yalnızca Tripolis yapıtaşlarının minero-petrografik özellikleri, bölgenin jeolojik yapısı ve yakın çevredeki antik taş ocaklarını dikkate aldığımız zaman yapıtaşlarının olası kaynak alanlarına yönelik bir yaklaşımda bulunulabilir. Bantlı traverten ve traverten türü yapıtaşlarının olası kaynak alanları olarak antik kentin yaklaşık 3 km. kuzeydoğusunda Büyük Menderes Nehri'nin doğu kıyısındaki antik ocaklar gösterilebilir. Benzer şekilde Tripolis ve çevresinin jeolojik yapısı dikkate alındığı zaman fosilli kumtaşı türü yapıtaşlarının olası kaynak alanları için Kolonkaya formasyonunun yüzeylendiği alanlarda (**Fig.** 2'de turuncu renkli alanlar), mermer ve şist türü yapıtaşlarının olası kaynak alanları için Tripolis antik kentinin kuzey ve kuzey doğusunda yüzlekler veren metamorfik kayaçlar (**Fig.** 2'de kahverengi renkli alanlar) üzerinde detaylı araştırma ve arazi çalışmaları yapılması uygun olacaktır.

Sonuç ve Öneriler

Tripolis Antik Kenti yapıtaşlarını oluşturan kaya örneklerinin minero-petrografik özelliklerini belirlemeye yönelik olarak hazırlanan bu çalışma sonucunda elde edilen bulgular aşağıdaki gibi özetlenebilir.

1) Tripolis Antik Kenti yapıtaşlarının %75'inin tortul (mermer, bantlı traverten, traverten, fosilli kumtaşı), %20'sinin metamorfik (mikaşist, gnays) ve %5'inin magmatik (serpantinit, granodiyorit, gabro, andezit) kökenli oldukları belirlenmiştir.

2) Mermer türü yapıtaşlarının çoğunlukla büyük sütun, Korinth başlığı, paye bloğu gibi üzerinde kabartma ve işlemelerin bulunduğu bloklarda yaygın olarak kullanıldığı belirlenmiştir. Çoğunluğu beyaz renkli olmak üzere farklı renk ve dokularda mermer türleri de yapıtaşı olarak kullanılmıştır. Beyaz renkli mermerlerin kristal boyutu bakımından ince-orta ve orta-iri kristalli olmak üzere iki çeşit olduğu belirlenmiştir. Mermer örneklerinin olası kaynak alanı olarak Tripolis Antik Kenti'nin yaklaşık 3 km. kuzeydoğusunda Büyük Menderes Nehri'nin doğu kıyısındaki mermer yüzlekleri gösterilebilir. Bunun tespiti için detaylı ocak araştırması yapılması önerilmektedir.

3) Antik kent içerisindeki birçok yapıda karşılaştığımız bantlı traverten ve traverten türü yapıtaşları olasılıkla aynı ocak içerisinde farklı seviyelerden temin edilmiş olmalıdır. Bunun en önemli kanıtı olarak antik kentin yaklaşık 3 km. kuzeydoğusunda Büyük Menderes Nehri'nin doğu kıyısındaki antik traverten ocakları ve bu ocaklardaki jeolojik yapı gösterilebilir. Bu ocaklarda bantlı traverten oluşumları çoğunlukla kırık-çatlak zonları boyunca yüzeylerken, traverten oluşumları bu kırık-çatlak zonlarının hemen yanında görülmektedir. Benzer ve güncel bir oluşum Kamara Kaplıcası olarak bilinen yerde karşımıza çıkmaktadır.

4) Tripolis Antik Kenti'nin duvarlarında yaygın olarak kullanılan kaya türü karbonat çimentolu fosilli kumtaşlarıdır. Tripolis ve çevresinin jeolojik yapısı dikkate alındığı zaman fosilli kumtaşı türü yapıtaşlarının olası kaynak alanları için Kolonkaya formasyonunun yüzeylendiği alanlarda detaylı ocak araştırmalarının yapılması uygun olacaktır.

5) Antik kent içerisinde daha nadir olarak görülen serpantinit, granodiyorit, gabro ve andezit türü kayaların şehre ticari alışverişler ile getirilmiş olabileceği kuvvetli bir olasılıktır. Bunun en önemli kanıtları bu kaya türlerinin nadiren bulunması ve Tripolis ve yakın çevresinde bu türden kaya yüzeylenmelerinin bulunmaması gösterilebilir. Örneğin granodiyorit türü kaya örneğinin en yakın yüzeylenmesi Bergama (İzmir) civarındadır. Benzer şekilde andezit türü kaya örneklerinin en yakın yüzeylenmeleri Uşak çevresinde bulunmaktadır.

6) Denizli Grabeninin içerisinde bulunan Tripolis Antik Kenti'nin yapıtaşlarının minero-petrografik tanımlamaları ilk olarak bu çalışmada yapılmıştır. Bu çalışma ile elde edilen veriler kent içerisinde yürütülmekte olan koruma-onarma çalışmaları için önemli bir altlık oluşturacaktır. Koruma-onarma çalışmaları sırasında ihtiyaç duyulabilecek kaya malzemelerinin aslına uygun olarak alınabileceği alanların kesin olarak belirlenebilmesi için kaya örnekleri üzerindeki analiz türlerinin (jeokimyasal, elektron paramanyetik rezonans, Sr, C ve O izotop bileşimleri) arttırılması ve elde edilecek verilerin topluca değerlendirilmesi gerekmektedir.

Kaynakça

Alçiçek 2007 H. Alçiçek, Denizli Havzası (Sarayköy-Buldan Bölgesi, GB Türkiye) Neojen Çökellerinin Sedimantolojik İncelenmesi, Ankara Üniversitesi, Fen Bilimleri Enstitüsü, Jeoloji Mühendisliği Anabilim Dalı, Doktora Tezi, Ankara.

Bülbül 2000 A. Bülbül, Kamara ve Çizmeli (Yenice-Buldan) Sıcak ve Mineralli Sularının Hidrojeolojisi, Yüksek Lisans Tezi, Pamukkale Üniversitesi Fen Bil. Enst., Denizli.

Candan v.d. 2011 O. Candan – R. Oberhänsli – O.Ö. Dora – M. Çetinkaplan – E. Koralay – G. Rimmelé – F. Chen – C. Akal, "Menderes Masifi'nin Pan-Afrikan Temel ve Paleozoik-Erken Tersiyer Örtü Serilerinin Polimetamorfik Evrimi", *MTA Dergisi,* 123-167.

Çakır 1999 Z. Çakır, "Along - Strike Discontinuity of Active Normal Faults and its Influence on Quaternary Travertine Deposition: Examples From Western Turkey", *Turkish Journal of Earth Sciences, vol. 8,* 67-80.

Duman 2013 B. Duman, "Son Arkeolojik Araştırmalar ve Yeni Bulgular Işığında Tripolis ad Maeaundrum", *Cedrus 1,* Sadri Grafik Matbaacılık ve Medya Hizmetleri, Antalya, 179-200.

Ercan v.d. 1978 T. Ercan – A. Dinçel – S. Metin – A. Türkecan – E. Günay, "Uşak Yöresindeki Neojen Havzaların Jeolojisi", *Türkiye Jeoloji Kurumu Bülteni,* c. 21, 97-106.

Gökgöz 1994 A. Gökgöz, Pamukkale - Karahayıt - Gölemezli Hidrotermal Karstının Hidrojeolojisi, Doktora tezi, Süleyman Demirel Üniversitesi Fen Bil. Enst., Isparta.

Koralay v.d. 2011 O.E. Koralay – O. Candan – C. Akal – O.Ö. Dora – F. Chen – M. Satır – R. Oberhanslı, "Menderes Masifindeki Pan Afrikan ve Triyas Yaşlı Metagranitoyidlerin Jeolojisi ve Jeokronolojisi, Batı Anadolu, Türkiye", *MTA Dergisi,* 69-121.

Oberhänsli v.d. 1997
R. Oberhänsli – O. Candan – O.Ö. Dora – S. Dürr, "Eclogites within the Menderes Massif / western Turkey", *Lithos* 41, 135-150.

Satır – Friedrichsen 1986
M. Satır – H. Friedrichsen, "The Origin and Evolution of the Menderes Massif, W-Turkey: A Rb/Sr and Oxygen Isotope Study", *Geol. Rdsch., 75/3,* 703-714.

Sun 1990 S. Sun, "Denizli-Uşak Arasının Jeolojisi ve Linyit Olanakları (in Turkish)", *Bulletin of Mineral Research and Exploration Institute of Turkey (MTA),* Scientific Report No: 9985.

Şengör v.d. 1984 A.M.C. Şengör – M. Satir – R. Akkök, "Timing of Tectonic Events in the Menderes Massif, Western Turkey: Implications for Tectonic Evolution and Evidencefor Pan-African Basement in Turkey", *Tectonics* 3, 693-707.

Şimşek 1984 Ş. Şimşek, Denizli-Sarayköy-Buldan Alanının Jeolojisi ve Jeotermal Enerji Olanakları, İ.Ü. Yer Bil. Fak. Yayın Organı, 3, 145-162.

Şimşek 2007 C. Şimşek, *Laodikeia, Laodikela ad Lycum,* Ege Yayınları.

Tripolis'te Bulunan Geç Antik Çağ Unguentariumları'nın Arkeometrik Yönden Değerlendirilmesi

Barış SEMİZ – Bahadır DUMAN*

Özet

Bu çalışma, Tripolis Antik Kenti'nde (Denizli) bulunan ve Geç Antik Çağ'a tarihlenen bir grup unguentarium örneğinin arkeometrik yönden incelenmesini amaçlamaktadır. Örnekler, makroskobik özellikleri açısından düz dipli ve sivri dipli olmak üzere iki gruba ayrılmışlardır. Unguentarium örneklerinin mineralojik-petrografik özellikleri, X-ışınları kırınımı (XRD) ve optik mikroskop çalışmaları ile kimyasal bileşimleri ise X-ışınları floresans spektrometresi (XRF) ile belirlenmiştir. Yapılan optik mikroskop ve XRD çalışmalarının sonucunda, örnekler içerdiği mineral bileşimleri ve dokusal özelliklerine göre üç gruba ayrılmışlardır. Grup-1 örnekleri bol kuvars, plajiyoklas gehlenit içerikli, yer yer sparikalsit dolguludur. Grup-2 örneklerinin bol plajiyoklas, kuvars, gehlenit ve kalsit içermektedir. Kuvars içeriği orta seviyede olup bol sparikalsit dolgu ile karakteristiktir. Grup-3 örnekleri ise kuvars, plajiyoklas, gehlenit ve bol boşluk oranı ile belirgindir. XRD analizlerinin yorumlanması sonucunda örneklerin pişirim sıcaklıklarının yaklaşık 900-1000°C civarında olduğu tespit edilmiştir. Gehlenit ve kalsit minerallerinin aynı örnekte gözlenmesi, gömülme sırasındaki kalsitin ikincil çökelmesi (tamamen allokton) şeklinde yorumlanmaktadır. Belirlenen örnek gruplarının arasındaki petrografik farklılıklar kimyasal içeriklerine de yansımıştır. Unguentarium örneklerinin Sr ve Zr içeriklerine göre, üretimlerinde çoğunlukla karasal hammadde kullanıldığı düşünülmektedir.

Anahtar kelimeler: Unguentarium, arkeometri, gehlenit, Tripolis, Denizli.

Abstract

In this study, archeometrical investigation of a urguentarium samples group from late antique period in Tripolis antique city (Denizli) is aimed. Samples were divided into two groups as flat bottom and sharp bottom in terms of their macroscopic properties. Mineralogical and petrographical properties of the unguentarium samples are determined by X-ray diffraction and optical microscopy investigations, chemical compositions are also determined by X-Ray Fluorescence analyses. As a result of optical microscopy and X-ray diffraction analyses, samples were divided into three petrographic groups in terms of mineralogical compositions and textural properties. Group 1 samples consist of abundant quartz, plagioclase, gehlenite, rarely calcite. Group 2 samples consist of abundant plagioglase, quartz, gehlenite and sparicalcite. Quartz contents are found as intermediate and abundant sparicalcite contents. Group 3 samples have abundant void and rarely quartz, plagioclase, gehlenite. In the light of XRD analyses, the firing temperatures of the samples were determined about 900-1000 °C. Gehlenite and calcite minerals observed in the same sample and this is interpreted as secondary precipitation of calcite during burial (completely allochthonous). Petrographic differences of the sample groups are reflected to chemical content. According to Sr and Zr contents of the unguentarium samples, it is thought that terrestial raw material was used in the production of the samples.

Keywords: Unguentarium, archeometry, gehlenite, Tripolis, Denizli.

* Yrd. Doç. Dr. Barış Semiz, Pamukkale Üniversitesi, Jeoloji Mühendisliği Bölümü, 20017 Kınıklı – Denizli.
Doç. Dr. Bahadır Duman, Pamukkale Üniversitesi, Fen-Edebiyat Fakültesi, Arkeoloji Bölümü, 20070 Kınıklı – Denizli.

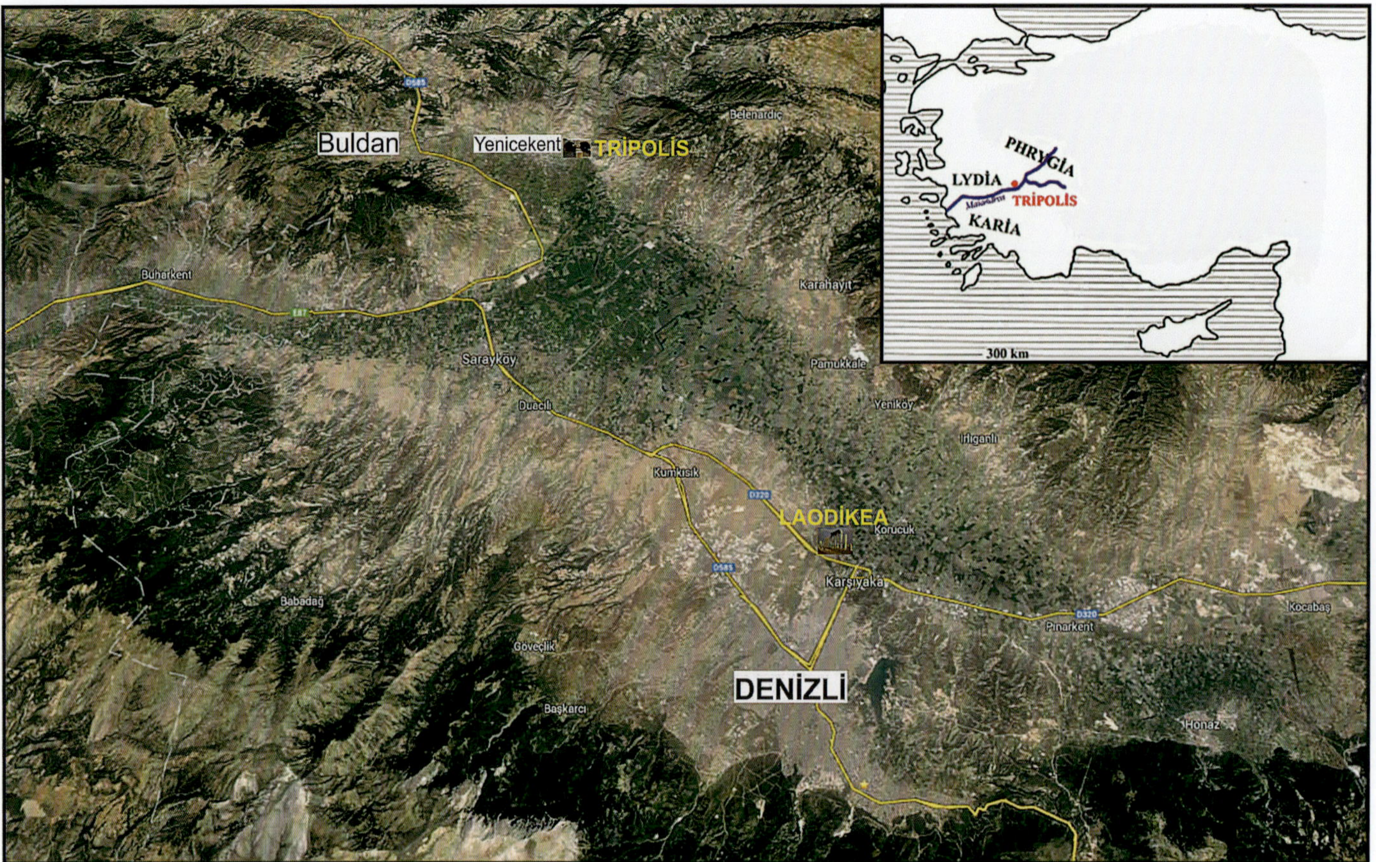

Fig. 1 Yer bulduru haritası

1. Giriş

Arkeolojik alanlarda ele geçen buluntular (seramik, metal, kemik, mermer parçaları vb.) üzerinde son yıllarda interdisipliner olarak yapılan çalışmalarda kimyasal, jeolojik ve fiziksel analiz tekniklerinin yararlı sonuçlar verdikleri ortaya çıkmıştır.[1] Antik buluntuların kimyasal, mineralojik ve yapısal karakteristikleri seramik üretiminde kullanılan ham maddenin bölgesinin belirlenmesine ve çömlek imali ile ilişkili teknolojik süreçlerin tanımlanmasına yardımcı olabilmektedir. Ayrıca, mineralojik bileşimde ham maddenin pişirim sıcaklığına ve fırında pişme süresinin ne olduğuna ışık tutabilmektedir.

Tripolis antik kenti Denizli ili, Buldan ilçesi, Yenicekent Kasabası sınırları içerisinde yer almaktadır (**Fig. 1**). Helenistik Dönem'de kent Lydia, Phrygia ve Karia Bölgeleri'nin sınırlarının birleştiği alan üzerinde ve Maiandros Nehri'nin hemen kıyısında kurulmuştur.[2]

Bu çalışmanın konusunu oluşturan unguentariumlar, Tripolis Antik Kenti'nde gerçekleştirilen 2012 ve 2013 yılı kazılarında bulunmuştur. Unguentariumlar yaklaşık olarak İ.Ö. 4. yy.'dan, İ.S. 7. yy. başlarına kadar tüm Akdeniz Havzası'nda yaygın olarak kullanılan kaplardır. Bunların, Hellenistik ve Roma Dönemi'nde daha çok mezar hediyesi olarak kullanıldığı, kabul edilmiş olan yaygın bir görüştür. Geç Antik Çağ'da da aynı isimle anılan bu kap grubunun mezar hediyesi olarak kullanımının yavaş yavaş azalarak, işlevinin de farklılık kazandığı görülmektedir. Anadolu'da birçok antik merkezde ele geçen Geç Antik Çağ unguentariumlarının buluntu merkezleri başta Saraçhane olmak üzere Efes, Perge, Sagalassos, Hierapolis, Tripolis, Tarsus, Iasos, Ksanthos, Limyra, Myra, Attaleia, Antiokheia, Alahan ve Kalenderhane'dir.[3]

---

1 Akyol 2006, vd.; Iordanis et al. 2009, vd.; Montana et al. 2009, vd.; Ortega et al. 2010, vd.; Braekmans et al. 2011, vd.; Kibaroğlu et al. 2011, vd.; Kramar et al. 2012, vd.; Akyol 2013, vd.

2 Duman 2013.

3 Şimşek – Duman 2007.

Bu çalışmanın amacı, Tripolis Antik Kenti'nde (Denizli) 2012 ve 2013 kazılarında bulunan unguentariumların mineralojik ve jeokimyasal karakteristiklerini tanımlamak ve pişirim sıcaklıkları hakkında yaklaşımda bulunmaktır.

2. Materyal ve Yöntem

Arkeolojik kazı çalışmalarında elde edilen yüzlerce Geç Antik Çağ unguentariumları Tripolis kazı başkanlığı tarafından sağlanmıştır. Makroskopik özelliklerine göre (renk, şekil vb) farklılık gösteren unguentarium örneklerinin yapısal, kimyasal ve mineralojik özelliklerinin belirlenmesi için 10 adet örnek seçilmiştir.Petrografik çalışmalara yönelik olarak 10 adet unguentarium numunesinin ince kesitleri, Pamukkale Üniversitesi (PAÜ) Jeoloji Mühendisliği Bölümü ince kesit atölyesinde yaptırılmıştır. Unguentarium örneklerinin dıştan içe doğru tüm tabakaları gösterecek şekilde ince kesitleri alınmıştır. Hazırlanan ince kesitler Jeoloji Mühendisliği Bölümü'nde bulunan Leica marka polarizan mikroskopla incelenerek mineralojik ve petrografik özellikleri belirlenmeye çalışılmıştır.

Polarizan mikroskop incelemeleri sonucunda taze (bozunmamış) ve yeterli miktarda olan örneklerden 9 tanesinin tüm kaya ana ve iz element analizleri Pamukkale Üniversitesi, Jeoloji Mühendisliği Bölümü XRF laboratuvarında Spectro XLAB 2000 PEDXRF markaX-Işınları spektrometresi kullanılarak yapılmıştır. Analiz için örnekler halkalı öğütücüde yaklaşık 200 mesh boyutuna kadar öğütüldükten sonra XRF analizinde kullanılan özel bir bağlayıcıyla (wax) karıştırılarak 32 mm'lik diskler (pellet) oluşturulmuş ve oluşturulan her bir disk aletin örnek bölgesine yerleştirilmiş ve analizi yapılmıştır.

Ayrıca 6 adet örneğin XRD (X-Işınları Kırınımı) analizleri Ankara Üniversitesi Yer Bilimleri Uygulama ve Araştırma Merkezi'nde yaptırılmıştır. XRD yöntemi örneklerdeki özellikle mikroskopta incelenemeyecek kadar küçük taneli bileşenler dahil tüm mineral fazlarının belirlenmesi için uygulanmaktadır. Örnekler ilk aşamada halkalı öğütücüde öğütülerek toz haline getirilmiş ve yönlendirilmemiş plaketler hazırlanarak çekimler gerçekleştirilmiştir. Örneklerin XRD çekimleri PHILIPS model PW1353/20 model difraktometre cihazında Cu Kα, 40 kV, 40mA koşullarında nikel filtre kullanılarak 2θ= 2-70° çekim aralığında yapılmıştır.

3. Makroskobik Çalışmalar

İncelenen unguentarium örneklerinin makroskobik karakteristikleri **Fig. 2** ve **Fig. 4**'de topluca verilmiştir. Makroskobik incelemelere göre; yükseklikleri 10-20 cm. arasında değişmekte olan örnekler, yapısal unsurları göz önüne alınarak düz dipli ve sivri dipli olmak üzere iki gruba ayrılmışlardır. Benzer sınıflama Laodikeia'da bulunan unguentarium örnekleri için de gerçekleştirilmiştir.[4]

Düz dipli ve sivri dipli örneklerin renk ve dokusunda belirgin bir farklılık yoktur. Örneklerin hepsi ince taneli olup yüzey renkleri koyu gri, gri, kırmızımsı ve turuncu renk tonlarında değişkenlik göstermektedir. Bazı örneklerde renklerdeki bu değişkenlikler en kesitleri boyunca gözlenmektedir (TD2, TD5, TS1). Örneğin, TS1 numaralı örnekte, kenarı kırmızı renkte iken içi koyu gri renklidir. Grimsi renkli içyapı ve kırmızımsı oksitlenmiş kenar yapısı, atmosferle temas sonucu oksitlenme, düşük ısı oranları ve fırında uzun kalma süresinden kaynaklanabilmektedir (**Fig. 3**). Bu sandviç yapısı fırınlarda pişmiş ürünlerin genel karakteristikleri olarak bilinmektedir.[5]

---

4 Şimşek – Duman 2007.

5 Nodari et al. 2004, vd.; Maritan et al. 2006.

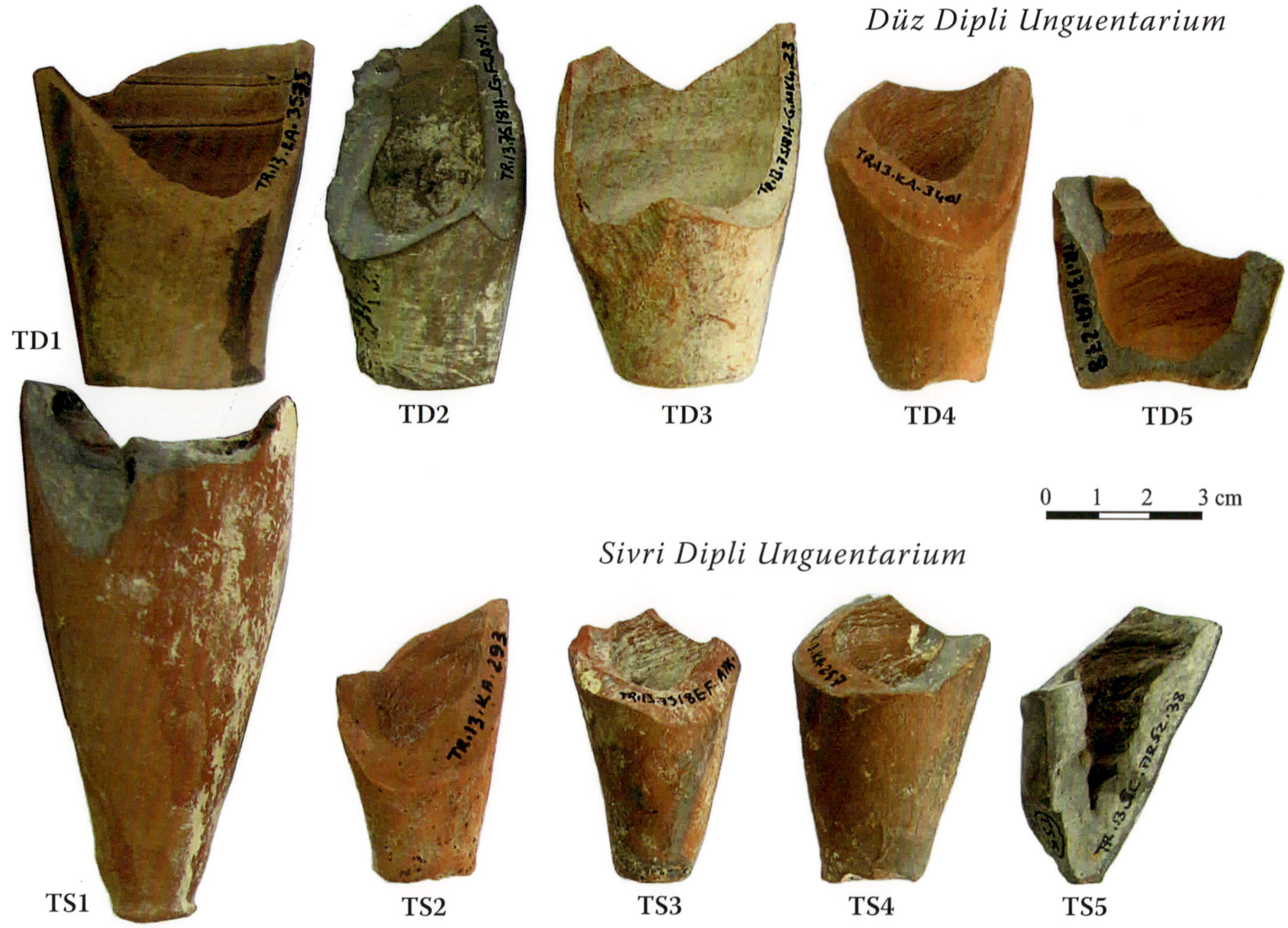

Düz Dipli Unguentarium

TD1 TD2 TD3 TD4 TD5

0 1 2 3 cm

Sivri Dipli Unguentarium

TS1 TS2 TS3 TS4 TS5

Fig. 2 Tripolis unguentarium örneklerinin makroskobik görünümleri.

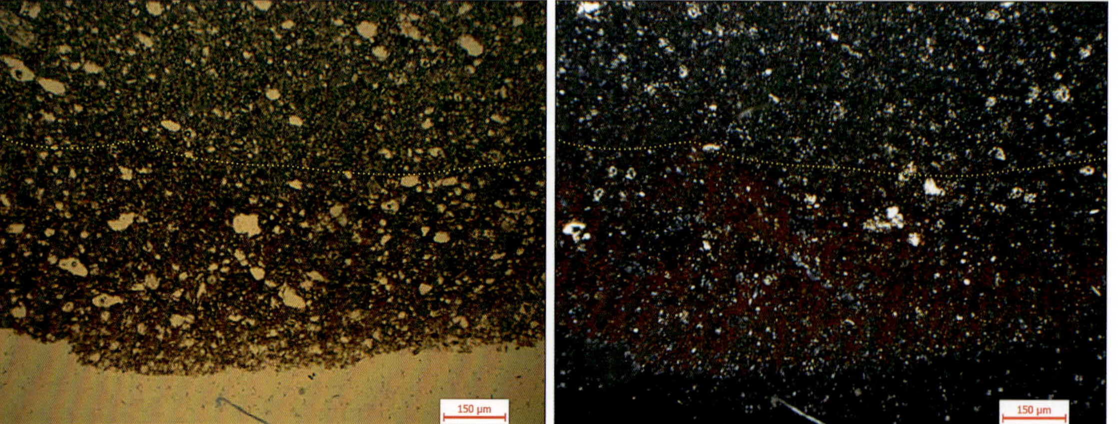

Fig. 3 TS1 numaralı örnekte gözlenen sandviç yapısının tek ve çift nikoldeki görünümleri.

4. Optik Mikroskop Çalışmaları

Optik mikroskop çalışmalarına göre örnekler egemen olarak ince silikat kristalli olarak tanımlanmışlardır. Tüm örnekler benzer mineralojik bileşimlere sahip olup bazı minerallerin miktarlarına göre farklılıklar göstermektedir. Bu kapsamda düz dipli ve sivri dipli unguentarium örnekleri üç alt gruba ayrılmışlardır (**Fig. 10**).

Birinci grupta incelenen örnekler (TD2, TD4, TD5 ve TS2) bol miktarda kuvars, plajiyoklas mineralleri yanında az piroksen ve biyotit mineralleri içermektedir. Bu minerallere ek olarak demir oksit, az miktarda sparikalsit ve opak minerallerde gözlenmektedir. Genellikle yuvarlaklaşmış kuvars taneleri genellikle monokristalin kısmen

Örnek No	Renk	Sertlik	Fabrik	Yüzey Davranışı	Kırık Yapısı	Inklüzyon (Mineral) Bileşimi	Inklüzyon Sıklığı (%Klast Miktarı)	Boşluk Oranı	Boşluk
TD2	Koyu Gri (5/1) (Yoğun Grileşme)	Çok sert	İnce	Düz	Yok	Bol Kuvars Plajiyoklas Opak Mineraller Kayaç Parçası (Kuvars Kumtaşı) Az Sparikalsit	<%5	5%	Nadir
TD4	Turuncu (5YR 6/6)	Sert	İnce	Düz	Düz	Kuvars Biyotit ±Muskovit ± Piroksen Demiroksitleşme Opak Mineraller Kayaç Parçası	<%5	11%	Orta (Kısmen Yönlenmeli)
TD5	Koyu Gri (5/1) Yoğun Grileşme	Sert	İnce	Düz	Yok	Bol Kuvars ±Plajiyoklas ±Piroksen ±Muskovit Az Sparikalsit	<%5	4%	Nadir
TS2	2.5YR 6/6	Sert	İnce	Düz	Yok	Kuvars Biyotit Opak Mineraller Az Sparikalsit	<%5	5%	Nadir
TD1	Turuncu (5YR 6/6)	Yumuşak	İnce	Düz	Yok	Kuvars Plajiyoklas ±Piroksen Opak Mineraller Kayaç Parçası (Kumtaşı) Bol Sparikalsit	<%5	9%	Nadir (Kısmen Yönlenmeli)
TD3	Turuncu (5YR 6/6)	Sert	İnce	Düz	Yok	Kuvars Biyotit Kloritleşmiş Biyotit Kayaç Parçası Opak Mineraller Demiroksitleşme Bol Sparikalsit	<%5	6%	Nadir (Kısmen Yönlenmeli)
TS1	Koyu Gri (5/1) Yoğun Grileşme	Sert	İnce	Düz	Yok	Az Kuvars Kayaç Parçası (Kumtaşı) BolSparikalsit	<%5	18%	Yaygın
TS4	2.5YR 6/6 (Bir Kısmında Grileşme)	Sert	İnce	Duz	Düz	Kuvars ±Biyotit ±Muskovit Bol Sparikalsit	<%5	10%	Orta
TS3	2.5YR 6/6	Çok Sert	İnce	Düz	Yok	Kuvars Biyotit	<%5	13%	Bol
TS5	Koyu Gri (5/1) Yoğun Grileşme	Sert	İnce	Düz	Yok	Kuvars Az Sparikalsit	<%5	23%	Bol

Fig. 4 Örneklerin makroskobik ve mikroskobik özellikleri.

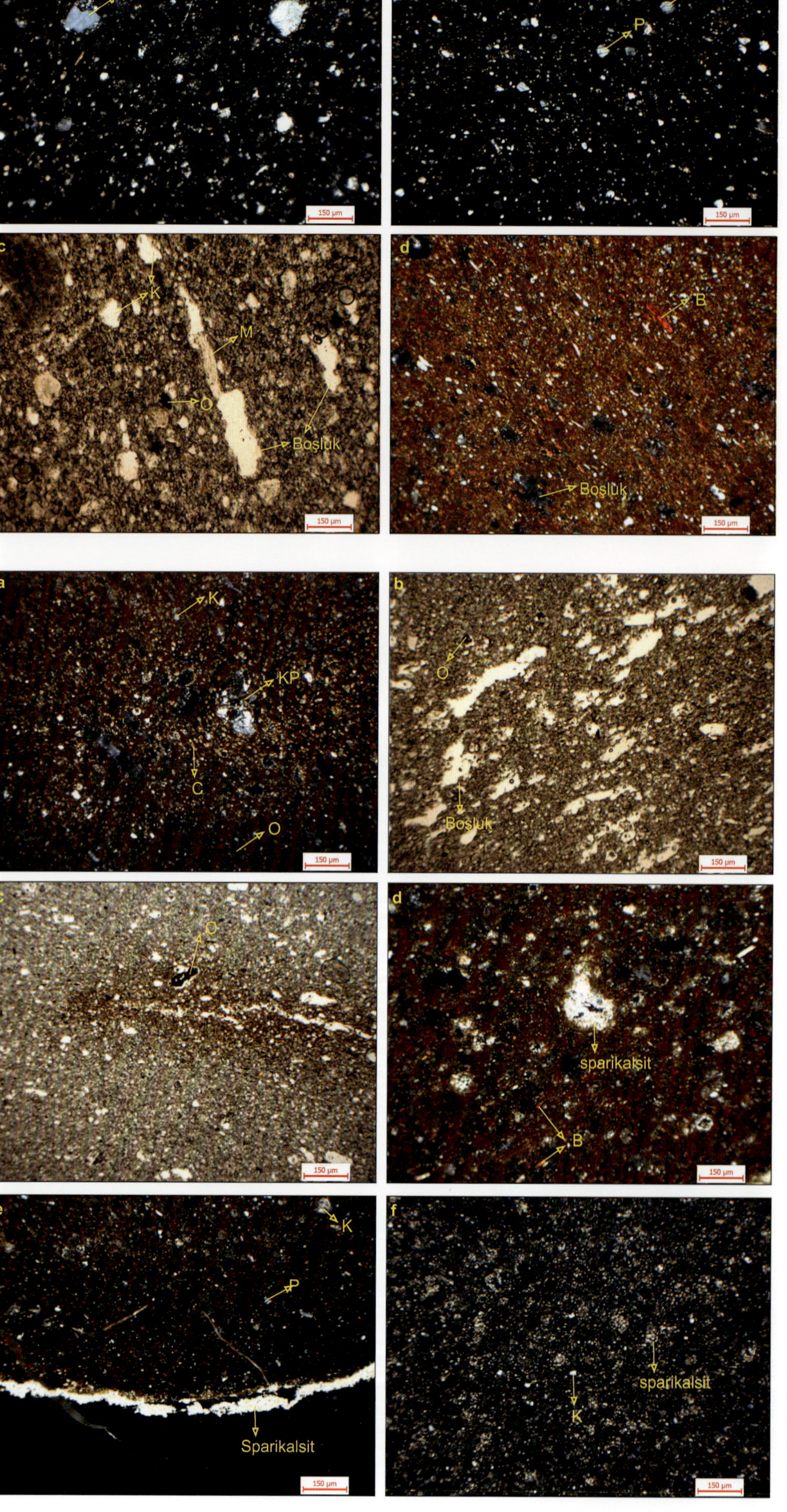

Fig. 5
Birinci grup unguentarium örneklerinin optik mikroskop görünümleri. a. İri taneli kuvarslar (TD2, çift nikol) b. Özşekilsiz-yuvarlağımsı kuvars ve polisentetik ikizlenmeli plajiyoklaslar (TD5, çift nikol) c. Gelişigüzel dağılmış kuvars ve opak mineraller ile yönlenmiş muskovit ve boşluklar (TD5, tek nikol) d. Hamurda gözlenen yaygın oksitlenme, yönlenmiş biyotit ve boşluklar (TD4, çift nikol). (K: Kuvars; F: Feldispat; M: Muskovit; B: Biyotit)

Fig. 6
İkinci grup unguentarium örneklerinin mikroskop görünümleri a. TD1 numaralı örnekte gözlenen kayaç parçacıkları b. TS1 numaralı örnekte gözlenen yönlenmeli boşluklar c. TS4 numaralı örnekte gözlenen kırık yapısındaki oksitlenme d. TD3 numaralı örnekte boşluklarda sparikalsit dolgu e. TD3 numaralı örnek kenarında gözlenen sparikalsit f. TS1 numaralı örnekte gözlenen sparikalsit (KP: Kayaç Parçası; O; Opak Mineraller)

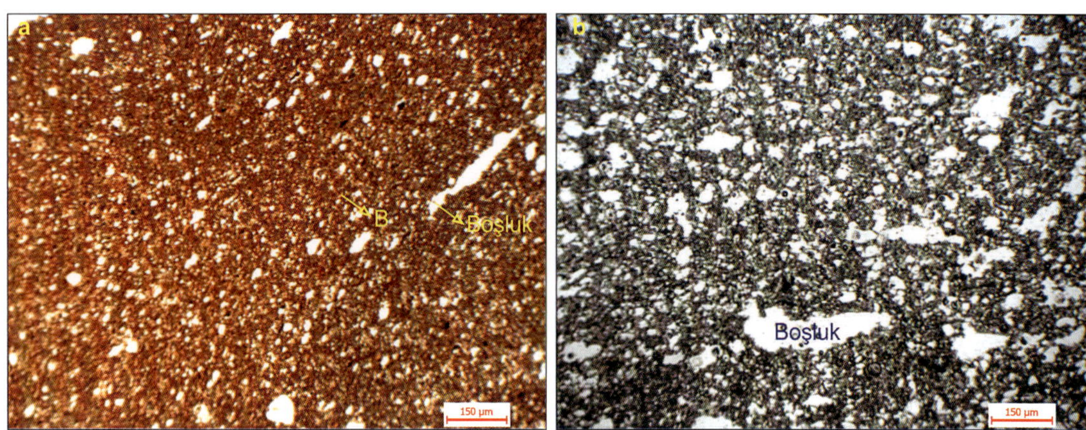

Fig. 7 Üçüncü grup unguentarium örneklerinin tek nikol mikroskop görünümleri
a. TS3 numaralı örnekte gözlenen biyotit ve küçük kuvarslar
b. TS5 numaralı örnekte gözlenen bol boşluklar.

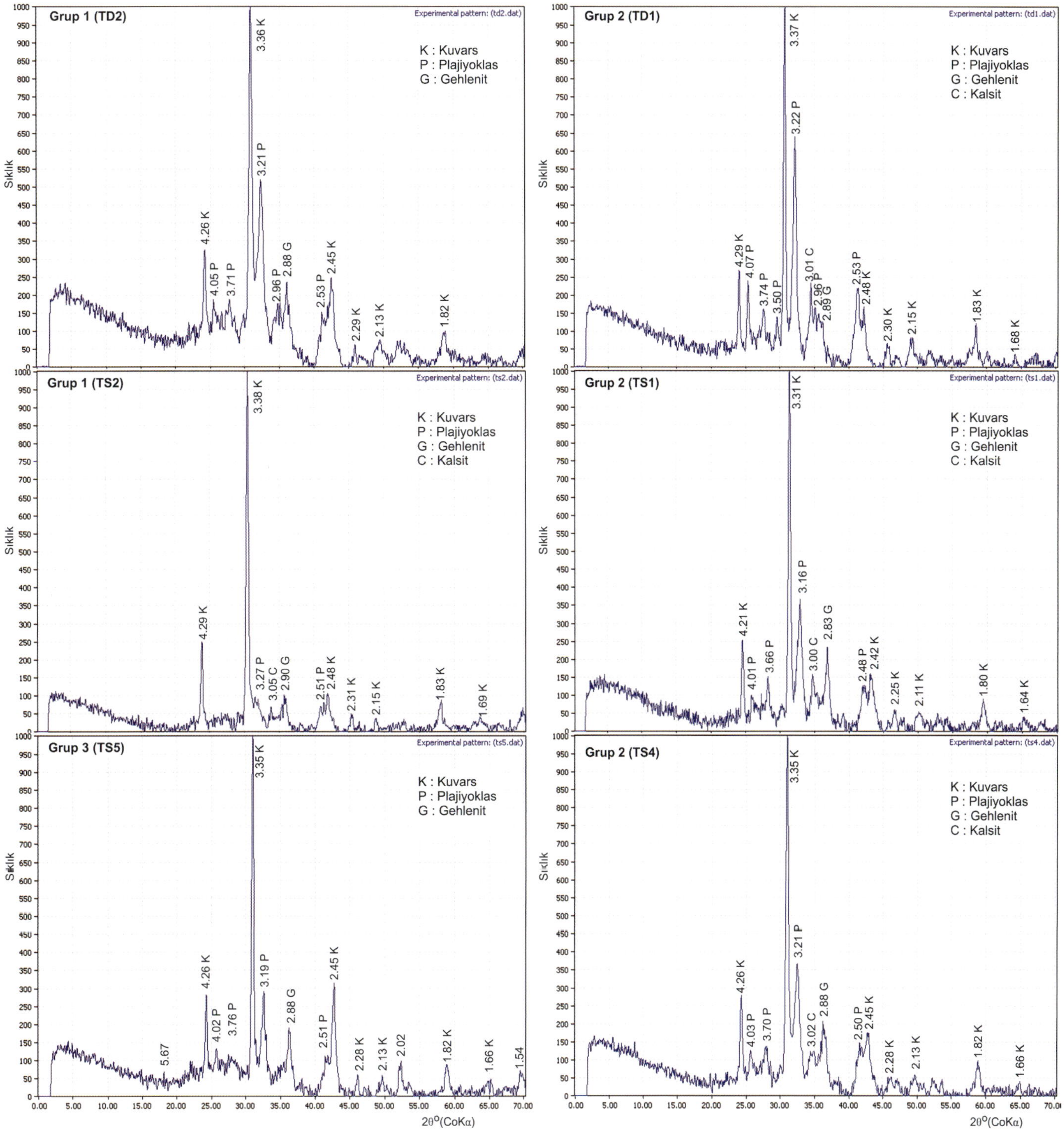

Fig. 8 Tripolis antik kentinden alınan unguentarium örneklerinin X-ışınları kırınımı desenleri

de polikristalin taneler şeklindedir. Kuvars tanelerinin boyutları 0.05-0.14 mm. arasında değişmekte olup bunlar ince kum boyutuna karşılık gelmektedir (**Fig. 5a**). Az miktarda gözlenen plajiyoklas minerali TD2 ve TD5 numaralı örneklerle sınırlıdır. Bu örneklerde gözlenen plajiyoklaslar belirgin polisentetik ikizlenme göstermesiyle tespit edilmiştir (**Fig. 5b**). Bu gruba ait örneklerden TD4 ve TS2 numaralı örneklerde biyotit ve piroksen, TD5 numaralı örnekte ise muskovit belirlenmiştir. İncelenen örneklerde az sayıda yaklaşık 0,09 mm. çapında boşluklar gözlenmektedir. TD4 numaralı örnekte ince uzun boşluklar daha belirgindir (**Fig. 5d**). Bu boşlukların uzun ekseni yaklaşık 0.4 mm. olarak ölçülmüştür. Mevcut yönlenmeler, pişirimin seramik hamurunun tam kurumadan yapıldığı şeklinde yorumlanmıştır.

İkinci grupta incelenen örnekler (TD1, TD3, TS1 ve TS4) ilk gruba göre daha az kuvars ve daha bol plajiyoklas mineralleri içermektedirler. Kuvars taneleri genellikle yuvarlaklaşmış olup yer yerde köşelidir. Kuvars taneleri yaklaşık 0.10-0.16mm boyutlarında olup ince kum boyutundadır. Bu örnek grubunun diğer bir ayırtman özelliği ise içerdiği bol sparikalsit dolgulu boşluklardır. Boşluklar yaklaşık 0.12mm çapında değişmektedir. Bazı örneklerde (TD3 ve TD1) boşluklarda kısmen de olsa bir yönlenme göze çarpmaktadır. Bu yönlenmeli boşluk boyları yer yer 1.27 mm boyutlarına ulaşmaktadır. TD1 numaralı örnekte piroksen mineralinin varlığı dikkati çekmektedir. Bazı örneklerde de 0.27mm büyüklüğünde kumtaşı parçaları gözlenmiştir. TD3 numaralı örnekte de taze biyotit mineralleri ile kloritleşmiş biyotitler tespit edilmiştir.

Üçüncü grupta incelenen örnekler (TS3 ve TS5) ise incelenen gruplara göre daha çok boşluklu özellikleri ve sparikalsit içermemeleri ile diğer gruplardan ayrılmaktadır(**Fig. 7a** ve **b**). Kuvarslar da diğer gruplara göre fazla olup genellikle yuvarlaklaşmıştır. Boyutları diğer gruplara göre daha küçük olup (0.07 mm), küçük taneler şeklinde biyotit gözlenmektedir (**Fig. 7a**).

5. XRD Çalışmaları

Düz dipli ve sivri dipli unguentarium örnekleri üzerinde ince kesit incelemeleri yanı sıra her grup örneklerinin XRD analizi gerçekleştirilmiştir. XRD analizlerinde örneklerin egemen olarak kuvars, plajiyoklas, gehlenit içerikleri ile benzer mineralojik özellikleri tespit edilmiştir (**Fig. 8**). Grup 1 örneklerinde az oranda kalsit varlığı XRD analizleri sonucunda tespit edilmiştir (**Fig. 8c**). Plajiyoklas minerali ise TD2 numaralı örnekte daha fazla iken TS2 numaralı örnekte daha az orandadır. Genel olarak bu grup örneklerde plajiyoklas içeriği diğer gruplara göre daha azdır. Grup 2 örneklerinde ise kalsit minerali belirgin şekilde belirlenmiştir (**Fig. 8b,d,f**). Bu grup örneklerdeki plajiyoklaslar ise tüm gruplara göre belirgin şekilde fazlalaşmaktadır. Grup 3 örneklerinde ise kalsit tespit edilmemiştir (**Fig. 8e**).

Maksimum pişirim sıcaklığı, analiz edilen örnekler içerisinde tespit edilen özel minerallerin varlığı veya yokluğuna göre yapılmaktadır. Mineral birlikleri örnekler üzerinde yapılan pişirim deneylerinde elde edilen verilerin karşılaştırması ile gerçekleştirilmektedir[6]. Pişirim süresince en önemli mineralojik değişim kil minerallerinin gözden kaybolmasıdır. Pişirim sıcaklıklarındaki yaklaşık 700-800° C'ye ulaşan artışlar ile dereceli olarak kil fazının pik yoğunluğu azalır. Ayrıca, kalsitin artan pişirim şartlarına bağlı olarak termal bozunması yaklaşık 600° C'de başlamakta ve 800-850 ° C'de tamamlanmaktadır. Bu sıcaklıklarda (800° C'nin üzerinde), serbest CaO, kil minerallerinin bozunmasından türemiş serbest silis ve alüminyum ile reaksiyona girer ve gehlenit oluşur.[7] Gehlenit, 850-900° C veya 1050° C arasındaki sıcaklıklarda kalsit ve kil minerallerinin karışımından oluşan bir alimünosilikattir. Bu sıcaklıklarda ayrıca anortit de oluşabilir.[8]

Mineralojik ve petrografik analizler sırasında, kalsitin varlığı yüksek sıcaklıklarda (1000-1050° C) pişirilmiş örneklerde bile tanımlanabildiğini göstermektedir.[9] Yüksek sıcaklık mineralleri ile kalsitin beraber bulunması, kalsitlerin birincil kökenden ziyade ikincil olduklarını göstermektedir. Arkeolojik seramiklerde ikincil kalsit

[6] Shoval et al. 2006, vd.; Maritan et al. 2006, vd.; Jordan et al. 2009, vd.; Ortega et al. 2010.

[7] Ortega et al. 2010.

[8] Bertolino et al. 2009.

[9] Rathossi et al. 2010.

oluşumu analitik verilerin yorumlanması açısından önemli problemler yaratabilmektedir. Cau ve diğerleri (2002) bu ikincil kalsit oluşumlarını ikiye ayırmıştır. Bunlar gömülmüş seramiklerle ilgili olarak tamamen allokton (completely allochthonous) ve kısmen allokton (partly allochthonous) olarak tanımlanmışlardır. Tamamen allokton kökenden türeyen ikincil kalsitler kalsiyum karbonatça zengin solüsyonlardan çökelirler. Bu olay iki şekilde olabilir; (1) gömülme şartları sırasında karbonatlı su çözeltilerinin filtrasyonu ve bunu takiben ikincil kalsitin kristalizasyonu ve (2) pişirim sıcaklığının artması ile metastabıl CaO (kireç) atmosferik suyun etkisi ile portlandite ($Ca(OH)_2$) dönüşebilir ve bu mineral atmosferden CO_2 eklenmesi ile ikincil kalsite dönüşebilir.[10] Kısmen allokton kökenden türeyen ikincil kalsitte ise kalsiyumun (Ca) kaynağı seramiğin kendi içinden türemekte, fakat C ve O harici kaynaklardan gelmektedir.[11] Bu olay gömülme sonrasındaki kimyasal süzülme altında gehlenitin bozunması ile ikincil kalsit oluşumu şeklinde tanımlanmaktadır.

Tripolis unguentarium örneklerinde yapılan ince kesit ve XRD analizlerinde belirgin bir kil minerallerine rastlanmamış olması nedeniyle pişirim sıcaklıklarının 800° C'nin üzerinde olduğu düşünülmektedir. İncelenen unguentarium örneklerindeki vitrifikasyon ve yüksek sıcaklık minerallerinin varlığı, pişirim sıcaklıklarının yaklaşık 900° C civarında olduğuna işaret etmektedir. Aynı örneklerde kalsit ve gehlenit minerallerinin bulunması, gömülme sırasındaki kalsitin ikincil çökelmesi (tamamen allokton) şeklinde yorumlanmaktadır (**Fig. 8b,d,f**). Unguentarium örneklerinde gözlenen sparikalsit oluşumları da genellikle boşlukların içerisinde (**Fig. 6d**) ve bazı örneklerin yüzeyinde (**Fig. 6e**) gözlenmeleri sebebiyle bu oluşumlar ikincil oldukları görüşünü destekler niteliktedir.

6. Kimyasal analizler

Unguentarium örneklerinin ana ve iz element içerikleri ile mineralojik içerikleri karşılaştırmalı olarak araştırılmıştır. 9 adet örneğin kimyasal analiz sonuçları **Fig. 9'**da verilmektedir. Petrografik özelliklerine göre 3 gruba ayrılan örneklerdeki farklılıklar, kimyasal içeriklerine de yansımıştır.

SiO_2 ve CaO içeriklerindeki değişimler, örneklerdeki silisli ve karbonatlı mineral içerikleriyle doğrudan ilişkili gözükmektedir (**Fig. 10a**). En yüksek SiO_2 içeriği grup 3'e ait olup ortalama %59'dur. Grup 1 içeriğindeki SiO_2 oranı ortalama %56.9'dur. Grup 2'ye ait örneklerin SiO_2 içeriği ise ortalama %54.1 olarak belirlenmiştir. SiO_2 içeriğindeki zenginleşmenin bol kuvars ve/veya plajiyoklas içerikleri ile ilişkili olduğu düşünülmektedir. Örnek gruplarının CaO içeriklerinde de belirgin farklılıklar bulunmaktadır. Grup 3'e ait örneklerin CaO içerikleri ortalama %2.92 olup en düşük seviyededir. Grup 2 örneklerinin CaO içerikleri ortalama %8.28 olup en yüksek değerdedir. Bu durum Grup 2 örnekleri içerisinde gözlenen ikincil boşluk dolgusu şeklindeki sparikalsitlerden kaynaklanmaktadır (**Fig. 6d**). Grup 1 örneklerinde ortalama %3.88 CaO saptanmıştır.

SiO_2, CaO ile MgO içerikleri örnek grupları arasında belirgin farklılıklar sunmaktadır (**Fig. 10**). SiO_2-CaO (Şekil 8a) ve MgO-CaO (**Fig. 10b**) ikili diyagramlarında örnek grupları arasında negatif korelasyon gözlenmekte olup, bu durum elementlerin aynı tipte ham maddeden türedikleri şeklinde yorumlanmıştır. MgO içerikleri açısından örnek grupları yakın değerlere sahiptirler. Grup 2 ortalama % 4.45 içeriği ile en düşük değerdedir. Grup 1 %4.94 içeriği ile en yüksek değere sahiptir. MgO içeriğindeki farklılıklar örnekler içerisinde gözlenen piroksen, klorit minerallerinden kaynaklanabilmektedir.[12]

Alkaliler ve alkalin oksitler (Na_2O ve K_2O) düşük pişme sıcaklıklarında ikincil mineral oluşumu sağlayabilir ve eritken olarak rol oynayabilirler.[13]Örnek gruplarının Na_2O içerikleri düşük iken K_2O içerikleri orta konsatrasyonlara sahiptir. K_2O içeriğinin özellikle feldispat ve illitik killerden kaynaklandığı düşünülmektedir. Doğal oluşumlar dışında potasyum içeriği odun külünün ilavesi ile aşırı derecede artabilmektedir.[14] Fakat bizim örneklerimizde

---

10 Cau et al. 2002, vd.; Bertolino et al. 2009, vd.; Rathossi et al. 2010.

11 Cau et al. 2002.

12 Degryse – Poblome 2008, vd.; Breakmans et al. 2011.

13 Iordanidis et al. 2009, vd.; İssi et al. 2011.

14 Mirti – Davit 2001.

Element	TD2	TD4	TS2	TS1	TS4	TD1	TD3	TS3	TS5
	Grup-1			Grup-2				Grup-3	
SiO_2	56,960	56,990	56,860	54,110	56,150	55,860	50,590	58,720	59,280
TiO_2	0,983	1,026	1,016	1,025	1,021	0,928	0,870	1,068	1,065
Al_2O_3	21,300	21,270	21,570	20,620	21,440	20,260	19,370	21,990	21,840
Fe_2O_3	7,170	7,570	7,565	7,621	7,630	6,970	6,682	7,688	7,747
MnO	0,065	0,082	0,085	0,100	0,080	0,076	0,077	0,074	0,069
MgO	4,616	5,024	5,185	4,333	4,466	4,767	4,261	4,688	4,757
CaO	5,363	3,236	3,064	7,248	6,389	8,787	10,720	2,716	3,136
Na_2O	0,888	0,772	0,755	0,736	0,770	0,935	0,741	0,651	0,734
K_2O	3,539	3,557	3,675	3,112	3,181	3,113	2,982	3,761	3,738
P_2O5	0,150	0,173	0,175	0,171	0,154	0,532	0,150	0,155	0,160
SO_3	< 0,00050	0,025	0,034	0,039	0,022	0,060	0,039	< 0,00050	0,010
ppm									
Cl	91,5	49,2	308,7	191,8	72,2	334,5	61,9	11,7	177,8
Cr	122,8	140,8	159,4	170,0	149,9	131,9	122,8	119,1	128,5
Ba	420,0	503,0	341,1	283,8	330,9	378,4	296,5	346,9	372,9
Rb	151,6	138,9	142,7	129,7	133,1	131,2	123,4	151,3	151,3
Sr	172,5	176,1	150,5	139,5	133,2	263,3	242,5	117,7	114,8
Y	25,3	25,6	25,6	26,5	25,1	24,4	22,7	25,4	25,2
Zr	191,1	186,1	186,7	175,0	183,3	177,6	177,4	190,4	188,5
Nb	17,9	18,3	18,3	20,5	20,2	17,2	16,0	20,1	19,8
Th	16,1	15,1	15,4	14,3	14,5	15,0	15,2	15,1	13,9
Ni	127,2	153,5	125,3	168,9	168,8	139,1	111,5	146,3	191,2
V	166,6	169,1	172,5	168,6	172,6	160,5	151,2	147,1	176,8
Hf	8,9	9,2	7,5	7,7	8,0	8,3	7,1	10,3	10,4
Cs	< 4,0	< 4,0	< 4,0	< 4,0	< 4,0	< 4,0	< 4,0	17,1	< 4,0
Pb	26,9	26,0	28,7	21,2	22,2	21,6	24,3	24,9	25,1
Ta	< 1,0	1,7	< 1,5	< 1,6	1,5	2,1	0,9	1,0	< 1,0
Co	83,6	76,7	69,0	79,3	85,5	94,0	54,0	108,7	150,0
U	3,1	2,9	0,9	1,3	1,4	5,1	2,1	1,3	1,4
W	424,0	310,6	274,1	246,3	316,1	401,5	138,8	540,9	956,5
Ga	24,1	22,9	23,8	21,8	23,1	20,9	20,9	23,8	24,1
Cu	49,9	56,2	58,6	58,3	51,5	47,5	49,1	61,0	57,0
Zn	119,0	117,7	127,1	109,3	112,9	109,8	114,4	120,1	120,8
Se	0,9	1,2	1,0	0,7	1,1	1,4	0,6	1,3	2,5
Ge	1,9	1,4	1,2	1,7	1,8	< 0,5	1,3	1,1	< 0,5
Sn	15,9	15,4	13,0	17,6	16,1	18,3	18,9	18,3	20,4
La	32,1	< 2,0	< 2,0	47,6	< 2,0	10,7	< 2,0	< 2,0	< 2,0
Ce	< 2,0	47,6	27,1	48,8	109,0	81,0	< 2,0	80,0	44,0
Pr	< 2,0	< 2,0	< 2,0	< 2,0	14,7	11,1	< 2,0	43,8	< 2,0
Nd	77,0	84,9	85,9	65,9	41,2	48,3	75,1	57,2	76,9

Fig. 9 Unguentarium örneklerinin kimyasal analiz sonuçları.

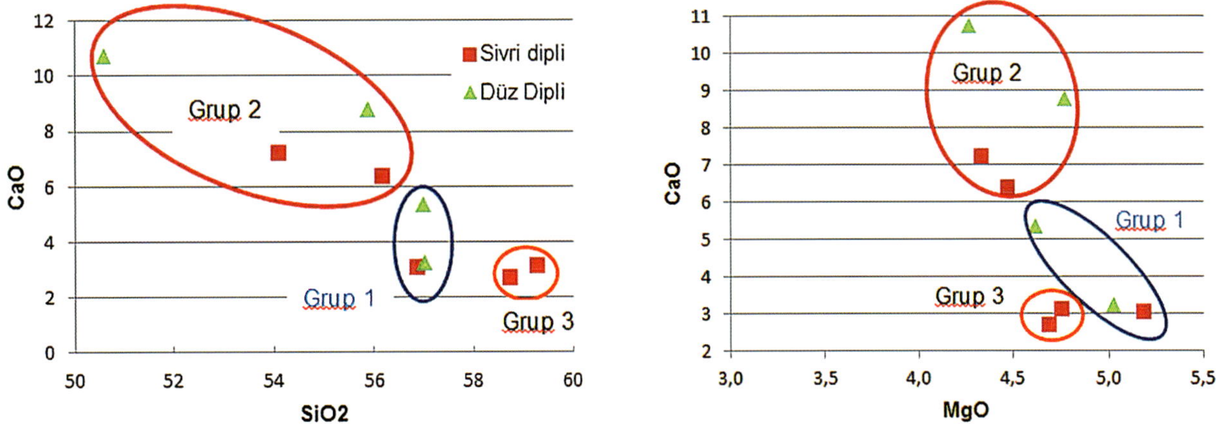

Fig. 10 **a.** SiO_2'ye karşı CaO **b.** MgO'a karşı CaO korelasyon diyagramı.

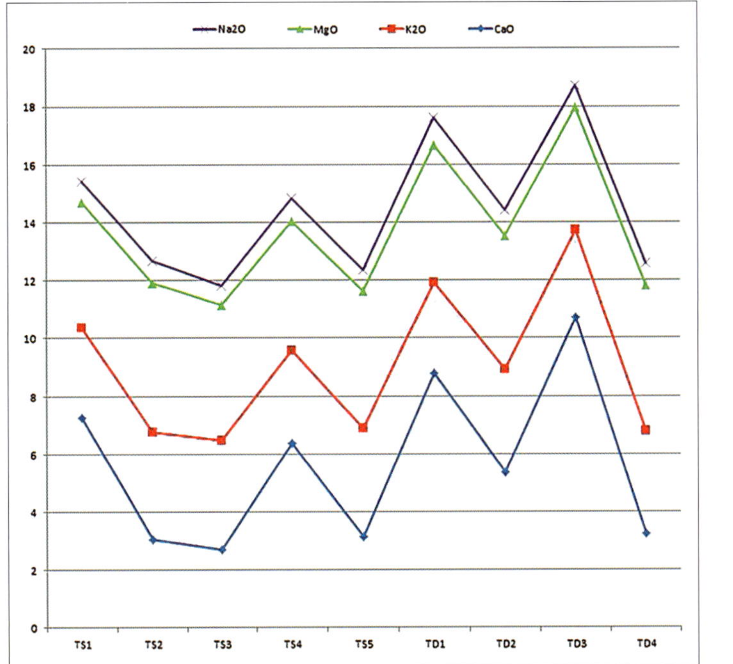

Fig. 11 Unguentarium örneklerinin alkalin oksit değişim diyagramı

Fig. 12 SiO_2-(CaO+MgO)+Al_2O_3 üçgen diyagramı.

aşırı bir potasyum artışı söz konusu değildir. Alkali ve alkali oksitlerdeki değişimler tüm gruplar için Şekil 9'da gösterilmektedir. Bu değişim diyagramı farklılıkların olduğunu açıkça ortaya koymaktadır. Diyagrama göre unguentarium örneklerinin üretiminde kullanılan malzemenin geniş bir alanda değiştiği yorumu yapılabilir.

Fe_2O_3 (% 6.7-7.7) içerikleri tüm gruplarda birbirine yakın değerler sergilemektedir. MnO (% 0.07-0.1), TiO_2 (% 0.9-1.0) ve P_2O_5 (% 0.15-0.17) oranlarına sahip olup analiz edilmiş örnekler arasında önemli değişimler göstermemektedirler.

SiO_2-(CaO+MgO)+Al_2O_3 üçgen diyagramında unguentarium örnek grupları arasındaki farklılıklar belirgin şekilde gözlenmektedir (**Fig. 12**).[15] Grup 2 örnekleri kuvars-diyopsit-anortit üçgeni içerisinde yer almaktadır. Grup 1 ve 3 ise kuvars-anortit-mullit üçgen alanında yer almakta olup CaO ve MgO içerikleri açısından düşük, Al_2O_3 içerikleri açısından ise yüksek olarak ayrılmaktadırlar. Aynı diyagramda, grup 2, grup 1 ve grup 3 sırasıyla ok yönünde içerdiği inklüzyonların görülme sıklığında belirgin bir artış söz konusudur.

15 Noll 1978; Heiman 1989.

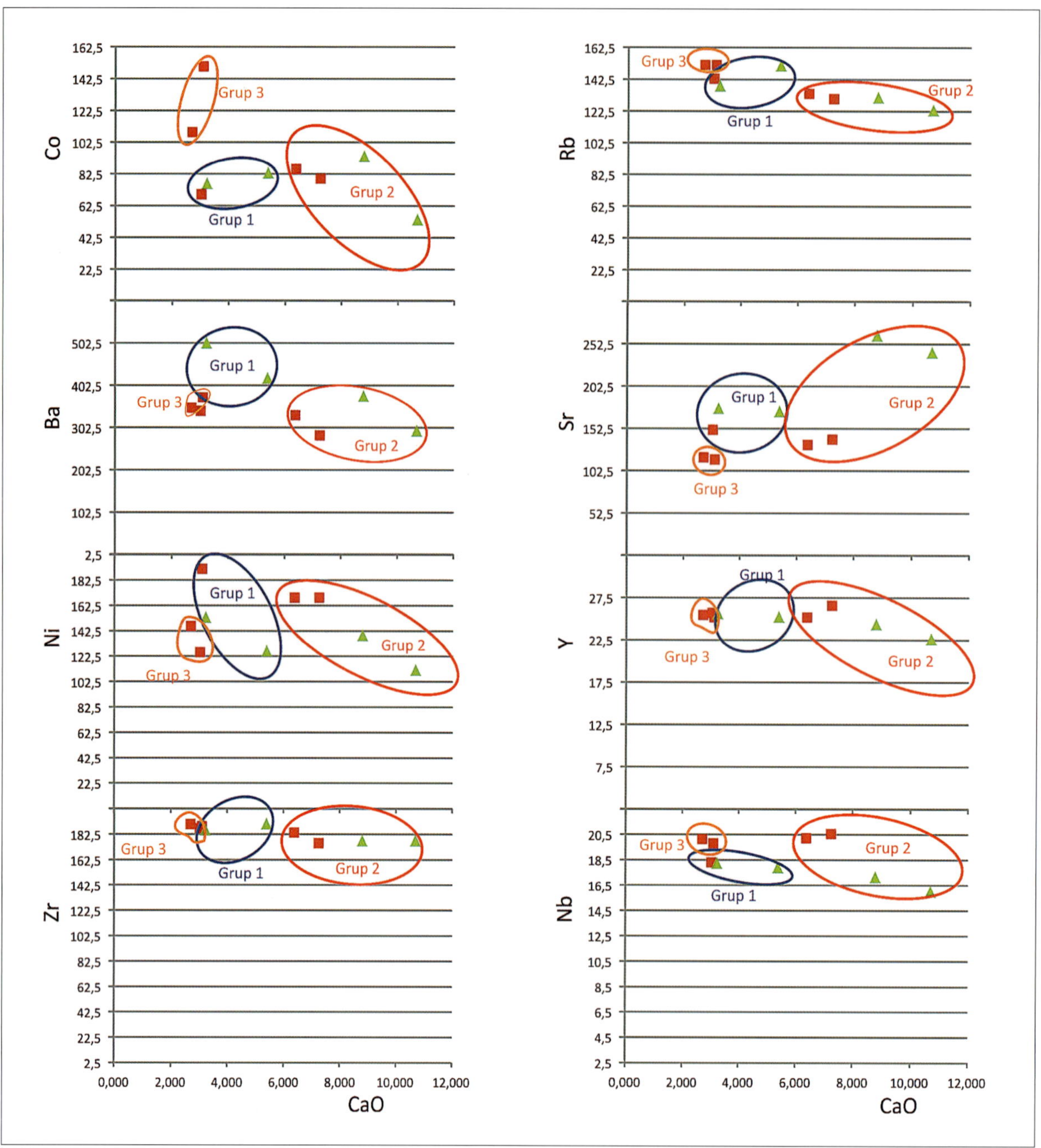

Fig. 13 Unguentarium örneklerinin iz element değişim diyagramları.

Bazı iz elementler (Cr, Zr, Ti vb) özel petrolojik türlerle ilişkili oldukları için jeokimyasal yol gösterici olarak sıklıkla kullanılmaktadır.[16] İz elementlerin elementsel profilleri hemen hemen tüm örnekler için benzer özellikler göstermektedir (**Fig. 13**).

Sr jeokimyasal olarak Ca elementine benzer ve kireç içeren maddeler (deniz kabuğu, kireçtaşı gibi) içerisinde bulunur. Sr'nin 400 ppm'den fazla olması seramiğin yapımında kullanılan hammaddenin tümüyle denizel olduğuna işaret etmektedir. Buna karşın kireçtaşı içeren karasal hammadde de ise Sr miktarı genellikle 150 ppm'den azdır. Ayrıca üretimde karasal hammaddenin kullanılması halinde Zirkonyumun (Zr) da 160 ppm'den fazla olması beklenmektedir. Unguentarium örneklerinin Sr içeriği ortalama grup 1 için 166.4 ppm, grup 2 için 194.6 ppm, grup üç için ise 116.3 ppm olup Zr içeriği ise tüm gruplarda 175 ile 191 ppm arasında (ortalama 184 ppm) değişim vermektedir (**Fig. 9**). Sadece grup 3 örneklerinin Sr ve Zr değerleri belirlenen sınır değerleri içerisinde kalmaktadır. Diğer iki gruptaki örneklerin Zr değerleri 160 ppm'den fazla olup Sr içerikleri 150 ppm'den fazladır.

16 Mommsen 2001, vd.; Belfiore et al. 2007, vd.; Iordanidis et al. 2009.

	Laodikea(1)	Efes(1,2)	Hierapolis(3,4)	Sagalossos(5)	Tripolis(6)
	n=20	n=3	n=36	n=9	n=9
SiO_2	54,33	52,97	56,38	56,49	56,17
TiO_2	0,97	1,01	0,89	0,96	1,00
Al_2O_3	21,45	23,34	17,75	18,51	21,07
Fe_2O_3	7,32	8,99	8,41	7,97	7,40
MnO	0,08	0,09	0,07	0,10	0,08
MgO	4,41	3,73	3,51	3,85	4,68
CaO	6,15	3,75	6,01	5,71	5,63
Na_2O	0,78	1,53	1,64	0,59	0,78
K_2O	3,59	3,15	4,35	3,44	3,41
P_2O_5	0,15	0,22	0,29	0,16	0,20
SO_3	0,03	0,07	0,06	0,01	0,03

Fig. 14 Batı Anadolu'daki antik kentlerde bulunan unguentarium örneklerinin karşılaştırması.[21]

Tüm bu verilerin değerlendirilmesi sonucunda unguentarium örneklerinin üretiminde çoğunlukla tek başına karasal hammaddenin kullanılmış olduğu düşünülmektedir.

Batı Anadolu'da birçok antik merkezde (Efes, Sagalassos, Hierapolis ve Laodikeia) ele geçen Geç Antik Çağ unguentariumları ile bu çalışmada kullanılan örneklerin genel kimyasal karakteristikleri karşılaştırılmıştır (**Fig. 14**). Sagalassos unguentariumları üzerinde yapılan çalışmalarda, örneklerin makroskobik olarak kenar ve merkezlerinde belirgin renk farklılıklarının olduğu ve mineralojik olarak da feldispat, piroksen ve yüksek oranda kuvars içerdikleri belirtilmektedir.[17] Mineralojik olarak örneklerde çört ve yastık lavlar içermemesi ve Sagalassos'a ait tipik element içeriklerine sahip olmamalarından dolayı, bölgedeki unguentariumların üretimlerinin Sagalassos kökenli olmadığı belirtilmektedir. Belirtilen mineralojik bileşimler ve yapılan kimyasal analizlerin değerlendirilmesi sonucunda örneklerin Tripolis örnekleri ile benzerlik gösterdikleri tespit edilmiştir. Hierapolis unguentariumları üzerinde yapılan çalışmalarda, mineralojik olarak kuvars, biyotit, muskovit ve litik parçalar içerdiklerinden ve pişirim sırasında kalsitlerin değişimlerinden bahsedilmektedir.[18] Hierapolis unguentariumlarının lokal üretim olduklarını belirtmektedirler. Mikroskop görünümlerinin incelenmesi sonucunda benzer mineralojik bileşimlere sahip olmaları ve kimyasal analiz sonuçlarında küçük değişimler tespit edilmiş olsa da örneklerin Tripolis örnekleri ile benzerlikleri belirlenmiştir. Laodikea unguentariumları üzerinde tarafımızdan yapılmakta olan çalışma ile örneklerin mineralojik ve kimyasal bileşimlerinin aynı olduğu sonucuna varılmıştır (**Fig. 14**).[19]

Efes tipi Geç Antik Çağ unguentarumları üzerinde yapılan çalışma sonucunda, dokusal ve mineralojik olarak farklılıklar tespit edilmiştir. Mineralojik olarak örneklerde bol oranda kuvars, alkali feldispat, muskovit, biyotit, az oranda da plajiyoklas ve karbonat tespit etmişlerdir.[20] Efes bölgesinden alındığı bilinen unguentarium örnekleri üzerinde tarafımızdan yapılan mineralojik ve kimyasal çalışmalar sonucunda da farklılıkların olduğu ortaya koyulmuştur (**Fig. 14**). Karşılaştırma çalışmaları sonucunda, Sagalassos, Hierapolis ve Laodikea unguentarium örneklerinin benzer karakterlerde, Efes unguentariumlarının ise kimyasal ve mineralojik olarak farklı karakterde oldukları belirlenmiştir.

17 Degeest et al. 1999.

18 Cottica 1998; 2000.

19 Semiz 2014, v.d.

20 Bezeczky 2005.

21 Mommsen 2001, vd.; Belfiore et al. 2007, vd.; Iordanidis et al. 2009.

7. Sonuçlar

Bu çalışmada Tripolis Antik Kenti'ndeki unguentarium örneklerinin arkeometrik yönden incelenmesi gerçekleştirilmiştir. Yapılan çalışmalarla aşağıdaki sonuçlar elde edilmiştir[21].

- Örnekler makroskobik özellikleri (renk, şekil ve doku) açısından düz dipli ve sivri dipli olmak üzere iki gruba ayrılmışlardır.
- Düz dipli ve sivri dipli örneklerin renk ve dokusunda belirgin bir farklılık olmayıp hepsi ince tanelidir. Bazı örneklerin kenarları kırmızı renkte iken içlerinin koyu gri renkli olduğu gözlenmektedir. Grimsi renkli iç-yapı ve kırmızımsı oksitleşmiş kenar yapısının atmosferde oksitleşmeden, düşük ısı oranlarından ve fırında uzun kalma süresinden kaynaklandığı belirlenmiştir.
- Yapılan çalışmaların sonucunda örnekler içerdiği mineral bileşimleri ve dokusal özelliklerine göre üç gruba ayrılmışlardır. Grup-1 örnekleri bol kuvars, plajiyoklas gehlenit içerikli, yer yer sparikalsit dolguludur. Grup-2 örnekleri bol plajiyoklas, kuvars, gehlenit ve kalsit içermektedir. Kuvars içeriği orta seviyede olup bol sparikalsit dolgu ile karakteristiktir. Grup-3 örnekleri ise kuvars, plajiyoklas, gehlenit ve bol boşluk oranı ile belirgindir.
- Tespit edilen mineral topluluklarına göre unguentarium örneklerinin pişirim sıcaklıklarının yaklaşık 900° C civarında olduğu tahmin edilmektedir.
- Grup 2 unguentarium örneklerinde kalsit ve gehlenit minerallerinin beraber bulunması, gömülme sırasındaki ve/veya sonrasındaki kalsitin ikincil çökelmesi (tamamen allokton) şeklinde yorumlanmaktadır. Bölgedeki jeolojik birimlerde göz önüne alındığında gömülme şartları sırasında karbonatlı su çözeltilerinin filtrasyonu ile ikincil kalsitlerin unguentarium örneklerinin boşluklarında çökeldiği belirlenmiştir.
- Belirlenen örnek gruplarının arasındaki petrografik farklılıklar kimyasal içeriklerine de yansımıştır. Örnek gruplarındaki SiO_2 içeriğindeki zenginleşmenin bol kuvars ve/veya plajiyoklas içerikleri ile ilişkili olduğu düşünülmektedir. K_2O içeriğinin zenginleşmesinin ise özellikle feldispat ve illitik killerden kaynaklandığı düşünülmektedir.
- Unguentarium örneklerinin Sr ve Zr içeriklerine göre, üretimlerinde karasal hammadde kullanıldığı tespit edilmiştir.
- Kimyasal ve mineralojik olarak, Tripolis, Sagalassos, Hierapolis ve Laodikea unguentarium örneklerinin benzer karakterlerde, Efes unguentariumlarının ise farklı karakterde oldukları belirlenmiştir.

[21] Bu çalışma 2016KRM009 numaralı Pamukkale Üniversitesi Bilimsel Araştırma Projeleri (BAP) ve Tripolis Kazı Başkanlığı tarafından desteklenmiştir. Yazarlar, bu çalışmada kullanılan unguentarium örneklerinin teminini ve yapılan analizlere sağladığı kaynaktan dolayı ilgili kurumlara teşekkür eder. Ayrıca makalede kullanılan XRD analizlerinin yapımı sırasındaki yardımlarından dolayı sayın Prof. Dr. Yusuf Kağan Kadıoğlu'na XRD piklerinin yorumlaması sırasında verdiği destekten dolayı Prof. Dr. Ömer Bozkaya'ya ve makale üzerinde yapıcı yorum ve katkılarından dolayı Prof. Dr. Yahya Özpınar'a sonsuz teşekkürlerini sunarlar.

Kaynakça

Akyol ve diğ. 2006 A.A. Akyol – B. Tekkök – Y.K. Kadıoğlu – Ş. Demirci, "Tarsus-Gözlükule Erken Roma Dönemi Seramikleri Arkeometrik Çalışmaları", *22. Arkeometri sonuçları toplantısı*, Çanakkale, *T.C. Kültür ve turizm bakanlığı yayınları,* 99-114.

Akyol ve diğ. 2006 A.A. Akyol – Y.K. Kadıoğlu – A.K. Şenol, "Bybassos Helenistik ticari amphoraları arkeometrik çalışmaları", *Cedrus I*, 163-177.

Belfiore et al. 2007 C.M. Belfiore – P.M. Day – A. Hein – V. Kılıkoglou – V. La Rosa – P. Mazzoleni – A. Pezzino, "Petrographic and chemical characterization of pottery production of the Late Minoan I kiln at Haghia Triada, Crete", *Archaemetry,* 49, 4, 621-653.

Bertolino et al. 2009
S.R. Bertolino – V. Galván Josa – A.C. Carreras – A. Laguens – G. de la Fuente – J.A. Riveros, "X- ray techniques applied to surface paintings of ceramic pottery pieces from Aguada Culture (Catamarca, Argentina)", *X-Ray Spectrom.*, 38, 95-102.

Braekmans et al. 2011
D. Braekmans – P. Degryse – J. Poblome – B. Neyt – K. Vyncke – M. Waelkens, "Understanding ceramic variability: an archaeometrical interpretation of the Classical and Hellenistic ceramics at Düzen Tepe and Sagalassos (Southwest Turkey)", *Journal of Archaeological Science,*38, 2101-2115.

Bezecky 2005 T. Bezeczky, "Late Roman Amphorae from the Ephesian Agora", in: F. Krinzinger (ed), Spätantike und mittelalterliche Keramik aus Ephesus, *AForsch 13,* 203-223.

Cau Ontiveros 2002
M.A. Cau Ontiveros – P.M. Day – G. Montana, Secondary calcite in archaeological ceramics: evaluation of alteration and contamination processes by thin section study, in *Modern trends in scientific studies on ancient ceramics: papers presented at the 5th European Meeting on Ancient Ceramics, Athens 1999* (eds. V. Kilikoglou, A. Hein and Y. Maniatis), 9-18, BAR International Series 1011, Archaeopress, Oxford.

Cottica 1998 D. Cottica, "Ceramiche Bizantine Dipinte Ed Unguentari Tardo Antichi Dalla 'Casa Dei Capitelli Ionici' A Hierapolis", *Rivista Di Archeologica,* XXII, 81-90.

Cottica 2000 D. Cottica, "Unguentari Tardo Antichi Dal Martyrion Die Hierapolis, Turchia",*Antiquite,* 112- 2, 999-1021.

Degeest et al. 1999 R. Degeest – R. Ottenburgs – H. Kucha – W. Viaene – M. Waelkens, "The Late Roman Unguentaria of Sagalassos", *BaBesch,* 74, 247-262.

Degryse – Poblome 2008
P. Degryse – J. Poblome, "Clays for mass production of table and common wares, amphora and architectural ceramics at Sagalassos", in: P. Degryse – M. Waelkens (Eds.), Sagalassos VI. Geo- and Bio-Archaeology at Sagalassos and in Its Territory. Universitaire Pers Leuven, Leuven, pp. 231e254.

Duman 2013 B. Duman, "Son Arkeolojik Araştırmalar ve Yeni Bulgular Işığında Tripolis Ad Maeandrum", *Cedrus, I,* 179-200.

Iordanidisa et al. 2009
A. Iordanidisa – J. Garcia-Guineab – G. Karamitrou-Mentessidic, "Analytical study of ancient pottery from the archaeological site of Aiani, northern Greece."*Materials characterization,* 60, 292-302.

Heimann 1989 R.B. Heimann, "Assessing the technology of ancient pottery: the use of ceramic phase diagrams", *Archeomaterials,* 3(2), 123-48.

İssi et al. 2011 A. İssi – A. Kara – F. Okyar – T. Sivas – H. Sivas, "Characterization of Helenistic period Megarian bowls from Dorylaion", *Ceramics – Silikáty* 55 (2), 140-146.

Jordán et al. 2009 M.M. Jordán – J.D. Martín-Martín – T. Sanfeliu – D. Gómez-Gras – C. de la Fuente, "Mineralogy and firing transformations of Permo-Triassic clays used in the manufacturing of ceramic tile bodies", *Applied Clay Science,* 44, 173-7.

Kibaroğlu et al. 2011
M. Kibaroğlu – A. Sagona – M. Satır, "Petrographic and geochemical investigations of the late prehistoric ceramics from Sos Höyük, Erzurum (Eastern Anatolia)", *Journal of Archaeological Science* 38, 3072-3084.

Kramar et al. 2012 S. Kramar – J. Lux – A. Mladenoviç – H. Pristacz – B. Mirtic – M. Sagadin – N. Rogan Smuc, "Mineralogical and geochemical characteristics of Roman pottery from anarchaeological site near Mošnje (Slovenia)", *Applied Clay Science,* 57, 39-48.

Maritan et al. 2006 L. Maritan – L. Nodari – C. Mazzoli – A. Milano – U. Russo, "Influence of firing conditions on ceramic products: Experimental study on clay rich in organic matter", *Applied Clay* Science 31, 1-15.

Mirti – Davit 2001 P. Mirti – P. Davit, "Technological characterization of campanian pottery of type A, B and C and of regional products from ancient Calabria (Southern Italy)", *Archaeometry,* 43 (1): 19-33.

Mommsen 2001 H. Mommsen, "Provenance determination of pottery by trace elements analysis: problems, solutions and applications", *Journal of Radioanalytical and Nuclear Chemistry,* 247, 657-62.

Montana et al. 2009
G. Montana – I. Iliopoulos – V. Tardo – C. Greco, "Petrographic and Geochemical Characterization of Archaic- Hellenistic Tableware Production at Solunto, Sicily", *in Geoarchaeology, An International Journal* 24, 1, 86-110.

Nodari et al. 2004 L. Nodari – L. Maritan – C. Mazzoli – U. Russo, "Sandwich structures in the Etruscan-Padan type pottery", *Applied Clay Science,* 27, 119-128.

Noll 1978 W. Noll, "Material and techniques of the Minoan ceramics of Thera and Crete", in *Thera and the Aegean World I* (eds. C. Doumas and H. C. Puchelt), 493-505.

Ortega et al. 2010 L.A. Ortega – M.C. Zuluaga – A. Alonso-Olazabal – X. Murelaga – A. Alday, "Petrographic and geochemical evidence for long-standing supply of raw materials in Neolithic pottery (Mendandia site, Spain)", *Archaeometry,* 52, 6, 987-1001.

Rathossi et al. 2010
C. Rathossi – Y. Pontikes – P. Tsolis-Katagas, "Mineralogical differences between ancient sherds and experimental ceramics: indices for firing conditions and post- burial alteration", *Bulletin of the Geological society of Greece,* XLIII, *No* 2, 856-865.

Sauer – Ladstätter 2005
R. Sauer – S. Ladstätter, Mineralogisch-petrographische Analysen von frühbyzantinischen Ampullen und Amphoriskoi aus Ephesos, in: F. Krinzinger (Hrsg.), Spätantike und mittelalterliche Keramik aus Ephesos, AForsch 13 = DenkschrWien 332, Wien, 125-136.

Semiz ve diğ. 2014 B. Semiz – C. Şimşek – B. Duman, Laodikea'da BulunanGeç Antik Çağ Unguentariumları'nın Mineralojik ve Kimyasal Özellikleri (hazırlanıyor).

Shoval et al. 2006 S. Shoval – P. Beck – E. Yadin, The ceramic technology used in the manufacture of Iron Age pottery from Galilee, in *Geomaterials in cultural heritage* (eds. M. Maggetti and B. Messiga), 101-17, Special Publication 257, *The Geological Society of London, London.*

Şimşek – Duman 2007
C. Şimşek – B. Duman, "Laodikeia'da Bulunan Geç antik Çağ Unguentariumları", *Adalya* X, 285-308.

Tripolis Kazilarinda Koruma Çalişmalari: Bronz Bir Heykel Ayağinin Konservasyonu

Çağrı Murat TARHAN – Fatma ŞENOL*

Abstract

The subject of this article is the conservation project of the foot of the bronze sculpture found Tripolis excavations in 2013. During the conservation progress, first of all, deterioration was diagnosed on the artifact. According to determinations, the mechanical cleaning, stabilization and consolidation of the artifact was fulfilled with selected conservation methods.

Keywords: Tripolis, Bronze, Conservation, Deterioration, Corrosion

Denizli'nin Buldan İlçesine bağlı Yenicekent mahallesi sınırlarında; antik Lykos Vadisi'nin kuzeybatı ucunda vadiye hakim bir noktada konumlanan Tripolis antik kentinde; özellikle 2012 yılı sonrasında yeniden başlayan kazı ve araştırma çalışmaları neticesinde çok sayıda arkeolojik kalıntı açığa çıkarılmıştır[1]. Söz konusu arkeolojik bulgular, kazı başkanlığının inisiyatifiyle kendi alanlarında uzman akademisyenlerin kazı heyetinde yer almasını ve dolayısıyla interdisipliner boyutta bir araştırma havuzunun oluşmasını sağlamıştır. Bu çerçevede Tripolis kazıları bünyesinde çalışma alanı bulan Koruma ve Onarım disiplinin kendi metodolojik yaklaşımı içinde ele alarak değerlendirdiğimiz bronz bir heykel ayağının konservasyon prosesi, makalemizin konusunu oluşturmaktadır.

Tripolis'te 2013 yılında Sütunlu Cadde'nin kuzey bitişiğinde yer alan tabernalarda (dükkân) yürütülen kazı çalışmalarında Mekan B olarak isimlendirilen açmada[2] 185.52 m. kodunda bulunan eserin, bronzdan içi boş döküm tekniğiyle yapılmış bir kadın heykelinin sağ ayağına ait olduğu düşünülmektedir[3] (**Fig. 1-2**). Ayak bileğinin biraz üst seviyesinden ayak tabanına kadarki kısmı sağlam olarak ele geçen eserde, çıplak ayak ve ayağın yerleştiği deri sandalet tasvirleri oldukça gerçekçi plastik detaylara sahiptir. Bronz ayak parçasının dış ve iç yüzeyinde gözlenen metal oksitler eserin bakır, kalay ve kurşun alaşımından yapıldığına dair fikir vermektedir. Ayrıca, gerek ince cidar yapısı üzerinde oluşturulabilen plastik detaylar ve gerekse iç kalıp boşluğunun eser formunda oluşturulması, döküm işleminde kayıp balmumu tekniğinin kullanıldığını bizlere göstermektedir.

Konservasyon Öncesi Eserde Gözlenen Bozulmalar

Çalışmamıza konu olan eserin bozulma durumuyla ilgili temel yargılarımızı burada ifade etmeden önce, kazılarda bulunan bronz eserlerin genel korozyon proseslerine kısaca değinmenin yerinde olacağını düşünüyorum. Arkeolojik alanlardan ele geçen metaller açısından en önemli bozulma unsuru fiziksel değişimlerden daha

* Öğr. Gör., Pamukkale Üniversitesi, Fen-Edebiyat Fakültesi, Kültür Varlıklarını Koruma ve Onarım Bölümü, 20070 Kınıklı – Denizli. E-posta: cmtarhan@pau.edu.tr

Öğr. Gör., Pamukkale Üniversitesi, Fen-Edebiyat Fakültesi, Kültür Varlıklarını Koruma ve Onarım Bölümü, 20070 Kınıklı – Denizli. E-posta: fsenol@pau.edu.tr

1 Tripolis kazı çalışmalarıyla ilgili bkz. Duman 2013, 179 vd.

2 Duman – Baysal 2014, 641- 642.

3 TR.13.MB.M.37 envanter no.lu bronz ayak 25 cm. uzunluğunda ve 15 cm. genişliğinde olup cidar kalınlığı 0.3 cm.'dir. Heykel ayağı ile ilgili olarak ayrıca bkz. Duman 2014, (baskıda).

Fig. 1 Bronz ayağın kazı sırasındaki görünüşü.

Fig. 2 Bronz ayağın kazı sonrasındaki görünüşü.

çok kimyasal değişimlerdir. Kimyasal değişimler çevresel ortamdan gelen inorganik maddelerden veya mikro organizmalar gibi biyolojik unsurlardan kaynaklanırlar ve sonuçta korozyon adı verilen dönüşümü başlatırlar. Bozulmaya neden olan bu unsurlar zaman zaman metal bünyesinde elektrokimyasal atakları da tetikleyerek korozyon prosesinin daha kompleks ilerlemesine neden olurlar. Arkeolojik buluntular arasında altın gibi soy metaller dışında diğer tüm metal eserler saf hallerinde kararsız olduklarından doğada kurdukları kimyasal bağlar sayesinde stabilleşerek oksit, karbonat vb. şekilde cevher formlarında bulunurlar[4]. Metaller cevher kaynaklarında oksit ve karbonat formlarının yanı sıra çoğunlukla polymetalik yapıda ve gang mineralleri olarak bilinen mineral bileşenleri arasında damarlar halinde yer alırlar. Kaynaktan çıkarılan cevherler insan eliyle önce gang minerallerinden arındırılıp kavrulduktan sonra, bu zenginleşmiş biçimleri üzerinden izabe dediğimiz ergitilerek saflaştırma işlemine tabi tutulurlar[5]. Sonraki aşamada dövme, döküm ve benzeri yöntemlerle eser formlarına getirilen eserler, bu andan itibaren kullanım ve aerobik çevre koşullarına bağlı olarak düşük ya da yüksek seyirde bozulmaya başlarlar.

Toprak üstü koşullarda yani bol oksijenli ancak nispeten az nemli şartlarda ilk aşamada eserlerin ana metalinin kristal şebekesinin üst kısımları oksitlenmeyle donuklaşır. Bu etkileşim eser açısından çok zararlı olmayan ve hatta koruyucu kararlı bir zırhın oluşmasını sağlar. Bu evreden sonraki açık hava koşullarında ve eser kullanım dışı kalıp toprak altı koşullara indiği ikinci aşamada çok çeşitli bileşiklerin oluşum süreci başlar. Özellikle toprak altı koşulların stabil olduğu veya değişkenlik gösterdiği anlardaki ortam şartları bu noktada belirleyici olur. Burada metal eserlerin ana metal yapısının yüzeyinden başlayarak oluşacak olan metal oksitler, metal karbonatlar ve kalsit, kuvars vb. minerallerinin oluşturacağı dış kabuk, özellikle bakır ve alaşımları açısından elektrokimyasal bozulmalar karşısında koruyucu bir patina görevi üstlenebilir[6]. Ancak metal eserlerde sadece bu tür ağır ilerleyen ve giderek de yavaşlayan değişimler bahis konusu olsaydı, bugün bizler bu çalışmamızda bozulma kavramını irdelemek durumunda kalmazdık.

Bakır ve alaşımlarından yapılmış eserler, ergitilerek saflaştırılmış ya da alaşım metali haline gelmiş hallerinden, ortam şartlarında oluşan bileşiklerle yeniden doğadaki cevher formlarına dönme eğilimi gösterdiklerinde,

---

4 Cronyn 2004, 165-166.

5 Konuyla ilgili kapsamlı bilgi için bkz. Tarhan 2009, 33 vd.

6 Cronyn 2004, 168-172.

metalik yapılarında gözle de görülebilen değişimler geçirirler. Arkeolojik alanlardaki kültür toprağının nispeten kuru ve dengeli bir seyir gösterdiği durumlarda bronz eserler üzerinde ilk olarak oksit formda değişimler izlenir. Metalik yüzeyin koyu kahveden siyaha doğru bir renk dağılımı sergileyen kararmış donuk patinası üzerinde *küprit* veya *küproz* olarak tanımlanan kırmızı tonlarında ikincil bakır(I)oksit tabakası oluşur. Bronzdan yapılmış eserlerin alaşımında kalay da bulunduğundan; beyaz, siyahımsı ya da sarımsı tonlarda *kasiterit* vb. kalay oksit oluşumları da kendini gösterebilir. Yine eser alaşımına özellikle döküm tekniğinde bilinçli olarak katılan veya kullanılan cevher türünde kendiliğinden var olan kurşundan kaynaklı olarak kızıl kahverengi, siyah ve açık sarı tonlarda kurşun oksitler belirebilir. Oksit bileşiklerin yanı sıra bronz eserlerde yeşilin tonlarında *malahit* ve mavinin tonlarında *azurit* gibi bakır karbonat oluşumlarına ve açık beyazımsı sarımsı tonlarda kurşun karbonata sıklıkla rastlanılır. Eser yüzeyindeki tüm bu korozyon oluşumları katı ve göreceli olarak parlak kristal yapıda karşımıza çıkar[7]. Kara kazılarında çok sık rastlamasak da ortamdaki biyolojik durum ve mikroorganizmalardan kaynaklı olarak genelde siyah tonlardaki bakır sülfit türevleri de korozyon prosesi içinde kendini gösterebilir. Bakır sülfitler bakır oksit ve karbonatlara göre ana metal yapısında derinlere nüfuz edebilen zararlı etkiler göstermesi bakımından önlem alınması gereken bir korozyon türüdür[8].

Bakır kökenli eserlerde en zararlı etkiyi gösteren kimyasal bozulma, bakırın oksijen, su ve klorürlerle yaptığı bileşiklerle ortaya çıkan bakır klorür korozyonudur. Yerli ve yabancı literatürde "Bronz Hastalığı" veya "Bronz Kanseri" olarak adlandırılan bu korozyon hareketliliği, ortam şartları değişmediği müddetçe etkinliğini koruyarak ana metal yapı tamamen ortadan kalkana kadar devam eder. Bronz eserlerin ana metal yüzeylerinin hemen üzerinde oluşan ve beyazımsı mumsu soluk yeşil bir yapıda görülen kübik kristal formlu "nantokit" (CuCl), klorür korozyon prosesini tetikleyen en temel bakır klorür türüdür. Nantokit, ilk olarak Şili'deki Nantoko yöresi yakınlarında yer alan bir maden yatağında tespit edilerek tanımlanmış ve ismini de buradan almıştır. Nantokit oluşumuyla başlayan bakır klorür korozyon prosesi ise ilk kez 19. yüzyıl sonlarında M.P.E. Berthelot tarafından açıklanmaya çalışılmış ve sonrasında R. Organ ve D.A. Scott başta olmak üzere birçok bilim insanı tarafından bu konu enine boyuna incelenmiştir[9].

Bakır klorür korozyonu temelde eserin ana metalik yapısındaki farklılıklardan kaynaklı olarak oluşan anot ve katot kutupları arasında meydana gelen elektrokimyasal korozyon ataklarının başlamasıyla ortaya çıkar. İlk olarak elektrokimyasal korozyonun anodunda metalik bakır yükseltgenerek iyonlaşır. Sonrasında iyonlaşan bakır ortamda bulunan serbest klor iyonları ile reaksiyona girerek bakır(I)klorürü yani Nantokit'i oluşturur. Bundan sonra oluşacak olan korozyon ürünleri arkeolojik kültür toprağı içindeki oksijen ve suyun varlık derecesine göre şekillenir.

Oksijenin az olduğu anaerobik ortam koşullarında klor iyonlarının oluşturduğu nantokit suyla etkileşerek bakır(I)oksit yani küprit oluşturur.

$2CuCl$ (nantokit) + H_2O (su) = $2HCl$ (hidroklorik asit) + Cu_2O (küprit)

Ortaya çıkan hidroklorik asit metalik bakırı etkileyerek ardışık reaksiyonlar şeklinde yeniden bakır klorür oluşturabilir. Ortamdaki az miktardaki oksijen varlığına bağlı olarak bakır klorürle beraber su da oluşabilmektedir.

$$2Cu + 2HCl = 2CuCl + H_2$$

$$2Cu + 2HCl + 1/2O_2 \rightarrow 2CuCl + H_2O$$

Ortamda su ve sıcaklık artışının yaşandığı durumlarda eğer mevcutta yeteri kadar oksijen de bulunuyorsa nantokit bazik bakır(II)klorür'lere yani atakamit, paratakamit ya da botalakite dönüşür ve işte bu durum asıl bronz hastalığının başladığı prosestir.

$4CuCl + 4H_2O + O_2 =$ $\mathbf{CuCl_2 3Cu(OH)_2}$ (bazik bakır(II)klorür) + $2HCl$ veya

---

[7] Metal oksit ve karbonatların korozyon morfolojisi hakkında bkz. Scott 1991, 43-47, Ek B; Scott 1994, 3; Scott 1997, 93-97; Cronyn 2004, 211, 216-217.

[8] Hjelm – Hansen 1984, 17-18.

[9] Bronz hastalığı ve bakır klorür korozyon prosesi hakkında bkz. Özen1999, 291-293; Scott 2000, 39-47; Cronyn 2004, 217-219, 226-227.

Fig. 3 Bronz ayağın konservasyon öncesi dış profil ve taban altından görünüşü.

Fig. 4 Bronz ayağın konservasyon öncesi iç profilden görünüşü.

Fig. 5 Bronz ayağın dış yüzeyinde konservasyon öncesi görülen bozulma detayı.

$4CuCl + O_2 + 4H_2O = \mathbf{2Cu_2(OH)_3Cl}$ (bazik bakır(II) klorür) $+ 2H^+ + 2Cl^-$

"Bronz Hastalığı"; bakır oksit ve bakır karbonat gibi stabil korozyon tabakalarının yüzeyinde, söz konusu korozyon kabuğunun çatlakları arasında ve ayrıca elektrokimyasal korozyon prosesi sonucunda anotta açılan çukurluklarda ikincil ürün olarak oluşan *atakamit, paratakamit* ya da *botalakit* görünmesiyle kendini belli eder. Bu bakır klorürler yeşilin tüm tonlarında ve gevşek granüllü bir yapıda karşımıza çıkarken; eserde de acilen durdurulması zorunlu bir bozulmanın varlığına işaret ederler.

Çalışmamıza konu olan bronz kadın ayağı incelendiğinde, yukarıda genel olarak değerlendirdiğimiz korozyon çeşitlerine ait birçok emareye rastlanmıştır. Eser içi boş döküm tekniği ile üretildiğinden toprak altı koşullardan eserin hem iç hem de dış yüzeyini etkilenmiş ve dolayısıyla metalik cidarda çift yönlü bir bozulma süreci yaşanmıştır. Heykel ayağının özellikle dış kısmı homojen bir biçimde kazı toprağında bulunan minerallerin kalsiyum bileşiklerince bağlanması nedeniyle nispeten kalın bir tortu tabakasıyla kaplanmıştır (**Fig. 3**). Nitekim bu bölüme ilişkin metalik bozulma gözlemi ancak eserin aynı yöndeki iç kısmından alınabilmektedir. İlk incelemede, mineral tortusuyla homojen şekilde kaplanmış olan alanların, göreceli olarak diğer metal yüzeylere göre bozulma prosesinden daha az etkilendiği söylenebilir.

Eserin ana metal kristalleri; ana gövdeden kopma noktasına denk gelen bilek üstü bölüm haricinde, yüzeysel kalan ve en ileri safhada ancak sığ çukurlar oluşturan korozyon tahripleri dışında çok az noktada küçük ölçekte delinmelere ve dolayısıyla tamamen kayba uğramıştır.

Fig. 6 Bronz ayağın iç kalıp boşluğunda konservasyon öncesi görülen bozulma detayı.

Mineral tortusuyla kaplı olan bölümde, homojen bir dağılım sergileyen ikincil küprit oluşumları dikkat çekmektedir. Bu durum beraberinde metal yüzeyinde sığ deformasyonlara neden olmuştur. Ayağın diğer yönünde ise koyu yeşil renkte ve kristal yapıda bakır karbonat tabakası genel görüntüdeki en baskın unsuru oluşturmaktadır. Bu tabakanın arasında ve altında yine ikincil küprit oluşumları izlenmektedir. Aynı bölümde oksit ve karbonat tabakalarının belli kısımlarında noktasal boyutta mavimsi yeşil renkte pudramsı bazik bakır(II)klorür (paratakamit, botalakit) ile yine küçük ölçekte siyah renkte mikroorganizma kaynaklı (bakır sülfit?) oluşumlara rastlanmaktadır (**Fig. 4-5**). Eserin iç kalıp boşluğu, korozyon prosesinin en kompleks ilerlediği bölümdür. Bu kısımda da yine dış yüzeyde olduğu gibi bakır oksit, bakır karbonat ve bakır klorür tabakaları rahatlıkla izlenmektedir. Ancak bu alanda gözlenen bakır klorür oluşumlarının yer yer çukur korozyon (pitting corrosion) olarak bilinen anot çukurlarında biriktiği ve bu kısımlarda delinmelere neden olduğu gözlenmiştir. Ayrıca, diğer bölümlerden farklı olarak kobalt mavi renkte kristal yapıda karşılaşılan ve azurit olarak yorumlanan az sayıdaki bakır karbonat hücresi de dikkat çekicidir (**Fig. 6**).

Konservasyon Uygulamaları

1- Pasif Stabilizasyon ve Temizlik

Bakır göreceli olarak demir gibi metallerden daha stabil bir seyir gösterse de, arkeolojik kazılarda ele geçen bakır kökenli buluntular eğer dikkat edilmezlerse toprak üstü koşullardan hızla etkilenerek yok edici korozyon ataklarına maruz kalabilirler. Kazı toprağında eser bağıl nemin %80'den bile daha fazla olduğu yüksek nemli ortamlarda üzerindeki korozyon kabuğu sayesinde stabil kalabilirken, toprak üstü koşullarda ve özellikle de klorürlerce kirletilmiş atmosferde %35-50 gibi görece daha düşük bağıl nemde dahi klorür korozyonuna uğrayabilir[10]. Bu nedenle Tripolis'te bulunan bronz kadın ayağı, kazıdan çıkarıldığı andan itibaren toprak üstü koşullara daha dengeli bir seyirde uyum sağlayabilmesi adına öncelikle stabilizasyon işlemine tabi tutulmuştur. Bunun için eserin çıktığı kazı toprağı kullanılmış ve eser bu toprağın bulunduğu üstü kapalı bir kutuyla laboratuara taşınmıştır. Sonrasında içine eser ağırlığının %10'u kadar silika jel yerleştirilen kapalı bir kutu içerisinde bekletilen eserin konservasyon işlemlerine yaklaşık bir hafta sonra başlanmıştır.

Pasif stabilizasyon sonrasında eser üzerinde genel bir inceleme yapılarak konservasyon işlemleri öncesinde mevcut durum raporu hazırlanmıştır. Yine ön konservasyon çalışmalarının bir parçası olan fotoğraflama, ağırlık, cidar ve boyut ölçümleri gibi prosedürler tamamlanarak eldeki veriler bilgisayar ortamındaki genel konservasyon veri tabanına girilmiştir.

Gerçekleştirilen bu ilk değerlendirme ve belgelemelerin sonrasında eserin iç kısmında ve dış yüzeyinde biriken kazı toprağı ve mineral tortularından örnekler alınarak çözülebilir tuz varlığının tespitine yönelik spot testler ve iletkenlik testleri yapılmıştır. Bu ön teşhis işlemleri sırasında klorür ve sülfat testlerinden pozitif sonuç alınması üzerine; söz konusu çözülebilir tuzların bünyeden uzaklaştırılabilmesi adına, eserin öncelikli olarak suda arındırma işlemine tabi tutulması gerekli görülmüştür. Arındırma işleminde 0 ppm değerinde deiyonize su kullanılmış ve eser periyodik aralıklarla yenilenen bu suda bekletilmiştir. Uygulama, iletkenlik ölçüm değeri ile gümüş

[10] Cronyn 2004, 226-227.

nitrat testinden alınan negatif sonuçlar doğrultusunda sonlandırılmış ve eser alkol banyosunun ardından desikatör içinde kontrollü olarak kurutulmuştur.

Suda çözülebilen tuzların arındırma işleminin ardından, eserin dış yüzeyinde ve iç kalıp boşluğunda oluşan korozyon ürünleri temizlenmeğe başlanmıştır. Bilindiği gibi bronz eserlerde tümüyle bir korozyon temizliğinden hiçbir zaman söz edilemez. 1970'li yıllara gelinceye kadar konservasyon uygulamalarında ağırlıklı olarak kimyagerlerin rol almaları sebebiyle, metal eserlerin temizliklerinde kimyasal maddeler ile elektrokimyasal yöntemler sıklıkla kullanılmaktaydı. Ancak bu uygulamalar eserlerin üzerinde koruyucu özellik gösteren patinaları ortadan kaldırarak ana metali savunmasız bıraktığı gibi, esere ait özgün form ve ölçülerin de kaybolmasına sebep olmaktaydı. Artık günümüzde koruma ve kimya alanları eserlerin temizlenmesinden ziyade, onların koruma öncesi kimyasal analizleri ve temizlik sonrası aktif stabilizasyon konularında işbirliği içinde yer almaktadır. Temizlik uygulamalarında ise neredeyse tüm dünyada yaygın olarak kabul gören yöntem konservatörler tarafından uygulanan hassas mekanik usuller olmuştur. Bronz eserlerin mekanik temizliğinde metale aktif olarak zarar veren ya da potansiyel tehlike oluşturan bakır klorür, bakır sülfit gibi korozyon ürünleri dışındaki unsurlar hiçbir zaman tamamen alınmaz. Bu durum temelde iki gerekçeyle açıklanabilir; ilki eserin bazı bölümlerinde ana metal kristaller tümden dönüşüm geçirerek oksit ya da karbonat formları kazanmış olabilir. Dolayısıyla ana metal üzerindeki korozyon kabuğu alınırken eserin bu bölümleri tamamen yok edilebilir. İkinci önemli husus ise oksit ve karbonat bileşiklerinden ibaret olan korozyon kabuklarının, eser ana metali üzerinde koruyucu bir zırh oluşturarak, ana metali kimyasal ve elektrokimyasal korozyon hasarlarına karşı kapatmasından ileri gelmektedir[11].

Fig. 7 Bronz ayağın dış yüzeyini kaplayan mineral tortu tabakasının mikro hassas kumlama yöntemiyle mekanik temizliği.

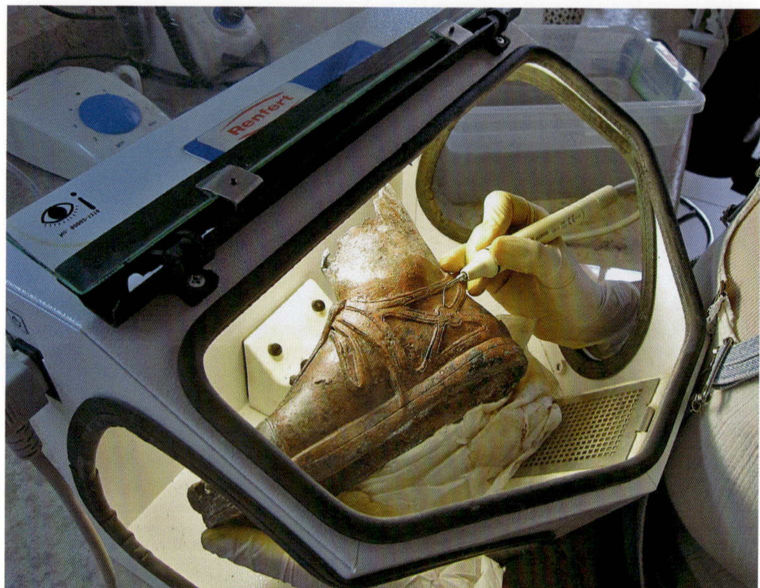

Fig. 8 Bronz ayağın yüzey korozyonlarının kavitron ile yapılan mekanik temizliği.

Eserdeki mekanik temizlik işlemlerine ilk olarak bronz ayağın sağ dış kısmına kalsiyum bileşiklerince tutunarak birikime uğramış kuvars vb. minerallerden oluşan kalın tortu tabakasının alınmasıyla başlanmıştır. Söz konusu tabaka, 40-70 mikron boyutundaki aşındırma gücü ve sertlik derecesi oldukça düşük olan yuvarlak kesitli cam zerrelerinin kullanıldığı, mikro hassas kumlama aleti yardımıyla mekanik olarak inceltilmiştir (**Fig.** 7). Uygulama sonrası ince bir tabaka halinde getirilen mineral tortuları, bu kez bisturi kullanılarak metal yüzeyinden tamamen uzaklaştırılmıştır. Mineral tortu tabakasının hemen altında siyah bakır oksit patina üzerinde ikincil küprit oluşumları heterojen bir yayılım sergilerken, aynı alanda yer yer bakır klorür hücreleri de gözlenmiştir. Bu noktada yalnızca bakır klorürlere müdahale edilmiş ve söz konusu korozyonlar bisturi ve cam elyaf çubuklar yardımıyla

[11] Cronyn 2004, 219-224.

mekanik olarak alınmıştır. Bronz ayağın diğer yüzeyinde ise öncelikle noktasal olarak genele yayılmış olan mineral tortuları, bakır klorürler ve bakır sülfit oluşumları bisturi ile temizlenmiştir. Sonrasında eserin formsal detaylarını örtmüş olan bakır karbonat tabakası ile ikincil küprit oluşumları kavitron cihazı (Ultrasonic Piezo Scaler) kullanılarak eser yüzeyinden nispeten alınmıştır (**Fig. 8**). Bronz ayağın iç kalıp boşluğunda yine ağırlıklı olarak kavitron cihazıyla çalışılmış ve bu kısımda gözlenen korozyon tabakaları da, aktif hareketlilik sergileyen bakır klorür hücreleri başta olmak üzere mekanik olarak temizlenmiştir.

2- Aktif Stabilizasyon ve Konsolidasyon

Metal eserler oksijenin az ve nemin nispeten stabil olduğu anaerobik toprak altı koşullardan çıkarıldıkları andan itibaren; bol oksijenli ve nemin her zaman kontrol edilemediği aerobik yer üstü koşullarında korozyona karşı daha savunmasız durumdadırlar. Konservasyon sürecinde mekanik yöntemler kullanılarak, zararlı etki gösteren klorürler göreceli olarak temizlense de, klorür korozyon prosesinde anahtar role sahip "nantokit"in eser bünyesinden tamamen atılması söz konusu değildir. Dolayısıyla oksijen ve nemin bulunduğu her koşulda nantokit potansiyel bir risk oluşturmaktadır. 20. yüzyılda bu durumun zararlı etkilerini ortadan kaldırmak için sodyum sesquikarbonat banyosu, elektroliz, gaz redüksiyonu, gümüş oksit yöntemi, likit parafin kaplaması gibi çeşitli yöntemler denenmiştir. Bu çalışmalarda ağırlıklı olarak klorürlerin tamamen ortadan kaldırılması ya da oksijen ve nem girişinin engellenmesi hedeflense de, uygulama pratikliği ve sonuçları itibariyle bunlardan hiç biri H.B. Madsen'in önerisiyle kullanılmaya başlanan korozyon inhibitörleri kadar başarı sağlamamıştır. Madsen 1947 yılından itibaren endüstriyel alanda sıklıkla kullanılan BTA (Benzotriazole, $C_6H_5N_3$)'nın arkeolojik metal eserlerde de korozyon inhibitörü olarak kullanılabileceği savından hareketle çeşitli denemeler yapmış ve elde ettiği başarılı sonuçları 1967 yılında yayınlamıştır[12]. Bu tarihten sonra BTA metal eserlerin aktif stabilizasyonunda en yaygın kullanım alanı bulan malzeme olmuştur.

BTA kullanılarak yapılan korozyon inhibisyonunda esas amaç eser bünyesindeki nantokit tabakalarını kontrol altında tutmaktır. Bunu gerçekleştirmek endüstriyel alanda kullanılan temiz metal yüzeyler için kolay olsa da, üzerinde korozyon kabuklarının var olduğu arkeolojik eserler için durum biraz farklıdır. Uygulamanın başarılı olması için BTA'nın küprik ya da küprit bakır oksit tabakaları tarafından iyice absorbe edilmesi gereklidir. Böylece BTA korozyon tabakaları arasındaki nantokit üzerine tamamen yayılarak koruyucu bir film tabakası oluşturacaktır. Bu fiziksel bariyer sayesinde oksijen ve nemin tetikleyeceği aktif korozyon hareketliliği pasivize edildiği gibi, BTA'nın anotta iyonlaşan bakır katyonu ile kompleks yapması sayesinde, bakırın klor iyonları ile reaksiyona girmesi de engellenecektir[13].

BTA'nın arkeolojik alanda kullanılması ve başarılı sonuçlar alınmasının ardından, endüstriyel alanda kullanım gören başka inhibitörler üzerinde de çeşitli incelemeler gerçekleştirilmiştir. Örneğin R.B. Faltermeier BTA gibi nitrojen esaslılardan AP (2-aminopyrimidine $C_4H_5N_3$), DB (5,6-dimethylbenzimidazole $C_9H_{10}N_2$) ve sülfür esaslılardan AMT (2-amino-5-mercapto-1,3,4-thiadiazole $C_2H_3N_3S_2$), MP (2-mercaptopyrimidine $C_4H_4N_2S_2$), MBO (2-mercaptobenzoxazole C_7H_5NOS), MBT (2-mercaptobenzothiazole $C_7H_5NS_2$), MBI (2-mercaptobenzimidazole $C_7H_6N_2S$) gibi inhibitörleri kullanarak bakır klorür korozyonları üzerinde deneyler yapmıştır. Faltermeier 1999 yılında söz konusu deney sonuçlarını yayınladığı makalesinde, inhibisyon başarı yüzdelerine göre inhibitörleri; BTA%99 > MBI%98 > MBT%97 > MBO%92 > DB%88 > AMT%84 > MP%38 > AP%0 şeklinde sıralamaktadır[14]. Bu araştırmadan da anlaşılacağı gibi gerek inhibisyon yüzdesi ve gerekse uygulama pratikliği ve başarılı sonuçları ile BTA arkeolojik bronzlar açısından en önde gelen inhibitör olma özelliğini korumaktadır.

Yukarıda değerlendirdiğimiz özellikler göz önünde bulundurarak bronz ayağın aktif stabilizasyon işlemi için BTA seçilmiştir. Uygulamada solvent olarak etil alkol kullanılmış ve eser vakumlu desikatöre yerleştirilerek %3'lük BTA içinde 48 saat süreyle bekletilmiştir. İşlem sonunda eser yüzeyinde oluşan beyaz lekelenmeler etil alkol ve

---

12 Madsen 1967, 163 vd.

13 Sease 1978, 80-81.

14 Faltermeier 1999, 126.

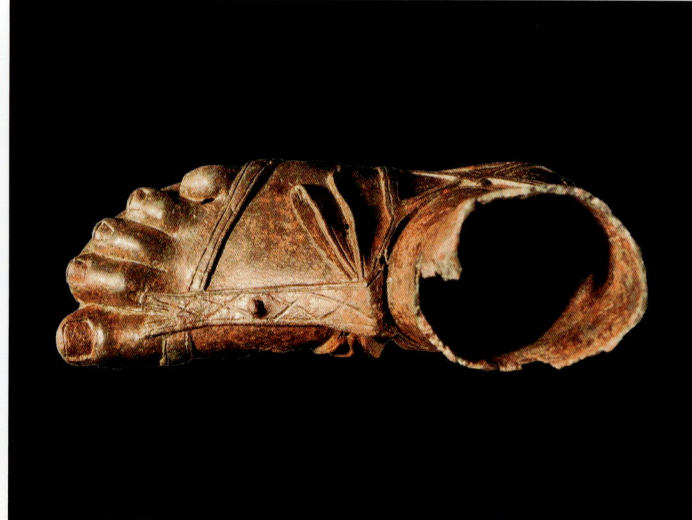

Fig. 9a-c
Bronz ayağın konservasyon sonrası genel görüntüsü.

pamuk yardımıyla tamponlanarak temizlenmiştir. BTA her ne kadar inhibisyon açısından başarılı sonuçlar verse de; özellikle çizilme ve ıslanmalar ile güneşin UV etkisinden çabuk etkilendiğinden; aktif stabilizasyonun ardından, geçirimsiz bir ko-polimer olan Paraloid B72 kullanılarak konsolidasyon işlemine geçilmiştir. Uygulamada aseton içinde %3 oranında hazırlanan Paraloid 72 eserin dış ve iç yüzeyi tamamen kaplanacak şekilde tüm yüzeye fırça yardımıyla sürülmüştür. Bu sayede fiziksel dayanım arttırıldığı gibi, eserin yüzey alanı bakır klorürü baskılayan BTA'nın ardından hava ve su geçirimi olmayan diğer bir bariyerle daha kaplanarak; kimyasal ve elektrokimyasal korozyon ataklarına karşı ikinci bir önlem alınmıştır.

Sonuç

2013 yılında Tripolis'te yürütülen kazılarda bulunan bronz kadın ayağının aynı yıl gerçekleştirilen konservasyon çalışmaları neticesinde eserin üretim tekniği, kullanılan alaşım metalleri, ana metal yapısının durumu ve meydana gelmiş korozyon prosesleri gibi hususlarda genel tanımlamalar yapılabilmiştir. Bu belirlemelere göre uygulanan konservasyon metotlarıyla bronz ayağın pasif stabilizasyon, mekanik temizlik, aktif stabilizasyon ve konsolidasyon işlemleri gerçekleştirilmiştir (**Fig. 9a-c**). Böylece gerek kazı koşullarında ve gerekse sonraki aşamada müze ve depo şartlarında eserde meydana gelebilecek yeni bozulmaların önüne geçilirken; arkeoloji ve koruma disiplinleri açısından da önemli girdiler elde edilmiştir.

Kaynakça

Cronyn 2004 J.M. Cronyn, *The Elements of Archaeological Conservation*, New York, 2004.

Duman 2013 B. Duman, "Son Arkeolojik Araştırmalar ve Yeni Bulgular Işığında Tripolis ad Maeandrum", *The Journal of MCRI, Cedrus I*, 2013, 179-200.

Duman 2017 B.Duman, "Tabernae in Tripolis", in: *Landscape and History in the Lykos Valley, Laodikeia and Hierapolis in Phrygia*, Eds. C. Şimşek – F. D'Andria, 109-142, Istanbul, 2017.

Duman – Baysal 2014 B. Duman – H.H. Baysal, "Tripolis 2. Sezon Kazı ve Restorasyon Raporu: 2013", *36. Kazı Sonuçları Toplantısı*, 2. Cilt, 2014, 633- 650.

Faltermeier 1999 R.B. Faltermeier, "A Corrosion Inhibitor Test for Copper-Based Artifacts", *Studies in Conservation*, Vol. 44, No. 2, 1999, 121-128.

Hjelm-Hansen 1984 Nils Hjelm-Hansen, "Cleaning and Stabilization of Sulphide-Corroded Bronzes", *Studies in Conservation*, Vol. 29, No. 1, 1984, 17-20.

Madsen 1967 H.B. Madsen, "A Preliminary Note on Use Benzotriazole for Stabilizing Bronze Objects", *Studies in Conservation*, Vol. 12, No. 4, 1967, 163-167.

Özen 1999 L. Özen, "Bronz Hastalığı (Kanseri)", *Anadolu Medeniyetleri Müzesi 1998 Yıllığı*, Ankara, 1999, 291-294.

Scott 1991 D.A. Scott, *Metallography and Microstructure of Ancient and Historic Metals*, 1991, Singapore.

Scott 1994 D.A. Scott, "An Examination of the Patina and Corrosion Morphology of Some Roman Bronzes", *Journal of the American Institute for Conservation*, Vol. 33, No. 1, 1994, 1-23.

Scott 1997 D.A. Scott, "Copper Compounds in Metals and Colorants: Oxides and Hydroxides", *Studies in Conservation*, Vol. 42, No. 2, 1997, 93-100.

Scott 2000 D.A. Scott, "A Review of Copper Chlorides and Related Salts in Bronze Corrosion and as Painting Pigments", *Studies in Conservation*, Vol. 45, No. 1, 2000, 39-53.

Sease 1978 C. Sease, "Benzotriazole: A Review for Conservators", *Studies in Conservation*, Vol. 23, No. 2, 1978, 76-85.

Tarhan 2009 Ç.M. Tarhan, *Urartu Maden Teknolojisi*, Yayınlanmamış Yüksek Lisans Tezi, Ege Üniversitesi Sosyal Bilimler Enstitüsü, İzmir, 2009.

Tripolis Antik Kenti'nin (Denizli) Florasına Genel Bir Bakış

Gürkan SEMİZ*

Özet

Bu çalışma Denizli sınırları içerisinde yer alan Tripolis Antik Kenti'nin floristik zenginliğinin ortaya çıkarılması amacıyla gerçekleştirilmiştir. Davis'in kareleme sistemine göre C2 karesinde bulunan alan, 2012-2015 yılları arasında değişik tarihlerde yapılan ziyaretler sırasında toplamda 350 bitki örneği toplanmış ve bunların teşhisleri sonucu 40 familyaya bağlı 122 tür ve tür altı takson tespit edilmiştir. Çalışma alanından tespit edilen ve tohumlu bitkiler üyesi olan 122 taksonun 1 tanesi eğrelti, 4 tanesi açık tohumlu ve geriye kalan 117 tanesi de kapalı tohumlular grubuna dâhildir. Kapalı tohumluların ise 15 tanesi tek çenekliler, 102 tanesi de çift çenekliler sınıfına aittir. Bu taksonların bitki coğrafyalarına göre dağılımları ise şu şekildedir: Akdeniz 48 takson (%39,4), Avrupa-Sibirya 4 takson (%3,2) ve diğer çok bölgeli veya henüz bitki kuşağı bilinmeyen taksonlar ise 70 (%57,3) şeklindedir. Çalışma alanından toplanan örneklerde herhangi bir endemik taksona rastlanılmamıştır.

Anahtar Kelimeler: Flora, Tripolis Antik Kenti, Denizli, Türkiye

Abstract

This study has been made to determine the flora of Tripolis Antique City (Denizli). This area is in the C2 square in the grid scheme of Davis, and three hundred and fifty plants specimens belonging to 122 taxa and 40 families were collected and identified from the area between 20012-2015 years. Of the 122 taxa determined during this research period, one belong to *phylum Pteridophyta* and 117 in the *phylum Magnoliophyta*. Of the 117 taxa in the *subphylum Magnoliophyta*, 102 belong to the class *Magnoliopsida* (Dicotyles) and 15 to the class *Liliopsida* (Monocotyles). The phytogeographic region of plants in this area are represented as follows; Mediterranean 48 (39.4%), Euro-Siberian 4 (3.2%) and either Multi-regional or unknown 70 (57.3%). There is no endemic species among the taxa determined in this study.

Keywords: Flora, Tripolis Antique City, Denizli, Turkey

Giriş

Belli sınırlar içinde kalan bir alanda doğal olarak yetişen bitki çeşitlerine o bölgenin "Florası" denir. Floristik çalışmalar, özellikle tür çeşitliliğinin ortaya konması amacı ile yapılan önemli taksonomik çalışmalardır. Doğal çevrenin özenle korunması, devamlılığı ve birim alandan daha fazla ürün alınması ancak biyolojik çeşitlilik araştırmalarıyla mümkün olmaktadır. Ayrıca son yıllarda tahribat sonucu henüz adını bile bilmediğimiz birçok canlının nesli de tehlike altındadır. İnsanlığa ne tür faydaları olacağı henüz araştırılmamış olan bu bitkilerin tespitiyle gelecek nesiller için oldukça büyük bir kaynak oluşturulabilecektir. Türkiye biyolojik çeşitlilik bakımından dünyanın önde gelen ülkelerinden biridir. Tür ve türaltı seviyede 11,707 eğrelti ve tohumlu bitki türü

* Doç. Dr., Pamukkale Üniversitesi, Fen-Edebiyat Fakültesi, Biyoloji Bölümü, 20070 Kınıklı – Denizli.

doğal olarak yetişmektedir[1]. Bunlardan ülkemize özgü olan endemik türlerin oranı ise % 31 gibi oldukça yüksek bir rakamdır[2]. Bu olağanüstü zenginliğin ortaya çıkışına sebep olan temel unsurlar ise; iklimsel ve topoğrafik farklılıklar, Akdeniz, İran-Turan ve Avrupa-Sibirya gibi üç fitocoğrafik bölgenin kesiştiği noktada bulunması, 0-5000 m.'ler arasında değişen yükseklik farklılığına sahip olması, birçok cinsin gen merkezi konumunda yer alması, floristik açıdan endemizm oranının yüksek olması, çok sayıda kültür ve süs bitkisinin gen merkezi olması ve Asya ile Avrupa kıtaları arasında köprü görevi yapması olarak belirtilmektedir[3].

Bu zengin çeşitliliğe sahip ülkemiz sınırları içerisinde Batı Anadolu ölçeği incelendiğinde, Denizli ve çevresi çok dikkat çekici seviyede bitki çeşitliliğine ev sahipliği yapmaktadır. Denizli ili coğrafik konum olarak 37° 12' ve 38° 12' kuzey enlemleri ile 28° 30' ve 29° 30' doğu boylamları arasında yer almaktadır. Çalışma alanımızı oluşturan Tripolis antik kenti Denizli ili, Buldan ilçesi, Yenicekent mahallesi sınırları içerisinde yer almaktadır. Bu alan, bitki coğrafyası açısından Akdeniz fitocoğrafik bölgesine, Davis'in kareleme sistemine göre de C2 karesi içerisinde yer almaktadır. Antik kentin bulunduğu yükseklik ise 180 m.'dir. Tripolis, bir ticaret ve tarım merkezi olarak, şüphesiz, yörenin en zengin kentlerinden biri olmuştur[4].

Bu yapılan çalışmayla, antik şehrin sınırları ve yakın çevresindeki mevcut bitki yapısının ortaya konulması amaçlanmıştır. Bir antik kentin araştırılmasında arkeolojik dokunun yanı sıra biyolojik çeşitliliğinin de ortaya konması amacıyla yapılan biyoloji–arkeoloji ortak çalışması oldukça önemlidir. Araştırmada elde edilen bulgular, Türkiye'de yapılacak bu tip çevre ile ilgili araştırmalara katkılar sağlayıp, kaynak teşkil edecektir. Ayrıca çalışma, ileride başta Denizli olmak üzere ülkemizin diğer kesimlerinde gerçekleştirilecek olan floristik amaçlı çalışmalara da (özellikle antik şehirler bakımından çok zengin bir potansiyele sahip Ege ve Akdeniz havzası için) ışık tutacaktır. Türkiye Florası'ndan anlaşıldığı kadarıyla Davis ve arkadaşları, çalışma alanının bulunduğu Denizli ilinden oldukça fazla sayıda bitki toplamış, devamında birçok ünlü botanikçi tarafından da alan sık sık ziyaret edilmiştir. Davis ilk defa 1938 yılında ülkemize gelerek Bozdağ, Babadağ ve Honaz dağlarında (her üç dağ da Denizli ili içersinde yer almaktadır) bitki toplamış ve bundan sonraki yıllarda ise ya kendi başına ya da diğer araştırmacılarla ülkemizin hemen hemen her yanını dolaşarak 27.000 kadar bitki örneği toplamıştır. Çalışma alanı, Akdeniz fitocoğrafik bölgelesinin içerisinde yer almaktadır.

Materyal ve Metot

Alanın floristik yapısının belirlemesi amacıyla, antik kent 2012-2015 yılları arasında belirli periyotlarla arazi çalışmaları düzenlenmiştir. Çalışma materyalini, araştırma alanından toplanan tohumlu bitki örnekleri oluşturmaktadır. Arazi çalışmaları esnasında, her familya için sistematik önemi olan bitki kısımları dikkate alınarak örnekler toplanmıştır. Bitkiler araziden toplanırken otsu örnekler için çelik zıpkın, çalı ve odunsu örnekler için ise bağ makası kullanılmıştır. Bazı bitki türleri yumruya, soğana ve rizoma sahip oldukları için, özellikle bu kısımlar zıpkın yardımıyla dikkatlice çıkarılarak uygun şekilde preslenmiştir. Hemen hemen her türün yayılış alanlarının kaydı alınmış, alanı temsil eden ve alanda yoğun olarak bulunan bitki türleri de not edilmiştir. Ayrıca türlerin doğru teşhis edilebilmesi ve doğru tanımlanabilmesi için de fotoğrafları çekilmiştir. Toplanan (gözlemlenen) örnekler kayıt altına alınmış ve herbaryum örnekleri hazırlanarak, Pamukkale Üniversitesi, Biyoloji Bölümü, Ekoloji laboratuvarlarında koruma altına alınmıştır. Saha çalışmaları süresince alandan 350 adet bitki örneği toplanmış ve bunlar ilgili referans kaynaklara göre teşhis edilmişlerdir[5]. Alanda görülen bazı türlerin teşhisleri için ise Flora Europaea[6] ve PAMUH herbaryumu ziyaret edilmiştir. Türlerin veriliş detaylarında ise aşağıda bilgilerin verilmesi yolu izlenmiştir: Familya adı, takson adı, türün yazarı, varsa

1 Güner 2012.

2 Güner 2012.

3 Erik – Tahrikaya 2004.

4 Duman 2013, 182.

5 Davis 1965; Davis 1985; Davis vd. 1988; Güner vd. 2000; Güner 2012.

6 Tutin – ark. 1964; Tutin vd. 1980.

bilinen türkçe, habitat, toplanma tarihi şeklinde verilmiştir. Alanda görülen endemik türlerin tehlike kategorileri[7] ve alan içerisindeki populasyon yoğunlukları göz önüne alınarak önerilmiştir. Türlerin fitocoğrafik durumları ise yine Türkiye Florası'na göre verilmiştir[8]. Araştırma alanının bitki taksonları liste halinde bulgular kısmında verilmiştir. Listede ilk olarak *Pteridophyta* divizyosu, sonrasında *Spematophyta* ve bu divizyoya ait iki altdivizyo (*Gymnospermae* ve *Angiospermae*) şeklinde sıra takip edilmiştir.

Bulgular

Alana ait jeolojik yapı ve toprak yapısı

Yenicekent ve yakın çevresindeki temel kayaçları Paleozoyik-Mesozoyik yaşlı otokton konumlu Menderes Masifinin metamorfikler ve allokton konumlu Likya napları oluşturmaktadır. Temel kayaçları açısal uyumsuz olarak Denizli grubu (Kızılburun, Sazak ve Kolankaya formasyonları) olarak adlandırılan Neojen yaşlı

Res. 1 *Hypecoum pseudograndiflorum* Petrovic

Res. 3 *Muscari neglectum* Guss ex. Tenn.

Res. 2 *Papaver rhoeas* L.

Res. 4 *Anemone coronaria* L.

---

7 Ekim vd. 2000.

8 Davis 1965; Davis 1985.

Res. 5 *Lathyrus cicera* L.

Res. 8 *Silene behen* L.

Res. 6 *Ornithogalum umbellatum* L.

Res. 9 *Echinops ritro* L.

Res. 7 *Ficus carica* L. subsp. *carica* (All.) Schinz et Thell.

Res. 10 *Onobrychis caput-galli* (L.) Lam.

Res. 11
Cichorium intybus L.

sedimanter kayaçlar üzerlemektedir[9]. Topraklarında genellikle neojenik yapı hakimdir. Ayrıca bu alanlar da mikaşist ve mermerleşmiş kalkerlerde kambriyen ve ordovisyeni temsil eden fosiller bulunmuştur. Denizli bölgesi faylı tektonik hareketleri ile şiddetle disloke olduğundan, örselenmemiş ve istifi bozulmamış tabaka kesitleri zor görülür[10]. Metamorfik kayaçlardan şist ve gnayslar bölgede bol miktarda bulunmaktadır. Şist ve gnayslar yüksek kum içeriğine sahiptirler. Bu nedenle de su tutma yetenekleri düşüktür. Bu yüzden de, tıpkı peridodit ve serpantinde olduğu gibi, çok fakir bir floraya ve zayıf gelişim gösteren bir vejetasyona sahip oldukları gözlenmektedir[11].

Alanın ve yakın çevresinin toprak yapısına bakıldığı zaman kahverengi orman toprakları, allüviyal topraklar, kolüvyal ve kireçsiz kahverengi topraklar oluşturmaktadır. Alanda ve yakın çevresinde kuru tarım arazileri, sulu tarım arazileri, çayır-mera alanları ve orman-funda arazileri görülmektedir.

Alana ait iklimsel veriler

Tripolis Antik Kenti asıl Ege ile iç Ege arasında bulunur ve bu alanda Akdeniz iklimini andıran bir iklim görülür. Yazlar sıcak ve kurak, kışlar ılık ve yağmurludur. Yıllık yağış ortalaması 600-700 mm'dir. Güney ve batısındaki dağların deniz etkisini azaltması yüzünden nispeten diğer Akdeniz kuşağındaki bölgelere göre daha az yağış almaktadır. En az yağış Ağustos (8,9 mm), en fazla yağış ise Aralık (81,5 mm) ayında olduğu görülmüştür. Yıllık ortalama hava sıcaklığı 16,20°C'dir. Temmuz ayı en sıcak (27°C), Ocak ayı en soğuk (5,9°C) aylardır. En yüksek sıcaklık 44,4°C ile 13 Temmuz 2000 ve en düşük sıcaklık -10,5°C ile 09 Şubat 1965 tarihinde kaydedilmiştir (MGM, 2012).

Alandan toplanan bitki örnekleri

Alanda 2012-2015 yılları içerisinde yapılan saha çalışmaları sonucu belirlenen bitki örneklerinin ait oldukları familya, bilimsel ad, Türkçe isim, toplanma tarihi, fitocoğrafik bölge ve (varsa) endemizm durumları Tablo 1'de sunulmuştur.

---

9 Semiz – Duman 2015, 65.

10 Anonim 1999.

11 Gemici – Şık 1992.

Tablo 1. Antik Kent ve yakın çevresinde belirlenmiş olan bitki türleri (Kısaltmalar: DA: Doğu Akdeniz Elementi; AK: Akdeniz Elementi; AS: Avrupa-Sibirya Elementi; End: Endemizm; Fit. Bölge: Fitocoğrafik Bölge)

Familya	Bitki Latince adı		Türkçe ismi	Tarih	Fit. Bölge	End.
DIVISIO: PTERIDOPHYTA						
Equisetaceae	1	*Equisetum arvense* L.	Atkuyruğu	23.04.2014	-	-
DIVISIO: SPERMATOPHYTA						
Cupressaceae	2	*Cupressus sempervirens* L.	Servi	23.04.2014	DA	-
	3	*Juniperus excelsa* M. Bieb.	Ardıç	23.04.2014	-	-
Pinaceae	4	*Pinus brutia* Ten.	Kızılçam	21.03.2014	DA	-
	5	*Pinus nigra* J. F. Arnold subsp. *nigra* var. *caramanica* (Loudon) Rehder	Karaçam	21.03.2014	-	-
DIVISIO: MAGNOLIOPHYTA CLASSIS: MAGNOLIOPSIDA						
Aspleniaceae	6	*Ceterach officinarum* DC.	Altınotu	23.04.2014	DA	-
Asteraceae	7	*Anthemis chia* L.	Garga Çiçeği	19.05.2013	DA	-
	8	*Artemisia annua* L.	Yavşan otu	23.04.2014	AK	-
	9	*Bellis perennis* L.	Papatya	23.04.2014	AS	-
	10	*Calendula arvensis* L.	Altıncık	20.06.2013	-	-
	11	*Conyza canadensis* (L.) Cronquist	Şifa otu	19.08.2014	-	-
	12	*Matricaria chamomilla* L.	Papatya	23.04.2014	-	-
	13	*Cichorium intybus* L.	Beyaz Hindiba	19.05.2013	-	-
	14	*Centaurea solstitialis* L. subsp. *solstitialis*	Çakırdiken	20.06.2013	-	-
	15	*Chondrilla juncea* L.	Karatavuk	19.08.2014	-	-
	16	*Cirsium vulgare* (Savi) Ten.	Kangal	20.06.2013	-	-
	17	*Crepis foetida* L. subsp. *commutata* (Spreng.) Babcock	Kıskı	19.05.2013	-	-
	18	*Cnicus benedictus* L. var. *kotschyi* Boiss.	Şevketibostan	19.05.2013	-	-
	19	*Sonchus asper* (L.) Hill.	Eşek marulu	20.06.2013	-	-
	20	*Carduus pycnocephalus* L. subsp. *pycnocephalus*	Eşekdikeni	20.06.2013	-	-
	21	*Senecio vernalis* Waldst. et. Kit.	Sarı papatya	20.06.2013	-	-
	22	*Senecio vulgaris* L.	Kanaryaotu	19.05.2013	-	-
	23	*Taraxacum aleppicum* Dahlst	Karahindiba	23.04.2013	DA	-
	24	*Xanthium spinosum* L.	Pıtırak	19.08.2014	-	-
	25	*Scolymus hispanicus* L. subsp. *hispanicus*	Şevketibostan	19.08.2014	AK	-
	26	*Jurinea consanguinea* D.C.	Geyikböceği	20.06.2013	AK	-
	27	*Onopordum bracteatum* Boiss et Heldr. var. *bracteatum*	Kangal Dikeni	19.08.2014	AK	-
	28	*O. myriacanthum* Boiss.	Kangal Dikeni	20.06.2013	AK	-
	29	*Echinops ritro* L.	Topuz dikeni	20.06.2013	-	-
	30	*Inula graveolens* (L.) Desf.	Deliotu	19.08.2014	AK	-
	31	*Carthamus dentatus* Vahl.	Aspir	13.07.2013	-	-
	32	*Picnomon acarna* (L.) Cass.	Kılçıkdiken	19.08.2014	AK	
	33	*Carlina lanata* L.	Domuz dikeni	13.07.2013	DA	-
	34	*C. corymbosa* L.	Domuz dikeni	19.08.2014	AK	-
	35	*Tragopogon dubius* Scop.	Yemlik	19.05.2013	-	-

Familya	Bitki Latince adı		Türkçe ismi	Tarih	Fit. Bölge	End.
Boraginaceae	36	*Alkanna tinctoria* (L.) Tausch.	Havacıva otu	23.04.2013	-	-
	37	*Alkanna areolata* Boiss.	Havacıva otu	20.06.2013		
	38	*Anchusa azurea* Mill. var. *azurea*	Sığırdili	19.05.2014	AK	-
	39	*Myosotis cadmea* Boiss.	Unutmabeni	20.05.2014	DA	-
	40	*Echium italicum* L.	Engerekotu	13.07.2013	AK	-
	41	*Onosma tauricum* Pallas ex Willd. var. *brevifolium*	Emzikotu	19.05.2014	-	-
	42	*Heliotropium dolosum* De Not.	Güneşçiçeği	13.07.2013	-	-
Brassicaceae	43	*Arabis verna* (L.) DC.	Duvar teresi	23.04.2013	-	-
	43	*Aubrieta deltoidea* (L.) DC.	Obrizya	19.05.2013	-	-
	44	*Capsella bursa-pastoris* (L.) Medik.	Çoban Çantası	21.03.2013	-	-
	45	*Eruca sativa* Mill.	Yabani Roka	23.04.2014	-	-
	46	*Cardaria draba* (L.) Desv. subsp. *draba*	Kedi otu	19.05.2013	-	-
	47	*Raphanus raphanistrum* L.	Yer lahanası	23.04.2013	-	-
	48	*Sinapis alba* L.	Hardal otu	21.03.2014	-	-
	49	*S. arvensis* L.	Hardal otu	19.05.2013	-	-
	50	*Sisymbrium altissimum* L.	Bülbüotu	23.04.2013	-	-
	51	*Lepidium latifolium* L.	Turpotu	13.07.2013	-	-
Capparaceae	52	*Capparis sicula* Veill	Kebere	19.08.2014	-	-
Caryophyllaceae	53	*Arenaria serpyllifolia* L.	Kum otu	20.06.2013	-	-
	54	*Silene behen* L.	Gıvışgan otu	19.05.2014	-	-
	55	*S. gallica L.*	Gıvışgan otu	19.05.2014	-	-
	56	*Minuartia anatolica* (Boiss.) Woron. var. *polymorpha* McNeill	Tıstısotu	13.07.2013	-	-
Chenopodiaceae	57	*Atriplex lasiantha* Boiss.	Deliunluca	13.07.2013	AK	-
	58	*Chenopodium murale* L.	Duvar kazayağı	20.06.2013	-	-
	59	*C. album* L. subp. *album* var. *album*	Duvar kazayağı	13.07.2013	-	-
Crassulaceae	60	*Sedum album* L.	Dam koruğu	19.08.2014	-	-
	61	*S. eriocarpum* Sibth. et Sm.	Dam koruğu	20.06.2013	-	-
	62	*Rosularia serrata* (L.) Berger	Dişli koruk	20.06.2013	DA	-
	63	*R. globulariifolia* (Fenzl.) Berger	Kaya koruğu	19.05.2014	DA	-
Dipsaceae	64	*Scabiosa argentea* L.	Yaz süpürgesi	13.07.2013	-	-
Euphorbiaceae	65	*Euphorbia kotschyana* Fenzl.	Sütleğen	13.07.2013	DA	-
	66	*E. falcata* L.	Sütleğen	20.06.2013	DA	-
Fabaceae	67	*Medicago minima* (L.) Bart.	Küçük yonca	23.04.2013	-	-
	68	*Lathyrus cicera* L.	Mürdümük	19.05.2014	-	-
	69	*Genista anatolica* Boiss.	Kandaş	20.05.2013	DA	-
	70	*Onobrychis caput-galli* (L.) Lam.	Korunga	23.04.2014	DA	-
	71	*Ononis spinosa* L.	Dikenli	20.06.2013	DA	-
	72	*Trifolium grandifolium* Schreb.	Üçgül	23.04.2014	DA	-
	73	*Vicia cracca* L. subsp. *stenophylla*	Fiğ	19.05.2013	-	-
	74	*Vicia sativa* L. subsp. *sativa*	Fiğ	19.08.2014	-	-
Fagaceae	75	*Quercus coccifera* L.	Meşe	13.07.2013	AK	-

Familya	Bitki Latince adı		Türkçe ismi	Tarih	Fit. Bölge	End.
Fumariaceae	76	*Fumaria densiflora* DC.	Şahtere	21.03.2014	-	-
	77	*Hypecoum pseudograndiflorum* Petrovic	Hıdırellezotu	19.05.2013	-	-
Geraniaceae	78	*Geranium tuberosum* L. subsp. *tuberosum* L.	Turnagagası	21.03.2014	-	-
Hyacinthaceae	79	*Muscari neglectum* Guss. ex Tenn.	Arap Sümbülü	21.03.2013	-	-
Hypericaceae	80	*Hypericum triquetrifolium* Turra	Pırpırotu	13.07.2014	-	-
Lamiaceae	81	*Lamium moschatum* Miller	Lünlünotu	19.05.2013	-	-
	82	*L. amplexicaule* L.	Baltutan	21.03.2014	-	-
	83	*Rosmarinus officinalis* L.	Biberiye	13.07.2013	AK	-
	84	*Salvia tomentosa* Miller	Adaçayı	20.06.2013	AK	-
Lythraaceae	85	*Punica granatum* L.	Nar	19.05.2013	-	-
Malvaceae	86	*Malva neglecta* Wallr.	Ebegümeci	13.07.2013	AK	-
	87	*Alcea biennis* L.	Hatmi	19.08.2014	-	-
Moraceae	88	*Ficus carica* L.	İncir	19.08.2014	AK	-
	89	*Morus alba* L.	Akdut	19.05.2013	-	-
Oleaceae	90	*Olea europaea* L.	Zeytin	19.08.2014	AK	-
Onograceae	91	*Epilobium angustifolium* L.	Yakıotu	13.07.2013	-	-
Papaveraceae	92	*Papaver rhoeas* L.	Gelincik	19.05.2013	-	-
	93	*Glacium flavum* Crantz.	Gündürme	19.05.2013	-	-
Plantaginaceae	94	*Plantago lagopus* L.	Kırıkdamarotu	20.06.2013	AK	-
Platanaceae	95	*Platanus orientalis* L.	Çınar	13.07.2013	-	-
Ranunculaceae	96	*Anemone coronaria* L.	Manisa lalesi	21.03.2014	AK	-
	97	*Ranunculus arvensis* L.	Düğün çiçeği	21.03.2014	-	-
Rosaceae	98	*Sarcopoterium spinosum* (L.) Spach.	Abdestbozan	19.05.2013	-	-
	99	*Crataegus monogyna* Jacq. subsp. *monogyna*	Adi alıç	19.05.2013	-	-
	100	*Pyrus amygdaliformis* Vill.	Çöğür armudu	21.03.2014	DA	-
	101	*Sanguisorba minor Scop.* subsp. *magnolii* (Spach) Briq.	Çayırdüğmesi	19.05.2013	-	-
Rubiaceae	102	*Galium verum* L. subsp. *verum*	Boyalık	20.06.2013	AS	-
Santalaceae	103	*Viscum album* L. subsp. *album*	Ökseotu	21.03.2014	-	-
Scrophulariaceae	104	*Veronica arvensis* L.	Ekin mavişi	20.06.2013	AS	-
Solanaceae	105	*Hyoscyamus niger* L.	Banotu	23.04.2013	AK	-
Urticaceae	106	*Parietaria judaica* L.	Duvar fesleğeni	19.05.2013	-	-
		Urtica pilulifera L.	Dalağan	23.04.2013	AK	-
Verbenaceae	107	*Vitex agnus-castus* L.	Hayıt	19.08.2014	-	-
CLASSIS: LILIOPSIDA						
Liliaceae	108	*Gagea peduncularis* (C. Pres) Pascher.	Sarıyıldız	23.04.2013	AK	-
	109	*Allium ampeloprasum* L.	Soğan	13.07.2013	-	-
	110	*Allium scorodoprasum* L. subsp. *rotundum*	Soğan	20.06.2013	AK	-
Areceae	111	Torilis leptophylla	Dercik	20.06.2013	-	-
	112	*Biarum tenuifolium* (L.) Schoot. subsp. *zelebori* (Schoot.) P.C.Boyce	Yılan pancarı	20.06.2013	DA	-
	113	*Dracunculus vulgaris* Schott.	Yılan yastığı	20.06.2013	DA	-

Familya	Bitki Latince adı		Türkçe ismi	Tarih	Fit. Bölge	End.
Asparagaceae	114	*Ornithogalum umbellatum* L.	Tükrükotu	20.06.2013	-	-
	115	*Ornithogalum narbonense* L.	Aksoğan	19.05.2013	AK	-
Poaceae	116	*Avena barbata* Pot. ex Link. var. *barbata* L.	Yabani yulaf	19.05.2013	AK	-
	117	*Bromus sterilis* L.	Kıraç çayırı	19.05.2013	AK	-
	118	*Cynodon dactylon* (L.) Pers. var. *dactylon*	Ayrık	23.04.2013	AK	-
	119	*Lolium perenne* L.	Çim	20.06.2013	AS	-
	120	*Poa annua* L.	Çayırotu	19.05.2013	AK	-
	121	*Stipa capensis* Thunb.	Kılaç	23.04.2013	AK	-
	122	*Vulpia muralis* (Kunth) Ness	Çim	23.04.2013	AK	-

Tartışma ve Sonuç

Bu araştırmayla, Akdeniz fitocoğrafik bölge sınırları içerisinde yer alan ve kareleme sistemine göre C2 karesi içerisinde yer alan Tripolis Antik Kenti ve yakın çevresinin florası incelenmiştir. Yapılan floristik çalışmalarda, 350 bitki örneğinin değerlendirilmesi sonucu 40 familya ve 108 cinse ait toplam 122 bitki taksonunun alanda var olduğu görülmüştür. Teşhis edilen taksonların 1 tanesi *Pteridophyta* divizyosuna, 121 tanesi ise *Spermatophyta* divizyosuna aittir. *Spermatophyta* divizyosuna ait türlerin 4 tanesi *Gymnospermae*, 117 tanesi ise *Angiospermae* alt divizyosuna aittir. *Angiospermae* altdivizyosuna ait taksonlardan 102 tanesi *Dicotyledonae*, 15 takson ise *Monocotyledonae* sınıfına aittir.

Alanda en fazla takson içeren familyalar sırası ile; *Asteraceae, Brassicaceae* ve *Fabaceae* şeklindedir. Bu veriler Akdeniz fitocoğrafyası içerisinde yer alan bir alan için normal karşılanabilecek türden veriler olarak gösterilebilir. Alandaki yapılan bitki gözlemleri sonucunda herhangi bir endemik bitkiye rastlanılmamıştır. Bunun nedenleri; alanın yakın çevresinin tarımsal amaçlı kullanılıyor olması, alanın kazı çalışmalar başlamadan önce çok uzun yıllardır ciddi otlatmaya maruz bırakılmış olması ve yapı itibariyle düz bir alanda ve düşük rakımda olması gösterilebilir. Ayrıca alanda kazı döneminin başlaması ile birlikte tarihi eserlerin üzeri ve etrafında yayılış gösteren bitki türlerinin kazıyı kolaylaştırmak amacıyla ortamdan uzaklaştırılması sebebiyle doğal floranın baskı altında olduğu tespit edilmiştir.

Antik kent ve yakın çevresi yılın değişik mevsimlerinde de bilimsel amaçlı ziyaret edilmeye ve vejetasyon dönemine bağlı olarak da, örneklerin toplanmasına ve adlandırılmasına devam edilecektir. Sonuç olarak, bu çalışma ile tarihi değeri olan yapılar üzerinde tespit edilen bazı bitkilerin özellikle kökleri vasıtasıyla yapılara önemli zararlar verme potansiyelinin var olduğu görülmüştür. Özellikle kökleri kalınlaşan çok yıllık türler, uzun vadede yapıyı oluşturan unsurların arasını açmakta ve yapıyı, olası diğer dış etkenlere karşı daha hassas hale getirmektedir. Tarihi ve kültürel mirasımız niteliğindeki bu eserlerin korunması noktasında, söz konusu türlerle doğru bir şekilde mücadele edilmesi çok önemlidir. Ülkemizdeki tarihi yapıların sayısı düşünüldüğünde, tümü için böyle bir tedbir almak pratikte çok kolay değildir. Bunu dışında tarihi yapılar üzerinde bulunan, tek yıllık ya da gövdesi kalınlaşmamış ve kökleri çok derine inmemiş türler, yapıya zarar vermeden ortamdan uzaklaştırılabilir. Ancak çok yıllık, rizomlu, çalımsı ya da ağaç formundaki bitkileri sökmeye çalışmak, yapıyı oluşturan unsurların zarar görmesine, hatta yıkılmasına sebep olabilir. Bu nedenle bu tip bitkilerle mücadelede, yapının dışında kalan gövde kısımlarının kesilmesi veya gövde içerisine herbisit enjekte edilmesi ile bitkinin kuruması sağlanabilir. Bu uygulamalar yapılırken kullanılacak kimyasallara dikkat edilmeli, püskürtme yönteminde yapılar üzerinde oluşması muhtemel korozif (aşınma) mutlak dikkate alınmalıdır[12].

12 Bu çalışma, Pamukkale Üniversitesi BAP Koordinasyon Birimi tarafından 2016KRM009 nolu proje kapsamında desteklenmiştir.

Kaynakça

Anonim, 1999 *Denizli İli Arazi Varlığı*. Denizli Köy Hizmetleri Müdürlüğü Yayınları, 1-18, Denizli.

Davis 1965 – 1985 P.H. Davis, *Flora of Turkey and the East Aegean Islands*. Vol. 1-9, Edinburgh Univ. Press, Edinbrugh.

Davis vd. 1988 P. H. Davis – R. R. Mill – K. Tan, *Flora of Turkey and East Aegean Islands*. Vol. 10, Edinburgh Univ. Press, Edinbrugh.

Duman 2013 B. Duman, "Son Arkeolojik Araştırmalar ve Yeni Bulgular Işığında Tripolis ad Maendrum", *Cedrus* I, 179-200.

Erik – Tarikahya 2004
S. Erik – B. Tarikahya, B. 2004. "Türkiye Florası Üzerine" *Kebikeç İnsan Bilimleri İçin Kaynak Araştırmaları Dergisi* 17, 139-163.

Gemici – Şık 1992 Y. Gemici – L. Şık, 1992. "Türkiye Florasında Endemizm" *Tarım ve Köy, Tarım ve Köyişleri Bakanlığı Dergisi*, Sayı 74: 11-12.

Güner – Aslan – Ekim – Vural – Babaç 2012
A. Güner – S. Aslan – T. Ekim – M. Vural – M.T. Babaç, 2012. *Türkiye Bitkileri Listesi*, Nezahat Gökyiğit Botanik Bahçesi Yayınları, 1290.

Güner – Özhatay – Ekim – Başer – K.H.C. 2000
A. Güner – N. Özhatay – T. Ekim – K.H.C. Başer, 2000. *Flora of Turkey and East Aegean Islands*. Vol. 11 (Suppl.2), Edinburgh Univ. Press., Edinbrugh.

Meteoroloji Genel Müdürlüğü (MGM). 2012
Meteoroloji Genel Müdürlüğü (MGM). 2012. *Denizli ili yıllık meteorolojik verileri (Yağış, sıcaklık)*, 20 Mayıs 2012.

Özuslu – İskender – Özaslan – Zeynalov, 2005
E. Özuslu – E. İskender – M. Özaslan – Y. Zeynalov, 2005. "The Investigation of the Flora Sof Mountain (Gaziantep, Turkey)" *Flora Mediterranea* 15, 359-391.

Post 1932 Post, G.E., 1932. *Flora of Syria, Palestine and Sinai* (2nd. ed. revised by J. E. Dinsmore). American Press, Beirut.

Semiz – Duman 2015
B. Semiz – B. Duman, "Tripolis (Yenicekent, Denizli) Antik Kentindeki Geç Antik Çağ Unguentariumların Muhtemel Hammadde Kaynaklarının Araştırılması", *16. Ulusal Kil Sempozyumu Bildiriler Kitabı*, 02-05 Eylül 2015, Çanakkale, 65-68.